“十二五”国家重点图书
荣获首届中华优秀出版物（图书）奖

马克思主义基础研究和建设工程

《资本论》的现代解析

（修订版）

主编◎洪银兴　葛　扬

经济科学出版社
Economic Science Press

图书在版编目（CIP）数据

《资本论》的现代解析/洪银兴，葛扬主编．—修订本．—北京：经济科学出版社，2011.12（2015.3 重印）

ISBN 978 -7 -5141 -1205 -4

Ⅰ.①资…　Ⅱ.①洪…　②葛…　Ⅲ.①资本论 - 马克 - 思著作研究　Ⅳ.①A811.23

中国版本图书馆 CIP 数据核字（2011）第 222144 号

责任编辑：吕　萍　于　源
责任校对：康晓川
版式设计：代小卫
技术编辑：李　鹏

《资本论》的现代解析
（修订版）
主编　洪银兴　葛　扬
经济科学出版社出版、发行　新华书店经销
社址：北京市海淀区阜成路甲 28 号　邮编：100142
总编部电话：88191217　发行部电话：88191540
网址：www.esp.com.cn
电子邮件：esp@esp.com.cn
北京汉德鼎印刷有限公司印刷
三河市华玉装订厂装订
710×1000　16 开　37.75 印张　470000 字
2011 年 10 月第 1 版　2015 年 3 月第 3 次印刷
ISBN 978 -7 -5141 -1205 -4　定价：48.00 元
（图书出现印装问题，本社负责调换）

序　　言

卫兴华

洪银兴教授是多年前由我直接指导获得博士学位的知名学者。在他的新著出版之际，我应邀欣然作序。

本书对马克思在一百多年前发表的《资本论》作现代解析，这是很有理论和实际意义的。在当今，无论是认识现代资本主义，还是建设现代社会主义，《资本论》所阐述的马克思主义经济学基本原理，都仍然具有重要的理论指导作用。马克思经济学说的重要地位和重大理论力量仍是不容置疑的。在此我想就《资本论》的现代意义，特别是《资本论》所阐述的基本理论在现代社会经济中的指导意义谈一些看法。

《资本论》出版一百多年来，特别是第二次世界大战以来，随着生产力的进一步发展，科学技术的突飞猛进和劳动生产率的大幅提高，为适应新生产力的需要，资本主义在经济关系、经济运行和经济发展等方面，都发生了巨大的变化——尽管资本主义的本质没有变。因此，马克思分析自由竞争资本主义的经济学说也需要发展。这种发展是在马克思学说的基本原理与方法的指导下进行的，而不是简单否定其原理与方法。

首先，马克思在当时就研究了资本主义向社会主义的过渡问题。

马克思看到了资本主义出现的股份制和工人合作社。他认为股份制是那种以“社会集中为前提的资本，在这里直接取得了社会资本……的形式，而与私人资本相对立，并且它的企业也表现为社会企业，而与私人企业相对立。这是作为私人财产的资本在资本主义生产方式本身范围内的扬弃。"[①] 这种形式的扬弃，马克思称之为"消极扬弃"，因为它触动不了资本主义制度本身。不过应看到股份制在由资本主义所有制转向劳动者的公有制中的积极意义。"在股份公司内，职能已经同资本所有权相分离……资本主义生产极度发展的这个结果，是资本再转化为生产者的财产所必需的过渡点，不过这种财产不再是各个互相分离的生产者的私有财产，而是联合起来的生产者的财产，即直接的社会财产。"[②] 之所以把股份制看作是资本主义私有制转向社会主义公有制的"过渡点"，是因为股份制既然由"私人资本"发展为"社会资本"，既然通过资本集中发展为"生产规模惊人地扩大了"的大公司，比起分散的千千万万个资本主义小企业来，在条件成熟时，更容易转变为劳动者的公有制，社会主义公有制，应是以社会化的大规模生产为基础的所有制。但是，"私人资本"发展为"社会资本"，并不意味着资本主义社会的股份制已是公有制经济。因为"这种向股份形式的转化本身，还是局限在资本主义界限之内；因此，这种转化并没有克服财富作为社会财富的性质和作为私人财富的性质之间的对立"。[③] 就是说，还没有截断私人财富的根本。

马克思高度评价了资本主义生产方式内出现的工人合作工厂，认为这是对资本主义旧形式"打开的第一个缺口"。因为在工人合作工厂中，劳动与资本的对立被扬弃了。生产资料归工人联合体所有，并用自己的劳动进行增殖。这种从资本主义工厂制度中产生的合作工厂，是一种"新的生产方式"，是对资本主义生产方式的积极的扬弃。它表明，工人群众可以自己组织没有资本家的合作工厂。只要工人利用自己的生产资料进

① 马克思：《资本论》第3卷，人民出版社2004年版，第494~495页。
② 马克思：《资本论》第3卷，人民出版社2004年版，第495页。
③ 马克思：《资本论》第3卷，人民出版社2004年版，第498~499页。

行生产，就可以摆脱资本与劳动的对立。

运用马克思的观点与分析方法，我们可以研究与分析当代资本主义经济中的一些新现象与新特点。例如，在经济运行方面，有一些发达国家将计划调节机制引入市场经济，将“看不见的手”与“看得见的手”相结合，改变自由竞争时期资本主义自发发展中的无政府状态，缓和经济危机；在劳资关系方面，劳动时间缩短，工人的劳动条件和生活条件改善，社会建立起较完善的社会保障体系，吸收工人代表参加公司管理等；在分配关系方面，重视处理公平与效率的关系，征收高额遗产税和累进税；在资本组织形式和经营方式方面，股份制进一步发展，从垄断资本主义，到国家垄断资本主义，到跨国公司等；工人合作工厂进一步发展与扩大，农民合作社也在一些发达资本主义国家建立和发展。所有这类新现象和新特点，没有改变资本主义的本质。因而，马克思分析资本主义经济关系的基本原理和所揭示的规律，依然适用于当代资本主义。同时，上述新现象和新特点，都可以归结为在资本主义生产方式内，包括消极扬弃和积极扬弃的新社会经济因素在不断增长与扩大，而且都是适应生产力发展要求进行自我调整的结果，是新的生产力发展引起生产关系变化的表现。

如果说，马克思把股份制和工人合作工厂看做是转向新社会制度的过渡点，那么，当代资本主义出现的一系列新现象与新特点，无非是增加了一些新的过渡点，并扩大了原有的过渡点罢了。这种过渡点有两重作用：一是有利于促进生产力的发展，缓和资本主义的内在矛盾；二是对资本主义表现出肯定中的否定。所谓肯定，是指通过自我调整与完善，再现其继续发展的活力；所谓否定，是指包括消极扬弃与积极扬弃在内的自我扬弃的新社会经济因素在发展与扩大。这正是马克思辩证唯物主义与历史唯物主义所揭示的社会历史发展规律的体现。

资本主义转向社会主义可以有不同的途径与方式。以往是采用暴力方式，但马克思并没有讲过暴力革命是普遍规律，只讲过暴力是助产婆，没有胎儿助产婆也无用。在新的世纪中，向社会主义转变，可能有新的途径与方式。资本主义经济运行也不再是完全盲目性和自发性的过程，计划调节进入市场经济运行中。在新的社会经济条件下，发达资本主义国家，表现出有容纳生产力进一步发展的生命力。资本主义内部将会出现更多的和更显然的向社会主义转变的新因素，使资本主义自我扬弃的新的社会经济因素的扩大为生产力发展提供了新的余地，从而使资本主义转向社会主义具有了更为坚实的社会经济基础。

其次，马克思研究了包括社会主义在内的一切社会都适用的一般原理和规律。

《资本论》虽然是着重研究资本主义经济及其运动规律的，马克思也没有留下专门研究社会主义经济的论著，但它所阐明的某些原理和规律，它的方法论，对于研究社会主义经济关系、经济运行和经济增长与发展，依然具有理论和现实意义。

马克思关于社会再生产诸环节间相互关系的原理，对处理好社会主义国民经济中的生产、分配、交换与消费的关系具有理论与实际意义。在诸环节中，生产具有支配和决定作用。关于这个方面，过去在理论和实际工作中强调得比较多。但是对于分配、交换与消费在一定程度上对生产的决定作用，则认识不足，往往只轻描淡写地讲一句“反作用”了结。然而，马克思的有关原理是：“一定的生产决定一定的消费、分配、交换和这些不同要素相互间的一定关系。当然，生产就其单方面形式来说也决定于其他要素。”① 就是说，其他环节或要素对生产也会起决定作用。所谓“单方面形式”的决定作用，是

① 《马克思恩格斯选集》第2卷，人民出版社1995年版，第17页。

相对于生产在总体上和多方面形式上的决定作用而言的。比如，消费不能从总体上对其他诸环节及其相互关系起决定作用，但对生产这一方面来说可起决定作用。马克思认为，消费的需要决定着生产。改革开放以来，我国通过扩大内需来拉动经济增长，明显地体现了消费需要对生产的决定作用。马克思还提出："没有生产，就没有消费；但是，没有消费，也就没有生产，因为如果没有消费，生产就没有目的。"并论述了"消费从两方面生产着生产"的道理：一方面，"产品只是在消费中方才为现实的产品，例如，一件衣服由于穿的行为才现实地成为衣服；一间房屋无人居住，事实就不成其为现实的房屋"。[①] 无论是资本主义国家还是社会主义国家，如果出现了超常的生产过剩，大量产品积压，不能被用于消费，它们就不是现实的产品，等于没有生产，其实还不如没有这部分生产，因为它浪费了资源。另一方面，"消费创造出新的生产的需要……消费创造出生产的动力"。[②] 这一原理也表明，生产应根据社会的消费需要而进行，生产规模与生产结构应与消费需要的规模与结构相一致。

马克思的商品生产及其规律和劳动价值理论，适用于一切商品经济。商品与价值，并不具有特定的社会经济性质，固然，在资本主义制度下的商品价值关系会反映资本主义经济关系。因为资本主义各方面的经济交往关系都要借助于或通过商品价值关系实现。同样，社会主义条件下的商品价值关系会反映社会主义经济关系。因为社会主义的生产、分配、交换和消费关系，也都要通过商品价值关系来实现。但商品与价值本身是一种中性的范畴与关系。马克思明确指出："作为商品而进入流通的产品，不论是在什么生产方式的基础上生产出来

① 《马克思恩格斯选集》第2卷，人民出版社1995年版，第9页。
② 《马克思恩格斯选集》第2卷，人民出版社1995年版，第9页。

的，——不论是在原始共同体的基础上，还是在奴隶生产的基础上，还是在小农民和小市民的生产的基础上，还是在资本主义生产的基础上生产出来的，——都不会改变自己的作为商品的性质”①。商品、货币、价值，都不具有阶级性，不能与特定性质的社会经济画等号，也不能用商品经济来说明和判断任何生产方式的特点。马克思一再批评詹姆斯·穆勒“企图把资本主义生产当事人之间的关系，归结为商品流通所产生的简单关系，从而否认资本主义生产过程的矛盾”②，强调指出：“商品生产和商品流通是极不相同的生产方式都具有的现象，尽管它们在范围和作用方面各不相同。因此，只知道这些生产方式所共有的、抽象的商品流通的范畴，还是根本不能了解这些生产方式的本质区别，也不能对这些生产方式作出判断。”③

马克思关于劳动和劳动价值的理论，在社会主义经济中需要深化认识和发展。马克思重视劳动在创造价值和财富中的重要作用，无论是体力劳动还是脑力劳动、简单劳动还是复杂劳动、一般劳动还是科技劳动与管理劳动、雇佣劳动还是自由劳动，都在马克思的劳动与劳动价值论的视野之中。我国在社会主义建设事业中，要尊重各种劳动，发挥各种劳动的积极性。在当前新的形势下，要特别重视科技工作和经营管理者的高级复杂劳动。劳动价值论并不存在资本主义的和社会主义的属性区分，它既适用于简单商品经济，也适用于资本主义和社会主义商品经济。马克思曾设想，社会主义条件下商品生产消亡了，劳动不再形成价值。但社会主义实践证明，社会主义经济依然是商品经济，商品经济的充分发展是社会经济发展不可逾越的阶段。我国的商品经济还较落后，需要大力发展。因此，生产劳动依然会形成价值。马克思的劳动价值论不能否定。马

① 马克思：《资本论》第3卷，人民出版社2004年版，第362页。
② 马克思：《资本论》第1卷，人民出版社2004年版，第136页。
③ 马克思：《资本论》第1卷，人民出版社2004年版，第136页。

克思是在资本主义完全实行以按资分配为核心的按生产要素分配的制度中，创立劳动价值论的。通过劳动价值论与剩余价值论阐明生产要素收入的源泉。我国当前实行按劳分配为主体，按劳分配与按生产要素分配相结合的分配方式，劳动价值论同样可以说明多种分配收入的源泉，不能由按生产要素分配引出“要素价值论”，否定劳动价值论。

我国的经济活动已融入世界经济之中。在国际贸易关系中，国内商品价值会转化为国际价值。马克思在《资本论》中提出了“国际价值”的概念和原理。决定国际价值的社会必要劳动时间是各参与国家之间的社会平均劳动时间。国内成本低、劳动生产率高的国家，较少的国内价值可还原为较多的国际价值，增加收入；反之，国内成本高、劳动生产率低的国家，较多的国内价值只能被算作较少的国际价值，减少收入。因此在国际经济交往中，要重视与遵循国际价值的原理与规律，力求降低国内成本，利用先进技术，提高国内劳动生产率与国际竞争力。

再次，马克思针对资本主义提出的一些原理与规律，如果抽去其资本主义的特定关系，对社会主义也有意义。

马克思研究资本积累问题时，提出了决定积累量的诸因素。其中第一个因素即提高对劳动力的剥削程度，当然不适用于社会主义。但社会主义生产中应重视提高剩余产品率，这才有利于提高经济效益与积累率。第二个因素是提高劳动生产力。劳动生产力是随着科学和技术的不断进步而不断发展的，劳动生产力的提高，不仅会提高剩余产品率，而且由于商品价值下降，在消费基金减少、消费资料量增加的情况下，积累基金也可以增加。而且，即使在资本价值不变的情况下，生产的物质规模也可以扩大。由于生产资料价值的降低，技术含量增加，原有的机器、工具等会由效率更高、更便宜的新的机器、工具所取代。第三个因素是所使用的资本和所消费的资本之间的差额的增大，可以增加积累。这实际上是讲折旧基金用于扩大生产的问题。对于社会主义的积累与扩大再生产来说，马克思所阐述的这些积累因素是同样适用的。

马克思关于资本有机构成的理论，对于说明资本主义相对人口过剩、平均利润与生产价格、工农业差别及绝对地租等问题，具有理论前提的意义。我国实行社会主义市场经济，资本主义市场经济发展中出现的矛盾与问题，在某些方面，或轻或重地也会在我国出现。资本有机构成的提高，意味着科技进步和劳动生产率的提高。但在市场经济中，会出现结构性矛盾，就业的难度增大。我国近些年来出现的失业、下岗人员增多，是实行市场经济中难以避免的现象。考虑到技术密集型和资金密集型产业资本有机构成高，而劳动密集型则有机构成低，就业岗位多，我国需要处理好产业结构升级中不同类型产业的关系。资本有机构成高低不同的企业，利润率高低不同，部门之间的竞争，引起资本向利润率高的部门转移，最终形成平均利润率与生产价格。在20世纪50、60年代，我国理论界把平均利润与生产价格看做是资本主义范畴与关系。有些主张我国实行平均利润与生产价格的学者，受到批判。在当前实行市场经济的条件下，市场发挥资源配置的作用，在竞争机制、价格机制、供求机制的作用下，也应形成平均利润与生产价格。如果资本有机构成高的先进行业利润率低，而有机构成低、生产技术落后的行业反而利润率高，就不利于产业结构的高度化，不利于科技进步和各部门劳动生产率的提高。

马克思的资本循环与资本周转的理论，分析了加速资本循环与周转的经济意义。我国为提高企业的经济效益，也需要加快资金周转。而加速周转的途径，马克思在《资本论》第二卷第一、二篇中进行了较为具体的分析。比如，缩短产品经历的劳动时间、生产时间与流通时间；减少原材料的储备；缩短劳动时间与生产时间的差距等。生产时间一般会超过劳动时间，如农作物的生产时间多于劳动时间，葡萄酒在窖中发酵，劳动过程中断但仍处于生产过程，制造厂的劳动材料须经化学作用或自然力作用时间，不属于劳动时间。“生产时间和劳动时间越吻合，在一定期间内一定生产资本的生产效率就越高，它的价值增殖就越大。”[①]。因此，要“尽可能缩短生产时间超过劳动时间的部分”。[②] 缩短资本停留在流通领域的时间，可以提高资本的生产效率。流通时间的长短，制约着生产资本执行职能规模的缩小或扩大。加速资金周转可节省生产费用与流通费用，提高经济效益。

马克思的社会总资本再生产和流通的理论，包含着社会化再生产的一些一般原理。诸如国民经济按比例发展的原理；简单再生产和扩大再生产条件下两大部类对比关系的原理；社会总产品的实现条件及其价值补偿与实物补偿的原理；还有社会再生产中外延的扩大再生产与内涵的扩大再生产的原理等。这些原理不仅适用于社会主义再生产，而且更要自觉地遵守与发展这些原理。关于外延与内涵的再生产原理，我国经济学界经常引用和应用，但存在着不完整、不准确的理解情况。马克思曾从两个不同的角度论及外延或内涵的扩大问题。

一是从固定资本的折旧基金用于扩大再生产的角度的论述：“如果生产场所扩大了，就是在外延上扩大；如果生产资料效率提高了，就是在内涵上扩大。这种规模扩大的再生产，不是由积累——剩余价值转化为资本——引起的”[③]。有的学者只把这段话的特定说明作为外延与内涵扩大的界定，把场所的扩大与效率的提高截然分开，似乎有生产场所的扩大，就没有生产资料效率的提高；反之，有效率的提高，就没有场所的扩大。然而，在实际生活中不是这样。我国的上海宝钢建设，

① 马克思：《资本论》第2卷，人民出版社2004年版，第141页。
② 马克思：《资本论》第2卷，人民出版社2004年版，第141页。
③ 马克思：《资本论》第2卷，人民出版社2004年版，第192页。

高速公路的日益扩大，既有场所的扩大，又有效率的提高。因为这不属于折旧基金的利用，而是追加投资用于新建企业与工程。

二是从剩余价值用作追加资本的另一个角度论述外延与内涵的扩大再生产问题："剩余价值转化为资本，按其实际内容来说，就是规模扩大的再生产过程，而不论这种扩大是从外延方面表现为在旧工厂之外添设新工厂，还是从内涵方面表现为扩充原有的生产规模。"① 添设新工厂"是外延扩大"，但并不妨碍它利用最先进技术，提高生产效率，它是投资形式上的外延扩大，经营方式上的外延与内涵并举。这里把追加投资用于原企业的生产规模扩大视为内涵扩大，但可以有两种经营方式，其一，只增加劳动力和生产资料，规模扩大了，但没有效率的提高；其二，进行技术改造与革新，增添先进机器设备，提高效率。不要把外延同粗放经营等同，把内涵同集约经营等同。

最后，马克思在研究资本主义经济和商品生产等问题时，对社会经济发展历史趋势所做的预见和对未来社会的设想，对社会主义具有直接意义。

马克思虽然没有专门论述社会主义经济的论著，但他有许多关于社会主义的经济思想散见于其多部著作中。《资本论》中关于社会主义制度的某些论述，属于科学社会主义的理论体系。

马克思认为，资本主义社会向共产主义社会发展的历史时期，可以划分为三个相互联系和不断发展的历史阶段：从资本主义社会到共产主义社会的过渡时期；共产主义社会的第一阶段，即我们现在所说的社会主义社会；共产主义社会的高级阶段，即我们通常所说的共产主义社会。这个划分或设想是一种

① 马克思：《资本论》第2卷，人民出版社2004年版，第355页。

科学预见，已经为社会历史所证实。所谓过渡到共产主义社会的过渡时期，显然指的是过渡到作为共产主义社会第一阶段的社会主义社会的时期。马克思在《〈政治经济学批判〉序言》中指出："无论哪一个社会形态，在它所能容纳的全部生产力发挥出来以前，是决不会灭亡的。"① 可见，无论哪一种经济成分，在它还能容纳和促进生产力的发展时，是不应灭亡的，人为地去消灭它，会自食苦果，最终还得恢复和发展它。我国对待个体经济和私人企业的经验和教训，表明了这一真理。

马克思设想和预见到社会主义的一些经济和社会特征。马克思反复强调社会主义和共产主义制度下，人的全面和自由发展问题。在《资本论》中，马克思指出：在取代资本主义社会的"更高级的"社会中，要"以每一个个人的全面而自由的发展为基本原则"。② 而实现这一原则，要以生产力和物质条件的发展为现实基础。马克思在论述由社会主义社会转向共产主义高级阶段的必要条件时，提及其中的一个重要条件就是随着个人的全面发展，他们的生产力也增长起来，而集体财富的一切源泉都充分涌流。可见，马克思强调个人的全面和自由发展，不是仅仅从人文的角度去考虑，而是与生产力的高度发展和财富源泉的充分涌流联系在一起的。再比如，社会主义的要求和任务之一，是要尽快地发展生产力和满足人们的需要，实现共同富裕。这在马克思主义创始人的著作中，是很明确并做过突出论述的。马克思认为，无产阶级取得政治统治后，要"尽可能快地增加生产力的总量"。马克思说：在新社会制度中，"社会生产力的发展将如此迅速……生产将以所有的人富裕为目的"。③ 这里，把迅速发展生产力作为必要条件，把共同富裕作为目的。

---

① 《马克思恩格斯选集》第 2 卷，人民出版社 1995 年版，第 33 页。

② 马克思：《资本论》第 1 卷，人民出版社 2004 年版，第 683 页。

③ 《马克思恩格斯全集》第 46 卷（下），人民出版社 1980 年版，第 222 页。

搞社会主义不能离开公有制经济。社会主义公有制，是归劳动群众所有的公有制。《资本论》中提出生产资料共同占有，重新建立联合起来的个人所有制。马克思很重视社会主义运动中的所有制问题，并把所有制看做是一定社会制度的基础，主张社会主义实行全社会的公有制。马克思在《土地国有化》一文中，明确提出："生产资料的全国性集中将成为自由平等的生产者的各联合体所构成的社会的全国性的基础"[①]。他指出，生产资料的公有，将彻底消灭劳动和资本的对立关系，并最终消灭工农业中的资本主义生产。实行公有制才能消灭阶级"赖以存在的经济基础"[②]。社会主义实践证明，一些生产力落后的国家建设社会主义，不可能完全实行全社会的公有制，但不能忽视国有制的作用，也不能用资本主义国家的国有制功能来界定社会主义国家的国有制功能。社会主义的国有制经济，是保证社会主义的整体利益、长远利益和全社会利益的必要条件。马克思说："事情必须这样来处理，使社会（即首先是国家）保持对生产资料的所有权，这样合作社的特殊利益就不可能压过全社会的整个利益。"[③] 我国实行公有制为主体、国有经济为主导、多种所有制经济共同发展的基本经济制度。强调国有经济的主导作用十分必要，它对多种形式的公有制经济和多种形式的私有制经济，起一种引导、导向和领导的作用。

马克思还论述了社会主义实行按劳分配，国民经济运行按需要进行计划调节，增强计划性与自觉性、减少盲目性与自发性等问题，还特别论述："社会发展、社会享用和社会活动的全面性，都取决于时间的节省。一切节约归根到底都是时间的节约。……社会必须合理地分配自己的时间，才能实现符合社

① 《马克思恩格斯选集》第 3 卷，人民出版社 1995 年版，第 130 页。
② 《马克思恩格斯选集》第 3 卷，人民出版社 1995 年版，第 129 页。
③ 《马克思恩格斯全集》第 36 卷，人民出版社 1975 年版，第 416 ~ 417 页。

会全部需要的生产。因此，时间的节约，以及劳动时间在不同的生产部门之间有计划的分配，在共同生产的基础上仍然是首要的经济规律。这甚至在更加高得多的程度上成为规律”，[①]这表明，马克思认为在社会主义的共同生产中，合理地进行劳动资源（包括活劳动与物化劳动）配置，节约劳动时间，是比以往社会更为重要的“首要的经济规律”。节约和缩短劳动时间，增加休闲时间，有利于人们从事自己所需要的各种活动，有利于个人的全面和自由的发展。但这首先要以生产力的发展和财富的增长为条件。

总的来说，《资本论》所提供给我们的更重要的是方法论，是世界观。它的某些原理，需要随着时代的发展而发展，不能当做凝固不变的教条。但任何严肃的学者，都会尊重《资本论》的学术地位和生命力。对待马克思的经济思想，要有两方面并重的态度。一方面，要继承、坚持与运用，因为马克思主义既是我们进行革命的理论依据，也是进行社会主义建设的思想指导。另一方面，马克思主义不是静止的，它是不断发展的科学。它不是宗教教义，而是世界观与方法论，它的经济学说首先是研究经济现象、经济利益关系和揭示经济规律的方法。我们要运用马克思主义的立场、观点与方法，研究和分析国内外不断变化与发展的实际经济情况，而不拘泥于他在一定情况下所做的个别论断和具体结论。马克思自己就讲，我们不想教条式地预定未来，我不主张我们树立起任何教条主义的旗帜。因此，我们不能本本主义、教条主义地对待马克思的经济学说。

洪银兴教授等人的新著《〈资本论〉的现代解析》，立足马克思经济原理，又从现代社会经济发展的角度，对马克思的经济思想进行了深入、系统的挖掘和研究。这是一件非常有意

---

① 《马克思恩格斯全集》第46卷（上），人民出版社1980年版，第120页。

义的工作，对我国马克思经济学说的发展是一个很好的推动。洪银兴教授不仅系统地学习和研究过《资本论》，而且系统地学习和研究过西方经济学，同时还一直关注并思索着自20世纪80年代开始的我国经济改革。他思想敏锐、思路开阔、知识面宽，在这样的知识条件与结构和时代背景下，对《资本论》进行现代解析显然是会卓有成效的。

在新的历史条件下，发展马克思主义经济理论，不仅要坚持马克思主义经济理论的基本原理，而且要联系当今社会经济实践来进行理论创新和方法创新。不坚持马克思主义经济原理，就谈不上对马克思主义经济理论的发展；但是，如果脱离现实而一味地从本本上坚持马克思主义经济原理，同样不能说是对马克思主义经济理论的发展。只有将二者有机结合起来，才是真正地发展马克思主义经济理论。《〈资本论〉的现代解析》正是从二者结合的角度做了非常有益的探索。该书是专门挖掘马克思建设新社会的理论和思想的著作，书中所揭示的马克思的相关理论和思想有相当部分是在以往出版的同类著作中没有提及的。该书的结构与内容，不仅考虑到《资本论》本身的逻辑体系，而且考虑到现时代我国改革开放现实的理论需要和现代经济学发展的特征。我相信，读者会对这本源于实践又与《资本论》逻辑紧密联系的著作倍感新颖和兴趣的。

目　录

导　论

实施马克思主义理论研究和建设工程的一个重要方面是，研究并阐发马克思主义经典著作的光辉思想，推动马克思主义中国化、时代化和大众化。

《资本论》是马克思主义的百科全书。它首先是一部伟大的政治经济学著作。它以严密的逻辑揭示了资本主义经济的内在矛盾，科学地阐述了人类社会的经济发展规律，特别是市场经济的一般规律。《资本论》在主要分析资本主义经济的内在矛盾的同时，合乎逻辑地推导出了社会主义社会的某些基本特征和经济规律。在今天，无论是研究现代资本主义，还是搞社会主义建设，都要以《资本论》所阐述的马克思主义经济学原理作为指导思想的理论基础。

马克思在一百多年前发表的《资本论》在今天还适用不适用?《资本论》所阐述的基本理论作为批判资本主义的学说能否用于解释现阶段的资本主义？尤其是能否指导现实的社会主义经济发展？这是对《资本论》生命力的现实考验。确实，现代资本主义经济出现了一些在马克思写作《资本论》时无法预见的新情况和新问题。现实中的社会主义与马克思当年的设想也有差别。《资本论》描述当时资本主义经济的某些现象和个别结论不可能完全准确地说明一百多年后的今天的现实。但是《资本论》的生命力在于提供指南，而不是教条。《资本论》所提供的经济分析的世界观和方法论，以及经济思维的逻辑，在今天仍然具有强大的生命力。

一、对《资本论》解析的宗旨是《资本论》的现代应用

《资本论》是一部伟大的政治经济学著作。《资本论》对马克思主义政治经济学做了全面系统阐述。学习和研究《资本论》可以系统了解马克思主义政治经济学的科学体系，掌握政治经济学的研究方法。对一百多年前出版的《资本论》进行现代解析，目的是解决《资本论》原理的现代应用。其前提是掌握《资本论》的立场、世界观和方法论。

19 世纪中叶，马克思和恩格斯批判地继承了英国古典政治经济学的科学成分，创立了马克思主义的政治经济学。马克思主义政治经济学代表当时作为独立的力量登上历史舞台的无产阶级的利益，对政治经济学做了根本的改造，突出表现在《资本论》中所阐述的如下原理：（1）第一次明确提出政治经济学的研究对象是人与人之间的社会生产关系；（2）首创了生产商品的劳动两重性学说，创立了科学的劳动价值论；（3）建立了科学的剩余价值理论，发现了资本积累的一般规律和历史趋势；（4）揭示了资本主义灭亡和社会主义产生并取得胜利的必然性，并预见了未来的社会主义和共产主义社会的一些基本特征。

马克思写《资本论》的本意是揭示资本主义经济的内在矛盾，揭示资本主义被社会主义代替的历史必然性。从这一意义上说，《资本论》提供了阶级斗争的思想武器。根据这个思路，我们研究《资本论》所要关注的是马克思从揭示商品的内在矛盾开始所展开的一步步矛盾分析，关注其剩余价值理论所揭示的资本主义剥削的秘密和资本主义的掘墓人；关注其资

本积累理论所揭示的剥夺者最终被剥夺的历史趋势；关注其再生产理论所揭示的资本主义社会再生产矛盾；关注其平均利润率下降规律理论揭示的资本过剩和生产过剩及由此产生的周期性危机；关注其剩余价值分割理论揭示的不同职能资本家之间的矛盾，及整个资产阶级与无产阶级的对抗；关注其信用和虚拟经济理论所分析的金融危机形式；关注其股份经济分析所揭示的私有资本转化为社会资本的途径。总之，按照这个思路学习和研究《资本论》可以坚定社会主义取代资本主义的信念。

马克思在创立马克思主义政治经济学时，充分揭示了政治经济学的阶级性。马克思指出，代表资产阶级利益的“政治经济学所研究的材料的特殊性质，把人们心中最激烈、最卑鄙、最恶劣的感情，把代表私人利益的复仇女神召唤到战场上来反对自由的科学研究”。[①] 在这里，马克思公开主张和维护无产阶级利益，为无产阶级和全人类的解放事业服务。他依据劳动价值论，建立了科学的剩余价值理论，发现了资本主义剥削的秘密，由此找到资本主义社会的掘墓人，敲响了资本主义的丧钟。可见马克思主义政治经济学的阶级性包含了鲜明的批判性和革命性。批判性体现在对资本主义剥削的批判和对维护资本主义的资产阶级政治经济学的批判，革命性就在于给无产阶级推翻资产阶级社会提供革命的武器。

马克思主义政治经济学的阶级性，不仅表现在对资本主义批判，还表现在为无产阶级揭示了理想社会。这就是被马克思称为“自由人联合体”的社会主义社会和共产主义社会。马克思在批判资本主义经济关系过程中，对未来社会作了初步构想，反映了无产阶级对未来社会的向往和为之奋斗的决心。在社会主义社会建立起来以后，马克思主义政治经济学又提供建

① 马克思：《资本论》第1卷，人民出版社2004年版，第10页。

设新社会的理论指南，反映广大人民群众的根本利益。

政治经济学的本质属性，在不同历史发展时期有着不同的要求。对旧社会，它是批判的武器；在新社会，它对各种非马克思主义经济学仍然有批判的作用，同时又是建设的指南。社会主义生产的目的就是最大限度地满足人民群众不断增长的物质和文化需要。因此，不断完善生产关系和上层建筑，促进生产力的发展，增进国民财富，达到共同富裕，成为政治经济学研究的使命。这可以说是对《资本论》进行现代解析的基本立场。

对《资本论》做现代解析，需要明确政治经济学所处阶段的任务。政治经济学一般区分为资本主义部分和社会主义部分。这是根据研究对象来区分的。从时间和空间分析，政治经济学的阶段应该划分为：处于资本主义社会的政治经济学和处于社会主义社会的政治经济学。两者均可包括资本主义和社会主义部分。

处于社会主义现阶段的政治经济学与处于资本主义社会的政治经济学的区别，最为明显的是所处的社会环境的变化。作为政治经济学，无论是处在哪个阶段都需要阐述社会性质，分清什么是社会主义，什么是资本主义，都需要坚定社会主义代替资本主义的信念。但是，不同阶段的政治经济学的使命不完全一样。处于社会主义现阶段的政治经济学的使命是要建设所处的社会。作为建设新社会的政治经济学，固然有坚定社会主义代替资本主义信念的要求，但不能限于此。适应我们面临的中心任务和经济背景的特点，学习和研究政治经济学的基本思路是由阶级斗争为纲转向以经济建设为中心。政治经济学面对资本主义社会是阶级斗争的武器，而在当今的社会主义社会则是经济建设的理论指导。政治经济学使命的这种转型，决定了政治经济学范式的变化，即从研究如何推翻资本主义社会转向研究如何建设好社会主义社会，如何调整生产关系、提高社会生产率、增加社会财富、增进社会福利。

以《资本论》为代表的政治经济学是马克思身处资本主义条件下创立的。作为批判旧社会的武器，其批判的目标所指是非常明显的。而现在我们是处于社会主义社会，研究《资本论》的基本思维是，根据《资本论》的逻辑和思维，结合新的发展阶段的实际，寻求建设新社会的理论。事实上，马克思作为历史唯物主义者，他在《资本论》中所做的科学的经济分析同样提供了指导当今建设新社会的光辉思想。

马克思主义政治经济学直接来源的是以亚当·斯密和大卫·李嘉图为代表的古典经济学。他们代表新兴资产阶级的要求，所提出的理论以增进国民财富为目标。马克思在改造古典政治经济学时不但没有抛弃而且进一步发挥了这一方面的内容，主要是在寻求国民财富和价值的源泉及创造者方面进行了改造。当我们建设新社会时，可以从《资本论》中发现系统的增进国民财富的理论。这些正是我们对《资本论》做现代解析的宗旨。

处于社会主义现阶段的政治经济学也要研究资本主义，它所研究的资本主义，不是马克思时代的资本主义，而是与社会主义社会并存的资本主义。服从于建设新社会的要求，它关注资本主义社会和社会主义社会所共有的经济规律的分析。其基本考虑是，无论是资本主义还是社会主义都存在某些共同的经济规律，资本主义和社会主义不仅是时间上继起的两个社会，也是空间中并存的两个社会。许多经济组织、方式、规则和秩序都有相互学习和相互借鉴的趋势。

以《资本论》体系为代表的马克思主义政治经济学是以资本主义为研究对象的，其对社会主义经济关系的某些预测和规定，也包含在其分析资本主义的框架之中。虽然其中的某些预测性规定不能成为今天建设社会主义的教条，但作为行动的指南则是确定无疑的。尤其是当我们对马克思提出这些预测性规定的理论逻辑进行解析时，更能完整地理解其指南作用。对此在《由批判转向建设——论〈资本论〉研究思路的转变》(《南京大学学报（哲社版)》1997 年第 6 期）一文中已有较系统的阐述。

总之，在社会主义条件下的政治经济学，无论是对资本主义的分析还是对社会主义的分析，都是为了促进社会生产力的发展，研究经济规律，研究先进社会生产力发展的方向，研究生产关系适应生产力发展方向的调整。由此得出的政治经济学范畴和原理对现实的社会主义建设就能起到理论指导的作用。

二、根据政治经济学对象和任务的演进解析《资本论》

就研究领域来说，在马克思那里，进入研究视野的生产仅限于物质资料生产领域。在《〈政治经济学批判〉导言》中马克思指出："面前的对象，首先是物质生产。"① 在《资本论》第一卷序言中马克思指出："我要在本书研究的，是资本主义生产方式以及和它相适应的生产关系和交换关系。"② 马克思主义政治经济学，既不同于以流通为对象的重商主义，也不同于仅仅以农业部门为对象的重农主义，也不同于当时以分配为出发点的经济思想。

马克思当时所研究的生产限于物质资料的生产。它反映这样的事实：物质资料的生产是人类社会存在和发展的基础。限

① 马克思：《〈政治经济学批判〉导言》,《马克思恩格斯选集》第 2 卷，人民出版社 1995 年版，第 1 页。

② 马克思：《资本论》第 1 卷，人民出版社 2004 年版，第 8 页。

于当时的生产力水平，服务所占的比例很小，而且服务基本上属于剥削者的奢侈性消费。而经济发展到现代，不仅因服务领域的扩大成为社会财富的越来越大的一部分，服务也越来越多地进入劳动者的消费范围。服务业也就作为第三产业与工业和农业并列。这样，服务领域因其在国民经济中地位的提高而进入了政治经济学研究的范围。当今的政治经济学，虽然也是以生产作为出发点，但这里讲的生产不仅涉及物质资料生产，也涉及服务领域提供服务。马克思关于物质生产领域中经济关系分析的逻辑和方法同样可以用于服务领域的政治经济学研究。这可以说是政治经济学研究领域的与时俱进。

就研究对象来说，毫无疑问，政治经济学的研究对象是生产关系，要对所处的社会作制度性质的规定。当然这是在生产力和生产关系的矛盾运动中研究生产关系。政治经济学无论是处于资本主义阶段还是社会主义阶段概莫能外。传统的研究把生产力发展和滞后的原因归结为姓“社”还是姓“资”。这个理论实际上已经被经济发展的现实所否定。政治经济学要能说明生产力发展和滞后的经济原因，其研究对象就要拓展。政治经济学对经济过程和经济关系的分析，不仅有本质层次的生产关系分析，还有经济运行层次和经济发展层次的分析。在制度分析方面，不限于传统的生产关系性质的分析，特别关注经济运行机制和经济发展机制的分析。实际上这里所讲的经济运行机制和经济发展机制所涉及的也是生产关系层面，所不同的是，它所关心的是现有各种生产关系的配置和组合。如不同所有制如何配置和结合，市场调节和宏观调控如何配置和协调，等等。也正因为政治经济学研究对象有了这种扩展，政治经济学有了活生生的内容，才更为实践所必需。

在社会主义现阶段解析《资本论》，需要根据发展社会主义经济的任务，为当前的经济发展提供三个方面理论：

首先是提供合作和和谐发展的理论。处于资本主义阶段的政治经济学作为推翻资本主义的指导思想所分析的劳资矛盾，及社会主义和资本主义的矛盾是对抗性的。因此，政治经济学成为阶级斗争的学说。而在社会主义初级阶段的政治经济学，虽然也要分析和界定各种所有制经济的性质，但是所有这些经济成分包括各种私有制经济在内都可统一于社会主义现代化建设。尽管社会主义的最终目标是公有制取代私有制，而处于初级阶段的社会主义不但不能提出消灭私有制的任务，还要在很大范围内利用私有制。因此，政治经济学的着眼点不是不同所有制之间的斗争，或者说不是谁战胜谁的问题，而是寻求平等竞争共同发展的有效路径。从一定意义上说，处于社会主义现阶段的政治经济学不是提供阶级斗争的武器，而是提供创造和谐社会的理论。其目的就是要放手让一切劳动、知识、技术、管理和资本的活力竞相迸发，让一切创造社会财富的源泉充分涌流，以造福于人民。

其次是提供遵循经济规律发展经济的理论。政治经济学揭示经济过程的本质联系及其运动的客观必然性，也就是揭示客观的经济规律。根据马克思的分析，在每个历史时期都有它自己的规律："由于这些有机体的整个结构不同，它们的各个器官有差别，以及器官借以发生作用的条件不一样等等，同一个现象就受完全不同的规律支配。……生产力的发展水平不同，生产关系和支配生产关系的规律也就不同。"① 政治经济学研究的科学价值在于阐明支配着一定社会机体的产生、生存、发展和死亡以及为另一更高机体所代替的特殊规律。如果说政治经济学对资本主义的分析突出被社会主义所替代的话，那么对现阶段的社会主义分析，则突出其发展。作为揭示经济发展规

① 马克思：《资本论》第1卷，人民出版社2004年版，第21页。

律的政治经济学更为关注的是发展生产力及适应生产力发展调整生产关系的规律。

经济现象和经济过程本身所固有的、本质的、客观的必然联系即经济规律，同其他自然规律一样，经济规律具有客观性，不以人的意志为转移。就如列宁所说，社会经济形态绝不是“可按长官的意志（或者说按社会意志和政府意志，都是一样）随便改变的”，它的发展是“自然历史过程”，它的发展规律“不仅不以人们的意志、意识和愿望为转移，反而决定人们的意志、意识和愿望。”① 这意味着，人们必须按照经济规律办事。人们的经济行为、国家制定的经济政策、做出的各种经济决策必须符合经济规律的要求，顺应经济规律发展的方向。这是经济决策、经济政策和经济行为达到预期效果的必要保证。

按经济规律办事的前提是认识客观的经济规律。我们通常所说的人们在经济规律面前不是无能为力的，就是说人们能够认识经济规律，并利用它来为人们服务。经济学的任务就是揭示客观存在的经济规律。由经济学揭示的经济规律，就是人们对客观经济规律的认识，它为人们提供认识和利用经济规律的依据和方法。从一定意义上说，人们所认识和利用的经济规律是由经济学正确地揭示的经济规律。

经济规律是在一定的经济条件基础上产生和发生作用的。这里讲的经济条件包括生产力水平、生产关系、市场条件，等等。当某种经济条件不存在时，与之相关的经济规律也就随之消失。由经济规律所依存的客观经济条件所决定，经济规律有三个层次：第一层次是各个社会都共有的经济规律，如生产关系一定要适合生产力性质的规律。第二层次是几个社会所共

① 《列宁选集》第1卷，人民出版社1972年版，第10、33页。

有的经济规律，如存在于几个社会的商品经济的规律，如价值规律、市场竞争等各种市场经济的规律。第三层次是某个社会形态所特有的规律，如在资本主义条件下起作用的剩余价值规律，在社会主义条件下起作用的社会主义经济规律，等等。

第三是提供发展先进社会生产力的理论。马克思主义政治经济学是分析生产力和生产关系矛盾运动的经济学。传统社会主义经济的分析只限于生产关系分析。这可能同斯大林在20世纪50年代发表的《苏联社会主义经济问题》相关。当时雅罗申科提出社会主义政治经济学的主要问题在于探讨和发展社会生产中生产力组织的科学理论。斯大林针锋相对地批评他离开了马克思主义，过分夸大了生产力的作用，因此使政治经济学成为没有经济问题的政治经济学。[①] 在此指导思想下编写的苏联版的政治经济学一直避开对生产力的研究，受此影响，其他的社会主义政治经济学一直按照这种范式编写。由此产生的后果是政治经济学只是研究生产关系的调整，而不是生产力发展问题。岂不知生产力发展本身有内在的规律，政治经济学不研究生产力实际上是放弃了自己对现实的经济建设的指导作用。特别是如果将政治经济学的历史使命定位在社会主义替代资本主义的话，那么现阶段最大的制约性是生产力落后，而不是生产关系的落后。从这一意义上说，政治经济学应该把对生产力的研究放在重要位置。

马克思建立的政治经济学用了很大篇幅研究生产力，例如从简单协作到工场手工业分工再到机器大工业，马克思对每一种生产方式都进行了细致的包含技术层面的分析。同样，分析社会主义经济关系也要依据这个科学的方法。发展社会主义的

① 斯大林：《苏联社会主义经济问题》，人民出版社1961年版，第53～54页。

经济关系归根到底也要依赖生产力的发展。虽然我国尚处于社会主义初级阶段是由较低的生产力水平决定的，但绝不意味着当前所发展的生产力是落后的生产力，而是应该以先进的社会生产力标准来发展生产力。公有制为主体地位的社会主义不是依靠行政的强制，而是依靠其更高的生产力水平、更高的效益支持的。根据马克思的概括，社会生产力的发展来源于三个方面："归结为发挥着作用的劳动的社会性质，归结为社会内部的分工，归结为智力劳动特别是自然科学的发展。"① 先进社会生产力则依赖于这三个方面处于每个阶段的先进水平。

三、根据政治经济学研究方法的演进解析《资本论》

政治经济学的方法是由《资本论》奠定的。与自然科学相比，经济学作为研究现实的社会经济的科学，在方法论上的一个重要特点是，经济学无法通过实验室进行实验。经济学无法进行实验，就需要寻求科学的研究方法。迄今为止的经济学的分析方法主要有两种：一种是哲学思维方法；另一种是数学分析方法。马克思主义政治经济学采用的基本分析方法是哲学思维方法，尽管它也常常用到数学方法。

唯物辩证法是马克思主义的世界观，也是科学的方法论。科学的抽象法就是这种科学方法的运用。马克思说："分析经济形式，既不能用显微镜，也不能用化学试剂。二者都必须用抽象力来代替。"② 马克思在《资本论》序言中说明了他的科学的抽象法："叙述方法必须与研究方法不同。研究必须充分

① 马克思：《资本论》第3卷，人民出版社2004年版，第96页。
② 马克思：《资本论》第1卷，人民出版社2004年版，第8页。

地占有材料，分析它的各种发展形式，探寻这些形式的内在联系。只有这项工作完成以后，现实的运动才能适当地叙述出来。”① 可见，马克思的抽象法包含相互联系的两个科学思维过程：

研究的方法即具体到抽象的方法。就是依据唯物辩证法，对普遍存在具体的经济现象进行分析，撇开次要的因素，从中找出最基本、最一般的东西，并综合它的各种发展形式及其内在的必然联系，阐明经济范畴，揭示经济规律。这种方法就是充分占有材料，加以去粗取精、去伪存真、由此及彼、由表及里，形成概念和理论系统。就像马克思在分析资本主义经济时，面对纷繁的各种具体的资本形式和经济现象，首先利用抽象力，抽象出商品这个最基本最一般的经济范畴。马克思在写作《资本论》过程中，曾经阅读过大量的文献，这可以从《资本论》所使用的浩如烟海的材料上看出来。马克思的这种抽象研究的方法给我们的启示是，解释、认识世界要有抽象思维能力，要有一定的抽象度，搞经济研究更要有思维能力，现象描述不是经济学的基本方法。

叙述方法即抽象到具体的方法。这是依据前一过程的结果，从最一般、最基本的范畴开始，循着由简单上升到复杂的思维过程按抽象到具体的思路建立理论逻辑体系。就像马克思在《资本论》中说明资本主义经济时从商品这个最简单的范畴开始，逐步展开分析货币、资本等越来越复杂的经济范畴。《资本论》三卷的逻辑体系也是这样：第一卷分析资本的直接生产过程，资本表现为资本主义生产方式最抽象的形式；第二卷研究资本在流通中的形式变化，资本已表现为较具体的形式，如单个资本的循环和周转、社会资本的再生产等；第三卷

① 马克思：《资本论》第1卷，人民出版社2004年版，第21～22页。

则研究资本总形式的变化中出现的更具体的形式，如商人资本、生息资本、土地所有权等。

上述两个过程归结起来就是马克思说的："在第一条道路上，完整的表象蒸发为抽象的规定；在第二条道路上，抽象的规定在思维行程中导致具体的再现。"[①] 在说明马克思科学的抽象法时还必须注意以下两个方面：

第一，运用抽象力抽象出的最简单的范畴必须符合所要说明的对象。经济分析的抽象力与经济分析的任务相关。就像对资本主义的分析只能抽象到商品这个最简单、最基本的范畴，而不是再继续抽象到一般的产品、一般的劳动。这就是马克思所说的，"在研究经济范畴的发展时，正如在研究任何历史科学、社会科学时一样，应当时刻把握住：无论在现实中或在头脑中，主体——这里是现代资产阶级社会——都是既与的；因而范畴表现这个一定社会的、这个主体的存在形式、存在规定、常常只是个别的侧面"。[②] 例如商品是资本主义最基本的范畴，包含了最简单的所要分析的资本主义经济关系，而劳动产品不再有资本主义经济关系的特征，由此抽象只能到商品为止。这种抽象分析方法对我们分析现实的经济关系特别是建立某种经济学体系是有重要的参考价值的。

第二，经济分析必须抓住占支配地位的生产关系。在同一个社会中有多种生产关系存在。根据马克思的方法，抽象分析方法的基本要求是针对占支配地位的生产关系进行分析。这就是马克思所说的："在一切社会形式中都有一种一定的生产决定其他一切生产的地位和影响，因而它的关系也支配着其他一

① 马克思：《〈政治经济学批判〉导言》，《马克思恩格斯选集》第2卷，人民出版社1995年版，第18页。

② 马克思：《〈政治经济学批判〉导言》，《马克思恩格斯选集》第2卷，人民出版社1995年版，第24页。

切关系的地位和影响。这是一种普照的光，它掩盖了一切其他色彩，改变着它们的特点。”①

了解马克思的抽象法，不只是为了把握《资本论》的科学体系，更为重要的是提供一种经济分析的方法。这种方法对我们今天分析经济关系特别有用。或者说，就分析经济关系和经济制度来说，到现在为止还没有发现一种方法比《资本论》的方法更科学、更先进。

马克思之所以突出抽象法，原因是，与自然科学相比，经济学无法通过实验室进行实验。这个结论在当时的科学实验条件下可能是准确的。特别是马克思的理论是要以社会主义替代资本主义，根本不可能在资本主义条件下进行实验。经济发展到现时代，在方法论上发生了两大变化：其一，社会主义条件下一些经济研究可以进行试验，例如当年国有企业扩大自主权在四川的试验，改革开放在经济特区的试验，等等。我国改革开放以来不少社会主义经济理论的进展就是从改革开放的试点中得出的结论。其二，电脑的产生及信息技术的发展使一部分（当然不是全部）经济学原理可以利用电脑和信息手段进行模拟、仿真和实验。近年来也产生了一批在实验经济学方面作出贡献的经济学家。这表明政治经济学的许多原理和结论不能单纯依靠抽象法，实验和试点同样可以成为经济学的方法。

传统的政治经济学虽然也用到数量分析和实证方法，但基本的分析方法是定性分析和规范分析，现在，政治经济学遇到方法论的挑战。经济学发展到现阶段，方法论应该与时俱进。包括数学在内的科学研究方法都应该成为重要的研究方法。许多人认为，一门学科只有在使用数学时，才称得上是科学，因

① 马克思：《〈政治经济学批判〉导言》，《马克思恩格斯选集》第2卷，人民出版社1995年版，第24页。

而西方一些经济学文献对经济学科的地位做了高度的评价：如果说数学是自然科学的明珠，经济学则是社会科学的明珠。可以肯定，能够得到数学证明的理论是科学的理论。但不能反过来说，得不到数学证明的理论就不是科学的。这里有两种情况：一方面，现实中许多经济关系是无法量化的。特别是我国的经济关系正处于转型中，经济关系越不规范，越难以量化。另一方面，许多经济学大师最早提出的理论和思想都不是数学方式的，恰恰是后人力图用数学去证明其理论的。实际上，数学作为精密的学科对社会科学领域的创新性思维有时可能会成为一种束缚。

现代经济学使用较多的模型分析方法也是数量分析方法。模型是理论的一种规范化的表述。它通常是对两个或多个变量之间的假设关系的数学表述。实际上，模型分析也是一种抽象分析的方法。所有的模型都是通过去掉一些非本质的部分而使经济问题简单化。就是说，模型以简明的方式展示所提出的问题的重要方面。但是，当我们使用模型这一重要的经济分析工具时，又必须注意到，由于模型做了抽象而过于简单，经济模型和产生模型的理论丢掉了大量的社会、经济和政治的现实性。当用一种经济模型来帮助制定实际的政治或制度性政策时，通常需要重新引入在建立模型时被舍弃的社会、经济和政治的现实因素。

传统政治经济学分析方法的基本特征是规范分析。现代政治经济学在方法论上的一个重要进展是在突出实证分析的基础上采用实证分析和规范分析相结合的方法。实证分析试图在不做出是好是坏的价值判断的情况下分析经济体系的行为和运行，回答所分析的经济对象“是什么”的问题。规范分析则是考察经济行为的后果，并且提出它们是好还是坏，以及这些结果是否可以变得更好的判断，回答“应该是什么”的问题。

现实的经济学因其主要采用其中的某一种方法而区分为实证经济学和规范经济学。但是人们也越来越感到将两种方法合在一起使用，可能更科学。《资本论》在规范分析和实证分析的有机结合上作出了示范。

四、根据马克思主义政治经济学与西方经济学的区别解析《资本论》

当今世界的经济学有马克思主义政治经济学和西方经济学两大体系。研究这两大经济学体系的差别可进一步明确马克思主义政治经济学的学科特点。

对某个经济体的分析可分两个层次：一是本质层次即生产关系层次的分析；二是表层层次的分析即经济运行层次的分析。一般说来，西方经济学偏重于经济现象的描述，根据萨缪尔森的规定，其首要任务是对生产、失业、价格和类似的现象加以描述、分析、解释，并把这些现象联系起来进行系统的分析。而马克思主义经济学偏重于经济关系本质的分析，它研究物与物关系背后的人与人之间的社会关系，研究经济制度的本质规定，特别是注重经济关系运动的规律性分析。它建立的各种经济范畴都反映一定的社会关系。因此马克思主义经济学是对经济关系的本质分析，是对经济问题的深层次分析。而西方经济学是对经济变量的关系分析，是对现实经济现象的描述。当然，偏重经济运行分析的西方经济学，也会涉及经济制度的分析，但它把制度作为分析的前提，着重研究微观和宏观经济运行中各种经济变量之间的关系。偏重生产关系分析的政治经济学也会涉及经济运行，但它对经济运行分析的重点是各种生产关系在经济运行中的配置和调整。

人们一般认为西方经济学是研究资源有效配置的，其效率目标是帕累托最优。研究《资本论》可以发现，它也在研究资源配置，只不过它将资源进一步抽象为社会劳动，资源配置就被界定为社会劳动在各个部门的分配，其配置效率的标准是社会必要劳动时间。这就是马克思所说的："劳动时间的社会的有计划的分配，调节着各种劳动职能同各种需要的适当的比例。"①

对同一个经济现象和经济范畴，西方经济学和政治经济学有不同的研究角度和层次。例如价格范畴，西方经济学根据供给、需求及各自的弹性，描述这些变量之间的关系，说明价格是由供求关系决定的，本质是一种均衡价格。而政治经济学把它界定为是价值的货币表现。价格的运动表现价值规律的作用，价格围绕着价值上下波动。供求平衡的价格就是反映价值的价格，这同均衡价格实际是一致的，区别只在于抽象层次的不同。再如对产业利润、商业利润、利息和地租等分配范畴，西方经济学把它们看做是要素报酬的形式，而政治经济学则界定为剩余价值分割的形式，并由此确定了各自量的界限。显然，这两个理论体系依据各自的研究方法、层次分析经济过程有不同的理论和现实意义，不可替代，因而不能简单地肯定一个否定一个。当然，由于马克思主义的政治经济学涉及的是本质层次的分析、制度层次的分析，因而它应该成为经济分析的指导思想的理论基础。

现在理论界都喜欢运用西方经济学的概念和原理来分析现实经济问题。特别是许多本来就能用马克思主义经济理论说明的问题，硬要用西方经济学来说明，似乎只有西方经济学才能说明，这是不公平的。我国的经济体制在转向市场经济后，许多经济条件与《资本论》分析的经济条件相近。商品货币理论、

① 马克思：《资本论》第1卷，人民出版社2004年版，第96页。

竞争理论、资本积累理论、资本有机构成理论、资本循环和周转理论、社会总产品实现条件理论、平均利润率规律理论、流通费用理论、地租理论、信用经济理论、经济周期理论，等等。对我国现阶段的经济研究和经济实践都有明显的指导作用。

如果不加偏见，我们发现许多西方经济学中所讲的关于市场经济运行的概念和原理所涉及的思想在《资本论》中可以找到。略举几例：

如关于市场调节的内容及其效应，许多人喜欢用亚当·斯密的“看不见的手”的表述，实际上，马克思的分析更为全面而深刻。马克思在《资本论》中区分关于工场手工业分工与社会分工时阐述了市场调节的深层规律和表现形态。其深层的规律是：“不同的生产领域经常力求保持平衡，一方面因为，每一个商品生产者都必须生产一种使用价值，即必须满足一种特殊的社会需要，而这种需要的范围在量上是不同的，一种内在联系把各种不同的需要量联结成一个自然的体系；另一方面因为，商品的价值规律决定社会在它所支配的全部劳动时间中能够用多少时间去生产每一种特殊商品。”其实现形式是：“不同生产领域的这种保持平衡的经常趋势，只不过是对这种平衡经常遭到破坏的一种反作用。在工场内部分工中预先地、有计划地起作用的规则，在社会内部的分工中只是在事后作为一种内在的、无声的自然必然性起着作用，这种自然必然性可以在市场价格的晴雨表式的变动中觉察出来，并克服着商品生产者的无规则的任意行动。”其机制便是社会分工使独立的商品生产者相互对立，“他们不承认任何别的权威……只承认他们互相利益的压力加在他们身上的强制”。[①]

又如产权理论，现在一讲产权人们便讲科斯理论。其实，

① 马克思：《资本论》第1卷，人民出版社2004年版，第412页。

在《资本论》中多处讲的所有权问题就涉及产权问题。第一卷第2章分析交换过程时就指出交换关系实际是所有权的让渡，彼此承认对方是私有者的这种具有契约形式的“法的关系，是一种反映着经济关系的意志关系。”① 第22章分析了商品所有权规律向资本主义占有规律的转化。第23章分析的资本集中和资本积聚的功能实际上分析了科斯所分析的企业代替市场和产权调整的理论。

再如在说明集体劳动的监督问题时人们经常会提到现代企业理论中的队生产理论。其实《资本论》在分析简单协作中的监督管理时就全面分析了现在所讲的“队生产”理论中所分析的特点和监督的必要性：“一切规模较大的直接社会劳动或共同劳动，都或多或少地需要指挥，以协调个人的活动”，“一旦从属于资本的劳动成为协作劳动，这种管理、监督和调节的职能就成为资本的职能。”“在同一资本指挥下共同工作的大量工人也需要工业上的军官（经理）和军士（监工），在劳动过程中以资本的名义进行指挥。监督工作固定为他们的专职。”②

至于现在广泛使用的交易成本概念，在《资本论》第二卷和第三卷所分析的流通费用理论尤其是纯粹流通费用就包含着这种思想。

目前对《资本论》的研究存在着两个偏向：一是用《资本论》中的只言片语批评当前的改革开放政策；二是在没有准确掌握《资本论》思想和方法的基础上随意批判《资本论》。作为经济研究者，学习和研究《资本论》的目的在于两个方面：一是学习和掌握《资本论》的世界观和方法论；二

---

① 马克思：《资本论》第1卷，人民出版社2004年版，第103页。
② 马克思：《资本论》第1卷，人民出版社2004年版，第384、385页。

是学习和掌握《资本论》分析和解决问题的工具。经济学就是要用经济概念和经济范畴来分析问题和解决问题。马克思主义经济学的经济概念、范畴、理论模型很多，在今天仍然非常有用，是我们分析经济问题的重要手段。搞经济研究一定要有分析工具和理论模型。根据经济发展的需要，明确在当前阶段所要保留和运用的《资本论》的经济范畴和原理，本身就是对马克思主义的坚持和发展。特别是，由于社会主义现阶段还是市场经济，《资本论》中所概括的一系列范畴，如资本、市场、资本积累、商品所有权规律、利润、股票、地租、虚拟资本，等等，都可以成为分析社会主义经济的工具。

总而言之，《资本论》不只是批判的武器，也是建设的武器。我们所处的阶段是社会主义初级阶段，国家正在根据发展生产力的任务推进改革开放。研究《资本论》的基本思维，不应该只是当批判家，即用《资本论》中的某些提法作为教条去批判改革开放中的某些做法，而应该当建设者，也就是根据《资本论》的逻辑和思维，根据《资本论》阐述的基本理论对国家的改革开放提出建议，从而以《资本论》的理论和方法的科学应用来证明《资本论》的旺盛生命力。

第一章 《资本论》的结构和方法

从广义上讲，《资本论》共为四卷，前三卷是理论部分，第四卷是历史文献部分。从狭义上讲，《资本论》就是指理论部分的三卷。这里分析的《资本论》的逻辑结构，主要是指《资本论》前三卷即理论部分的逻辑结构。综观《资本论》整体，以劳动价值论为基础，以剩余价值论为核心，从抽象到具体、从本质到现象，形成了前三卷的逻辑体系。从某种意义上说，《资本论》的逻辑可以与马克思在经济理论上的伟大发现相并列。马克思曾经在给恩格斯的一封信中说："你明白，在象我这样的著作中细节上的缺点是难免的。但是**结构**、整个的内部联系是德国科学的辉煌成就。"①

第一节 《资本论》的总体结构

一、《资本论》总体结构的形成

《资本论》是马克思毕生研究经济学的最终成果。马克思从 1843 年开始对经济学关注并进行研究。在 19 世纪 50 年代中期以前，马克思的研究主要是系统查阅和分析资产阶级经济学著作，批判地汲取人类文化发展所取得的全部有价值的因

① 《马克思恩格斯〈资本论〉书信集》，人民出版社 1976 年版，第 202 页。

素。在这个期间，马克思留下了《巴黎笔记》、《布鲁塞尔笔记》、《曼彻斯特笔记》等篇幅巨大的各种笔记，同时还写作了《经济学哲学手稿》、《哲学的贫困》和《雇佣劳动与资本》等早期经济学著作。虽然上述研究成果还尚未形成马克思主义政治经济学体系，但却是《资本论》逻辑体系形成不可缺少的知识准备。

马克思在 1857 ~ 1858 年写作的标题为《政治经济学批判》的手稿是写作《资本论》的标志。在这个手稿中，马克思开始制定《资本论》的概念体系和基本理论。马克思打算在这部著作中研究资本主义生产方式的全部问题，同时对古典政治经济学进行批判。在这一手稿中，马克思制定了政治经济学巨著的写作计划和分篇方法，他说："应当这样来分篇：（1）一般的抽象的规定，因此它们或多或少属于一切社会形式，不过是在上面所阐述的意义上。（2）形成资产阶级社会内部结构并且成为基本阶级的依据的范畴。资本、雇佣劳动、土地所有制。它们的相互关系。城市和乡村。三大社会阶级。它们之间的交换。流通。信用事业（私人信用）。（3）资产阶级社会在国家形式上的概括。就它本身来考察。'非生产'阶级。税。国债。公共信用。人口。殖民地。向外国移民。（4）生产的国际关系。国际分工。国际交换。输出和输入。汇率。（5）世界市场和危机。"①《资本论》的写作计划是一个不断修正的过程。不久，他又拟定了这部著作的具体写作计划。1858 年 2 月，马克思在致拉萨尔的信中写道："全部著作分成六个分册：（1）资本（包括一些绪论性的章节）；（2）地产；（3）雇佣劳动；（4）国家；（5）国际贸易；（6）世界市场。……但是，政治经济学和社会主义的批判和历史整个说来应当

① 《马克思恩格斯全集》第 46 卷（上），人民出版社 1979 年版，第 46 页。

是另一部著作的对象。最后，对经济范畴或经济关系的发展的简短**历史概述**，又应当是第三部著作。”① 这里所说的三部著作是指：1）政治经济学的理论；2）政治经济学的学说史；3）国民经济史。在《政治经济学批判》一书的序言中，马克思写道：“我考察资产阶级经济制度是按照以下的次序：资本、土地所有制、雇佣劳动；国家、对外贸易、世界市场。在前三项下，我研究现代资产阶级社会分成的三大阶级的经济生活条件；其他三项的相互联系是一目了然的。”② 同时，他在写给魏德迈的信中，除了说明把全部政治经济学分为六册外，又进一步具体设想，“第一册：资本，共分四篇。第一篇：资本一般，共分三章：（1）商品；（2）货币或简单流通；（3）资本。第一章和第二章……构成最先出版的一个分册的主要内容。至于第三章《资本》，我要等到重新有了坚实的基础时再出版”。③

大约在1858年2月下旬，马克思中断了《政治经济学批判（1857～1858年草稿）》的写作，以便对自己15年来研究的成果进行总结加工，分册出版。《政治经济学批判》是在1858年8月～1859年1月之间写成的，并于1859年6月出版。这本书除了“序言”外，还刊出小标题：“第一册《资本》”、“第一篇‘资本一般’。”这表明，本书只是原定写作计划的六册书中的第一册的开端。《政治经济学批判》第一分册的正式出版，仅仅是马克思系统地发表自己的经济学著作的开始，他十分珍惜自己的这部著作，他说，这是15年的，即“我一生的黄金时代的研究成果”。④

① 《马克思恩格斯〈资本论〉书信集》，人民出版社1976年版，第124页。
② 《马克思恩格斯全集》第13卷，人民出版社1962年版，第7页。
③ 《马克思恩格斯〈资本论〉书信集》，人民出版社1976年版，第142页。
④ 《马克思恩格斯全集》第29卷，人民出版社1972年版，第546页。

《政治经济学批判》第一分册出版后，马克思曾打算很快写出原计划的第三章，即上述构成《1857～1858 年经济学手稿》的主要内容的“资本”一章，并作为第二分册出版。为此，马克思又重新系统地去研究政治经济学。但是，不久由于其他一些急需要办的事情，马克思暂停了经济理论的研究工作，长达一年半之久，直至 1861 年 8 月，马克思才恢复了经济理论的研究工作。

至 1863 年 7 月，马克思用了两年时间写了一部篇幅很大的手稿。他给这部手稿加的标题是《政治经济学批判》，小标题是“第三章　资本一般”，即《1861～1863 年经济学手稿》。

马克思对政治经济学的进一步深入研究，使他改变了写作这部巨著的原定计划。1862 年 12 月 28 日，马克思在给库格曼的信中写道：“它是第一册（指 1859 年出版的《政治经济学批判》——引者）的续篇，将以《资本论》为标题单独出版，而《政治经济学批判》这个名称只作为副标题。其实，它只包括本来应构成第一篇第三章的内容，即《资本一般》。这样，这里没有包括资本的竞争和信用。这一卷的内容就是英国人称为‘政治经济学原理’的东西。这是精髓（同第一部分合起来），至于余下的问题（除了国家的各种不同形式对社会的各种不同的经济结构的关系以外），别人就容易在已经打好的基础上去探讨了……。”①

1866 年 10 月，马克思在给库格曼的信中写道：“全部著作分为以下几部分：第一册资本的生产过程。第二册资本的流通过程。第三册总过程的各种形式。第四册理论史。第一卷包括头两册。我想把第三册编作第二卷，第四册编作第三卷。”②

① 《马克思恩格斯〈资本论〉书信集》，人民出版社 1976 年版，第 170 页。
② 《马克思恩格斯〈资本论〉书信集》，人民出版社 1976 年版，第 204 页。

在此之后，马克思放弃了出版原定六册书中的第二分册和以下的其他各个分册的计划，决定出版自己的经济学著作——《资本论》，并把已经出版的《政治经济学批判》一书中的某些基本原理，经过进一步加工后也包括到该书的续篇，即后来的《资本论》中去。当然，作为四册的分卷计划前后也经历了一些变动。起初，马克思曾计划把第一、二两册合编为第一卷，把第三册编为第二卷，把最后第四册编为第三卷。恩格斯曾在1892年写的一篇介绍马克思生平的文章中说："第一分册刚出版（指《政治经济学批判》第一分册——引者），马克思就发现他并没有完全弄清楚以后几个分册的基本思想发展中的一切细节；迄今保存下来的手稿是这一点的最好证明。于是他立刻重新开始工作，这样，他没有继续出版那几个分册，而是直到1867年才出版了'资本论。第一册：资本的生产过程'。"① 在1863年8月～1865年底的两年半时间中，马克思又完成了新的、篇幅很大的第三部手稿，即《资本论》理论部分三大卷的第一个详加琢磨的稿本。在这部手稿中，马克思深化并拓展了1861～1863年手稿中尚未得到充分阐述的部分，补充研究了大量的经济文献和技术文献（包括农业、信用与货币流通等）、统计材料、议会文件，但没有包括每篇之后的理论史部分。

马克思根据恩格斯的建议改变了原来同时付印全部著作的打算，决定首先只付印第一册（资本的生产过程），于1867年9月作为《资本论》（副题为《政治经济学批判》）第一卷出版（即德文第一版）。这样，第二、三两册经调整合为第二卷，第四册作为第三卷。马克思在《资本论》第一卷的"第一版序言"中写道："这部著作的第二卷将探讨资本的流通过

① 《马克思恩格斯全集》第22卷，人民出版社1965年版，第398页。

程（第二册）和总过程的各种形式（第三册），第三卷即最后一卷（第四册）将探讨理论史。”①

马克思没能亲手完成《资本论》其余各卷的最后定稿和出版就去世了。恩格斯立即投入对《资本论》手稿的整理、编辑、审订和出版的工作。恩格斯改变了马克思把第二、三册合编为第二卷的原定计划，第二册（资本的流通过程）于1885年7月作为《资本论》第二卷出版，第三册（资本主义生产的总过程）独立作为《资本论》第三卷于1894年12月出版，以上就是《资本论》的理论部分的三大卷，而第四册（剩余价值理论史部分）则相应地由原来计划的第三卷改为《资本论》的第四卷。遗憾的是，恩格斯生前没有来得及做《资本论》第四卷的编辑和出版工作。可见，《资本论》理论观点和逻辑结构的形成，渗透着恩格斯的经济思想，从某种角度讲，是马克思和恩格斯两个人共同劳动的结果。

二、《资本论》三卷的内在逻辑

《资本论》的理论部分是一个逻辑严密、理论完整的政治经济学的科学体系，它由三卷组成：第一卷“资本的生产过程”，第二卷“资本的流通过程”，第三卷“资本主义生产的总过程”。《资本论》三卷之间具有内在的逻辑联系。《资本论》“整本书都是以剩余价值为中心的”。②

在《资本论》逻辑体系中，资本是资本主义生产方式中的核心经济范畴，剩余价值规律是资本主义生产方式中最基本的经济规律，资本同劳动的对立关系是资本主义生产方式赖以运转的轴心。

---

① 马克思：《资本论》第1卷，人民出版社2004年版，第13页。
② 《马克思恩格斯选集》第3卷，人民出版社1995年版，第557页。

《资本论》的最终目的是为充分揭示资本主义生产方式的经济运动规律。因此，《资本论》不仅对资本主义生产方式进行了制度分析，而且对其运行机制也进行了分析。《资本论》不仅揭示了资本主义作为一种特殊的剥削制度的本质、阶级对立和对抗，以及它的历史暂时性质，是资本主义生产方式的“制度论”；而且阐明它作为一种发达的市场经济的实现方式和运行机制，也是这一生产方式的“运行机制论”。

《资本论》第一卷研究的是资本的生产过程，集中研究剩余价值的生产和资本本身的生产。马克思说：“在本书第一册，我们把资本主义生产过程，既作为孤立过程，又作为再生产过程来分析，我们分析了剩余价值的生产和资本本身的生产。”[①] 这是资本主义生产方式的关键所在，因此，马克思首先从直接生产过程来揭露剩余价值的实质及其秘密，即产业资本对无偿劳动的占有，论证了全部资本无非是积累起来的无偿劳动。剩余价值的生产是一个不断的运动过程，也是生产与再生产的统一，资本积累就是“规模不断扩大的再生产”。[②] 因此，资本积累和剩余价值再生产是同一个问题的两个方面，或者说是对资本运动的两个不同角度的规定，前者是从资本这个角度，后者是从剩余价值角度，而其实质是一致的。

《资本论》第二卷仍然是以产业资本为对象，但以流通过程为对象，既考察属于流通的范畴，又从流通角度考察有关生产的范畴。资本不仅是静态的，而且是动态的，资本的本质在于运动。因此，资本所采取的形式也更具体了，除了处在生产领域的生产资本以外，又有处在流通领域的流通资本（商品资本和货币资本）。由于所有单个产业资本的循环周转运动是

① 马克思：《资本论》第2卷，人民出版社2004年版，第391页。
② 马克思：《资本论》第1卷，人民出版社2004年版，第716页。

相互依存、相互制约的，因而它们的相互交错和互为条件就形成了社会总资本的再生产和流通即社会总资本的运动，而资本的流通过程正是起着社会再生产媒介的重要作用。因此，第二卷通过对所有单个资本运动的整体的资本运动过程的考察，揭示了资本流通的规律。马克思通过对社会总资本再生产过程的考察，完成了他关于资本积累和剩余价值再生产的论述，为第三卷对剩余价值各种特殊形式的考察，提供了必要的前提。

《资本论》第三卷以资本主义生产总过程为对象，研究作为生产过程、流通过程和分配过程统一的资本主义生产总过程。《资本论》第三卷研究剩余价值在各种职能资本家（包括土地所有者）之间的分配形式及其数量界限的规律。马克思的理论逻辑从五个层次的概念来规定剩余价值：一是剩余价值；二是利润；三是平均利润；四是平均利润的三种形式，产业利润、商业利润、利息；五是平均利润之外的地租，即超额利润。对于第一个层次，第一卷已经做了论证。因此，第三卷就要从利润开始论证。第一、二卷中谈到的剩余价值，只是它在第一个占有者（即工业资本家）手里的情形。然而在现实生活中，剩余价值仅仅有一部分留在这个第一个占有者手里，其余部分则以各种特殊形式在各个相关的当事人之间进行分配。马克思说："生产剩余价值即直接从工人身上榨取无酬劳动并把它固定在商品上的资本家，是剩余价值的第一个占有者，但绝不是剩余价值的最后所有者。以后他还必须同在整个社会生产中执行其他职能的资本家，同土地所有者等等，共同瓜分剩余价值。因此，剩余价值分为各个不同的部分。它的各部分归不同类的人所有，并具有不同的、互相独立的形式，如利润、利息、商业利润、地租等等。剩余价值的这些转化形式要在第三册里才能研究。”① 在资本主义的现实经济运动的总过程中，却是产业资本（包括工业、矿业、农业、建筑业、交通运输业，等等，而在前两卷中又是以工业资本为代表）、商业资本、借贷资本（银行资本）等等的各自的独立运动及其密切联系与互相竞争，形成错综复杂的经济结构（而且所有这一切资本形式又都和现代地产，即资本主义土地所有制有着不同程度的密切关系）。这些研究工作正是第三卷所要完成的。

马克思曾在《资本论》第三卷的开头，对《资本论》理论部分的三卷之间的逻辑关系有一段精辟的论述。马克思写道，第一卷“研究的是资本主义生产过程本身作为直接生产过程考察时呈现的各种现象……但是，这个直接的生产过程并没有结束资本的生活过程。在现实世界里，它还要由**流通过程**来补充，而流通过程则是第二册研究的对象。……资本主义生产过程，就整体来看，是生产过程和流通过程的统一。至于这个第三册的内容，它不能是对于这个统一的一般的考察。相反地，这一卷要揭示和说明**资本运动过程作为整体考察**时所产生的各种具体形式。资本在其现实运动中就是以这些具体形式互相对立的，对这些具体形式来说，资本在直接生产过程中采取的形态和在流通过程中采取的形态，只是表现为特殊的要素。因此，我们在本册中将阐明的资本的各种形态，同资本在社会表面上，在各种资本的互相作用中，在竞争中，以及在生产当事人自己的通常意识中所表现出来的形式，是一步一步地接近了。”②

《资本论》第四卷按照历史的顺序，对 17 世纪中叶以来

① 马克思：《资本论》第 1 卷，人民出版社 2004 年版，第 651 ~ 652 页。
② 马克思：《资本论》第 3 卷，人民出版社 2004 年版，第 29 ~ 30 页。

的古典政治经济学家有关剩余价值的理论进行了系统的批判。如马克思所说："因为所有的问题都在前三册（即《资本论》第一~三卷——引者）中解决了，最后这一册（即《资本论》第四卷，《剩余价值理论》——引者）大半是以历史的形式重述一遍。"①

第二节 《资本论》各卷的逻辑

一、《资本论》第一卷

《资本论》第一卷揭示了剩余价值规律是资本主义的基本经济规律。第一卷分为七篇，即"商品和货币"、"货币转化为资本"、"绝对剩余价值的生产"、"相对剩余价值的生产"、"绝对剩余价值和相对剩余价值的生产"、"工资"、"资本的积累过程"。

第一篇：商品和货币

本篇研究的只是简单的商品和货币。商品和货币虽不一定是资本，但资本却是商品、货币。马克思说："要阐明资本的概念，必须从价值出发，并且从已经在流通运动中发展起来的交换价值出发，而不是从劳动出发。"② 不分析商品、货币，就不可能知道什么是价值和价值表现，对于资本主义生产过程的价值生产和剩余价值的考察也就不可能进行。

商品生产是资本主义生产的基本特征。马克思说："资本主义生产方式占统治地位的社会的财富，表现为'庞大的商品堆积'，单个的商品表现为这种财富的元素形式。"③ 资本主

① 《马克思恩格斯〈资本论〉书信集》，人民出版社1976年版，第196页。
② 《马克思恩格斯全集》第46卷（上），人民出版社1979年版，第213页。
③ 马克思：《资本论》第1卷，人民出版社2004年版，第47页。

义的一切经济规定都与商品形式和价值规定相联系。离开一般的商品交换和商品流通，也就不可能对商品和货币进行分析。货币本身是流通产生的形式，商品的价值隐藏在交换关系的背后，因此，只有经过对商品交换和商品流通的一般分析，才能揭示商品和货币的本质。此外，劳动力成为商品是资本生产过程的先决条件。要分析劳动力这种商品，首先也要了解商品一般。值得注意的是，第一篇研究的商品不仅是历史上存在的商品，而且也是资本主义经济中现实存在的商品。因此，对简单商品的研究不仅是遵照历史发展的顺序，而且也是研究资本主义的生产关系本身。可见，从理论本身的逻辑来说，第一篇研究商品和货币，研究一般商品交换和商品流通，是与第一卷的研究对象一致的。

第二篇：货币转化为资本

本篇只有一章。之所以作为独立的一篇，是因为它还没有分析生产过程，属于从分析一般商品流通转入分析资本生产过程的过渡篇。这一篇的中心内容，就是劳动力成为商品，货币才能转化为资本。从理论上考察劳动力的买和卖，是分析一般商品流通转入分析资本生产过程的中间过渡环节。一般商品流通所媒介的只是一般的商品生产过程，它必须同时又是资本流通才能媒介资本的生产过程。因此，在分析资本之前，有必要先对一般商品流通向资本流通的转变进行分析。在马克思看来，资本生产过程的先决条件是劳动力成为商品，而商品的买卖是在流通领域进行的，在一般商品流通转变为资本流通的过程中，流通的物质内容包括劳动力。假如流通过程没有由于劳动力买卖而发生性质上的变化，资本的生产过程则是不可能发生的。由此可见，第二篇在第一卷总体逻辑中占有重要的地位。

第三篇：绝对剩余价值的生产

本篇开始分析资本的生产过程，这个分析一直延续至第七篇。绝对剩余价值是剩余价值生产的一般形式。马克思说："绝对剩余价值的生产构成资本主义制度的一般基础，并且是相对剩余价值生产的起点。"① 这正是第三篇考察绝对剩余价值的主要原因。资本家通过流通过程购买到劳动力后，就对这种特殊商品进行消费，即工人的劳动。工人的劳动一方面创造使用价值，另一方面形成新的价值。工人在劳动时间的一定界限内，生产其劳动力的价值，但资本家还要强迫他超出这个界限继续劳动。这个超出生产劳动力价值的必要的劳动时间以外的劳动时间（即剩余劳动时间）所生产的价值，便是剩余价值。所以，剩余价值是由工作日绝对延长到必要劳动时间之上而产生的。从历史的角度来分析，"资本并没有发明剩余劳动。凡是社会上一部分人享有生产资料垄断权的地方，劳动者，无论是自由的或不自由的，都必须在维持自身生活所必需的劳动时间以外，追加超额的劳动时间来为生产资料的所有者生产生活资料"。② 这就是说，历史上的一切掠夺都是通过把劳动者的劳动时间强行延长到必要劳动时间以上来实现的，所区别的只是掠夺剩余劳动的不同形式。

第四篇：相对剩余价值的生产

相对剩余价值与绝对剩余价值一样，都是来源于工作日超过必要劳动时间。相对剩余价值生产是通过缩短必要劳动时间获得的，缩短必要劳动时间有两个基本的办法：提高劳动生产率和劳动强度。因此，第四篇较多地分析了生产力问题。

尽管两种剩余价值生产的本质是相同的。但是，它们仍存在区别。（1）从剩余价值生产的层次来说，绝对剩余价值生产是剩余价值生产的一般形式，相对剩余价值生产则不是，二

① 马克思：《资本论》第 1 卷，人民出版社 2004 年版，第 583 页。
② 马克思：《资本论》第 1 卷，人民出版社 2004 年版，第 272 页。

者不是两个并列的问题。因此，第三篇研究的关于剩余价值生产的一般原理同样适用于第四篇。（2）从剩余价值生产的方法来说，绝对剩余价值生产是相对剩余价值生产的理论前提和出发点。从历史发展来说，绝对剩余价值生产也先于相对剩余价值生产，两者体现了资本主义生产的不同发展阶段，体现了资本家为了追求相对剩余价值而推动的生产方式的变革。

第五篇：绝对剩余价值和相对剩余价值的生产

本篇既是从两种剩余价值生产统一的角度对资本的生产过程的考察，又是对前三、四两篇分析进行的综合，进一步说明资本主义生产的本质以及劳动力价格和剩余价值量的变化规律。第三篇和第四篇，都只分析剩余价值生产中的一种特殊形式。然而，现实的资本生产过程是绝对剩余价值生产和相对剩余价值生产相结合的过程，剩余价值的绝对量和相对量的变化也是由有多种因素相结合的作用引起的。因此，这就需要分析绝对剩余价值生产和相对剩余价值生产之间的内在关系，分析劳动力价值和剩余价值量之间相互变化的规律，从理论上再现现实剩余价值的生产过程。可见，第五篇的安排是逻辑上的必然。

第六篇：工资

本篇所分析的工资虽属分配范畴，但首先是在生产形式上出现的，也就是说，既是分配问题，也是生产问题。马克思把生产与分配联系起来而不是孤立地考察分配。工资的实质是劳动力的价值或价格。工人劳动时间的一部分生产劳动力的价值，劳动时间的另一部分生产剩余价值，为资本家无偿占有。所以，工人生产的全部价值分为劳动的力价值和剩余价值两个部分。从这个意义上说，工资和剩余价值是新创造的价值在工人和资本家之间的分配或分割。第六篇的内容实际上是剩余价值理论的一个组成部分。

本篇所分析的工资不是马克思工资理论的全部。在第一卷中还有多处涉及工资理论，如第四章中关于劳动力价值的分析；第十五章中关于劳动力价格和剩余价值的相互关系的分析；第七篇中关于工资运动规律的分析，都是工资理论的重要内容。

第七篇：资本的积累过程

本篇研究资本的积累过程，即剩余价值转化为资本或资本主义扩大再生产的过程。马克思说："不管生产过程的社会的形式怎样，生产过程必须是连续不断的，或者说，必须周而复始地经过同样一些阶段。……因此，每一个社会生产过程，从经常的联系和它不断更新来看，同时也就是再生产过程。"①第七篇只考察直接生产过程本身的更新，在这里已经假定了资本按照正常方式完成流通过程。之所以做这样的假定，是因为构成资本生产过程先决条件的两种流通，劳动力买卖和一般商品流通，都已经分析过了。剩余价值生产由于积累而不断扩大的过程是第七篇的分析重点。第七篇从资本积累的内在联系的角度，对资本主义社会所存在的一边生产过剩、一边人口过剩；一边财富积累、一边贫困积累的现象进行了分析，认为这是资本主义积累规律作用的必然结果，从而论证了资本主义生产方式不是自然的绝对的生产方式，而是历史的暂时的生产方式，必然为更高级的生产方式所代替。

第七篇与《资本论》第二卷都是研究再生产，但二者存在着区别。第七篇研究再生产过程的生产阶段，而第二卷则从流通过程研究再生产实现的条件，是联系资本生产过程来研究流通过程的。第七篇的双重逻辑作用表现为：一方面，从《资本论》总体逻辑来看，承上启下，把第一卷和第二卷逻辑

① 马克思：《资本论》第1卷，人民出版社2004年版，第653页。

地联系起来，对资本生产过程的分析逻辑地过渡到对资本流通过程的分析；另一方面，从《资本论》第一卷的逻辑来看，它是资本活动史的理论分析终点，也就是说，第一卷本身就构成了阐明资本产生、发展和灭亡的独立理论体系，如马克思所说："第一卷已经是一个完整的部分。"①

二、《资本论》第二卷

《资本论》第二卷的总标题"资本的流通过程"表明了第二卷的研究对象。第二卷是在第一卷研究资本生产过程的基础上研究资本流通过程的，也可以认为，这个流通过程是作为对直接生产过程的补充进行研究的。

第一篇：资本形态变化及其循环

本篇研究的直接对象是："资本在不同阶段所具有的不同形式"，以及"它在反复循环中时而采取时而抛弃的不同形式"。② 资本在运动中采取三种不同的形式：货币形式、生产形式和商品形式。资本不断采取一种形式又抛弃这种形式；不断地变换形式并在每一种形式中执行相应的职能。这种顺次进行形态变化的资本运动，采取了周而复始地反复循环的形式。第二卷不仅在内容上而且在形式上都是第一卷的继续。第一卷是以单个产业资本的生产过程作为对象的，同样第二卷第一篇也考察单个产业资本的循环运动。产业资本运动总是从一种资本形式开始，顺次经过三个阶段，经历三次形式变换，最后又回到出发点时的资本形式。实际上，产业资本在连续不断的循环中，每一种职能形式都既是出发点，又是复归点，因此有三种形式的循环，即货币资本的循环，生产资本的循环，商品资

① 《马克思恩格斯〈资本论〉书信集》，人民出版社 1976 年版，第 284 页。
② 马克思：《资本论》第 2 卷，人民出版社 2004 年版，第 32 页。

本的循环，都是第一篇考察的对象。

第二篇：资本的周转

本篇的研究把资本循环当作周期性过程来考察，目的是说明周转对剩余价值形成的影响。马克思说："资本的循环，不是当作孤立的行为，而是当作周期性的过程时，叫做资本的周转。"① 因此，第二篇主要研究两个问题：一个是影响资本周转速度的因素；另一个是资本周转对资本价值增殖的影响。资本周转速度的快慢，对剩余价值的生产和实现具有直接的影响。在付出同样多的预付资本的情况下，资本周转速度越快，带来的剩余价值也就越多。

第三篇：社会总资本的循环运动

本篇在前两篇研究单个资本循环运动的基础上，研究整个社会资本的循环运动，简而言之，本篇就是社会再生产的理论。马克思说："现在，我们就要考察作为社会总资本的组成部分的各个单个资本的流通过程（这个过程的总体就是再生产过程的形式），也就是考察这个社会总资本的流通过程。"② 马克思认为，要使社会再生产能够顺利地进行，生产资料生产和消费资料生产之间必须保持适当的比例关系，使社会再生产从物质方面和价值方面都得到补偿。因此，社会再生产的核心是实现问题，归根到底是社会再生产如何按比例发展的问题。

社会资本的循环或再生产是各个单个资本循环或再生产的总和。各个单个资本循环运动形成社会资本循环运动的各个环节，而社会资本循环运动则是在这各个环节的互相联系和交错中实现的。也就是说，社会资本循环不是独立于单个资本循环之外的运动，它是各个单个资本循环互相联系互相交错的总和

① 马克思：《资本论》第2卷，人民出版社2004年版，第174页。
② 马克思：《资本论》第2卷，人民出版社2004年版，第392页。

本身。在单个资本循环中，一次生产过程和下一次生产过程的连接，是以流通为媒介的，因此，各个单个资本循环之间的联系和交错，自然也是在流通中实现的。研究社会总资本的运动，就要研究各个单个资本之间的流通过程的总体。“这个过程的总体就是再生产过程的形式”。①

三、《资本论》第三卷

《资本论》第三卷考察资本主义生产总过程，这一卷要“揭示和说明**资本运动过程作为整体考察**时所产生的各种具体形式。”② 这就是说，不仅仅是研究产业资本，而且要研究资本的各种形式，诸如商业资本、借贷资本（包括银行资本）以及介入总过程的资本主义土地所有制，等等。

第一篇：剩余价值转化为利润和剩余价值率转化为利润率

本篇研究剩余价值转化为利润和剩余价值率转化为利润率“两个转化”。本篇是《资本论》由第一、二两卷到第三卷的承前启后的枢纽。马克思考察的这两个转化，是从分析成本价格、利润和利润率等三个经济范畴开始的。本篇的中心问题，是考察在单个产业部门的范围内各个企业的单个资本（或个别资本）每周转一次的利润率，即个别利润率的形成过程，以及决定和影响这种利润率发生变动的各种因素。

与前两卷一样，本篇也是以产业资本为考察对象的。虽比剩余价值更接近现实，但这里仍是作为抽象的一般利润，即剩余价值的单纯转化形式。在绝对量上，利润与剩余价值相同，只是性质不同，因此，第一篇的分析与前两卷一样是建立在一定的假设前提之上的：第一，商品按其生产时所耗费的社会必

① 马克思：《资本论》第2卷，人民出版社2004年版，第392页。
② 马克思：《资本论》第3卷，人民出版社2004年版，第29页。

要劳动时间或所含价值量（即社会价值）进行买卖，价格与价值吻合，供求也是一致的；第二，流通还没有独立开来，不存在其他种类的资本（商业资本、借贷资本等）；第三，各个产业资本家都实现并占有该企业雇佣工人所生产的全部剩余价值或利润。

第二篇：从利润率的平均化到平均利润的再转化

本篇进一步考察同时并列的各个产业部门的不同利润率，由于部门之间的竞争而导致的平均化，即各个不同的或特殊的利润率如何转化为平均利润率或一般利润率。由于利润转化为平均利润是以利润率转化为平均利润率为前提的，而且利润转化为平均利润以后，单个产业部门所生产的剩余价值与其所实现的平均利润在数量上就不一致，从而价值就转化为生产价格（=成本价格+平均利润）。所以，这一篇的中心内容是平均利润和生产价格的形成，实际上分析了三个转化：（1）利润率转化为平均利润率；（2）利润转化为平均利润；（3）价值转化为生产价格。但从社会总和来说，由于个别的离差会互相抵销，所以平均利润的总和等于剩余价值的总和，从而生产价格的总和等于商品价值的总和。

因为利润率是在同一生产部门内部首先实现平均化的，由于在同类商品的不同生产者之间存在竞争，从而使不同的个别价值转化为同一的社会价值或市场价值，结果各个企业不同的个别利润率形成该生产部门的特殊利润率，然后又在不同生产部门之间通过竞争和资本流动而进一步平均化，这样就形成了社会总资本的利润率。由于上述过程必然导致资本在不同部门之间的转移，引起社会总资本在不同部门之间的分配比率的变化，结果会引起一般利润率的变化。因此，第三篇又对商品供求关系的变动、市场价格与市场价值的关系以及资本家的超额利润的形成等一系列重要问题进行了进一步的探讨。

从逻辑上看，第一篇分析的是剩余价值和商品价值转化的第一阶段，它们在量上是一致的，而在质上是不同的。第二篇则是进一步研究这种转化的第二阶段或再转化，此时，它们在量上也是不同的。第二篇所阐述的平均利润与生产价格理论在第三卷的逻辑中处于极端重要的地位，因为只有理解了这一理论，才能进一步掌握第三卷以下各篇丰富的内容。

第三篇：利润率趋向下降的规律

本篇是本卷第一、二两篇的继续与扩展，研究利润率的趋势。在资本主义社会，利润率存在趋向下降的规律，这是以发展劳动生产率为手段追求资本增殖的必然结果。从第三篇与第一卷的联系来看，它是第一卷第七篇“资本的积累过程”，特别是对其中第二十三章“资本主义积累的一般规律”中关于资本有机构成不断提高趋势的理论继续；从第三篇与第二卷的联系来说，它是第二卷第三篇社会总资本的再生产和流通的继续。

本篇将利润率趋向下降的规律作为资本主义积累的一般规律的另一种表现形式来深入地加以考察，从而进一步揭示了资本积累过程中资本主义生产方式所固有的各种矛盾。利润率趋向下降的规律是在资本主义生产关系下社会生产力发展的一种表现形式，因此，这个规律的内部包含着资本主义基本矛盾。随着生产力的发展，在积累和扩大再生产过程中，一方面是利润率的下降，另一方面又是利润量的增加。资本主义生产方式是以提高生产力为手段，而另一方面，它的目的是保存现有资本价值和最大限度地增殖资本价值。“手段——社会生产力的无条件的发展——不断地和现有资本的增殖这个有限的目的发生冲突。”①

① 马克思：《资本论》第3卷，人民出版社2004年版，第279页。

第四篇：商品资本和货币资本转化为商品经营资本和货币经营资本

本篇分析商业资本，即商人资本。在此以前的分析均以产业资本作为考察对象，并假定流通过程的一切职能由产业资本家自己经营。本篇则把商业资本作为独立的资本与产业资本相对立，把商业利润当做剩余价值的特殊形式与产业利润相对立，把商业资本家与产业资本家相对立，分析不同资本家之间瓜分剩余价值问题。由于商业资本参与了利润率的平均化，从而使一般利润率和生产价格取得更接近于现实的形式。

商业资本的运动是产业资本运动中的流通资本的独立化。商业资本在流通领域专门从事商品购销活动和执行实现商品价值与剩余价值的职能，这是产业资本整个循环周转运动中不可或缺的重要环节。商业资本单独地投资去进行经营活动，必然要求参与利润平均化的过程，实现同资同利。于是，除了产业资本不同部门之间的竞争以外，又出现了产业资本同商业资本之间的竞争（当然还有商业资本相互之间的竞争），从而出现了同产业利润相并列的商业利润，二者都属于平均利润的范畴。不过，商业资本又具有不同于产业资本的特性，因为它是只分享利润而不参加利润生产的资本，这样，前面关于产业资本的研究就不适用于商业资本，而必须进一步完善，只有包括产业资本和商业资本在内的社会总资本计算的利润率，才是充分平均化了的完成形态的平均利润率，即社会的一般利润率。以此为前提形成的生产价格，才是完全形态的生产价格。这样，关于平均利润率和生产价格范畴的进一步拓展和深化与资本主义再生产现实的吻合就更进了一步。

第五篇：利润分为利息和企业主收入

本篇是《资本论》中篇幅最大、内容最复杂的一篇。在此以前的各篇对职能资本的分析抽象掉了资本主义信用制度，因此，本篇就有必要进一步研究资本整体运动过程中的又一个具体形式——生息资本，包括与此相联系的平均利润进一步分解为利息和企业主收入，以及作为产业资本与商业资本的上层建筑的生息资本及其运动形式的信用制度发展的各个阶段。由货币资本到生息资本的轨迹是由高利贷资本到借贷资本，再到银行资本、股份资本、虚拟资本等。随着资本主义的发展，它们的形式日益复杂、作用日益增大。

生息资本虽然也是产业资本的衍生形式，但它却不是职能资本，它要经过放贷才转化为职能资本。同一资本（不是两个资本），在生息资本家手里，它是作为所有权的资本，它转到职能资本家手里便作为使用权的资本。它只有在使用时才能带来平均利润，而作为所有权又有权分割平均利润，于是，平均利润分割为利息和企业利润。显然，生息资本对其所有者所带来的利息只不过是对产业资本（或商业资本）所取得的年平均利润的直接扣除，因而是一种派生收入。生息资本又发展为银行资本和虚拟资本。这些资本的积累大大超过现实资本的积累，并促进现实资本的积累。生息资本的运动也就以职能资本的运动为基础，并反作用于职能资本的运动。

信用是资本主义生产与流通的强有力杠杆。信用包括商业信用和银行信用。银行作为借贷中介，具有操纵或控制社会货币资本运动的能力，因此，在商品经济运行中占有重要的地位。不过商业信用“是信用制度的基础”。[①]“随着商业和只是着眼于流通而进行生产的资本主义生产方式的发展，信用制度的这个自然基础也在扩大、普遍化、发展。”[②] 由于借贷资本的运动和资本主义信用制度、银行制度的发展，导致了资本所

① 马克思：《资本论》第3卷，人民出版社2004年版，第542页。
② 马克思：《资本论》第3卷，人民出版社2004年版，第450页。

有权与资本使用权的分离和货币资本家与职能资本家的分离，从而使平均利润也相应地分割为利息（作为资本所有权的产物，归货币资本家所有）和企业主收入或企业纯利润（作为资本使用权的产物，归职能资本家所有）。这种纯粹量的分割还会导致质的分割，即便使用"自有"资本，也会同样对平均利润实行量的分割。

第六篇：超额利润转化为地租

本篇通过对资本主义地租的分析，揭示土地所有者凭借土地私有权参与瓜分剩余价值的经济关系。马克思认为，由于土地所有权的存在，有必要"考察资本投入农业而产生的一定的生产关系和交往关系。"① 否则，对资本的分析是不完全的。

土地所有权的经济价值就在于凭它可以取得地租，或者说，"地租是土地所有权在经济上借以实现即增殖价值的形式。"② 在资本主义条件下，存在着土地私有权的垄断，产业资本家要投资于农业或矿业，必须事先向土地所有者租赁土地。因此，租地农业资本家既要向土地所有者交纳地租，又要能够取得和其他产业部门的资本家相同的平均利润，否则他就不可能去投资进行农业生产经营活动。土地的所有权和使用权两权合一会取得超额利润；两权分离后，所有权使超额利润转化为地租，使用权则取得新增的超额利润。如同平均利润是剩余价值的分配形式一样，超额利润也是剩余价值的分配形式。这个超额利润则由土地产品的特殊价值规定所决定。这是生产价格的完成形式，是市场价格波动的实际中心。谁占有土地谁就可以占有这份收益。虽然商品经营者通过商品价格最先取得这份超额利润，但不是最后占有者。土地所有权会使它以地租

① 马克思：《资本论》第3卷，人民出版社2004年版，第694页。
② 马克思：《资本论》第3卷，人民出版社2004年版，第698页。

形式转入土地所有者手中。地租有多种形态——级差地租、绝对地租和垄断地租。地租资本化就进一步转化为土地价格。

马克思在本篇中所阐述的地租理论可以看成是他的劳动价值与剩余价值理论、平均利润与生产价格理论在资本主义农业中的具体运用。

第七篇：结语：各种收入及其源泉

本篇是第三卷的结语，也是全书理论部分的结语。遗憾的是，这一篇没有最后完成，只留下了一个纲要。恩格斯在1895年3月给阿德勒的信中写道："第七篇很精彩，遗憾的是只有一个骨架，而且叙述还带有失眠症的明显痕迹。"①

本篇的主题是考察资本主义社会中的各种收入及其最终来源。在商品生产总过程中，各种收入的源泉是劳动创造的新价值。新价值之所以采取各种收入的形式（分配形式或分配关系）是由生产形式（生产关系）所决定的。同时，生产关系又要由分配关系来实现。"分配关系不过表现生产关系的一个方面"，②"分配关系被认为是自然的关系，是从一切社会生产的性质，从人类生产本身的各种规律产生出来的关系。"③

马克思在本篇中分析、批判了西方古典经济学家的"三位一体公式"，即"资本—利润（实际上是资本—利息）、土地—地租、劳动—工资"的理论，并进一步研究资本主义社会的各种收入及其源泉。社会每年投入产业部门的活劳动分为两大部分，即必要劳动和剩余劳动。在商品生产总过程中，活劳动创造的新价值就相应为补偿可变资本的部分加剩余价值V + m。这个新价值作为收入来讲，就是V转化为工资，m分割为利息、企业利润和地租。工资、利息、企业利润和地租等

① 《马克思恩格斯〈资本论〉书信集》，人民出版社1976年版，第582页。

② 马克思：《资本论》第3卷，人民出版社2004年版，第1000页。

③ 马克思：《资本论》第3卷，人民出版社2004年版，第993页。

各种收入的源泉只能是新价值 V + m，而价值的惟一源泉又是劳动。总是先有价值的创造，然后才有价值可供分配。实际上，资本主义社会的各种收入，都是雇佣工人的劳动所创造的价值转化而来的。把工人劳动所创造的新价值，在劳动者和不同剥削集团之间进行分配，这体现着一定的分配关系。因此，恩格斯曾说过，《资本论》"第三卷所阐述的就是剩余价值的分配规律。"①

第三节 《资本论》的方法

一、继承与批判的研究方法

对旧理论体系的批判，是继承古典政治经济学的开始，也是《资本论》经济理论体系形成的起点。马克思正是在对西方古典政治经济学的批判、继承与改造的基础上，建立了科学的政治经济学的理论体系。

古典政治经济学的理论体系是古典政治经济学家对资本主义经济活动的认识。由于理论本身就是现实经济矛盾的反映，而且研究的人有着不同的角度和不同的方法，因此，古典政治经济学理论体系本身存在的问题是难以避免的。马克思对政治经济学的研究，不论是继续对资本主义经济活动的认识，还是发展政治经济学，都必须对古典政治经济学理论进行批判和继承。马克思与古典政治经济学家一样，研究的对象都是资本主义生产方式。对资本主义生产方式进行研究，不仅要认识现实，而且必须对它的历史进行研究。批判古典政治经济学理论存在的问题，就要研究历史、探讨现实矛盾的来源。通过批判

① 《马克思恩格斯全集》第 22 卷，人民出版社 1965 年版，第 511 页。

可以把对现实问题的研究与历史的探讨结合起来，从而全面、深入地认识资本主义经济运行规律。

“批判”是马克思理解和掌握政治经济学这门科学，并在理解和掌握中发现其内在的矛盾，逐步形成新的理论的研究方法。马克思在大学阶段学的是法律，后来研究哲学，在政治经济学上是个自学者，因此，他不可能像学习法律那样到大学的课堂上去听教授们的讲授，为了全面理解和掌握这门学科，他充分发挥了自己的思维能力，用一种特殊的自学方法来学习政治经济学。马克思所具有的深厚哲学功底、鲜明的价值取向和强烈的历史责任感，决定了马克思在开始学习政治经济学的时候，具有批判的态度和批判的方法。马克思的批判方法主要体现在对古典经济理论的批判上，他以惊人的速度和深度掌握了古典政治经济学的成果，并发现了这一体系的缺陷。马克思对古典政治经济学概念的批判，不仅表现在研究的开始阶段，而且贯穿于他政治经济学研究的全过程。

发现矛盾是批判古典政治经济学理论体系的主要内容，但不是批判的目的。批判古典政治经济学理论的目的，在于对古典政治经济学理论体系的深入认识中，揭示矛盾和探寻解决矛盾的方法。马克思对古典政治经济学家的批判，最突出的表现在他对李嘉图理论体系矛盾的揭示上。李嘉图在《政治经济学及赋税原理》一书中规定的概念及理论体系，是古典政治经济学对资本主义生产方式本质的深刻揭示。在《政治经济学及赋税原理》中，最抽象的基本概念是价值，然后通过演绎依次规定了地租、工资、利润、积累、利息等一系列概念。对于李嘉图的理论体系，马克思是非常重视的，在《资本论》一、二、三卷中，都可以看到对李嘉图理论体系的批判。通过批判研究，马克思发现，不仅各具体概念，而且李嘉图的价值概念本身也有缺陷。马克思认为，这些具体概念所反映出来的实际生活中的矛盾，不能从价值概念的直接演绎中得到说明，也不能从其早期提出的异化劳动概念中得到说明。因此，马克思在批判、改造的基础上，重新规定古典经济理论中的价值、工资、利润、地租、利息等概念，建立新的经济理论体系。

马克思对古典政治经济学的批判，是建立在辩证唯物主义哲学基础上的。辩证唯物主义不承认任何凝固不变的东西，它论证和揭示客观现实矛盾，但绝不为这些矛盾辩护。辩证唯物主义认为，理论是现实的反映，而现实是不断变化的，理论必须随着现实的变化而发展。任何理论不可能一劳永逸，因为现实不可能停滞。古典经济理论是特定历史条件中的产物，其形成有一定的必然性。因此，对古典经济理论的批判要从现实的历史演变中，从现实矛盾的变化趋势中来展开，这也表明科学的批判方法不可能与继承方法相分离。

二、研究和叙述的抽象法

唯物辩证法是马克思主义的世界观，也是科学的方法论。科学的抽象法就是这种科学方法的运用。马克思在《资本论》序言中说明了他的科学的抽象法："在形式上，叙述方法必须与研究方法不同。研究必须充分地占有材料，分析它的各种发展形式，探寻这些形式的内在联系。只有这项工作完成以后，现实的运动才能适当地叙述出来。"① 可见马克思的抽象法包含相互联系的两个科学思维过程。这两个过程归结起来就是："在第一条道路上，完整的表象蒸发为抽象的规定；在第二条道路上，抽象的规定在思维行程中导致具体的再现。"② 就具

① 马克思：《资本论》第1卷，人民出版社2004年版，第21～22页。

② 马克思：《〈政治经济学批判〉导言》，《马克思恩格斯选集》第2卷，人民出版社1995年版，第18页。

体到抽象的研究方法来说，抽象的对象、范围要以现实存在的经济活动来界定。经济活动本身是客观的，不以人的思维而改变的。不过，人的思维中各种形式的组合能够认识和把握客观存在的经济现象。材料的收集和占有，是不可能脱离研究的目的和思维进程的，也就是说，它并非随意的，而是有选择的。抽象思维与现象材料的收集和占有，是互相制约的。以充分的现象材料为依据，进行抽象，进而达到对本质的认识，这是抽象方法的一个基本要求。

马克思在进行抽象的过程中，是以充分的事实材料为依据的，《资本论》中的每一个概念，都是从现象材料的不断抽象、概括中得出的。马克思收集并进行实证分析的现象材料包括报纸、政府的经济情报、工厂视察员的报告，等等。马克思非常重视从官方和非官方的各种渠道收集资料，并且不厌其烦地做各种摘录。比如为了写《资本论》第一卷第三、四、五篇中关于剩余价值生产的内容，他翻阅了几乎大英博物馆收藏的全部工厂视察员的报告书，以及议会中有关的记录。马克思《资本论》中关于地租的分析，几乎还全是依据英国的材料。随着研究的深入，他逐渐发现了这些材料的局限。为了克服这一局限，他通过丹尼尔逊等人，收集了大量的俄国方面的土地和地租材料。在关于货币、流通和再生产、利润、平均利润等所有问题的研究中，马克思也采用了同样的研究方法。正是在占有和收集现象材料的基础上，运用实证方法进行分析，马克思才为抽象的理性思维创造了必要的现象材料，从而进行有效的科学抽象。

抽象思维的结果，是从对大量现象材料的比较、分类、归纳、分析、综合等一系列抽象思维活动中得到的，是对现象背后本质联系的概括。而要达到这样的目的，必须从大量的现象材料中选择典型材料进行直接说明，来验证各种概念和原理。

更重要的是能够使那些难以接受的专业术语和枯燥的推论，变成人们能够感受的具体事实的生动解释，成为人们可以普遍接受的道理。

从抽象到具体的叙述方法主要是要形成理论体系，把许多规定性的具体，按一定的逻辑顺序，在思维的行程中复制出来。当然，这个上升过程必须依据对象的内在结构。

在《〈政治经济学批判〉导言》中，马克思详细地阐述了抽象上升到具体的方法。他认为，政治经济学的理论体系的逻辑进程不应该是"从实在和具体开始"，而应当是从抽象上升到具体。如果把具体作为起点，就会在逻辑分析中"达到越来越简单的概念"，"越来越稀薄的抽象"直到"一些最简单的规定"。①

马克思的从抽象到具体的叙述方法有严格的逻辑。就如他说的："从抽象上升到具体的方法，只是思维用来掌握具体并把它当作一个精神上的具体再现出来的方式。但决不是具体本身的产生过程。"②《资本论》的逻辑固然要以资本作为中心范畴，但不能把资本作为逻辑起点。因为资本本身就需要论证和说明。"资本，如果没有雇佣劳动、价值、货币、价格等等，它就什么也不是。"③ 资本就会成为不可理解的具体。因此，要揭示资本这个具体丰富的许多规定的全部内容，科学的方法就是按照商品—货币—资本这样的上升路线，从资本主义财富的元素形式——商品出发，才能把构成资本总体的各个环节和内部结构复制出来。《资本论》第二卷分篇的顺序也表现为从抽象上升到具体的结构，第一篇把循环当作孤立行为来考察，是抽象的研究；第二篇把同一循环放到资本不断运动的系列

① 《马克思恩格斯全集》第46卷（上），人民出版社1979年版，第37页。
② 《马克思恩格斯全集》第46卷（上），人民出版社1979年版，第38页。
③ 《马克思恩格斯全集》第46卷（上），人民出版社1979年版，第37页。

中，当作周期性的过程来考察，就比较具体了。但是，从社会的角度来看，第二篇的研究和第一篇一样抽象，因为各个单个资本的循环运动都是孤立的，没有表示出互相的联系和交错。因此，从第一、二篇过渡到第三篇，亦即从单个资本循环的研究过渡到社会资本循环的研究，表现为从抽象上升到具体的过程。

抽象不是空洞的抽象，而是反映普遍存在的一般的抽象规定性，是在现实中真实存在的。这些规定性不是一大堆互相没有内部联系的概念的杂乱堆积，由抽象上升到具体的逻辑行程，是通过范畴和规律之间的转化来实现的。唯物辩证法认为，事物的辩证发展过程反映到思维中就是范畴和规律之间的转化。用一定的思维形式来反映事物的这种转化的条件，就成为前一范畴转化为后一范畴的“逻辑中介”。《资本论》第一卷中整个逻辑行程是按“商品—货币—资本”的次序不断上升的。商品到货币的“逻辑中介”就是商品的价值形式。因为没有对于商品的价值形式的具体考察和分析，就不能形成一般等价物的概念，也就不能产生货币范畴。从货币到资本的上升是以劳动力的买与卖作为“逻辑中介”的。没有劳动力的买与卖就不可能说明资本的总公式和阐明资本的实质。这样的“逻辑中介”在抽象上升到具体的过程中起着承前启后的作用，是整个逻辑结构体系中不可缺少的一环。在抽象上升到具体的过程中，“逻辑中介”的确定不是主观随意决定的，而是有其客观依据的，是由事物的内在结构和存在、发展的条件来决定。科学研究的任务在于弄清事物结构的层次及其转化的条件，并用一定的思维形式来反映它。抽象上升到具体的方法，就是用思维掌握具体的方法，也是客观事物的辩证法在思维中的具体表现。

三、静态与动态的研究方法

《资本论》对资本主义经济活动的分析，不仅运用静态研究方法，而且运用了动态研究方法。采用静态研究方法和动态研究方法，能够清楚地认识事物各种规定性的时空联系，进而对事物的辩证发展和内在结构的层次有一个清晰的分解。因此，静态和动态研究方法的运用是能够依据事物的本质联系来确定从抽象上升到具体的前提。

在马克思看来，生产过程作为整体必定是再生产过程。通过对资本的长期研究，马克思认为，资本绝不是简单的关系，而是一种过程，一种运动。资本的产生是劳动力成为商品的结果。因为在简单商品交换之中，对他人劳动的所有权是通过自己劳动的等价物取得的。货币在这样的交换中，只起一般等价物的作用，还不能成为资本。而随着交换价值的进一步发展，劳动与所有权分离，这样一来，劳动将创造他人的所有权，所有权将支配他人的劳动，货币也就转化为资本。

《资本论》第一卷从本质上阐明了资本最本质的许多规定性之后，逻辑进程即进入对资本的动态的逻辑分析，对资本范畴的分析也就上升为更具体的对货币资本、生产资本、商品资本的形态变化的分析。马克思既从个别资本必须依次通过这三者继起的形态变化来进行分析，又从资本总体对这三者并存的关系进行分析，之后，又从整体上把继起的形态变化和并存的形态运动综合为社会总资本的周转和再生产。马克思说："资本作为自行增殖的价值……是一个经过各个不同阶段的循环过程……它只能理解为运动，而不能理解为静止物。"① 显然，在分析资本的流通过程时已把资本的生产过程作为产业资本的

① 马克思：《资本论》第2卷，人民出版社2004年版，第121～122页。

构成要素综合到资本的动态分析中去。显然，没有对资本这种继起性和并存性的各种形态变化的理解，是不可能把资本的流通过程作为上升过程的一个层次来考察的。在第三卷中，马克思对资本的各种具体形式做进一步的逻辑展开。这样逻辑进程又上升到另一级的层次，即从资本的各种具体的表象形态上来把握它。思维要把握这样的具体形式就需要对这些表象形态做科学的说明。正是通过对利润、利息和地租的科学说明，马克思主义经济学将资本的生产过程和流通过程统一起来理解。因此，《资本论》一、二卷的各种规定性又作为从属的要素而被包含在第三卷之中。

为了把握资本主义的经济运行和本质，《资本论》在采用静态研究方法和动态研究方法的同时，常常进行数量分析。商品经济的发展，交换的数量增加和交换范围的扩大，需要并产生了货币。货币是商品交换量增加的必然结果。而货币向资本的转化，也是以数量的变化为根据的。马克思在分析这个问题时，使用了两个简单公式的比较：在一般的商品交换中，是W—G—W，货币只是起着一般等价物和流通手段的作用；而在资本流通中，则是G—W—G′，即用货币购买商品，然后从商品的出卖中得到更多的货币，正是这种形式上、数量上的变化，使货币转化为资本。在第一卷后面对价值向剩余价值、剩余价值向利润和平均利润的转化等观念的分析，都采用了数量分析的方法。在《资本论》第二、三卷中也都一样，而且，第二卷运用的数量分析方法更多，数学公式和数字表格也比较多，比如资本循环有很多公式，资本周转的速度的计算也有公式，特别是社会资本简单再生产和扩大再生产的实现，不仅有公式推导，还有数字演算。不过，社会总资本的运动不是各个单个资本运动简单的代数和，因为“各个单个资本的循环是互相交错的，是互为前提、互为条件的，而且正是在这种交错中形成社会总资本的运动。”①

四、历史与逻辑辩证统一的研究方法

历史与逻辑辩证统一的研究方法是马克思在《资本论》中所使用的基本逻辑方法。《资本论》绝不限于抽象的理论的演绎，而是运用历史与逻辑相统一的方法，把逻辑的分析与历史的分析辩证地结合起来，提供了大量的极有价值的有机地结合在《资本论》的整个逻辑结构之中的历史材料和统计材料。

历史的起点，也就是逻辑的起点。这就是马克思说的，“从最简单上升到复杂这个抽象思维的进程符合现实的历史过程”。② 逻辑的展开必须在本质上符合历史的发展过程，同时，历史过程也只有在逻辑的展开中才能再现出来。运用这个方法就必须抽象掉一些不必要的偶然因素和次要成分，而在概念、范畴的顺序的安排上也不能完全按照它们在历史上起作用的先后，而是要按照事物的内在结构来决定其先后次序。“因此，把经济范畴按它们在历史上起决定作用的先后次序来安排是不行的，错误的。”③ 只有按照事物的内在结构来决定其先后次序，才能再现历史过程的本质。历史与逻辑既不是简单的等同又必须在本质上一致，这就是历史与逻辑的辩证统一。

马克思把逻辑建立在历史的基础上，并致力于揭示逻辑所包含的全部真实的历史内容。马克思说：“劳动产品的价值形式是资产阶级生产方式的最抽象的、但也是最一般的形式，这就使资产阶级生产方式成为一种特殊的社会生产类型，因而同

---

① 马克思：《资本论》第2卷，人民出版社2004年版，第392页。
② 《马克思恩格斯全集》第46卷（上），人民出版社1979年版，第40页。
③ 《马克思恩格斯全集》第12卷，人民出版社1962年版，第758页。

时具有历史的特征。”[①] 也就是说，对于资产阶级生产方式的分析必须充分揭示其历史的特征，即要充分揭示资本这一范畴在什么样的历史条件下才是真实的。马克思认为，这种特殊的、历史的内容就在于商品生产的普遍化，在于劳动产品的价值形式成为社会生产的最一般、最普遍的形式。马克思通过对商品分析的逻辑展开阐明了简单商品生产到资本主义商品生产转化的具体历史条件，因而使资本这一范畴的真实的历史内容得以揭示。资本不再像古典政治经济学所说的那样是任何一个时代都可以发生的人类的积累劳动，而是剩余价值的转化形态。对于资本存在的历史条件而言，单有商品流通和货币流通是根本不够的。只有当货币所有者在市场上找到劳动力时，资本才会产生，尽管资本的古典形式是商业资本，而且真正的资本也是从货币或占有生产资料的商业资本中产生出来的。但是资本作为经济范畴仍应有它自己的历史内容。这里只需要从理论上把握这个事实，至于它的产生历史，不是纯粹理论分析所必需的。

马克思运用历史与逻辑相统一的研究方法从理论上再现资本主义发展的逻辑，并揭示其具体的历史内容。恩格斯说：“在这本著作出现以后，已不可能把奴隶劳动、农奴劳动和自由的雇佣劳动在经济上等量齐观了；不可能把对于以自由竞争为特征的现代大工业有效的规律，直截了当地搬到古代的关系或中世纪的行会上去，或者当这些现代的规律不适合于先前的关系时，简单地宣布后者为异端。”[②] 因此，在《资本论》中对于资本范畴的阐述和说明，绝不限于关于资本总公式的抽象的推演，而是有大量的历史事实的论证。只有从资本的发生、

① 马克思：《资本论》第1卷，人民出版社2004年版，第99页。
② 《马克思恩格斯全集》第16卷，人民出版社1964年版，第245页。

发展的历史条件去理解，才能从逻辑上把握资本主义生产方式的运动进程。同时，也只有充分揭示范畴的历史内容，才能使经济范畴成为现实中真实的东西。

本章主要涉及《资本论》各卷的序言和跋

第二章　商品和价值

劳动价值论是马克思主义政治经济学的理论基石，剩余价值理论就是在此基础上建立起来的。在社会主义条件下深化对社会劳动和劳动价值论的研究，必须注意到马克思创立劳动价值论时所依据的经济条件和现代的经济条件有很大的不同。在马克思那个时代，劳动对经济增长起着决定性作用，而且那时的劳动主要是工人的劳动。经济发展到现代阶段，知识、技术对经济增长的作用远远超过了劳动。劳动的内容和范围也进一步扩大了，不仅工人提供劳动，技术人员、管理人员、服务人员等都在提供劳动。在社会主义社会的经济分析中，面对的现实是，发展社会生产力需要动员各种资源，其中包括动员属于私人所有的劳动、资本、技术、管理等要素。与此相应，在分配上不仅要坚持按劳分配，还需要确认资本、技术、管理等要素参与收益分配。目的是要使各种创造社会财富的要素活力充分迸发。

第一节　商品两因素与劳动二重性

由于资本主义生产方式占统治地位的社会财富，表现为庞大的商品堆积，又由于商品是资本主义生产关系的基本细胞，商品范畴包含了市场经济一切矛盾的胚芽，因此，《资本论》从分析商品范畴开始。

商品是用来交换的、能满足人们某种需要的劳动产品，具有使用价值和价值两个因素，是使用价值和价值的矛盾统一体。

一、商品的两因素：使用价值与价值

任何商品，首先必须能够满足人们的某种需要，即具有某种使用价值。使用价值是指物品和服务能够满足人们某种需要的属性，即物品和服务的有用性。马克思说："物的有用性使物成为使用价值。"① 商品的使用价值是由它的自然属性决定的，商品的自然属性不同，它的使用价值也会不同。同一种商品还可以兼有各种自然属性，具有多种使用价值，比如煤可以用作燃料，也可以用作化工原料等。商品的多方面的使用价值，是随着生产经验的积累和科学技术的发展，逐步被人们认识的。

使用价值构成社会财富的物质内容。"不论财富的社会形式如何，使用价值总是构成财富的物质的内容。"② 作为商品的使用价值与一般物品的使用价值存在着差别：（1）它必须是劳动产品的使用价值。因为使用价值并不是商品所特有的属性，许多不是劳动产品的自然物，如空气、阳光等，对人具有很大用处，却不是商品。（2）商品的使用价值不是针对生产者自己有用，而是针对他人、针对社会有用的。（3）商品作为社会使用价值，它必须通过交换让渡给他人才能进入消费，因此，商品的使用价值是交换价值的物质承担者。

商品的使用价值反映的是人与自然之间的物质关系，而不是社会生产关系。就使用价值本身来说，它的用途、性质等并

---

① 马克思：《资本论》第1卷，人民出版社2004年版，第48页。
② 马克思：《资本论》第1卷，人民出版社2004年版，第49页。

不属于政治经济学的研究范围。但是，作为交换价值物质承担者的使用价值，政治经济学的研究又不能脱离它，需要从使用价值和交换价值的对立统一中去揭示商品的性质及其运动规律。

商品能够通过买卖同其他商品相交换的属性是商品的交换价值。交换价值表现为一种使用价值同另一种使用价值相交换的量的比例关系。比如，用一只羊交换两把斧子，两把斧子就是一只羊的交换价值。交换价值用货币表示就是价格。一种商品可以有多种与其他商品相交换的比例，因而就会有多种交换价值。“交换价值首先表现为一种使用价值同另一种使用价值相交换的量的关系或比例，这个比例随着时间和地点的不同而不断改变。”①

不同使用价值的商品之所以能够按照一定的比例进行交换，是因为它们之间存在着某种共同的东西。这个共同的东西在质上是相同的，因而在量上才能够比较。把商品的不同使用价值舍去，即撇开商品生产中投入劳动的不同具体形式，那么，不同形式的劳动都化为一般人类劳动，也就是指在产品生产中所耗费的人的体力和脑力。这种无差别的一般人类劳动凝结就是价值。由于一切商品中含有共同的东西——价值，它们才可以互相比较，并按照一定的量的比例进行交换。任何有用物品都具有使用价值，但只有当这种有用物品作为商品时，它才具有价值。因此，价值是商品的本质属性。

商品的价值是内在的、抽象的，不能自己表现出来。商品价值“只能在商品同商品的社会关系中表现出来”。② 这就是说，一个商品的价值只有在同另一个商品相交换时才能表现出

① 马克思：《资本论》第1卷，人民出版社2004年版，第49页。
② 马克思：《资本论》第1卷，人民出版社2004年版，第61页。

来，通过另一个商品体相对得到表现，通过交换价值得到独立表现。价值是交换价值的基础，交换价值是价值的表现形式。

马克思把价值和交换价值区别开来，发现价值实体是凝结在商品中的人类一般劳动即抽象劳动。这是马克思劳动价值理论的一个重要思想。“形成价值实体的劳动是相同的人类劳动，是同一的人类劳动力的耗费。体现在商品世界全部价值中的社会的全部劳动力，在这里是当作一个同一的人类劳动力，虽然它是由无数单个劳动力构成的。”[①] 生产任何一种物品，都必须耗费一定量的人类劳动。正是这种人类劳动力在生理学意义上的耗费，人的大脑、肌肉、神经、手等的生产耗费，相同的抽象的人类劳动，构成了价值的实体。

商品作为使用价值和价值的统一体，它有二重表现形式：一方面，它作为使用价值，以商品体而存在，在质上各不相同，在量上难以比较；另一方面，它作为价值，是同一的人类劳动的凝结，在质上是相同的，在量上是可以比较的。

商品的使用价值与价值是统一的，互相依存，缺一不可。价值的存在以使用价值的存在为前提，使用价值是价值的物质载体。“价值只是存在于某种使用价值中，存在于某种物中。……因此，如果使用价值丧失，价值也就丧失。”[②] 一种物品如果没有使用价值，就是无用之物，即使人们为它付出了大量的劳动，也没有价值。一种物品尽管具有使用价值，但如果不是劳动产品，也没有价值。还有一些物品既有使用价值，也是劳动产品，但不是为了交换，而是用于自己消费或无偿提供给别人消费，不成为商品，耗费在其中的劳动就没有还原为价值的必要。

---

① 马克思：《资本论》第 1 卷，人民出版社 2004 年版，第 52 页。
② 马克思：《资本论》第 1 卷，人民出版社 2004 年版，第 235 页。

商品的使用价值与价值又是相互对立、相互排斥的。对于商品生产者而言，生产商品的目的并不是为了取得使用价值，而是为了取得价值，只是为了取得价值，才关心使用价值。而买者需要的是商品的使用价值，为了取得使用价值，需要让渡价值。因此，商品必须全面转手。在交换过程中，使用价值和价值进行着相反的运动。任何人不可能同时既占有商品的使用价值，又占有商品的价值。只有通过交换，商品的内在矛盾才能得到解决。而一旦交换失败，商品价值不能实现，使用价值不能进入消费，商品的内在矛盾就不能得到解决，商品就不成其为商品。

关于商品进入消费对实现使用价值的意义，马克思在《资本论》第三卷中有一个说明："商品的使用价值，在消费者手中比在生产者手中大，是因为它只有在消费者手中才得以实现……才能发挥作用。它在生产者手中只是以潜在的形式存在。"①

二、劳动的二重性：具体劳动和抽象劳动

商品是由劳动创造的。商品的两要素是由生产商品的劳动二重性决定的。马克思说："一切劳动，一方面是人类劳动力在生理学意义上的耗费；就相同的或抽象的人类劳动这个属性来说，它形成商品价值。一切劳动，另一方面是人类劳动力在特殊的有一定目的的形式上的耗费；就具体的有用的劳动这个属性来说，它生产使用价值。"② 生产商品的劳动区分为具体劳动和抽象劳动。这不是说有两个过程的劳动，而是对同一劳动过程的两种规定，或者说是对同一生产商品的劳动从抽象形

① 马克思：《资本论》第3卷，人民出版社2004年版，第311页。
② 马克思：《资本论》第1卷，人民出版社2004年版，第60页。

态和具体形态两个方面进行考察。

不同商品之所以具有不同的使用价值，除了其构成的物质要素各有其特殊的自然属性外，还因为生产它们的劳动各有其特殊的具体形式。从劳动的具体形态看，商品生产者总是用一定的具体劳动创造各种具有使用价值的商品体。具体劳动即有具体的生产目的、操作方式、劳动对象、劳动手段和生产结果的劳动。不同商品的具体劳动各不相同。比如，木匠劳动的目的是制作某种木器，劳动的对象是木料，使用的工具是斧子、锯子、刨子等。经过木匠特有的制作方法，生产出人们所需要的木制品来。而瓦匠的劳动却是与木匠完全不同的劳动形式。正是由于不同的特殊的有用劳动，才创造出千差万别的使用价值。各种使用价值的总和，表现了各种具体劳动的总和，即表现了社会分工。具体劳动的种类和形式随着社会生产力的发展、科学技术的进步和人们需要的改变相应地发生变化。

使用价值是自然物质和具体劳动这两种要素的结合。具体劳动“并不是它所生产的使用价值即物质财富的唯一源泉”。[①] 具体劳动只有同自然物质（如劳动资料）相结合，才能创造出使用价值来。具体劳动反映了人和自然的关系。具体劳动是人类社会存在和发展的永恒条件。不过，政治经济学所研究的具体劳动，不是一般意义上的作为劳动分工基础的具体劳动，而是特殊意义上的作为商品交换的社会分工基础的具体劳动。

如果把生产活动的特定性质和劳动的具体形式撇开，那么，生产活动只剩下人类劳动力的耗费，即人的脑、肌肉、神经、手等的耗费。这就是已经化为没有质的区别的一般人类劳动，这是劳动的抽象形态。无论是木匠还是裁缝，他们在劳动过程中，总要消耗劳动力，消耗自己的体力和脑力。这种撇开

---

① 马克思：《资本论》第1卷，人民出版社2004年版，第56页。

劳动的特定性质，撇开劳动的具体形式的无差别的同质的一般人类劳动，称为抽象劳动。

抽象劳动形成商品的价值实体，因为“商品价值体现的是人类劳动本身，是一般人类劳动的耗费”。[①] 价值实体就是抽象的人类劳动。抽象劳动是形成商品价值的惟一源泉，在价值中不包含任何一个非劳动的自然物质的原子。不过，如果将抽象劳动仅仅理解为纯生理意义上的人类劳动力的支出，是不全面的。因为生产商品的异质的具体劳动转化成同质的抽象劳动是商品经济关系决定的，只有在商品生产和商品交换的经济关系中，人类脑力和体力的耗费才形成价值，具体劳动才需要还原为抽象劳动。人类劳动的质的同一性，决定了抽象劳动在商品交换中只在量上起作用。

具体劳动和抽象劳动是生产商品的同一劳动的两个方面，抽象劳动和具体劳动在时间上、空间上都是不可分割的。具体劳动是人类社会生存和发展的条件，它是劳动的自然属性，是一个永恒的范畴。而抽象劳动则是劳动的社会属性，是商品生产所特有的范畴。商品生产的历史性，决定了形成价值的抽象劳动的历史性。在不存在商品经济的条件下，人们的劳动产品不用来交换，他们的劳动就只表现为具体劳动，而没有必要，也没有可能将其还原为同一的抽象劳动计算其劳动量。

生产商品的劳动二重性是马克思首先揭示并进行论证的。劳动二重性是“理解政治经济学的枢纽”。[②] 马克思“第一次确定了**什么样的**劳动形成价值，为什么形成价值以及怎样形成价值”，[③] 阐明了具体劳动和抽象劳动在商品价值形成中的不同作用，在此基础上揭示了剩余价值的真正来源，创立了剩余

---

① 马克思：《资本论》第1卷，人民出版社2004年版，第57页。
② 马克思：《资本论》第1卷，人民出版社2004年版，第55页。
③ 马克思：《资本论》第2卷，人民出版社2004年版，第21页。

价值理论。资本有机构成理论、资本积累理论、社会资本再生产理论等政治经济学的一系列重要理论的创立都同劳动二重性理论有紧密地联系。

三、商品生产的基本矛盾：私人劳动和社会劳动

劳动产品采取商品的形式，劳动采取价值的形式，这是由私人劳动和社会劳动的矛盾决定的。任何具体劳动都是私人劳动，只有社会劳动才是抽象劳动。私人劳动和社会劳动的对立在商品生产中表现为具体劳动和抽象劳动的对立，进而产生使用价值和价值的对立。这就是马克思说的“商品内在的使用价值和价值的对立，私人劳动同时必须表现为直接社会劳动的对立，特殊的具体的劳动同时只是当作抽象的一般的劳动的对立，物的人格化和人格的物化的对立，——这种内在的矛盾在商品形态变化的对立中取得了发展了的运动形式。”① 因此，私人劳动和社会劳动的矛盾是商品经济的基本矛盾。

从本质上讲，劳动的社会性是人类劳动的本质特征。在商品经济中，由于社会分工的存在，商品生产者之间是相互联系、相互依存的，每个商品生产者的劳动都是社会总劳动的一部分，是社会分工体系的一部分。但是，由于商品生产者都是生产资料的私有者，生产商品的劳动完全是他们的私人行为，商品生产者的劳动又具有私人劳动的性质。这种私人劳动所具有的社会劳动的性质，不能在生产过程中直接得到表现和承认。这就形成了私人劳动和社会劳动的矛盾。

商品经济的内在矛盾产生于商品生产过程，而它的解决则要通过商品交换过程（市场）。“因为生产者只有通过交换他们的劳动产品才发生社会接触，所以，他们的私人劳动的独特

① 马克思：《资本论》第1卷，人民出版社2004年版，第135页。

的社会性质也只有在这种交换中才表现出来。"[①] 商品交换如果成功，并且是等价交换，就意味着私人劳动就完全表现为社会劳动，私人劳动与社会劳动的矛盾得到解决。

四、商品形式的扩展

在马克思的《资本论》中所分析的商品，指的是物质产品。但在现实中，服务产品在显著增加，特别是在现代社会，人们已经越来越离不开服务产品，服务产品已成为社会财富的重要方面。因此，我们有必要在《资本论》中挖掘其关于服务产品的思想。

有一部分服务业在马克思那里被列入了物质生产，它们生产过程在流通领域的继续，如运输、保管、包装等。除此以外，还有以下几种类型的服务产品。[②]

第一种类型的服务即保持过去创造的使用价值的服务，如修理家用冰箱。这种服务劳动的结果是恢复和维护物质产品，重新成为日用品的物品的使用价值和价值。这种服务产品是以商品形式体现的。因此，这种服务是物质性的。

第二种类型的服务即科学、教育、文化所提供的精神产品。这部分产品的作用，或者是提高劳动者的素质，或者提供科技成果用以科技进步，提高生产资料的质量。

第三种类型的服务提供使用价值，但没有物化为产品。在这里，生产与消费是不可分割的。比如，理发师、医生、律师等的服务劳动。现在还有许多提供休闲消费的服务。这种非物质性的服务是否具有商品的属性呢？马克思认为，没有实物形式的商品性消费服务也具有商品的属性。这种服务在生产过程

---

① 马克思：《资本论》第1卷，人民出版社2004年版，第90页。

② ［苏］巴拉洛夫：《生活服务经济学》，世界图书出版公司1988年版，第6~9页。

中既消耗具体劳动，也消耗抽象劳动，这些劳动创造使用价值是没有疑问的，至于这类服务是创造价值，还是再分配价值则要具体分析。

概括起来，以上所有这些服务产品都是现代社会所需要的，是社会财富的组成部分。三种类型的服务产品既有生产性的也有非生产性的，其中前两种类型服务更多的属于生产性的。以下根据商品两要素的原理分析服务产品的商品属性。

服务具有商品的属性。马克思认为，在资本已掌握了全部生产的条件下，"服务就是商品"。"服务有一定的使用价值（想象的或现实的）和一定的交换价值。"① "任何时候，在消费品中，除了以商品形式存在的消费品以外，还包括一定量的以服务形式存在的消费品。"②

服务具有商品的有用性。马克思说："服务无非是某种使用价值发挥效用，而不管这种使用价值是商品还是劳动。"③不论何种形式的服务产品，它或者作为消费资料满足人们的生活需要，或者可以作为生产资料满足生产的需要，或者作为知识产品，促进知识的传播。

服务商品不仅具有使用价值，而且具有价值和交换价值。"这些服务本身有使用价值，由于它们的生产费用，也有交换价值。"④ 马克思是这样定义的："……一部分纯粹的服务（它不采取实物的形式，不作为物而离开服务者独立存在，不作为价值组成部分加入某一商品），能够（由直接购买劳动的人）用资本来购买，能够补偿自己的工资并提供利润。"⑤

---

① 《马克思恩格斯全集》第26卷（Ⅰ），人民出版社1972年版，第149页。
② 《马克思恩格斯全集》第26卷（Ⅰ），人民出版社1972年版，第160页。
③ 马克思：《资本论》第1卷，人民出版社2004年版，第224～225页。
④ 《马克思恩格斯全集》第26卷（Ⅰ），人民出版社1972年版，第160页。
⑤ 《马克思恩格斯全集》第26卷（Ⅰ），人民出版社1972年版，第158～159页。

不论服务商品是有形的还是无形的，它们都凝结了一定的劳动量，无论是商业、运输业和仓储业的服务，还是演艺人员的服务，教师、医生、中介服务和法律服务等，都要耗费一定的体力和脑力，因此，服务商品具有价值。而且，在现代市场经济条件下，服务商品不可能是无偿提供的，它必须通过市场进行交换，进而表现为一定的交换价值。当然其中有一部分纯粹的服务，不创造新价值，也就是不创造国民收入，但它可以通过出售，能够被接受服务的人购买，再分配国民收入。因此，它作为商品而存在是明显的。

对于服务商品而言，虽然它们的生产过程也是使用价值和价值形成过程的统一，然而，服务行业最显著的特性是，不提供有物质实体的使用价值，仅仅提供服务。因此，服务商品不是独立地以有形产品来增加社会物质财富，而是以自身的使用价值直接地、间接地去辅助有形产品的生产，这样，它们的价值当然只能在其他商品的物质载体上表现和实现。因此，对服务行业劳动所创造的价值，可以从质和量的两个方面来研究。从质的规定角度看，应考虑只有对社会物质财富和精神财富的增进有着积极作用的服务所花费的劳动，才能形成价值。现在随着实践的发展，服务的价值已经越来越多地计入国民生产总值。

五、财富和财富创造

古典经济学的创始人亚当·斯密的《国富论》反映处于上升阶段的新兴资产阶级的诉求，强调增进国民财富的意义和途径。他对财富作了如下规定：“国民财富非由不可消费的货币财富构成，而由社会劳动每年所再生产的可消费的货物构成。”① 马克思对此规定作了肯定，并指出：“有了创造财富的

① 斯密：《国民财富的性质和原因的研究》下卷，郭大力、王亚南译，商务印书馆1974年版，第244页。

活动的抽象一般性，也就有了被规定为财富的对象的一般性，这就是产品一般。”① 政治经济学考察的财富是人的经济活动的成果。

马克思研究的财富是社会财富，是具有对人有用的使用价值，是人类劳动产品。就如马克思说的：“财富不过表现为人的活动。凡不是人的活动的结果，不是劳动的结果的东西，都是自然，而作为自然就不是社会的财富。”② 在市场经济中，商品是财富的社会形式。因此，《资本论》的一开头就开宗明义：“资本主义生产方式占统治地位的社会的财富，表现为‘庞大的商品堆积’，单个商品表现为这种财富的元素形式”。③

商品是使用价值和价值的统一体。在马克思看来，“不论财富的社会形式如何，使用价值总是构成财富的物质内容。”“因此，商品体本身，例如铁、小麦、金刚石等等，就是使用价值，或财物。”④ 这样，就把财富同价值作了区分。财富和价值都属于商品的一个要素，但财富和价值不是一个概念，财富是属于使用价值的范畴。

价值创造和财富创造是同一生产过程的不同角度的考察。抽象劳动创造价值。具体劳动创造使用价值，也就是创造财富。劳动是价值创造的惟一源泉；而财富的创造尽管离不开劳动，但劳动不是财富创造的惟一源泉。包括资本、土地在内的物质要素，包括技术和管理在内的无形要素都是财富创造的源泉。生产资料在财富理论中占据重要地位。因为劳动的物的条件对财富创造起重要作用。

价值创造的惟一源泉是劳动，只是与抽象劳动相关。财富

---

① 《马克思恩格斯选集》第2卷，人民出版社1995年版，第21～22页。
② 《剩余价值理论》第3册，人民出版社1975年版，第473页。
③ 马克思：《资本论》第1卷，人民出版社2004年版，第47页。
④ 马克思：《资本论》第1卷，人民出版社2004年版，第48～49页。

创造过程就是劳动过程本身，“是制造使用价值的有目的的活动，是为了人类的需要而对自然物的占有，是人和自然之间的物质变换的一般条件，是人类生活的永恒的自然条件”[①]。这样，财富增进就涉及各类生产要素的作用和动员。

首先是财富创造的源泉。马克思在《哥达纲领批判》中针对“劳动是财富的惟一源泉”的错误观点有一段精辟的论述，其基本内容是：“劳动不是一切财富的源泉。自然界同劳动一样也是使用价值（而物质财富就是由使用价值构成的!）的源泉，劳动本身不过是自然力即人的劳动力的表现……‘劳动只有作为社会的劳动’，或者换个说法，‘只有在社会中和通过社会’，‘才能成为财富和文化的源泉’。”[②] 这一段论述可以概括为这样两个观点：第一，除了劳动，自然界也可以成为财富的源泉。第二，劳动不能孤立地创造财富，需要同其他要素结合起来创造财富，劳动同其他要素结合的过程，就是通过社会的劳动过程，即人和自然的结合过程。

劳动之所以不是它所生产的使用价值即物质财富的惟一源泉，原因是财富即使用价值的创造是具体劳动过程。劳动过程要素包括劳动，劳动资料和劳动对象。进一步说，财富创造的要素不只是劳动，资本、土地、技术、管理等都是财富创造的要素。这样，与价值创造的关注点不同的是，财富创造不仅关注劳动要素的作用，更为关注劳动以外的要素的作用。根据马克思的概括，决定劳动生产力的因素包括：“工人的平均熟练程度，科学的发展水平和它在工艺上应用的程度，生产过程的社会结合，生产资料的规模和效能，以及自然条件。”[③] 特别是随着科技进步，劳动以外要素对财富创造所起的作用会越来

① 马克思：《资本论》第1卷，人民出版社2004年版，第215页。
② 《马克思恩格斯选集》第3卷，人民出版社1995年版，第298~300页。
③ 马克思：《资本论》第1卷，人民出版社2004年版，第53页。

越大，它们直接影响劳动生产力。

第二节　价值量和价值规律

一、社会必要劳动时间决定商品价值量

商品的价值不仅有质的规定性，还有量的规定性。商品的价值是质和量的统一。既然价值是抽象劳动的凝结，商品的价值量就是生产商品所耗费的劳动量，即凝结在商品中的一般人类劳动量。

劳动量是由劳动时间来衡量的。因为劳动时间是劳动量衡量的天然尺度，而劳动时间又是用一定的时间单位（如小时、日）来衡量的。因此，商品的价值量决定于生产商品的劳动时间，商品的价值量与生产商品的劳动时间成正比。

每一种商品都是由许多不同的生产者生产的。生产同种商品的生产者由于生产的主客观条件不同，所耗费的劳动时间也会不同。各个商品生产者实际耗费的劳动时间是个别劳动时间。由个别劳动时间形成的价值是商品的个别价值。价值是商品的社会属性，商品的价值量不可能由个别劳动时间决定。商品的价值量只能由生产商品的社会必要劳动时间决定。因为形成商品价值实体的劳动作为人类无差别的劳动，本身具有一般性，因此，决定商品价值量的劳动时间只能是一般的劳动时间，即社会必要劳动时间，否则同种商品就不会有同一的价值量。马克思说："社会必要劳动时间是在现有的社会正常的生产条件下，在社会平均的劳动熟练程度和劳动强度下制造某种使用价值所需要的劳动时间。""只是社会必要劳动量，或生产使用价值的社会必要劳动时间，决定该使用价值的价值量。在这里，单个商品是当作该种商品的平均样品。因此，含有等

量劳动或能在同样劳动时间内生产出来的商品，具有同样的价值量。”①

上述社会必要劳动时间的含义，是由商品的生产条件来说明的。在这里，社会正常的生产条件是指一定时期某一生产部门大多数生产者普遍使用的生产条件，不仅指劳动工具的相同，而且“劳动力必须以通常的平均的紧张程度，以社会上通常的强度来耗费”。② 在社会正常生产条件下，由于商品生产者劳动熟练程度和强度不同，他们生产同种商品花费的劳动时间是不同的。而决定价值的只能是社会平均的劳动熟练程度和强度。

社会必要劳动时间还有另一种含义。如果说上述含义的社会必要劳动时间是在同一生产部门内部形成的，那么这一含义的社会必要劳动时间是在生产不同商品的生产者之间形成的，它涉及社会总劳动时间在各种商品上的分配。马克思说：“如果说个别商品的使用价值取决于该商品是否满足一种需要，那么，社会产品量的使用价值就取决于这个量是否符合社会对每种特殊产品的量上一定的需要，从而劳动是否根据这种量上一定的社会需要按比例地分配在不同的生产领域。”③ “社会劳动时间可分别用在各个特殊生产领域的份额的这个数量界限，不过是价值规律本身进一步展开的表现，虽然必要劳动时间在这里包含着另一种意义。”④ 这是指社会总劳动中按一定比例用来生产社会需要的某种商品所耗费的劳动时间。不同商品的供求状况会直接影响决定社会必要劳动时间的生产条件，如果供给超过需要过大时，优等生产条件就会成为平均生产条件，引

---

① 马克思：《资本论》第1卷，人民出版社2004年版，第52～53页。
② 马克思：《资本论》第1卷，人民出版社2004年版，第228页。
③ 马克思：《资本论》第3卷，人民出版社2004年版，第716页。
④ 马克思：《资本论》第3卷，人民出版社2004年版，第717页。

起商品价值下降，结果平均生产条件将向上移动；反之，如果需要超过供给过大时，劣等生产条件就会成为平均生产条件，引起商品价值上升，结果平均生产条件将向下移动。供求关系对价值的影响是通过生产条件的变化实现的，因此，决定价值的仍是社会必要劳动时间。

从本质上说，社会必要劳动时间的两种含义具有相关性，共同决定商品的价值。如果说第一种含义是价值决定的基础，那么，第二种含义则是价值的实现。不过，两种含义分析的角度又有区别：第一种含义是从社会生产条件的角度来说明社会必要劳动时间的，第二种含义则是从社会需要的角度来说明社会必要劳动时间的；第一种含义所决定的是单位商品的价值，第二种含义所决定的则是部门总商品的价值；第一种含义涉及劳动消耗，第二种含义则涉及社会规模的使用价值。由于社会总劳动时间是有限的，社会必要劳动时间便成为经济调节的目标，经济调节的目标就是社会总劳动时间按社会必要劳动时间配置到各个部门。

社会必要劳动时间，对于商品生产者的成败至关重要。在社会正常生产条件下，同样生产 1 匹布，商品生产者花费的劳动时间分别为：8 小时、10 小时、12 小时，假定花费 10 小时的商品生产者是社会必要劳动时间，结果，花费 8 小时劳动的商品生产者创造了相当于 10 小时的价值，这意味着该生产者可以得到 2 小时的额外收益；而花费 12 小时劳动的商品生产者创造的价值只相当于 10 小时创造的价值，这意味着该生产者有 2 小时的劳动没有得到社会承认。因此，在商品经济条件下，每个商品生产者都会尽可能降低劳动耗费，减少个别劳动时间，提高自身竞争实力，使自己在竞争中处于有利地位。

对个别劳动时间和社会必要劳动时间的范畴，在马克思的

《资本论》中还有另一种表述：由社会必要劳动时间决定的价值又被称为社会价值或市场价值，个别劳动时间形成的价值即个别价值。由于各个商品生产者的生产条件不尽相同，他们生产同一种商品时耗费的个别劳动时间是不等的，这就使同一种商品具有不同的个别价值。商品的价值不是指个别价值，而是指由社会必要劳动时间决定的社会价值。社会价值也称为市场价值，是商品市场价格的基础，是由社会必要劳动时间所决定的商品价值。"市场价值，……一方面，应看作是一个部门所生产的商品的平均价值，另一方面，又应看作是在这个部门的平均条件下生产的并构成该部门的产品很大数量的那种商品的个别价值。只有在特殊的组合下，那些在最坏条件下或在最好条件下生产的商品才会调节市场价值"。[①] 在私有制条件下，每个商品生产者由于生产的主客观条件不同，生产同一种商品所实际耗费的个别劳动时间不同，从而个别价值并不相同，但是在商品市场上，同一种商品只能有一种价值，因此，"不同的个别价值，必须平均化为一个社会价值"。[②] 商品就是根据这个社会价值或市场价值来进行交换的。价值的这种社会规定性表明，价值从本质上说就是社会价值。社会价值这个范畴强调商品的价值不是取决于个别劳动时间，而是取决于社会必要劳动时间。个别价值低于市场价值的商品，就会实现额外剩余价值或超额利润，而个别价值高于市场价值的商品，它们所包含的剩余价值的一部分就不能实现。

二、简单劳动与复杂劳动

不同生产者的劳动不是均质的。商品生产的劳动可以区分

① 马克思：《资本论》第3卷，人民出版社2004年版，第199页。
② 马克思：《资本论》第3卷，人民出版社2004年版，第201页。

为简单劳动和复杂劳动。简单劳动是指不经过专门训练和学习就能胜任的劳动。复杂劳动是指需要经过专门训练和学习，具有一定技术专长的劳动。劳动复杂程度的区别与现在的人力资本理论有相通之处。

虽然在相同的劳动时间内创造的价值是相同的，但是复杂劳动还原为简单劳动计算价值量时，其在同一劳动时间内创造的价值量可以多倍于简单劳动，“比较复杂的劳动只是**自乘的**或不如说**多倍的**简单劳动，因此，少量的复杂劳动等于多量的简单劳动。”① 这就是说，在同一时间内复杂劳动比简单劳动能生产出更多的商品价值，1 小时复杂劳动的商品比 1 小时简单劳动的商品能高出若干倍的价值。因此，在商品交换中要把创造商品价值的各种复杂劳动还原为同一计量单位的简单劳动。商品的价值量是由复杂劳动换算成简单劳动的社会必要劳动时间决定的。复杂劳动转化为简单劳动的不同比例，是在生产者背后由社会过程决定的，是在反复的交换实践中自发形成的，是由习惯确定的。

简单劳动与复杂劳动的区别不是由自然或生理条件决定的，而是由社会条件，主要是由社会分工和科技发展水平的差别及其在生产中的应用程度决定的。简单劳动与复杂劳动的区别会因时、因地而变化的，它们的衡量标准是相对的。随着科学技术的发展和文化教育水平的提高，过去的复杂劳动已经或正在变成简单劳动。当然，就一定时期而言，复杂劳动与简单劳动区分的标准还是存在的。

由于存在复杂劳动和简单劳动的差别，相应地产生复杂劳动者与简单劳动者在收入分配中的差别问题。恩格斯说：“在私人生产者的社会里，训练有学识的劳动者的费用是由私人或

① 马克思：《资本论》第 1 卷，人民出版社 2004 年版，第 58 页。

其家庭负担的，所以有学识的劳动力的较高的价格也首先归私人所有：熟练的奴隶卖得贵些，熟练的雇佣工人得到较高的工资。”① 这是因为：首先，复杂劳动者需要经过一定的学习和训练，必须付出相应的费用。而且复杂劳动者往往要掌握多门科技知识，需要不断地更新知识，其学习和训练的费用也会不断提高；其次，复杂劳动除消耗一定的体力外，还要比简单劳动消耗更多的智力。由于科学技术不断进步，复杂劳动者的培养和教育费用也不断增加，劳动者在学习中的脑力耗费也必然越多。这些培养教育费用和在学习过程中的脑力支出虽然不能直接形成商品的价值，但却必须在劳动者从事劳动之后得到补偿和承认。于是，复杂劳动是倍加的简单劳动，复杂劳动的报酬要比简单劳动的报酬高一些，也就理所当然了。

三、劳动生产率和价值量

劳动生产率是指具体劳动的效率，也就是指劳动者在一定时间内生产某种使用价值的效率。劳动生产率可以由单位劳动时间内生产的产品数量来表示，也可以由生产单位产品所耗费的劳动时间来表示。用公式表示为：

劳动生产率 = 产品量/劳动时间

劳动生产率的高低是由众多因素决定的。其中主要有：劳动者的平均熟练程度，科学技术的发展水平及其在生产中的应用程度，生产过程的社会结合（分工协作、劳动组织、生产管理）形式，劳动对象的状况以及自然条件等。这些因素在不同生产部门、企业和不同时期，对生产劳动的影响程度是不一样的。

劳动生产率和商品的价值量有着密切的关系。马克思说：

① 《马克思恩格斯全集》第 20 卷，人民出版社 1971 年版，第 219 页。

“不管生产力发生了什么变化，同一劳动在同样的时间内提供的价值量总是相同的。”① 这是研究劳动生产率和商品价值量关系的基本原则。具有较高生产率的等量活劳动，相对于生产率较低的等量活劳动而言，可以创造较多的使用价值。但是，这并不意味着较高生产率的活劳动能够创造更多的价值，因为提高劳动生产率只是指同一劳动时间内创造了更多的使用价值，而在同一劳动时间中仍然凝结着相同的价值总量。但是劳动生产率的高低会使单位使用价值中凝结着不同的价值量。所以，生产率较高的活劳动生产的单位产品中的价值少于生产率较低的活劳动生产的单位产品价值。比如，原来生产 1 双鞋子需要 10 小时，每双鞋子的价值是 10 小时劳动，而当生产率提高时，10 小时则能够生产 2 双鞋子，使用价值增加了 1 倍。从价值总量来看，没有发生变化，仍然是 10 小时的活劳动，但是，每双鞋子的价值下降了，它已经不再是 10 小时劳动，而只有 5 小时劳动。可见，劳动生产率越高，单位时间内生产的商品数量越多，则生产每一单位产品所需要的劳动时间便越少，从而单位产品所包含的价值量便越小。反之，劳动生产率越低，单位时间内生产的商品越少，则生产每一单位商品所需要的劳动时间越多，单位商品的价值量便越大。因此，劳动生产率同商品的使用价值量成正比，同商品的价值量成反比。这是商品价值量同劳动生产率之间最基本的关系。这个关系并不是指劳动生产率低的商品价值量就高，在社会必要劳动时间决定价值的经济中，劳动生产率高的个别价值在还原为社会价值时，会还原为更高的价值。

从本质上说，劳动生产率与商品价值量的关系，反映了商品二因素，即价值与使用价值的关系。劳动生产率从一定意义

① 马克思：《资本论》第 1 卷，人民出版社 2004 年版，第 60 页。

上说是具体劳动的生产力。商品的使用价值的生产处于不断地变化之中，随着劳动生产率的变化而变化，从而引起单位商品价值量的变化。不管生产率高低，同一劳动在同样时间内创造的价值量总是相同的。

四、价值规律及其作用

价值规律是商品经济的基本规律。只要有商品生产和商品交换，价值规律就必然存在并起作用。价值规律的基本内容是：商品的价值量是由生产商品的社会必要劳动时间决定的，商品交换依据商品的价值来进行，实行等价交换。

价值规律的基本内容表明，价值规律既是价值量如何决定的规律，也是价值量如何实现的规律。其基本要求是：第一，单个商品的价值量是由生产该商品的社会必要劳动时间决定的；第二，一种商品总量的价值量是由生产该商品总量的社会必要劳动时间决定的。马克思把价值规律喻为自然规律，表明它具有不以人的意志为转移的客观必然性。

对于价值规律的作用形式，马克思认为，价值是通过价格表现的，但“价格和价值量之间的量的不一致的可能性，或者价格偏离价值量的可能性，已经包含在价格形式本身中。但这并不是这种形式的缺点，相反地，却使这种形式成为这样一种生产方式的适当形式，在这种生产方式下，规则只能作为没有规则性的盲目起作用的平均数规律来为自己开辟道路。”①

市场供求关系的变动对于价值规律要求的实现，也有直接地影响。市场价格决定供求，但供求又反过来会影响商品的市场价格。马克思说：“一般说来，一切商品的价值，只是由于

---

① 马克思：《资本论》第1卷，人民出版社2004年版，第123页。

不断变动的市场价格趋于平衡才能够实现，而这种趋于平衡又是供给和需求不断变动的结果。”① 这种变动主要表现为商品的市场价格与它的价值出现偏离：供不应求，价格就会上涨；供过于求，价格就会下跌。

价格围绕价值上下波动而出现背离价值的现象，不是对价值规律的否定。这是因为：（1）商品价格围绕价值上下波动始终是以价值为基础的；（2）从商品交换的总体来看，价格的涨落会相互抵销，商品的平均价格和价值是相等的；（3）价格的变动也会影响供求关系，在价格的不断波动中，使供求趋于平衡，从而使价格接近价值。可见，价格受供求关系的影响，围绕价值上下波动，是商品经济条件下价值规律作用的形式。

价值规律就是社会必要劳动时间决定商品价值量的规律。商品生产和商品交换必须以社会必要劳动时间为基础。价值规律是在资源市场配置的过程中体现它的客观要求和作用的。价值规律的作用主要体现在调节、刺激、分化等方面。

1. 价值规律的调节作用。价值规律自发地调节生产资料和劳动力在社会生产各部门之间的分配，这种调节作用是通过价格围绕价值的上下波动和市场竞争实现的。“需求按照和价格相反的方向变动”。② 由于商品生产内在矛盾的存在，商品生产者都是各自独立经营的，事先不可能准确地知道市场的供求状况，只有通过商品价格涨落的信息反馈，才能知道什么商品供过于求，什么商品供小于求。商品价格的涨落直接关系到商品生产者的经济利益，因此，商品生产者凭借市场信号调节生产，当自己生产的那种商品价格上涨时，就会追加投资以便从中多获利润；当自己生产的那种商品价格下跌时，生产者就

① 《马克思恩格斯全集》第16卷，人民出版社1964年版，第162页。
② 马克思：《资本论》第3卷，人民出版社2004年版，第212页。

会抽出资本向价高利大的部门转移。可见，价值规律像一只“看不见的手”，调节着生产资料和劳动力在各个生产部门之间的转移，使社会生产各部门保持大体协调的比例关系。无论在怎样的商品经济中，价值规律的调节作用总是客观存在的，只是在程度、范围和方式上有所不同。

2. 价值规律的刺激作用。按照价值规律的要求，商品的价值量是由生产商品的社会必要劳动时间决定的，而商品价值量又与劳动生产率成反比例而变化。这样，个别价值和社会价值的偏离，一方面会促进社会生产力的发展，另一方面会引起两极分化。那些技术水平高、生产管理好，从而劳动生产率高的商品生产者，其单位商品中耗费的个别劳动时间就少，其商品的个别价值低于社会价值，就可以获得较多的利润；反之，较多的个别价值只能较少地或者不能转化为社会价值，结果，有一部分劳动消耗因得不到补偿而亏本。马克思说：“如果一个人用较便宜的费用进行生产，用低于现有市场价格或市场价值出售商品的办法，能售出更多的商品，在市场上夺取一个更大的地盘，他就会这样去做，并且开始起这样的作用，即逐渐迫使别人也采用更便宜的生产方法，把社会必要劳动减少到新的更低的标准。”① 价值规律的刺激作用对商品生产者来说，既是获取利润的巨大动力，又是避免被淘汰的巨大压力。这种优胜劣汰的压力迫使商品生产者不断进行技术创新，加强经营管理，提高劳动生产率，在竞争中努力降低商品的价格。这不仅对技术进步产生了巨大的刺激作用，而且在客观上推动了整个社会生产力的发展。

3. 价值规律的分化作用。在商品经济条件下，由于商品生产者的生产条件、经营管理水平和劳动生产率水平各不相

---

① 马克思：《资本论》第3卷，人民出版社2004年版，第216页。

同，他们的竞争能力也存在着差别，在价值规律的分化作用下，他们的发展也会不同。那些生产条件好、经营管理水平和劳动生产率水平高的商品生产者，就会获利多、发展快，在市场竞争中处于有利地位，能获得超额利润，越来越富裕；反之，则会获利少，甚至亏损，在市场竞争中处于不利地位，而且会越来越穷，直至破产。可见，价值规律作用导致优胜劣汰、商品生产者两极分化。

第三节 生产价值的劳动

一、生产劳动与非生产劳动

生产劳动和非生产劳动的区分一直是古典经济学关注的问题。“古典政治经济学一直把剩余价值的生产看作生产工人的决定性的特征。因此，古典政治经济学对生产工人所下的定义，随着它对剩余价值性质的看法的改变而改变。”① 重商主义认为，“劳动只有在产品出口给国家带回的货币多于这些产品所值的货币……的那些生产部门，因而只有在使国家有可能在更大的程度上分沾当时新开采的金银矿的产品的那些生产部门，才是生产的。”② 后来的重农学派从其唯有农业才是社会财富生产部门的角度，认为“只有农业劳动才是生产劳动，因为只有农业劳动才提供剩余价值。在重农学派看来，剩余价值只存在于地租形式中。”③ 在古典经济学家中，影响最大的是亚当·斯密。他适应对资本主义生产关系分析的需要，下了“生产劳动是直接同资本交换的劳动这样一个定义”和生产劳

① 马克思：《资本论》第1卷，人民出版社2004年版，第582~583页。
② 《马克思恩格斯全集》第26卷（Ⅰ），人民出版社1972年版，第144页。
③ 马克思：《资本论》第1卷，人民出版社2004年版，第583页。

动是“物化在商品中，物化在物质财富中”的劳动，这样一个补充定义。①

马克思关于生产劳动与非生产劳动划分的思想是在批判地继承英国古典政治经济学家的生产劳动与非生产劳动理论基础上的。根据他对资本主义生产方式的实际分析，将生产劳动同资本的增殖联系起来，把同资本相交换、并使资本增殖的劳动当作生产劳动，揭示了商品经济条件下生产劳动的本质特征。因此，马克思前后一致地把为资本生产剩余价值的劳动看作资本主义生产劳动的“特性”或者具有“决定意义的特征”。在《资本论》、《剩余价值理论》等著作中，对这一问题做了大量的论述。马克思认为，“把生产劳动同其他种类的劳动区分开来是十分重要的，因为这种区分恰恰表现了那种作为整个资本主义生产方式以及资本本身的基础的劳动的形式规定性。”②他说：“在资本主义生产体系中，生产劳动是给使用劳动的人生产剩余价值的劳动，或者说，是把客观劳动条件转化为资本、把客观劳动条件的所有者转化为资本家的劳动，所以，这是把自己的产品作为资本生产出来的劳动。”③

根据马克思的基本思路，生产劳动的定义可以从两个角度来认识：第一，从增加使用价值的角度，从增进物质财富的角度，定义为生产物质产品的劳动。第二，从生产关系的角度，从增殖资本的角度，定义为同资本交换的劳动。依据这一定义，不论劳动有没有对象化为一定的物质载体，只要同资本相交换，增加了剩余价值就是生产劳动。“资本主义生产不仅是商品的生产，它实质上是剩余价值的生产。工人不是为自己生

① 《马克思恩格斯全集》第 26 卷（Ⅰ），人民出版社 1972 年版，第 148、442 页。

② 《马克思恩格斯全集》第 26 卷（Ⅰ），人民出版社 1972 年版，第 426 页。

③ 马克思：《剩余价值理论》（Ⅰ），人民出版社 1975 年版，第 426 页。

产，而是为资本生产。因此，工人单是进行生产已经不够了。他必须生产剩余价值。只有为资本家生产剩余价值或者为资本的自行增殖服务的工人，才是生产工人”。①

随着物质生产的不断发展、物质产品的不断丰富，人类需要不断多样化，当一部分人的劳动及其投入的生产资料所生产的物质劳动产品能够满足人类的物质需求时，就有一部分人和部分生产资料从物质生产劳动中分离出来，从事各种非物质的生产劳动，生产他人需要的非物质产品。这部分人用自己生产的非物质产品，同他人生产的物质产品或非物质产品相交换，以取得自己需要的物质产品或非物质产品。所以，非物质产品（服务产品）成为商品，就如马克思所说，“如果可以在物质生产领域以外举一个例子，那么，一个教员只有当他不仅训练孩子的头脑，而且还为校董的发财致富劳碌时，他才是生产工人。校董不把他的资本投入香肠工厂，而投入教育工厂，这并不使事情有任何改变。因此，生产工人的概念决不只包含活动和效果之间的关系，工人和劳动产品之间的关系，而且还包含一种特殊社会的、历史地产生的生产关系。这种生产关系把工人变成资本增殖的直接手段。”② 这类非物质生产成为商品生产，是人类生产和消费活动发展的必然，也是商品经济发展的必然。

讨论劳动是否具有生产性，特别要重视马克思的“总体工人”的概念。马克思说：“随着劳动过程本身的协作性质的发展，生产劳动和它的承担者即生产工人的概念也就必然扩大。为了从事生产劳动，现在不一定要亲自动手，只要成为总体工人的一个器官，完成他所属的某一种职能就够了。上面从

① 马克思：《资本论》第1卷，人民出版社2004年版，第582页。
② 马克思：《资本论》第1卷，人民出版社2004年版，第582页。

物质生产性质本身中得出的关于生产劳动的最初的定义，对于作为整体来看的总体工人始终是正确的。但是，对于总体工人中的每一单个成员来说，就不再适用了。”①

二、科技、管理劳动和价值创造

马克思在考察资本主义生产过程时，不仅分析了体力劳动的消耗，而且分析了脑力劳动的消耗。根据其总体工人的概念，生产工人只是“总体工人”的一部分，他们“较直接地”作用于劳动对象，而“总体工人”中的其他部分，像科技、管理等其他劳动者“较间接地”作用于劳动对象。在生产过程中，工程技术人员作为总体工人的一部分，他的劳动产品虽然没有确定的物质形态，但是，只要他的劳动融入总体工人的劳动之中就是创造价值的劳动。

随着科学技术的发展及其在生产过程中的运用，生产劳动的含义发生着深刻地变化，科技劳动将成为创造价值的劳动的主要部分。因为把科学技术运用于生产过程，不仅提高了生产资料的效能和效率，而且更为重要的是造就出了高素质的劳动者、科技人员、管理人员。生产自动化高度发展后，人的劳动将发生根本性的变化，马克思说：“劳动表现为不再象以前那样被包括在生产过程中，相反地，表现为人以生产过程的监督者和调节者的身份同生产过程本身发生关系。……这里已经不再是工人把改变了形态的自然物作为中间环节放在自己和对象之间；而是工人把由他改变为工业过程的自然过程作为媒介放在自己和被他支配的无机自然界之间。工人不再是生产过程的主要当事者，而是站在生产过程的旁边。”②

---

① 马克思：《资本论》第1卷，人民出版社2004年版，第582页。

② 《马克思恩格斯全集》第46卷（下），人民出版社1979年版，第218页。

科技劳动不同于生产一般物质产品的生产劳动。科技生产要花费更多、更复杂的劳动，因为科技本身凝结了比物质产品更多的人类劳动，所以在生产过程中，它所转移的价值也更多。马克思认为，知识生产活动“部分地以今人的协作为条件，部分地又以对前人劳动的利用为条件。”① 这里所说的“前人劳动”包括图书资料所提供的知识。

管理是随着社会化大生产的发展而形成的。马克思说：“凡是直接生产过程具有社会结合过程的形态，而不是表现为独立生产者的孤立劳动的地方，都必然会产生监督和指挥劳动。……凡是有许多个人进行协作的劳动，过程的联系和统一都必然要表现在一个指挥的意志上，表现在各种与局部劳动无关而与工场全部活动有关的职能上，就像一个乐队要有一个指挥一样。这是一种生产劳动，是每一种结合的生产方式中必须进行的劳动。”② 管理劳动与科技劳动一样，已经成为所有劳动形式中最重要的劳动。

管理劳动是生产劳动的一部分，管理劳动者也是“总体工人”的一部分。随着生产社会化水平的提高，随着社会分工的日益多样化，一个生产过程必须由许多的劳动者通过分工协作共同完成，“有的人当经理、工程师、工艺师等等，有的人当监工，有的人当直接的体力劳动者或者做十分简单的粗工”，③ 因此，商品价值的创造也必然要由许多的劳动者的劳动共同来完成。“许多的劳动者”就是马克思所说的“总体工人”。显然，“总体工人”首先必须是同一生产过程中的劳动者，不过，他们在同一生产过程中可以从事不同的职能。管理人员在这一生产过程链条上从事管理职能的劳动一旦凝结在商

① 马克思：《资本论》第3卷，人民出版社2004年版，第119页。
② 马克思：《资本论》第3卷，人民出版社2004年版，第431页。
③《马克思恩格斯全集》第49卷，人民出版社1982年版，第100~101页。

品中，无疑就构成了生产劳动的重要部分，管理劳动创造商品的价值也就无可厚非了。

科技劳动和管理劳动已经不是一般意义上的复杂劳动，而是一种高度复杂劳动，始终是在智能的支配下完成的。这种高度复杂劳动比体力劳动乃至一般复杂劳动能够创造更高的价值。马克思把简单劳动规定为“每个没有任何专长的普通人的有机体平均具有的简单劳动力的耗费”。[①] 复杂劳动是“自乘的”和“多倍的”简单劳动。在马克思看来，普通工人和有专长的工人，一般工人和工程师、机械师等在价值形成中的作用不是一样的，像工程师这一类“高级的工人”，在生产中形成的价值是“多倍的”。可见，马克思阐述了有差别的具体劳动，即不同职能的劳动者，在同样的劳动时间内创造不相等的价值的劳动价值理论，这是分析现代经济活动中商品价值形成的方法论。

三、服务劳动与价值创造

长期以来，我们所理解的创造价值的生产性劳动指的是物质生产领域的劳动，服务领域的劳动被排除在外。现实中，服务领域发展非常迅速，以服务领域为主体的第三产业产值已经被各个国家计入国民生产总值中。因此就提出服务领域的劳动是否创造价值的问题。马克思在《资本论》中没有明确认为服务领域的劳动也是生产性劳动，但他在许多场合讲到服务劳动的意义。我们从中可以得到启发。

过去，人们认为不少第三产业的劳动是不创造价值的，主要依据是，只有直接或间接创造物质财富的劳动才创造价值，而那些没有直接或间接参与物质财富创造的第三产业的劳动是

---

① 马克思：《资本论》第1卷，人民出版社2004年版，第58页。

不创造价值的。这个观点的缺陷在于对生产劳动的理解上存在问题。对于生产劳动与非生产劳动的区分，马克思明确认为，应该用生产关系来规定。马克思还进一步说："如果说单是货币同劳动的交换还不能使劳动转化为生产劳动，或者同样可以说，还不能使货币转化为资本，那么，劳动的内容、它的具体性质、它的特殊效用，看来最初也是无关紧要的：我们前面已经看到，同一个裁缝的同样的劳动，在一种情况下表现为生产劳动，在另一种情况下却表现为非生产劳动。"[①] 当然，从现代市场经济发展的现实状况看，第三产业的生产劳动不仅包括物质产品，而且也包括部分精神产品。这样，科学研究和综合技术服务、教育服务、金融和保险服务等，都是生产劳动，也必然创造价值。

实际上，马克思当时已经注意到了服务业的发展。马克思说："服务这个名词，一般地说，不过是指这种劳动所提供的特殊使用价值，就像其他一切商品也提供自己的特殊使用价值一样；但是，这种劳动的特殊使用价值在这里取得了'服务'这个特殊名称，是因为劳动不是作为物，而是作为活动提供服务的，可是，这一点并不使它例如同某种机器（如钟表）有什么区别。"[②] 马克思在分析服务劳动性质时曾经说过："某些服务，或者说，作为某些活动或劳动的结果的使用价值，体现为商品，相反，其他一些服务却不留下任何可以捉摸的、同提供这些服务的人分开存在的结果，或者说，其他一些服务的结果不是可以出卖的商品。"[③] 这里马克思把服务劳动分为物质生产性服务劳动和非物质性、个人（非生产性）服务劳动两类。

---

① 《马克思恩格斯全集》第 26 卷（Ⅰ），人民出版社 1972 年版，第 436 页。
② 《马克思恩格斯全集》第 26 卷（Ⅰ），人民出版社 1972 年版，第 435 页。
③ 《马克思恩格斯全集》第 26 卷（Ⅰ），人民出版社 1972 年版，第 436 页。

就当时的情况看，运输业是较为发达的服务业。马克思在分析运输业时说："生产劳动对资本家的关系，也就是说，雇佣工人对资本家的关系，同其他物质生产领域是完全一样的。"[①]"如果我们就商品来考察这个过程，那么这里在劳动过程中，劳动对象，商品，确实发生了某种变化。它的位置改变了，从而它的使用价值也起了变化，因为这个使用价值的位置改变了。商品的交换价值增加了，增加的数量等于使商品的使用价值发生这种变化所需要的劳动量。这个劳动量，一部分决定于不变资本的消耗，即加入商品的物化劳动量，另一部分决定于活劳动量，这同其他一切商品的价值增殖过程的情况是一样的。"[②]"在这里，实在劳动在使用价值上没有留下一点痕迹，可是这个劳动已经实现在这个物质产品的交换价值中。可见，凡是适用于其他一切物质生产领域的，同样适用于运输业：在这个领域里，劳动也体现在商品中，虽然它在商品的使用价值上并不留下任何可见的痕迹。"[③] 可见，在马克思看来，虽然运输业的劳动只是使商品的位置发生了变化，并没有使商品的物质形态发生变化，但是，商品的使用价值却变化了，进而商品的交换价值也发生了变化，而这一变化的价值量正是运输业劳动作用的结果。尽管这只是马克思对运输业的分析，然而通过分析所得出的结论却具有一般意义，也就是说，上述一般结论对于整个生产性服务业来说都是适用的。

马克思在《资本论》第一卷中对生产劳动所进行一般的、抽象的研究，是马克思后来在《剩余价值理论》中对服务业特别是对运输业分析的理论基础。因此，劳动价值理论与服务业价值创造问题是内在统一的。当然，现代社会第三产业的发

---

① 《马克思恩格斯全集》第26卷（Ⅰ），人民出版社1972年版，第444页。
② 《马克思恩格斯全集》第26卷（Ⅰ），人民出版社1972年版，第445页。
③ 马克思：《剩余价值理论》（Ⅰ），人民出版社1975年版，第445页。

展是以往社会不可比拟的，所以，虽然劳动价值理论的基本原则仍适用于当代社会，但仍需要通过对现实的分析和研究来发展劳动价值理论。

服务业发展是经济运行复杂化和社会专业化分工的必然结果，传统经济条件，一个生产者身兼数种职能的现象在现代经济条件下是很难出现的。现代市场不断深化，分工已不仅仅表现为一种行业分工，而且已经发展成为职能上的分工，并且随着经济发展水平的提高又会产生对新的社会职能的需要，从而生长出一些新的生产部门。职能分工是现代社会分工的显著特点，也是第三产业迅速发展的根本原因。企业内部原有职能被社会的专业化职能劳动所取代，原来属于企业内部生产同一种商品的劳动过程中的分工和专业化，发展成为独立的生产部门，由行业的专业化进一步发展为职能的专业化、工艺的专业化，甚至是服务的专业化。第三产业所提供的服务劳动作为社会专业化分工的结果，它满足了社会经济发展过程中的各种不同的需求。

本章主要涉及：《资本论》第 1 卷，第 1 章，第 14 章

第三章　货币和货币流通

货币和价值一样，都是商品经济的范畴。马克思以他的劳动价值理论为基础，深入考察了货币的起源，揭示了货币的本质，分析了货币形式、货币职能和货币流通量，形成了内在统一的货币理论体系。研究马克思主义的货币理论，深刻认识马克思主义货币理论的基本内涵，对于建立社会主义市场经济条件下的货币理论有重要的现实意义。

第一节　货币的起源

货币是固定充当一般等价物的商品。货币是商品经济内在矛盾发展的产物，是商品矛盾运动中价值形式发展的必然结果。在人类历史上，货币的存在已有几千年。马克思是从分析商品的价值和商品的本身矛盾，或者说是从商品的价值和使用价值的矛盾来说明货币的起源的。马克思说："商品的交换价值在货币上的独立化本身，是交换过程的产物，是商品中包含的使用价值和交换价值的矛盾以及商品中同样包含的矛盾——一定的、特殊的私人劳动必然表现为它的对立面，表现为同一的、必要的、一般的并且在这种形式上是社会的劳动——发展的结果。"① 使用价值和价值是商品内在的一对矛盾。货币是

① 《马克思恩格斯全集》第26卷（Ⅲ），人民出版社1974年版，第140页。

在交换之中自然而然地产生的。从发生交换到货币出现，经历了一个历史发展过程。“困难不在于了解货币是商品，而在于了解商品怎样、为什么、通过什么成为货币。”①

一、简单的、个别的或偶然的价值形式

使用价值和价值是商品内在的一对矛盾。价值不能自我表现，必须在两种商品的交换中，通过另一种商品表现出来。商品价值的表现形式就是价值形式。价值形式是随着商品交换的发展而发展的，价值形式的发展经历了简单的、个别的或偶然的价值形式，总和或扩大的价值形式，一般价值形式，最后发展为货币形式。马克思结合商品交换的发展过程，考察价值形式的发展历史。“探讨商品价值关系中包含的价值表现，怎样从最简单的最不显眼的样子一直发展到炫目的货币形式。这样，货币的谜就会随着消失。”②

简单的、个别的或偶然的价值形式，反映了原始社会后期部落之间偶然地出现剩余产品的交换，是一种商品的价值偶然地表现在另一种商品上。用公式表示就是：

20 码麻布 = 1 件上衣

简单价值形式虽然很简单，但是，“一切价值形式的秘密都隐藏在这个简单的价值形式中。”③ 它包含了一切价值形式的本质规定。等式两边的商品并非简单地交换和相等，而是有质的差别：“价值要被表现的商品只是直接当作使用价值，而另一个表现价值的商品只是直接当作交换价值。”④ 等式右边已不仅仅是商品，而是价值表现的材料，是货币的萌芽。

① 马克思：《资本论》第 1 卷，人民出版社 2004 年版，第 112 页。
② 马克思：《资本论》第 1 卷，人民出版社 2004 年版，第 62 页。
③ 马克思：《资本论》第 1 卷，人民出版社 2004 年版，第 62 页。
④ 马克思：《资本论》第 1 卷，人民出版社 2004 年版，第 77 页。

等号左边的商品麻布主动地要表现价值，并通过商品上衣相对地表现出来，处在相对价值形式的位置，起主动的作用。等号右边的商品上衣作为价值的表现材料，证明商品麻布具有同自身相等的价值，处于等价形式的位置，起被动的作用。商品的价值性质通过商品关系表现出来了。“在这里，一个商品的价值性质通过该商品与另一个商品的关系而显露出来。”① 通过这个交换关系，说明了织和缝的劳动没有差别，是抽象的人类劳动。一个商品的价值通过另一个商品的使用价值表现出来了。商品上衣的自然形式成了商品麻布的价值形式，也就是成为商品麻布价值的镜子。相对价值形式和等价形式是价值形式的两极，二者之间既相互排斥又相互依存。

等价形式是指一种商品与另一种商品直接交换的形式。等价形式具有三个特征：（1）使用价值成为价值的表现形式。充当等价物的上衣本身就是使用价值，它不仅把麻布内在的价值表现为外在的，人们看得见、摸得着的物，而且把麻布的价值量也明确表现出来了。（2）具体劳动成为抽象劳动的表现形式。作为等价形式的上衣是一定的具体劳动的产物，它和麻布交换时，成为表现麻布价值的材料，因此，生产上衣这种等价物的具体劳动也就成为抽象劳动的表现形式。（3）私人劳动成为直接形式的社会劳动。处于等价形式的上衣本来是私人劳动的产物，但是，在上衣和麻布交换时，上衣却作为直接的社会劳动而发生作用，从而表明生产麻布的劳动具有社会性。所以，生产上衣的私人劳动直接表现为社会劳动。

由于商品交换是偶然的，等价物是个别的，所以这种简单价值形式既不完全，也不充分。随着社会生产力的发展，剩余产品增加，可供交换的物品增加，特别是第一次社会大分工，

---

① 马克思：《资本论》第1卷，人民出版社2004年版，第65页。

游牧部落从其他部落分离出来，商品交换的种类和范围都得到了发展，从而使经常的交换成为可能，简单价值形式便发展为总和的或扩大的价值形式。

二、总和的或扩大的价值形式

总和的或扩大的价值形式，是指一种商品的价值表现在一系列商品上。用公式表示就是：20 码麻布 =40 公斤小麦。

20 码麻布 { =40 公斤小麦
=1 件上衣
=1 夸特小麦
=2 盎司黄金
=一定量其他商品

在扩大的价值形式上，一种商品的价值已不是偶然地表现在另一种商品上，而是经常地表现在一系列商品上，取得了扩大的相对价值形式。作为等价形式的已经不是一种商品，而是一系列的特殊等价物。这时，麻布的价值就能够比较充分地表现为无差别的人类劳动的凝结，它已经不是偶然地同某一种具体劳动所创造的商品相等，而是和各种具体劳动所创造的商品相等。各种商品相交换的比例就自然地和它们各自的价值更为接近。这样，商品的价值量能够更为正确地反映出来。既然一个商品不是偶然地与另一个商品交换，而是能与许多商品交换，价值质的规定性就表现得明显了。“这个价值本身才真正表现为无差别的人类劳动的凝结。”① 商品交换量的比例就为生产者所关心，商品要求等价交换，“是商品的价值量调节商品的交换比例。”②

如果说简单（或偶然）价值形式是商品偶然交换的形式，

① 马克思：《资本论》第 1 卷，人民出版社 2004 年版，第 79 页。
② 马克思：《资本论》第 1 卷，人民出版社 2004 年版，第 79 页。

那么，扩大价值形式就是商品经常交换的形式。简单价值形式与扩大价值形式有一个共同特点，就是它们都属于直接物物交换的形式。在直接物物交换的条件下，只有交换双方在同一时间、同一地点、彼此都需要对方的商品，而且价值量相等时交换才能成立。这就有很大的局限性。一位欧洲人通过对非洲旅行的描述，生动地说明了上述问题："看看我在卡维里市场上雇船到唐汉纳克海岸时，必须以怎样的方式支付雇金，那是很可笑的。船经理沙特要求付以象牙，但是，我没有象牙；当我知道默罕麦德·伊文·萨里柏有象牙，而且需要呢绒；然而在我还没有听说马荷墨得·伊文·哈利柏有呢绒而且需要针的时候，这个消息对我很有用处。很幸运，我有针。于是我如数给了马荷墨得·伊文·哈利柏所要求的铜针，他再给默罕麦德·伊文·萨里柏呢绒，而后者则给船经理沙特以其所需要的象牙；直到这时候，我才从船经理那里雇到船。"①

可见，扩大的价值形式仍存在许多缺陷。从相对价值形式方面看，商品的价值表现是一个无穷的系列，还没有一个统一的表现；从等价形式方面看，没有形成一个大家公认的统一等价物。商品交换仍然是物物交换。这些缺陷使交换经常发生困难。因此，扩大的价值形式必然逐渐发展为一般价值形式。

三、一般价值形式

随着交换商品的日益增多，交换日益频繁，交换的方式出现了新的变化：一切商品所有者都拿自己的商品与同一第三种商品交换；然后再拿这第三种商品去换回自己所需要的商品。这第三种商品进入交换的次数较多，其使用价值为大家共同需

① 转引自布里格里著：《资本主义国家的货币流通与信用》，中国财政经济出版社 1975 年版，第 4 页。

要的商品，这种商品就成为其他商品的一般等价物。在马克思的著作中，一般等价物和一般等价形式是同义语。“这第三个商品由于成为其他不同商品的等价物，就直接取得一般的或社会的等价形式。”① 这样，人们可以用它来作为商品交换的媒介，交换中所有商品的价值都由这一商品来表现，从而使扩大的价值形式发展为一般价值形式。用公式表示就是：

$$\left.\begin{array}{r}40\text{ 公斤小麦}=\\1\text{ 件上衣}=\\1\text{ 夸特小麦}=\\2\text{ 盎司黄金}=\\\text{一定量其他商品}=\end{array}\right\}20\text{ 码麻布}$$

在一般价值形式中，商品价值的表现：一是简单的，因为都是表现在惟一的商品上；二是统一的，因为都是表现在同一的商品上。这种价值形式使商品世界的价值表现在从商品世界中分离出来的同一种商品上，例如麻布上，因而使一切商品的价值都通过它们与麻布等价而表现出来。因此，只有一般价值形式才真正使商品作为价值互相发生关系，或者使它们互相表现为交换价值。

一般价值形式的出现，是价值形式的重要发展。这个变化不是简单的等式位移，而是反映价值形式发生了质的飞跃。商品的交换方式已由物物直接交换变为以一般等价物为媒介的间接交换。商品生产者只要把自己的产品换成一般等价物，他的劳动就获得了社会承认，就可以用它来换取自己所需要的任何商品。实际上，担当一般等价物的商品已经开始起着货币的作用。

不过，一般价值形式仍然存在着不足之处，一般等价物还

① 马克思：《资本论》第 1 卷，人民出版社 2004 年版，第 107 页。

没有固定在某一种商品上，它因时因地而异。“这种形式交替地、暂时地由这个或那个商品承担。”① 在历史上，贝壳、盐、兽皮等都曾充当过一般等价物。随着商品交换的发展，一般等价物的作用逐渐固定在某一种商品上，当一般等价物作用固定在某一商品上的时候，这种商品就成为货币商品。“等价形式同这种独特商品的自然形式社会地结合在一起，这种特殊商品成了货币商品，或者执行货币的职能。在商品世界起一般等价物的作用就成了它特有的社会职能，从而成了它的社会独占权。”② 这就是说，当商品金夺得并独占了一般等价物的特权地位时，商品金就成了货币商品，价值形式就发展到货币形式。

四、货币形式

当一般等价物终于固定在最具优势的贵金属——金银——身上，由金银来固定充当商品交换的媒介，货币价值形式便产生了。用公式表示就是：

$$\left.\begin{array}{r}\text{40 公斤小麦} = \\ \text{1 件上衣} = \\ \text{1 夸特小麦} = \\ \text{20 码麻布} = \\ \text{一定量其他商品} = \end{array}\right\}\text{2 盎司黄金}$$

货币形式替代一般的价值形式并没有发生本质的变化，惟一的区别只是一般等价物固定于金银商品上。马克思说：“在第一种形式过渡到第二种形式，第二种形式过渡到第三种形式的时候，都发生了本质的变化。而第四种形式与第三种形式的

① 马克思：《资本论》第 1 卷，人民出版社 2004 年版，第 108 页。
② 马克思：《资本论》第 1 卷，人民出版社 2004 年版，第 86 页。

惟一区别，只是金现在代替麻布取得了一般等价形式。”货币形式“惟一的进步在于：能直接地一般地交换的形式……现在由于社会的习惯最终地同商品金的独特的自然形式结合在一起了。”[①] 金银之所以能够取得货币商品的特权地位，既不是它具有特殊的社会性质，也不是聪明人进行协商的产物，是由于它的自然属性，使它最适宜充当货币的材料。金银质地均匀，便于分割计算；质地坚固，不易损坏，宜于长期保存；体积小价值大，便于携带。所以“金银天然不是货币，但货币天然是金银”。[②]

商品成为货币，不是商品单独活动的结果，而是商品依赖于其他商品的“社会行为”。也就是说，一种商品成为货币，是由于其他商品都把它作为自己的等价物，从而它才能成为一般等价物。商品要实现自己的价值，并使诸商品之间的价值得以比较和衡量，必须有一个一般等价物。“因此，其他一切商品的社会的行动使一个特定的商品分离出来，通过这个商品来全面表现它们的价值。于是这个商品的自然形式就成为社会公认的等价形式。由于这种社会过程，充当一般等价物就成为被分离出来的商品的独特的社会职能。这个商品就成为货币。”[③]

货币形式是最发达的价值形式，是商品交换发展过程中自发形成的产物，是商品内在矛盾发展的必然结果。货币的出现使得商品世界分裂为对立的两极：一极是表示各种特殊使用价值的商品；另一极是表示商品价值的货币。结果，商品内在的使用价值和价值之间的矛盾外化为商品和货币的对立。如果商品生产者将其商品通过交换转换成货币，商品的内在矛盾就得到了解决，商品的价值得到了实现，商品生产者的个别劳动也

① 马克思：《资本论》第1卷，人民出版社2004年版，第87页。
② 马克思：《资本论》第1卷，人民出版社2004年版，第108页。
③ 马克思：《资本论》第1卷，人民出版社2004年版，第105～106页。

就得到了社会承认。反之，商品内在矛盾就不可能得到解决，商品生产者的生产就不可能继续。因此，货币的出现解决了商品以物物形式交换的困难，推动了商品交换的发展，但是，并没有消除使用价值和价值之间的矛盾，而是进一步发展了商品的内在矛盾。

第二节　货币的本质和货币拜物教

一、货币的本质

货币是固定地起着一般等价物作用的商品。它区别于普通商品的特点是：在商品世界中，只有货币起着一般等价物的作用。

货币作为一般等价物，是一般商品，能够和各种特殊商品交换。货币作为一种特殊商品，是指它所特有的价值表现材料。随着商品经济的不断发展，货币形式也出现了新的变化。但是，不管货币形式怎样变化，货币充当一般等价物的本质作用不会改变。

货币是从商品中分离出来的商品。货币与普通商品有共性：它们都具有价值——凝结在商品体中的抽象劳动；也都具有使用价值，任何商品充当货币之后，它仍保留着原来的那种普通商品的使用价值，例如黄金充当货币，它还可作工业原料。任何曾经充当过货币的东西，如果不是商品，如果与普通商品没有这种共性，那么，它就不具有与其他商品交换的基础，从而就不可能在交换发展过程中被分离出来充当货币。

货币在与普通商品具有共性的基础上，还有其自身的特殊性。货币是起一般等价物作用的商品，它是社会劳动的化身，它以自己的自然形式作为其他一切商品的等价形式，把自己作为反映其他商品价值的一面镜子。

货币作为一般等价物的作用，主要表现在两个方面：（1）货币是表现一切商品价值的材料，是表现商品中所包含的抽象劳动和社会劳动的材料。在商品世界中，普通商品直接以使用价值、具体劳动和私人劳动的产物出现，而货币则是以价值的化身、抽象劳动和社会劳动的产物出现。普通商品只有与货币交换，它的价值才能得到表现与实现，它的私人劳动才能为社会承认，实现为社会劳动。（2）货币是一般的交换手段或直接的交换手段。也就是说，拥有货币就可以交换任何其他商品，而其他的普通商品不一定都能交换得到货币。商品交换过程，也就是商品价值的表现与实现过程。在交换过程中，由于所有的商品必须把自己的价值表现在货币商品上，这样，货币商品就成为社会劳动的化身，从而成为表现一切商品价值的材料。而且，也正是由于货币直接代表社会劳动，它才具有与所有商品相交换的能力。

货币是商品经济范畴，从一个侧面反映商品生产者之间的关系。马克思说："货币代表着一种社会生产关系，却又采取了具有一定属性的自然物的形式。"① 在马克思看来，货币体现着一种社会生产关系。从抽象形式考察货币的本质，就是先撇开资本主义生产关系这个特殊的内容，从不同类型的商品经济中，抽象出货币本质的共同特征，即货币是商品的一般等价物或一般等价形式，它体现"商品生产一般"这种生产关系。因为资本主义一切关系都表现为货币关系，因而货币形式似乎具有一种无限复杂的、对它本身说来是外来的内容。

货币直接作为等同的人类劳动，体现"商品生产一般"这种生产关系，表现了在人类历史上不同的商品经济条件下本

---

① 《马克思恩格斯全集》第 13 卷，人民出版社 1962 年版，第 23 页。

质的共同性。作为一般等价形式的货币，直接代表社会劳动，普通商品只有与货币交换，才能实现其劳动的社会性。因此，商品生产者的命运，直接决定于他们生产的商品能否换得货币和换得多少货币。

二、从商品拜物教到货币拜物教

拜物教（Fetishism）就是将某物加以神化，并对其顶礼膜拜。"劳动产品一旦作为商品来生产，就带上拜物教性质，因此拜物教是同商品生产分不开的。"[①] 货币拜物教是经济生活中的一种拜物教形式，货币拜物教的产生同样是与商品生产和市场经济分不开的。"货币拜物教的谜就是商品拜物教的谜，只不过变得明显了，耀眼了。"[②]

商品的神秘性质不是来自商品的使用价值，也不是来自价值规定的内容，而是来自于商品生产方式。因为在商品经济条件下，人们以某种方式彼此为对方进行劳动，这样，他们的劳动就不仅仅是劳动者个人的事情，而是具有了社会的性质。"生产者的私人劳动真正取得了二重的社会性质。一方面，生产者的私人劳动必须作为一定的有用劳动来满足一定的社会需要，从而证明它们是总劳动的一部分，是自然形成的社会分工体系的一部分。另一方面，只有在每一种特殊的有用的私人劳动可以同任何另一种有用的私人劳动相交换从而相等时，生产者的私人劳动才能满足生产者本人的多种需要。"[③] 结果，个别劳动能否得到社会承认，如果能够得到社会承认，又能在多大程度上得到承认，这是商品生产者自己无法控制的。可见，"劳动产品一旦采取商品形式就具有的谜一般的性质究竟是从

① 马克思：《资本论》第1卷，人民出版社2004年版，第90页。
② 马克思：《资本论》第1卷，人民出版社2004年版，第113页。
③ 马克思：《资本论》第1卷，人民出版社2004年版，第90~91页。

哪里来的呢？显然是从这种形式本身来的。"[①] 即商品的神秘性来自于商品生产方式。

马克思从以下三个方面分析了商品拜物教：(1)"人类劳动的等同性，取得了劳动产品的等同的价值对象性这种物的形式；"(2)"用劳动的持续时间来计量的人类劳动力的耗费，取得了劳动产品的价值量的形式；"(3)"最后，生产者的劳动的那些社会规定借以实现的生产者的关系，取得了劳动产品的社会关系的形式。"[②] 在商品生产形式下，人与人之间互相交换劳动的关系采取商品的形式，交换劳动的数量关系体现为商品的价值量的关系，交换商品能否成功决定着个别劳动能否转化为社会劳动，从而决定商品生产者的命运。这种人与人的关系被商品之间物与物的关系所掩盖，商品之间物的关系决定着商品生产者的命运，物与物的关系支配着人，马克思把这种现象称之为商品拜物教。

马克思说："商品形式的奥秘不过在于：商品形式在人们面前把人们本身劳动的社会性质反映成劳动产品本身的物的性质，反映成这些物的天然的社会属性，从而把生产者同总劳动的社会关系反映成存在于生产者之外的物与物之间的社会关系。由于这种转换，劳动产品成了商品，成了可感觉而又超感觉的物或社会的物。""商品形式和它借以得到表现的劳动产品的价值关系，……只是人们自己的一定的社会关系，但它在人们面前采取了物与物的关系的虚幻形式。""在商品世界里，人手的产物也是这样。我把这叫作拜物教。劳动产品一旦作为商品来生产，就带上拜物教性质，因此拜物教是同商品生产分不开的。商品世界的这种拜物教性质，像以上分析已经表明

① 马克思：《资本论》第 1 卷，人民出版社 2004 年版，第 89 页。
② 马克思：《资本论》第 1 卷，人民出版社 2004 年版，第 89 页。

的，是来源于生产商品的劳动所特有的社会性质。”① “在交换者看来，他们本身的社会运动具有物的运动形式。不是他们控制这一运动，而是他们受这一运动控制。”②

货币本是一种普通的贵金属，本身并没有什么神奇的力量。但交换过程使它成了一般等价物，成了交换价值的绝对化身，成了能与一切商品相交换的绝对商品。有了货币就可以购买一切，得到一切，于是一切倒转过来了，人类劳动的这个产物成了支配人，决定人命运的力量。金这种普通的贵金属，获得了一种超自然的神奇力量，而它的金光闪闪的外貌更增加了它的迷人色彩。这就是货币拜物教。货币拜物教就是金钱拜物教，是对金钱的崇拜。简言之，就是拜金主义。

在资本主义制度下，一切都商品化了。正如马克思所说的那样：“没有任何不可让渡的东西，因为对货币来说，一切都是可以让渡的。没有任何高贵的东西，神圣的东西，因为任何东西都可以通过货币而占有。”③ 拥有了货币，就掌握了支配劳动的手段，资本家在市场上是用货币购买劳动力，利用货币来剥削雇佣劳动者。马克思说：“在资本家和雇佣工人的关系上，货币关系，买者和卖者的关系，成了生产本身所固有的关系。但是，这种关系的基础是生产的社会性质，而不是交易方式的社会性质；相反，后者是由前者产生的。”④

市场对生产者的盲目的支配作用，表现为货币对生产者的支配作用。货币采取一定的自然形态，如金或银。“这些物，即金和银，一从地底下出来，就是一切人类劳动的直接化

① 马克思：《资本论》第1卷，人民出版社2004年版，第89～90页。

② 马克思：《资本论》第1卷，人民出版社2004年版，第92页。

③ 马克思：《政治经济学批判大纲（草案）》第4分册，人民出版社1964年版，第122页。

④ 马克思：《资本论》第2卷，人民出版社2004年版，第133页。

身。”[1] 在人们看来，似乎货币的一般等价物作用，不是社会生产关系的体现，而是金、银所固有的，似乎金银本身就有天然支配人们命运的神奇的力量。在“钱能通神”的社会里，“货币是一切权力的权力”[2]，在货币权力面前，任何力量都得甘拜下风。人们不理解，“金银作为货币代表一种社会生产关系，不过这种关系采取了一种具有奇特的社会属性的自然物的形式。”[3]

货币拜物教还表现在当货币采取价格形式后出现了虚拟的价格形式，这就是马克思说的：“有些东西本身并不是商品，例如良心、名誉等等，但是也可以被它们的占有者出卖以换取金钱，并通过它们的价格，取得商品形式。”[4]

第三节　货币的职能

货币的职能的发展与商品经济矛盾的发展是互相联系、密不可分的。马克思通过对货币职能的发展的考察，进一步揭示了商品经济的内在矛盾及其运动规律。

货币的职能是由货币的本质决定的，是货币本质的表现。货币作为固定起一般等价物作用的商品，在发达的商品经济中，具有价值尺度、流通手段、贮藏手段、支付手段和世界货币等职能。其中价值尺度和流通手段是最基本的职能。马克思在分析货币职能时，是假设以有内在价值的黄金作为货币，正如他所说的，“为了简单起见，我在本书各处都假定金是货币

---

① 马克思：《资本论》第 1 卷，人民出版社 2004 年版，第 112 页。
② 马克思：《资本论》第 1 卷，人民出版社 2004 年版，第 825 页。
③ 马克思：《资本论》第 1 卷，人民出版社 2004 年版，第 101 页。
④ 马克思：《资本论》第 1 卷，人民出版社 2004 年版，第 123 页。

商品。”[①] 现在各国均不再实行金铸币流通制。因此，马克思关于货币职能的理论也应该有所发展。但其中基本规定无论是在理论上还是对现实中的纸币，仍然是有价值的。

一、价值尺度

货币作为一般等价物，是一般的交换手段。因此，货币的第一个职能，就是价值尺度职能。马克思说：“金的第一个职能是为商品世界提供表现价值的材料，或者说，是把商品价值表现为同名的量，使它们在质的方面相同，在量的方面可以比较。这样，金执行一般的价值尺度的职能，并且首先只是由于这个职能，金这个独特的等价商品才成为货币。”[②] 价值尺度是货币表现，衡量、计算商品价值的尺度。货币能够充当价值尺度，是因为货币本身也是商品，具有价值。

货币作为价值尺度，就把商品的价值表现为同名的量，使它们在质的方面相同，在量的方面可以比较。“货币作为价值尺度，是商品内在的价值尺度即劳动时间的必然表现形式。”[③] 由于有了金，商品的内在价值才有了确定的外在表现形式，本来看不见、摸不着的抽象价值，才得以表现出来。商品作为价值体是同质的，本身就可以通约。所以，它们能共同用货币来计量自己的价值，把货币作为共同的价值尺度。货币作为价值尺度，不过是把这些本来已经存在的不同商品的不同价值量表现为不同的价格。

价格是商品价值的货币表现。不同的商品有不同的价格，即商品之间存在着比价。这表明不同的商品间都有质的共同性，只有具有质的共同性，才有量的可比性。货币充当价值尺

① 马克思:《资本论》第1卷，人民出版社2004年版，第114页。
② 马克思:《资本论》第1卷，人民出版社2004年版，第114页。
③ 马克思:《资本论》第1卷，人民出版社2004年版，第114页。

度时，只是想象的或观念的货币，即给商品标明价格。因为它只是商品进入流通前的准备过程，表明商品的价值等于多少金量。既然商品在货币上的价值表现是观念的，所以要表现商品的价值，也可以仅仅用想象的或观念的货币。“货币在执行价值尺度的职能时，只是想象的或观念的货币。”[①]“因为商品在金上的价值表现是观念的，所以要表现商品的价值，也可以仅仅用想象的或观念的金。”[②] 为了表现商品的价值，不必用实在的金来表示，人们可以用货币估量亿万商品的价值，并不需要丝毫实在的金来表现。

为了使商品价格有一个具体的数量上的表现并使诸商品的价格能互相比较，在技术上就需要把一个固定的货币金属量作为商品价值的计量单位，这个计量单位本身又分成等份，如两、钱、分。马克思认为，衡量重量的砝码本身要有重量，衡量长短的尺本身要有长度，货币作为价值尺度，在尺度的规定中，就包含了量的规定，这就是价格标准。为了表现价值量，必须把各种商品的价值化作不同的金量互相比较，这样在技术上就有必要把“某一固定的金量”作为价值的“计量单位”，这个单位本身再进一步划分成若干等份而成为计量的标准，即“价格标准”。[③] 例如，一盎司金，一两银，现在的元、角、分等。价格标准一方面是出于民族习惯，约定俗成；另一方面，必须是普遍通用的。因此，价格标准最后就由国家法律来规定。

有了价格和货币名称，商品价值在观念上转化成的货币量，是用一定的货币名称来表现的。例如1件上衣等于1两银子，或者说等于20元。这样，“商品就用自己的货币名称说

① 马克思：《资本论》第1卷，人民出版社2004年版，第116页。
② 马克思：《资本论》第1卷，人民出版社2004年版，第115～116页。
③ 马克思：《资本论》第1卷，人民出版社2004年版，第117页。

明自己值多少，每当需要把一物当作价值，从而用货币形式来确定时，货币就充当计算货币。”① 取得金标准的法定名称的货币，就是“计算货币”。计算货币是价值尺度与价格标准的统一，如镑既表示商品的价值，又表示一定量的金。

虽然商品价格是商品价值的观念表现，但它却可以与价值发生量的偏离。当商品价值表现为货币时，这种关系就表现为商品与货币的外在比例关系。只有在货币价值不变、商品价值提高时，或在商品价值不变、货币价值降低时，商品价格才会普遍提高。反之，只有在货币价值不变，商品价值降低时，或在商品价值不变、货币价值提高时，才会普遍降低。而且，因供求关系影响，价格也会偏离价值。这就是马克思说的，“价格和价值量之间的量的不一致的可能性，或者价格偏离价值量的可能性，已经包含在价格形式本身中”②。

价格不仅在量上可以偏离价值，而且“包藏一个质的矛盾，以致货币虽然只是商品的价值形式，但价格可以完全不是价值的表现。”③ 由此产生虚幻的价格形式：完全不是劳动产品的东西，也可以被它们的所有者出卖以换取金钱，并通过价格，取得商品形式。在此，价格完全是虚幻的。

二、流通手段

货币作为流通手段，即货币成为商品交换的媒介。在W—G—W的商品流通过程中，“商品交换过程是在两个互相对立、互为补充的形态变化中完成的：从商品转化为货币，又从货币转化为商品。”④

① 马克思：《资本论》第1卷，人民出版社2004年版，第121页。
② 马克思：《资本论》第1卷，人民出版社2004年版，第123页。
③ 马克思：《资本论》第1卷，人民出版社2004年版，第123页。
④ 马克思：《资本论》第1卷，人民出版社2004年版，第126页。

货币具有流通手段职能，是因为它是商品的一般等价物。货币作为流通手段，改变了商品交换的形式，也加深了商品经济的内在矛盾。在货币出现之前，商品交换是直接的物物交换，即 W1—W2，买卖在时间上和空间上都是统一的。货币出现后，商品每次交换都是通过普通商品与货币的交换来实现的，即 W1—G—W2。这时商品交换过程是在两个互相对立、互为补充的形态变化中完成的：从商品转化为货币，又从货币转化为商品。“商品形态变化的两个因素同时就是商品占有者的两种行为，一种是卖，把商品换成货币，一种是买，把货币换成商品，这两种行为的统一就是：为买而卖。”① 买和卖在时间上和空间上分离为商品换货币（W1—G）和货币换商品（G—W2）两个阶段。

W—G，是商品的第一形态变化，即卖。商品转化为货币，这是商品的惊险跳跃。这个跳跃不成功，摔坏的一定是商品生产者。商品的实现过程，包含着极复杂的矛盾。在商品生产方式中，“分工使他们成为独立的私人生产者，同时又使社会生产过程以及他们在这个过程中的关系不受他们自己支配；人与人的互相独立为物与物的全面依赖的体系所补充。”② “分工使劳动产品转化为商品，因而使它转化为货币成为必然的事情。同时，分工使这种转化能否成功成为偶然的事情。”③ 因此，W—G 的过程包含了实际交换过程的矛盾和困难。商品交换的实现必须面对并且实际解决这些矛盾。

G—W，是商品的第二形态变化，即买，也可以看作最终的形态变化。由于货币是商品的一般等价形式，是一切商品的

① 马克思：《资本论》第 1 卷，人民出版社 2004 年版，第 126 页。
② 马克思：《资本论》第 1 卷，人民出版社 2004 年版，第 129 页。
③ 马克思：《资本论》第 1 卷，人民出版社 2004 年版，第 129 页。

转换形态，“所以它是绝对可以让渡的商品”。[①] 对货币所有者来说，买是不会发生困难的，这只取决于货币所有者持有货币的数量。G—W 与 W—G 是存在很大区别的：第一，这个形态变化是较易完成的。因为货币是一般等价物，它能与任何商品进行交换，转化为任何商品；第二，W—G 是一次完成的，而 G—W 则由多次购买组成，因为商品生产者必须满足他的各种需要。

商品总形态变化 W—G—W 是 W—G 和 G—W 两个互相对立、互为补充的对立的统一，“组成一个循环：商品形式，商品形式的抛弃，商品形式的复归”。[②] 货币介入后的商品总形态的循环变化，打破了直接物物交换中存在的时间上和空间上的限制，推动了商品经济的发展。同时，商品交换中出现的时间和空间的买卖脱节加深了商品的内在矛盾，隐含了商品流通中断、发生危机的可能性。“商品内在的使用价值和价值的对立，私人劳动同时必须表现为直接社会劳动的对立，特殊的具体的劳动同时只是当作抽象的一般的劳动的对立，物的人格化和人格的物化的对立，——这种内在的矛盾在商品形态变化的对立中取得发展了的运动形式。因此，这些形式包含着危机的可能性，但仅仅是可能性。这种可能性要发展为现实，必须有整整一系列的关系，从简单商品流通的观点来看，这些关系还根本不存在。”[③]

价值尺度与流通手段职能，是货币内在矛盾运动发展的结果，是货币的基本职能。在价值尺度与流通手段的基础上，又衍生出贮藏手段、支付职能、世界货币三种职能。

---

① 马克思：《资本论》第 1 卷，人民出版社 2004 年版，第 131 页

② 马克思：《资本论》第 1 卷，人民出版社 2004 年版，第 133 页。

③ 马克思：《资本论》第 1 卷，人民出版社 2004 年版，第 135 ~ 136 页。

三、贮藏手段

贮藏手段是在流通手段基础上产生的。贮藏货币代替流通手段，货币停止流通，退出流通。货币本来只在商品流通中充当永动机的职能，商品生产者一旦使货币在一定时间内失去流通的能力，货币的这种流通永动机的职能也就会相应停止，货币由此而取得了贮藏手段职能，进而变成贮藏货币。“这种货币贮藏，——金生产者是买者的场合除外，——决不包含贵金属财富的增加，而只包含到目前为止处于流通中的货币的职能的改变。以前，它作为流通手段执行职能，现在则作为贮藏手段，作为正在形成的、潜在的新货币资本执行职能。”① 贮藏手段是指货币退出流通领域当作独立的价值形式和社会财富贮藏起来的职能。

商品形态变化是由卖和买两个对立的行为构成的。卖与买有时可能是连续进行的，有时则可能不连续进行。只要商品的形态变化系列一中断，卖之后没有继之以买，货币就停止了流通，这时货币就发挥贮藏手段职能。“出售商品不是为了购买商品，而是为了用货币形式来代替商品形式。这一形式变换从物质变换的单纯中介变成了目的本身。商品的转换形态受到阻碍，不能再作为商品的绝对可以让渡的形态或作为只是转瞬即逝的货币形式而起作用。于是货币硬化为贮藏货币，商品出售者成为货币贮藏者。”②

由于货币是一般等价物，谁拥有货币谁就能够自由地购买商品，这样货币便成了社会财富的一般代表。“因此，在交易的各个点上，有不同数量的金银贮藏。”③ 执行贮藏手段职能

① 马克思：《资本论》第2卷，人民出版社2004年版，第560页。
② 马克思：《资本论》第1卷，人民出版社2004年版，第153页。
③ 马克思：《资本论》第1卷，人民出版社2004年版，第154页。

的货币，既不能是观念上的货币，也不能是价值符号，而必须是足值的金属货币。随着商品流通的扩展，货币这种财富的绝对社会形式的权力也日益增大，求金欲也就产生并膨胀了。货币贮藏的欲望在本质上是没有止境的。货币在质上是无限的，它是一般的商品，是抽象社会劳动的绝对化身；但是在量上每一个确定的货币额又是有限的，“货币的这种量的有限性和质的无限性之间的矛盾，迫使货币贮藏者不断地从事西西弗斯式的积累劳动”。[①] 这是一种积累财富的原始形式。

货币贮藏在商品流通中有着它的必不可少的作用。流通中所需要的货币量，随着商品的价格和流通中的商品量的变动而不断变动。因此这个量必须能够伸缩，它时而被吸收，时而被排斥。这个条件是靠“货币贮藏的蓄水池”来维持的。货币贮藏能够自发调节流通中的货币量。“货币贮藏的蓄水池，对于流通中的货币来说，既是排水渠，又是引水渠，因此，流通中的货币永远不会溢出它的流通的渠道。”[②] 当流通中需要的货币量减少时，多余的金属货币就会从流通中退出，贮藏起来；当流通中需要的货币量增加时，贮藏的货币就会自动地加入到流通过程中。“在资本主义生产的基础上，贮藏货币本身从来不是目的，而是结果，或者是流通停滞的结果（这时会有比通常更多的货币量采取贮藏货币的形式），或者是由资本周转决定的积累的结果；或者，最后，贮藏货币只是货币资本的形成暂时处在潜在形式上，目的是要执行生产资本的职能。”[③]

以上分析的货币贮藏手段职能是就金属货币而言的，即使贮藏起来仍然有价值。纸币本身没有价值，它的价值在于流

① 马克思：《资本论》第1卷，人民出版社2004年版，第156页。
② 马克思：《资本论》第1卷，人民出版社2004年版，第157～158页。
③ 马克思：《资本论》第2卷，人民出版社2004年版，第386页。

通，因此纸币不具备贮藏手段的功能。但是，在现实的纸币流通条件下，纸币也可以以储蓄的形式贮藏下来。虽然它没有实在的价值，但纸币符号表明持有者从社会中取得相应数量商品和劳务的价值，储蓄纸币表明持有者推迟对这种权利的使用，目的是为了在以后更为合理地使用。不过，纸币与金属货币贮藏又是有区别的，这些未被货币储存者使用的商品和劳务，最终还是要通过各种方式进入流通以实现用于消费（包括生产消费和生活消费），而不是像金属货币的贮藏那样退出流通过程。

四、支付手段

货币充当支付手段的职能，是随着商品交换的发展而发展起来的。“随着商品流通的发展，使商品的让渡同商品价格的实现在时间上分离开来的关系也发展起来。”① 因此，某些商品生产者就必须以赊卖的方式把自己的商品卖给那些还未卖掉自己的商品，还不拥有货币的买者，对方则只是作为未来货币的所有者来购买他的商品。流通当事人之间的关系发生了变化，卖者成了债权人，买者成了债务人。这里商品只是对于债务的承诺而让渡，而暂不取得货币等价物。现实的支付发生在一定时期之后，“货币成了支付手段。”② 货币的支付手段是指货币用来清偿债务或支付赋税、租金、利息、工资等的职能。货币当作支付手段，使商品的形态变化发生了变形。“等价物——商品和货币——不再同时出现在卖的过程的两极上。”③ 其运动特点是：第一，货币先当作价值尺度计算商品的价格和买者的债务；第二，货币充当观念的购买手段使商品转手；第

① 马克思：《资本论》第1卷，人民出版社2004年版，第158页。
② 马克思：《资本论》第1卷，人民出版社2004年版，第159页。
③ 马克思：《资本论》第1卷，人民出版社2004年版，第159页。

三，支付到期后，货币充当支付手段，抵消债务。

在支付手段的基础上，产生了信用货币。作为信用货币的债券，又随着债权的转移而流通。另一方面，随着信用事业的扩大，信用货币又取得了各种存在形式，这些形式主要是存在于大规模交易的领域，而现金交易就只限于小规模交易中了。在以信用形式买卖商品的条件下，货币在偿还债务时执行支付手段职能。

在商品生产中，有些商品生产时间长短不同，有些商品生产还受到季节性的影响，同时各种商品的销售时间也存在差别，于是便逐渐出现了先期交货后期付款的信用买卖和债务关系，出现了延期支付的必要。货币用作偿还赊购欠款时，就执行着支付手段的职能。“在商品生产达到一定水平和规模时，货币作为支付手段的职能就越出商品流通领域。货币变成契约上的一般商品。地租、赋税等等由实物交纳转化为货币支付。”①

在信用货币出现之后，信用货币支付手段的职能表现为支付行为的发生与引起这种支付的经济行为在时间上的分离，并引起货币单方面的运动。信用货币支付手段的职能一般是通过商业银行的非现金结算实现的，以商业银行为中心的货币循环，表现为存款货币的流通。

信用买卖与现实买卖是不同的，等价的商品和货币不是同时出现在交换过程的两极上。在以信用方式卖出商品时，货币执行观念上购买手段的职能。虽然货币只是存在于买者支付货币的承诺中，但它使商品的转手实现了。只是当支付日期到来时，支付手段才真正进入流通，这就是说，支付手段进入流通，是在商品已经退出流通之后。“货币不再是过程的中介。

① 马克思：《资本论》第1卷，人民出版社2004年版，第164页。

它作为交换价值的绝对存在，或作为一般商品，独立地结束这一过程。”① 在信用买卖的过程中，债权、债务有些具有相互性质，在各种支付互相抵消时，并不需要现实的货币支付。

在货币作为支付手段的基础上产生了信用货币。“信用货币是直接从货币作为支付手段的职能中产生的”。② 一方面，在商业信用的基础上产生商业票据的流通；另一方面，在银行信用的基础上产生银行票据的流通。在商品生产发展到一定水平和规模时，货币作为支付手段的职能就会越出商品流通领域。“货币变成契约上的一般商品。”③ 地租、赋税等由实物交纳转化为货币支付。

货币充当支付手段，一方面把商品交换从现金交换中解放了出来，扩大和方便了商品的流通，为商品经济的运行创造了条件；另一方面又发展了商品经济的内在矛盾。“货币作为支付手段的职能包含着一个直接的矛盾。在各种支付互相抵消时，货币就只是在观念上执行计算货币或价值尺度的职能。而在必须进行实际支付时，货币又不是充当流通手段，不是充当物质变换的仅仅转瞬即逝的中介形式，而是充当社会劳动的单个化身，充当交换价值的独立存在，充当绝对商品。这种矛盾在生产危机和商业危机中称为货币危机的那一时刻暴露得特别明显。”④ 随着支付关系的发展，赊销方式使商品生产者之间形成了一长串的债权债务链条。如果其中一人到期不能支付，支付链条就会中断，整个债权债务关系就会陷入混乱，出现支付危机，导致商品生产、经营无法顺利进行。因此，货币发挥支付手段职能也包含着危机的可能性。

① 马克思：《资本论》第 1 卷，人民出版社 2004 年版，第 160 页。
② 马克思：《资本论》第 1 卷，人民出版社 2004 年版，第 163 页。
③ 马克思：《资本论》第 1 卷，人民出版社 2004 年版，第 164 页。
④ 马克思：《资本论》第 1 卷，人民出版社 2004 年版，第 161 ~ 162 页。

五、世界货币

货币的价值尺度、流通手段、支付手段和贮藏手段一旦用于国际间的商品交换，货币就取得了世界货币的职能。世界货币是指货币在世界市场充当一般等价物的职能。世界货币仅使货币的四种职能超越民族的地域限制而在世界市场上独立地发挥作用。马克思认为，货币充当一般国际购买手段和国际支付手段，这并不是货币的新规定；相反，这只不过是货币本身的普遍性的表现。这种普遍性同它的概念的一般性是一致的，在一般等价物这一规定中已包含着一般商品的概念规定，而货币只有作为一般商品才能实现为世界货币。

当商品流通越出国界产生国际贸易关系后，货币便在世界经济关系中发挥作用。货币执行这一职能时，必须脱去铸币、辅币和价值符号等地域性外衣，以足值的金和银充当。"在国内流通领域内，只能有一种商品充当价值尺度，从而充当货币。在世界市场上，占统治地位的是双重价值尺度，即金和银。"① 世界货币的流通手段职能表现出它与国内流通手段截然不同的特点。国内流通手段采取国家的铸币形式，充当W—G—W这一过程统一的中介。但在世界市场上，只有当W—G—W分裂为孤立过程时，也就是"当物质变换只是单方面的，因而买和卖彼此分离的时候，金和银才起购买手段的作用。"② 在世界市场上，货币失去了它在国内获得的价格标准、铸币、辅币和价值符号等地方形式，又恢复原来的贵金属条块的形式，"货币的存在方式与货币的概念相适合了"。③ 在国内，支付手段仅仅是货币的一般职能。但在世界市场上，支付

① 马克思：《资本论》第1卷，人民出版社2004年版，第166～167页。
② 《马克思恩格斯全集》第13卷，人民出版社1962年版，第140页。
③ 马克思：《资本论》第1卷，人民出版社2004年版，第166页。

手段则成为世界货币的最主要的职能。“它的最主要的职能，是作为支付手段平衡国际贸易差额。”① 而且它和汇率的变化有着极其密切地联系。“金银又不断往返于不同国家的流通领域之间，这是一个随着汇率的不断变化而产生的运动。”②

世界货币是货币在国内职能的延伸。世界货币的职能，首先是充当支付手段，用来支付国际收支的差额。其次，作为购买手段，用于单方面向外国购买商品。再次，作为社会财富的代表，在国与国之间转移。因此，“每个国家，为了国内流通，需要有准备金，为了世界市场的流通，也需要有准备金。因此，货币贮藏的职能，一部分来源于货币作为国内流通手段和国内支付手段的职能，一部分来源于货币作为世界货币的职能。”③ 在资本主义发达的国家，贮藏货币大量集中在银行的准备库内，形成该国的金贮备。金贮备并非越多越好，一般说来，各个国家总是把它的金贮备限制在执行各种特殊职能所必需的最低限度之内。

第四节　价格及其变动

一、价格与价值的一致和偏离

商品价值要通过一定的形式来表现，货币产生以后，它就为商品界提供了价值表现材料，即用它的使用价值形态，把商品价值表现为同名的观念，使它们在质上相等，在量上可以互相比较。由货币表现出来的商品价值，就是商品的价格。这就

① 马克思：《资本论》第1卷，人民出版社2004年版，第168页。
② 马克思：《资本论》第1卷，人民出版社2004年版，第169页。
③ 马克思：《资本论》第1卷，人民出版社2004年版，第168～169页。

是马克思说的："价格本来不过是价值的货币表现罢了"。[①] 一件商品的价格，表示这件商品与表示它价格的那个货币量是等价的。因此，商品价格与商品价值成正比，与货币商品的价值成反比。

商品价格的量就是商品同货币的交换比例。由于供求等各种因素的影响，会使商品价格的量与价值量不一致。"虽然价格作为商品价值量的指数，是商品同货币的交换比例的指数，但不能由此反过来说，商品同货币的交换比例的指数必然是商品价值量的指数。"[②] 价格不一定时时处处都与价值量相等，价格可能高于商品的价值量，也可能低于商品的价值量，这就是价格形式与价值的矛盾在量上的表现。"商品的价值量表现出一种必然的、商品形成过程内在的同社会劳动时间的关系。随着价值量转化为价格，这种必然的关系就表现为商品同在它之外存在的货币商品的交换比例。这种交换比例既可以表现商品的价值量，也可以表现比它大或小的量，在一定条件下，商品就是按这种较大或较小的量来让渡的。可见，价格和价值量之间的量的不一致的可能性，或者价格偏离价值量的可能性，已经包含在价格形式本身中。但这并不是这种形式的缺点，相反地，却使这种形式成为这样一种生产方式的适当形式，在这种生产方式下，规则只能作为没有规则性的盲目起作用的平均数规律来为自己开辟道路。"[③]

商品价格的变动，既取决于商品价值的变动，又取决于货币价值的变动，还取决于商品的供求。因此，商品的价格与价值可能发生背离。价格形式本身包含着深刻的矛盾：一方面，价格和价值在量上产生背离，在每个个别交换中，价格和价值

---

① 《马克思恩格斯全集》第16卷，人民出版社1964年版，第141页。
② 马克思：《资本论》第1卷，人民出版社2004年版，第122页。
③ 马克思：《资本论》第1卷，人民出版社2004年版，第122～123页。

很少是一致的，二者之间的背离存在于价格形式之中。这是因为在价格形式中，商品内在的价值量表现为商品同货币之间的交换比例，这种交换比例会因为受到其他外在条件影响（如供求关系）而偏离商品的价值量。这还可能因为在商品价值量不变而货币价值量发生变化，商品的价格偏离价值。另一方面，价格与价值在质上也可能偏离，即价格可以完全不是价值的表现，“没有价值的东西在形式上可以具有价格”。[①] 例如名誉、良心等，本来不是商品，没有价值，但在现实生活中却可以出卖，具有一定的价格。这时，价格不是价值的表现，没有价值的东西也可以有价格。

在货币与价格的关系中，“货币数量说”是一个值得关注的问题。马克思对货币与价格关系的看法基于他的货币本质观，即商品的交换以其包含的社会必要劳动量为基础，货币的价值则由它所代表或象征的社会劳动量来决定。正因为如此，商品的价格就会受到影响商品内在价值及“货币价值”等多种因素的影响，受到影响商品供给和需求的多种因素（如人们的支付能力、偏好、劳动生产率的变化等）的影响，而货币的价值也会受到它作为流通手段、价值尺度、贮藏货币、支付手段、世界货币、等多种货币职能的影响。因此，货币与价格不是线性的关系，而是复杂的。基于上述对货币的数量与价格的关系的态度，马克思对“货币数量说”进行了批判。他认为，从根本上说，货币数量说其实是建立在这样一个“荒谬的假设”之上的：“在进入流通过程时，商品没有价格，货币也没有价值，然后在这个过程内，商品堆的一个可除部分同金属堆的一个可除部分相交换。”[②] 在马克思看来，西方货币

① 马克思：《资本论》第1卷，人民出版社2004年版，第123页。
② 马克思：《资本论》第1卷，人民出版社2004年版，第146页。

理论缺乏一个透彻货币本质的完备货币基础，结果只能从货币作为流通手段的现象出发去解释价格现象。

二、价格变动机制

价格是不断变动的。根据马克思关于价格的规定，影响价格变动的因素，包括商品价值、货币价值等因素。商品的价值本身和商品同货币的交换比例的指数二者的变动必然导致商品价格的变动。

价格运行机制之一——商品价值。商品价格首先是由商品价值决定的。这是由价格的本质决定的，因为价格是价值的货币表现。一般而言，商品价值的变动必然会引起商品价格的变动。马克思分析了劳动生产力的变化对商品价值的影响，他说："生产商品所需要的劳动时间随着劳动生产力的每一变动而变动。……劳动生产力越高，生产一种物品所需要的劳动时间就越少，凝结在该物品中的劳动量就越小，该物品的价值就越小。相反地，劳动生产力越低，生产一种物品的必要劳动时间就越多，该物品的价值就越大。"① 劳动生产力与商品价值量的关系，反映了商品二因素，即价值与使用价值的关系。劳动生产力同商品的使用价值成正比，同商品的价值量成反比。这样，如果价格与价值一致，商品价格水平的高低也与劳动生产力呈反方向变化。

价格运行机制之二——货币价值。商品价格的变动还必然受到作为一般等价物的货币价值的影响。前面的分析表明，商品价格的量是商品和货币交换比例的指数，因此当货币价值发生变动而商品价值不变时，商品价格必须变动。"商品价格只有在货币价值不变、商品价值提高时，或在商品价值不变、货

① 马克思：《资本论》第1卷，人民出版社2004年版，第53页。

币价值降低时，才会普遍提高。反之，商品价格只有在货币价值不变、商品价值降低时，或在商品价值不变、货币价值提高时，才会普遍降低。”①

价格运行机制之三——供求关系。供求平衡是商品价格等于价值的必要前提。但在商品经济条件下，供求平衡是罕见的，供求不平衡则是经常的。在供求不平衡时，或者价格高于价值，或者价格低于价值。商品价格受到市场供求关系的直接影响。马克思说：“各自在不同的带有个别色彩的条件下生产的商品的市场价格，同市场价值相一致，而不是同市场价值相偏离，即既不高于也不低于市场价值，这就要求各个卖者互相施加足够大的压力，以便把社会需要所要求的商品量，也就是社会能够按市场价值支付的商品量提供到市场上来。如果产品量超过这种需要，商品就必然会低于它们的市场价值出售；反之，如果产品量不够大，就是说，如果卖者之间的竞争压力没有大到足以迫使他们把这个商品量带到市场上来，商品就必然会高于他们的市场价值出售。”② 不过，马克思认为，供求关系只是导致市场价格同市场价值的偏离，但并不决定价值。“商品按照它们的价值来交换或出售是理所当然的，是商品平衡的自然规律。应当从这个规律出发来说明偏离，而不是反过来，从偏离出发来说明规律本身。”③

价格运行机制之四——纸币流通。商品价格还受到纸币流通规律的影响。纸币流通规律与金属货币流通规律是不同的，尽管货币流通规律仍然发挥作用，但其实现形式发生了变化。在金属货币流通条件下，货币数量依存于商品价格，多余的货币会自动退出流通领域；但纸币不同于金属货币，它本身并不

① 马克思：《资本论》第1卷，人民出版社2004年版，第119页。
② 马克思：《资本论》第3卷，人民出版社2004年版，第201~202页。
③ 马克思：《资本论》第3卷，人民出版社2004年版，第209页。

具有价值，只有流通才显示其价值。商品价格依赖于流通中的货币数量，当纸币的发行量超过市场商品流通需要的限度，纸币就会贬值，商品价格就会提高。“如果今天一切流通渠道中的纸币已达到这些渠道所能吸收货币的饱和程度，那么明天这些渠道就会因商品流通的波动而发生泛滥。……同一价值，原来用1镑的价格来表现，现在要用2镑的价格来表现了。”[①]

第五节 货币流通量

一、由金属货币向纸币的演化

作为流通手段的货币，最初是以金块或银块的形式出现的，没有固定的形状和重量，每次交易时，都须检验成色，权衡重量，故又称为“称量货币”。不过，“称量货币”显得很不方便。于是，随着商品交换的不断扩大，铸币便出现了。铸币是具有一定形状、重量、成色和额面价值的金属货币。初期的铸币与金块、银块只有形状上的差别，在标度上是一致的。但是，铸币由于在流通中受到磨损，它的重量不断减少，其名义含量与实际含量相分离，于是，“作为流通手段的金同作为价格标准的金偏离了”。[②] 这表明金在实现商品的价格时不再是该商品的真正等价物，因此在货币流通中存在着这样一种可能性：可以用其他材料做成的记号或象征来代替金属货币执行铸币的职能。由于制造重量极小的金币或银币在技术上存在困难，于是就用较低廉的金属（如铜、铁等）铸造辅币，代替金币作为那些流通快、磨损快的小额商品流通的媒介。辅币的

① 马克思：《资本论》第1卷，人民出版社2004年版，第150页。
② 马克思：《资本论》第1卷，人民出版社2004年版，第148页。

职能与它们的重量无关，也就是说，与它们的价值无关，仅仅是价值的记号而已。既然如此，作为“纯粹的象征性质”的纸币的出现也就是必然的了。

金属货币向纸币的演化是由货币形式的内在矛盾决定的。金属货币之所以能够被纸币代替，是与货币的价值尺度和流通手段的职能分不开的。从货币的价值尺度的职能来看，“商品价值观念地表现在一个金量上，这个金量则由纸象征地可感觉地体现出来。纸币只有代表金量（金量同其他一切商品量一样，也是价值量），才是价值符号。”① 从货币的流通手段的职能来看，商品转化为作为流通手段的货币只是转瞬即逝的要素，它马上又会被别的商品代替。因此，在货币不断转手的过程中，单有货币的象征存在就够了。

纸币本身没有价值，仅仅是价值的记号。在价值符号代替真实货币执行流通手段的可能性在实现之前，必须赋予这种价值符号的社会意义。换言之，就是它必须获得社会的公认，公认它能代表真实货币进行流通。纸币所赋予的社会意义通常是通过国家行使相应的权力来执行的。这样的国家权力只有在本国范围内有效，在这样的条件下，货币执行着它的流通手段或铸币的职能，才能在纸币形式上取得一种同它的金属实体在外部相分离且纯粹是职能的存在形式。纸币一旦通过国家强制发行后，就成为一个常量，而且它不能够像货币贮藏手段那样，能够根据商品流通需要进行相应的调节。尽管纸币的发行因人的主观意志而具有随意性，不过，一旦当它进入流通，这种随意性便会消失，而受到流通内在规律的支配。

货币形式由最初的贵金属——金银的形式，演化为铸币形式，随后出现纸币，继而又出现了信用货币。马克思认为，信

① 马克思：《资本论》第1卷，人民出版社2004年版，第151页。

用货币能够在商业信用的条件下产生，如商业票据；也能够在银行信用的条件下产生，如银行券、支票、汇票、本票。前者称为商业信用货币，后者称为银行信用货币。由于银行信用货币较商业信用货币更具有广泛的流通性、实在的担保性、社会的权威性，更接近货币的性质，因而马克思把银行信用货币称为真正的信用货币，而把“商业信用货币”称为非真正的信用货币。马克思认为，银行信用货币无非是取得金银的凭证，“信用货币本身只有在它的名义价值额上绝对代表现实货币时，才是货币。”① 因此，马克思关于信用货币的定义，是指在信用关系下产生的能够“兑现”的价值符号，它以金属货币作基础。

从形式上看，信用货币也是一种纸质货币；从历史上看，当货币形式演化为由纸质品的价值符号代替金属货币时，便出现了由借贷行为而产生的各种信用凭证，比如银行券、商业票据等。它们都是信用货币，其基本特征是代替金属货币充当流通手段和支付手段，能够节省流通费用，方便携带和结算。随着商品货币关系的不断发展，信用形式发生了很大变化，由银行信用产生的各种信用凭证，如支票、汇票、期票、存款货币等，被社会广泛作为流通与支付手段，执行货币的基本职能，甚至在人们购买消费品时，大量使用信用卡，它们通常被称作真正的信用货币。

二、货币流通量及其规律

在货币执行流通手段职能后，商品的流通就包含了货币流通。商品流通是以货币为媒介的，商品流通同时也是货币流通。货币流通是指货币表现为一个不断重复的、单方面的运

① 马克思：《资本论》第3卷，人民出版社2004年版，第584页。

动，不断地作为购买手段在买者和卖者之间交换位置。“商品流通直接赋予货币的运动形式，就是货币不断地离开起点，就是货币从一个商品占有者手里转到另一个商品占有者手里”。[①]

货币流通与商品流通存在不同。货币流通不是经过一次转手就结束了，货币并不因为它最终从一个商品的形态系列中退出来而消失，它不断地沉淀在由商品空缺下来的流通位置上。因此，货币要经常留在流通领域，媒介不同商品的交换。商品流通是具有实在内容的，它依赖于生产方式性质、分工等诸因素，而货币流通则是毫无内容的外在形式。货币流通以自己的位置的形式变换，表现着商品流通的实在内容。由于货币不断离开自己的起点并依次占据和它相交换的商品在流通中的位置，因此，货币充当着流通“车轮”，是商品流通中不能缺少的元素。由此可见，商品流通和货币流通是相互联系、相互制约的。因为商品不断进入又不断退出流通过程，而货币则永远留在流通领域，“运动的连续性完全落在货币方面”。[②] 实际上，货币的流通不过是商品形态变化的结果和表现。

“**货币流通**是同方向相反的**商品流通**相适应的。”[③] 在运动方向上，货币流通方向与商品流通方向相反。商品和货币以相反的方向运动，商品走向一方而货币走向另一方。这就是说，商品从 A 转到 B 的手里，同时货币就从 B 转到 A 的手里，等等。在货币占据商品在流通中的位置的同时，商品则以相反的方向占据货币的那个不能使商品继续流通而使自己转化为消费客体的位置。不过，货币占据商品流通中的位置只是它的单方面形式运动的一个间歇点，它会继续在流通中重复和商品流通

① 马克思：《资本论》第 1 卷，人民出版社 2004 年版，第 137 页。
② 马克思：《资本论》第 1 卷，人民出版社 2004 年版，第 137 页。
③ 《马克思恩格斯全集》第 46 卷（上），人民出版社 1979 年版，第 133 页。

方向相反的不断离开起点的运动。

货币流通以商品流通为基础，并且服务于商品流通。“货币所以具有流通手段的职能，只因为货币是商品的独立出来的价值。因此，货币作为流通手段的运动，实际上只是商品本身的形式的运动。”[①] 流通中的货币需要量不是任意规定的，而是具有规律性的。

货币流通规律即货币流通同商品流通相适应的规律。其基本内容是：流通中的货币量必须满足商品流通的需要，故也称作货币流通量的规律。货币作为流通手段，其数量是由全部商品价格总额和货币流通速度两个因素决定的。首先，商品价格总额等于各种商品数量和各自价格水平的乘积之和，也就是说，商品价格总额由流通中商品数量和商品价格水平两个因素决定。市场上流通的商品数量越多，商品价格总额就越大，流通中所需要的货币量就越多；反之，则越少。它们之间是正比关系。其次，货币流通速度。货币流通速度是指一定时间内同一货币单位的平均周转的次数。货币流通速度越快，媒介同量商品所需要的货币量就越少；反之，则越多。它们之间是反比关系。可见，商品价格总额和货币流通速度是按不同方向和不同比例不断变化的，由此引起货币流通量不断增减。用公式表示就是：

$$\begin{array}{c}\text{一定时间内流通}\\\text{中需要的货币量}\end{array}=\frac{\text{流通中商品价格总额}}{\text{同一货币单位的平均流通速度（次数）}}$$

上述公式所表示的内容就是货币流通量的规律，即“流通手段量决定于流通商品的价格总额和货币流通的平均速度这一规律”。[②] 上面的公式是在没有考虑货币作为支付手段条件下的数量关系。如果进一步考虑支付手段职能，上述公式就需

① 马克思：《资本论》第1卷，人民出版社2004年版，第138页。
② 马克思：《资本论》第1卷，人民出版社2004年版，第145页。

要作相应的修正。当货币作为支付手段时，一方面，货币的使用不仅有商品买卖，而且还有清偿债务、支付工资以及交纳税款等；另一方面，在商品买卖过程中，不必都通过动用货币，因为随着商业信用的发展，在不少情况下，商品买卖都采取赊购和各当事人债权、债务相抵消的办法。这样，货币流通量公式应修正为：

$$\text{一定时期内流通中需要的货币量}=\frac{\text{流通中商品价格总额}-\text{赊售商品价格总额}+\text{到期支付总额}-\text{互相抵消支付总额}}{\text{同一货币单位的平均流通速度（次数）}}$$

上述公式表示，流通中货币需要量与到期需要支付总额呈同方向变化，即成正比；与赊售商品价格总额和互相抵消支付总额呈反方向变化，即成反比。

三、纸币流通

既然货币作为流通手段只是商品交换的媒介，而不是交换的目的，那么，流通手段必须是现实的货币，但可以由不具有内在价值的价值符号来执行这一职能。货币在执行流通手段职能时，只是转瞬即逝的要素，因此，在货币不断转手的过程中，单有货币的象征存在就够了。于是纸币一类的价值符号就可以代替真实货币执行流通手段。要使没有内在价值的纸片能代替货币执行铸币职能，就必须有国家政权的干预。

当纸币代替金属货币时，上面分析的金属货币下的货币流通规律，仍然存在并发挥作用，但其实现形式有了变化。

纸币是由国家发行并强制使用的价值符号。金属货币因为有价值才流通，纸币却因为流通才有价值。货币流通规律对纸币流通的制约作用在于：纸币的发行只限于它象征地代表的金（或银）的实际流通的数量。“纸币流通的特殊规律只能从纸币是金的代表这种关系中产生。这一规律简单说来就是：纸币的发行限于它象征地代表的金（或银）的实际流通的数量。”①就是说，不管纸币发行多少，流通纸币总量必须同它所代表的流通金量相等。既然如此，单位纸币所能代表的货币金属量就应该是：

$$单位纸币所代表的货币金属量=\frac{流通中所必要的货币金属量}{流通中的纸币总额}$$

若流通中货币需要量是10亿金币，但纸币发行额不是10亿而是20亿，那么1元纸币也就是只能代表二分之一块金币进行流通。当单位纸币所代表的货币金属量下降时，则表明，纸币供给量大于纸币需求量，从而导致通货膨胀。当然，在其他情况下，流通中通货量绝对值没有增加也可能发生通货膨胀，比如，当生产和流通规模明显缩小时，或货币流通速度明显减慢时，流通中原有的通货量和缩减了的货币必要量相比，就相对过多了；当单位纸币所代表的货币金属量上升时，则表明，货币的供给减少，或者货币流通速度减慢，造成社会总需求不足，从而导致通货紧缩的出现。从本质上讲，通货膨胀和通货紧缩反映的是社会总需求与社会总供给的关系。通货膨胀反映的是：社会总需求>社会总供给；通货紧缩反映的是：社会总需求<社会总供给。因此，通货膨胀和通货紧缩反映了社会总需求与社会总供给之间的两种非均衡状态。

纸币流通规律是货币流通规律的特殊表现形式，纸币所代表的价值和购买力同它发行的数量成反比，这是不以任何人的意志为转移的。“国家发行强制通用的纸币……似乎把经济规律废除了。……国家似乎用自己的印记的魔术点纸成金。……可是，国家的这种权力纯粹是假象。国家固然可以把印有任意的铸币名称的任意数量的纸票投入流通，可是它的控制同这个

① 马克思：《资本论》第1卷，人民出版社2004年版，第150页。

机械动作一起结束。价值符号或纸币一旦进入流通，就受流通的内在规律的支配。”① 这是指导纸币发行的原则。如果纸币发行超过自己的限度，不仅有信用风险，而且它在流通中也只能代表由流通的“内在规律所决定的那个金量”。② 所以，在纸币流通条件下，必须以货币流通量的规律为基础，发行并调节纸币的流通量，保证宏观经济顺利运转。

违背货币流通规律发行货币所产生的宏观结果是通货膨胀和通货紧缩，这是宏观经济失衡的两种主要表现。通货膨胀和通货紧缩都是货币现象。

通货膨胀是指由于货币符号发行失去控制，超过流通对货币的客观需要量，引起的货币价值下降、物价上涨的货币现象。通货膨胀是与纸币流通有密切联系的经济现象，只有在纸币流通的条件下才可能出现。马克思对通货膨胀下了这样一个描述性的定义：“如果今天一切流通渠道中的纸币已达到这些渠道所能吸收货币的饱和程度，那么明天这些渠道就会因商品流通的波动而发生泛滥。”③ 一定价值量商品需要一定量货币才能实现，只要流通中货币总量与商品总量的比例不变，那么个别商品的价格上涨必然伴随有其他商品价格的下跌。如果出现物价全面上升，而且持续上升的情况又没有货币供给的扩大和持续供给支撑，那么，货币贬值、物价水平持续上涨的通货膨胀现象是难以形成的。因此，不论通货膨胀在何种情况下发生，都与货币供应率超过经济增长率相联系。

通货紧缩是一种与通货膨胀相反的经济现象，表现为社会需求不足、物价水平疲软或下跌、货币不断升值。在发生通货紧缩的情况下，必然伴有货币供给不足的问题。要么是货币供

---

① 《马克思恩格斯全集》第 31 卷，人民出版社 1998 年版，第 513 ~ 514 页。
② 马克思：《资本论》第 1 卷，人民出版社 2004 年版，第 150 页。
③ 马克思：《资本论》第 1 卷，人民出版社 2004 年版，第 150 页。

给总量减少，造成社会总需求不足；要么是货币供给总量没有显著减少，但货币流通速度减慢，由此造成的社会总需求不足；要么是上述两者情况兼而有之。马克思认为，通货紧缩并不是银行“惜贷”，也不是通货总量的减少，而是由于危机时期以生产资料和产品形式存在的实际资本增加，从而使市场的供给压力增大引起的。他说：“资本只是充当货币资本；如果它不是以**实际**的货币形式存在，那就作为单纯的资本所有权证书存在。这一点非常重要，因为**银行**资本的缺乏和对它的迫切需求，同实际资本的减少被混同起来了，而在这样的情况下，正好相反，以生产资料和产品形式存在的取决资本却过多了，并给市场以压力。”① 因此，从本质上说，通货紧缩如同通货膨胀一样，也是一种货币现象，是流通中货币相对不足而引发的一种货币现象。

在商品经济条件下，商品流通规模的扩大或缩小，商品价格的上涨或下落，货币流通速度的加快或减缓，都是在各种自发因素的影响下发生的，因此，流通中对货币的需求量也在自发地变化，而且难以预测。在金本位条件下，不会出现通货过度的现象，因为流通中的货币量可以通过黄金作为贮藏手段的职能自发进行调节，过多的金属铸币会自发地退出流通而贮藏起来，所以金属货币不会超过流通中的需要，一般不会发生通货膨胀。而在纸币流通的条件下，情况就发生了很大变化。一方面，由于纸币流通在技术上具有货币供给的无限可能性，而且通过国家权力强制货币流通，从而弱化甚至破坏了货币流通的自发调节机制。另一方面，纸币作为一种价值符号，本身没有内在价值，进入流通的纸币不能够通过贮藏方式退出流通，这就导致货币供给量的无限性和货币容纳量的有限性之间的矛

① 马克思：《资本论》第3卷，人民出版社2004年版，第520页。

盾。矛盾的结果必然是，过多投入流通的纸币只有采取降低单位纸币所代表的价值量来与经济生活中的实际需求相适应，这样，货币贬值就不可避免了，由此产生物价上涨，形成通货膨胀。

通货膨胀和通货紧缩是与货币相关的经济现象，而与社会制度没有内在的必然联系。20 世纪以来，不同社会经济制度的国家都程度不同地发生过通货膨胀和通货紧缩。因此，通货膨胀和通货紧缩并不是资本主义条件下的特有现象，只要存在市场经济、实行货币流通，就存在通货膨胀和通货紧缩发生的可能。

四、信用制度下的货币流通

随着信用制度的产生和发展，货币范围不断扩展，人们对货币的认识也逐步发展，对货币概念的界定也发生着变化。马克思在分析扩大的通货界定时说："通货的量，是指一个国家内一切现有的、流通的银行券和包括贵金属条块在内的一切硬币的总和。"[①] 并认为，正是现代银行制度所创造的这种"信用货币"，"限制了贵金属本身的垄断"[②]，体现了一种进步。由于信用工具或流动资产种类繁多，各自具有一定程度的"货币性"，一定时期的货币量的构成便复杂起来，从而使得货币的边界变得宽泛起来。

从银行信用货币是价值符号、其单位价值决定于它的供给量的角度看，信用货币流通规律与纸币流通规律具有等同的意义；而从银行信用货币能够被信用规模调节的角度看，信用货币流通规律与纸币流通规律又有不同的意义。信用货币凭借着

---

① 马克思：《资本论》第 3 卷，人民出版社 2004 年版，第 565 页。
② 马克思：《资本论》第 3 卷，人民出版社 2004 年版，第 682 页。

银行信用关系而流通。银行信用货币的流通能够在银行体系外部进行，也能够在银行体系内部进行。信用货币提高了货币流通的速度，相对增加了一定时期内流通中需要的货币量，从而节省了流通中所需要的货币量。这是因为：首先，由于货币具有支付手段的职能，产生商业信用。商业信用的主要形式是汇票（即期票）。汇票所代表的互相的债权，可以通过不同形式的结算互相对抵，从而使“流通手段的效力通过这种节约而提高了，因为单纯结算差额需要的流通手段量变小了。”① 其次，由于货币具有流通手段的职能，“作为流通手段的货币的流通速度（流通速度又节约流通手段），完全取决于买卖的顺畅进行，在支付依次以货币进行时，也取决于各种支付的衔接。但信用也会作为中介促进并从而提高流通速度。”② 可见，银行信用和商业信用的介入，加快了货币流通的速度。最后，由于银行信用能够按照交易的需要对银行券和存款进行调节，也就是说，银行信用货币的数量可以由银行调节，因此，当其过多时，就不会像纸币一样仍然充斥在流通过程中，导致贬值。

如果说货币作为支付手段、生息资本和虚拟资本的内在规定，表明了信用制度得以确立的基本原理和内在依据，那么信用制度的确立和发展，则是货币大规模实现其支付手段职能、形成现代生息资本和虚拟资本的条件。信用制度具有商品生产方式的内生性，是产业资本创造出来的。马克思说，“生息资本在信用上取得了资本主义生产所特有的并与它相适应的形式。信用是资本主义生产方式本身所创造的一种形式。”③

---

① 马克思：《资本论》第3卷，人民出版社2004年版，第590页。
② 马克思：《资本论》第3卷，人民出版社2004年版，第590页。
③ 《马克思恩格斯全集》第26卷（Ⅲ），人民出版社1974年版，第576页。

信用制度的普遍建立和发展，创造了新的货币需求和销售，从而创造了经济繁荣。这是因为信用的充分和普遍发展，能够大规模地提前实现商品的价值，此时经济运行的表现是信心倍增、销售繁荣和物价上扬。不过，由于它是建立在普遍的债务基础之上的，因此，一旦债务到期，产生了支付的需要，或者债务的某个环节出了问题，那么整个经济就可能出现仅仅为了支付的需要而以任何价格出售商品的现象，此时不再考虑生产的费用和成本，而是与商品转化为货币的绝对必要性有关，从而出现广泛地抛售和物价的普遍下跌。信用货币流通表现出以下的现象：在生产顺利时，货币会被信用货币取代而趋于最小，危机时刻，却有突然增大的货币需求，一切商品和资本都在这个时候要求变现，而危机过后，货币又复归于流通。上述现象从根本上说，问题已“不在于价值量大小，因为价值量是由其中对象化的劳动量决定的”，而在于货币“是财富的社会性质的独立体现和表现”。①

在高度发展的信用条件下，“银行制度同时也提供了社会范围的公共簿记和生产资料的公共分配的形式”②，闲置货币资本和暂时不用的收入会集中于银行，现金收付、转账结算也集中于银行办理。这在很大程度上可以使信用流通代替现金的使用，结果，一个较小数量的现金，可以形成多倍数量的存款——借贷货币资本。马克思在分析这个问题的时候，运用了一个与现代西方经济学家不同的概念，他没有把银行存款作为货币量的一部分，而是把它看做是“货币索取权”。马克思说：“借贷资本起初总是以货币形式存在，后来却作为货币索取权而存在，因为它原来借以存在的货币，现在已经以现实货

① 马克思：《资本论》第3卷，人民出版社2004年版，第649页。
② 马克思：《资本论》第3卷，人民出版社2004年版，第686页。

币的形式处于借款人手中。对贷放人来说，它已经转化为货币索取权，转化为所有权证书了。”① 一笔现金可以在流通过程中反复多次地存入银行，同时在转账结算制度发展的条件下，贷款可以创造存款即派生存款。存款总是从存入现金开始的，但存款总额会大大超过现金数量。马克思在《资本论》第3卷第29章引用了一个资料：在苏格兰，现金流通额从来不超过300万镑，但存款却有2700万镑。“既然同一货币额根据它的流通速度可以完成多次购买，它也可以完成多次借贷。”② 而且，由于转账结算制度的发展，贷款并不都支付现金，而是存在银行账户上，银行发放贷款同时转化为存款，即形成所谓派生存款。由于信用制度使存在于银行存款形态的借贷资本，可能大大超过银行自有资本和货币资本家的原始资本。从这个意义上，马克思认为：“这种‘货币资本’的最大部分纯粹是虚拟的。”③ 这里，显然马克思只把现金看作是货币，没有把存款看作是货币量。如果把存款也看作货币量的一部分，这里所说的也就是存款货币的扩张机制。

马克思对于信用制度下货币内在矛盾的分析，是从生产和消费、供给与需求的角度展开的。马克思认为，资本之所以必然要突破最终消费的界限，是由两方面的原因共同促成的：一方面是劳动者的消费不足；另一方面是资本为了突破消费的界限创造出一系列促进生产发展的因素：大工业的生产方式、商业和信用。虽然货币从一开始就包含了生产与消费分离的萌芽，表明了买卖分离的可能性，虽然资本主义生产追求交换价值的性质也注定了会存在供给大于需求的趋势，但是，在货币转化为资本，在资本基础上产生生息资本和虚拟资本等信用衍

① 马克思：《资本论》第3卷，人民出版社2004年版，第576页。
② 马克思：《资本论》第3卷，人民出版社2004年版，第534页。
③ 马克思：《资本论》第3卷，人民出版社2004年版，第533页。

生品之后，货币与商品交换、生产与消费、供给与需求的矛盾不仅没有消除，反而在更高的形态上发展、深化和加剧了。资本家开出的各种商业汇票、从银行取得的贷款，以及通过虚拟资本的出售而获得的货币资金，这些由信用提供的“货币代用品”，直接起到了扩大市场、刺激生产、拉动消费的作用，是更高层次的调节商品交换和社会劳动交换的杠杆，但同时它也导致了生产与社会需求间更大程度的背离。马克思认为，以真实贸易为基础的“现实买卖的扩大远远超过社会需要的限度”，才是“整个危机的基础”[①]，而不是人们常常攻击的信用投机。不过，马克思清楚地认识到证券市场的作用，意识到随着资本主义信用和证券市场的发展，代表未来劳动所有权的有价证券的集中和交易，“就其本质来说，越来越成为赌博的结果。赌博已经取代劳动，表现为夺取资本财产的本来的方法，并且也取代了直接的暴力”[②]。在现实的市场经济中，这种“游戏赌博”不但影响到货币的供给和需求，而且干扰着货币与投资的关系，使问题日益复杂化。

本章主要涉及：《资本论》第1卷，第2、3章，第3卷第25章

① 马克思：《资本论》第3卷，人民出版社2004年版，第555页。
② 马克思：《资本论》第3卷，人民出版社2004年版，第541页。

第四章　市场经济和价值规律

市场经济是资源配置的一种方式。在马克思那里资源配置是社会总劳动时间的分配。在市场经济条件下，社会总劳动时间分配过程通行的是价值规律。价值规律作用的目标是在各个部门分配社会必要劳动时间，价值规律的作用机制是市场调节。在现阶段的社会主义社会，不仅仍然需要节约社会劳动时间，还需要价值规律的作用，需要市场调节来实现节约劳动时间的要求。

第一节　市场经济的基本规定

《资本论》没有直接使用市场经济的概念，但马克思在其中对商品经济、价值规律和市场调节的分析则构成其对市场经济的完整规定。

商品经济是商品生产和商品交换的总和。商品经济产生于私人劳动和社会分工。而社会分工也是在私人劳动的基础上产生的。“在商品生产者的社会里，作为独立生产者的私事而各自独立进行的各种有用劳动的这种质的区别，发展成一个多支的体系，发展成社会分工。”① 马克思这里讲的商品生产者社会完全可以看作是我们现在讲的市场经济。

① 马克思：《资本论》第1卷，人民出版社2004年版，第56页。

马克思在与工场内部分工的区别中说明了市场经济条件下社会分工的意义：社会内部的分工以不同劳动部门的产品的买卖为媒介，以生产资料分散在许多互不依赖的商品生产者中间为前提。这意味着处于社会分工环节中的商品生产者的劳动作为私人劳动并不直接是社会劳动。商品生产者的劳动要被证实为社会总劳动的一部分，惟一的途径是他们的劳动产品作为商品进入市场交换。“私人劳动在事实上证实为社会总劳动的一部分，只是由于交换使劳动产品之间、从而使生产者之间发生了关系。”①

马克思所分析的商品生产者与社会分工的关系，实际上是社会总劳动在各个生产者之间的分配问题。这同西方经济学中的解决生产什么、怎样生产和为谁生产的资源配置问题讲的是同样道理。在产品还是私人劳动生产的条件下，产品中包含多少社会劳动不能直接确定，需要交换，通过市场交换来迂回地确定其中所包含的社会劳动。这种市场交换过程实际上是社会总劳动在各个生产者之间的分配问题，也就是资源配置问题。

在商品经济条件下，社会总劳动时间在各个生产领域的分配及资源配置是通过市场来调节的。显然市场调节是否有效取决于市场制度，这种市场制度可以根据马克思关于商品交换领域通行的规则来界定。马克思在描述劳动力买卖的流通领域时指出：“这个领域确实是天赋人权的真正伊甸园。那里占统治地位的只是自由、平等、所有权和边沁。”② 现在看来，马克思所总结的这四个规则可以说是市场经济制度的基本规则。

第一是自由。所谓自由，是指商品的交换只取决于买者和卖者自己的自由意志。“他们是作为自由的、在法律上平等的

① 马克思：《资本论》第1卷，人民出版社2004年版，第90页。
② 马克思：《资本论》第1卷，人民出版社2004年版，第204页。

人缔结契约的。契约是他们的意志借以得到共同的法律表现的最后结果。”① 显然，市场经济是建立在自由交换基础上的契约经济。

第二是平等。所谓平等，是指买卖双方彼此只是作为商品所有者发生关系，“用等价物交换等价物”。② 在市场经济条件下，各个经济主体是平等的利益主体，不存在任何人身依附关系，只有等价交换才是各个利益主体所能接受的。基于这种考虑，不仅要求商品的交换贯彻价值规律的要求，还要求政府对各个经济主体的干预都要尊重价值规律的要求，不能采取任何非等价交换的剥夺方式。

第三是所有权。所谓所有权，是指每个人都只能支配自己的东西。“他们必须彼此承认对方是私有者。这种具有契约形式的（不管这种契约是不是用法律固定下来的）法的关系，是一种反映着经济关系的意志关系。”③ 显然，所有权是市场经济的前提和根本。没有所有权，也就没有交换；没有分工，也就没有契约形式的法权关系。

第四是边沁。边沁（1748～1832）是英国社会学家，他把功利主义原理和亚当·斯密的经济学结合起来，试图通过对个人幸福的计算，重建整个经济学体系。马克思在这里使用边沁概念，就是指利己心。马克思同样认为，在市场经济条件下，使各个经济主体连在一起并发生关系的惟一力量“是他们的利己心，是他们的特殊利益，是他们的私人利益。正因为人人只顾自己，谁也不管别人，所以大家都是在事物的前定和谐下，或者说，在全能的神的保佑下，完成着互惠互利、共同

① 马克思：《资本论》第1卷，人民出版社2004年版，第204页。
② 马克思：《资本论》第1卷，人民出版社2004年版，第204页。
③ 马克思：《资本论》第1卷，人民出版社2004年版，第103页。

有益、全体有利的事业。”[①] 显然，马克思这里的表述同著名的亚当·斯密“看不见的手”的表述是一致的：每个人都关心自己的利益，在一只看不见的手的指引下，最终实现社会的利益。尽管后来的经济学家发现并不完全如此，因为许多社会的利益并不可能在追求私人利益中实现，但至少应该明确，搞市场经济就必须承认私人利益。

需要指出，马克思所指出的上述四个规则是就商品交换领域而言的。在他看来，一旦离开流通领域，进入生产领域，在雇佣劳动条件下，就不再是那么自由平等了。但是马克思认为：“流通是商品占有者的全部相互关系的总和。在流通以外，商品占有者只同他自己的商品发生关系。”[②] 因此，我们从马克思关于流通领域的定义中可以明确，马克思对流通领域四个规则的界定实际上是整个市场经济规则的界定，这个界定至今仍然没有过时。后来的西方经济学家对市场经济的各种规定，基本上没有超出马克思界定的范围。

显然，市场经济是作为资源配置的制度来规定的，突出的是规则和秩序。我们可以从马克思关于社会的规则和秩序的形成的分析中认识市场经济作为资源配置的制度安排的形成。“社会上占统治地位的那部分人的利益，总是要把现状作为法律加以神圣化，并且要把现状的由习惯和传统造成的各种限制，用法律固定下来。撇开其他一切情况不说，只要现状的基础即作为现状的基础的关系的不断再生产，随着时间的推移，取得了有规则的和有秩序的形式，这种情况就会自然产生；并且，这种规则和秩序本身，对任何取得社会固定性和不以单纯偶然性与任意性为转移的社会独立性的生产方式来说，都是一

① 马克思：《资本论》第1卷，人民出版社2004年版，第205页。
② 马克思：《资本论》第1卷，人民出版社2004年版，第192页。

个必不可少的要素。这种规则和秩序，正好是一种生产方式的社会固定的形式。”①

第二节 社会劳动在各个部门的分配和价值规律的作用

人们通常认为西方经济学是研究资源有效配置的经济学，而马克思主义经济学没有这个功能。其实不然。马克思在《资本论》中对资源配置的分析相当充分系统。区别只在于，马克思进一步将资源抽象为社会劳动。在马克思那里，资源配置被归结为社会总劳动时间按照必要的比例在各个部门之间分配。由此提出社会总劳动时间的分配效率问题。

一、价值规律调节社会劳动时间在各个生产领域的分配

马克思说：一切调节，说到底，是社会劳动时间的调节。“没有一种社会形态能够阻止社会所支配的劳动时间以这种或那种方式调整生产。”② 社会总劳动时间，或者说社会总资源在任何社会都是有限的，而各个方面的需要是无限的，这就提出资源配置效率问题。在马克思的分析框架中，社会总劳动在各个生产者之间的分配，从而资源配置是由价值规律调节的，由此实现效益目标。这就是马克思说的：“作为自然形成的社会分工部分而互相全面依赖的私人劳动，不断地被化为它们的社会的比例尺度，这是因为在私人劳动产品的偶然的不断变动的交换比例中，生产这些产品的社会必要劳动时间作为起调节

① 马克思：《资本论》第3卷，人民出版社2004年版，第896~897页。
② 《马克思恩格斯选集》第4卷，人民出版社1995年版，第578页。

作用的自然规律强制地为自己开辟道路，就像房屋倒在人的头上时重力定律强制地为自己开辟道路一样。”①

价值规律起调节社会劳动在各个生产领域分配的作用，与价值的功能相关。恩格斯说：“价值是生产费用对效用的关系。价值首先是用来解决某种物品是否应该生产的问题，即这种物品的效用是否能抵偿生产费用的问题。只有在这个问题解决之后才谈得上运用价值来进行交换的问题。如果两种物品的生产费用相等，那么效用就是确定它们的比较价值的决定性因素。”② 简单地说，在市场经济中，价值有两个功能，一是利用价值来解决生产问题；二是利用价值来解决交换问题。在前一个场合，费用和效用的比较可以解决经济效益问题，在后一个场合则是解决等价交换问题。价值规律的作用就是实现这两大功能。

价值规律是调节社会总劳动在各个部门分配，或者说调节资源配置的基本规律。其调节目标是实现社会生产各部门之间的平衡，生产和需要之间的平衡。价值规律在其中的作用是强制性的。当然也可能是在不平衡中强制实现平衡。

在社会分工的条件下，不同的生产领域经常力求保持平衡。在这里起调节作用的因素有两个方面：一方面，每个商品生产者生产的使用价值都必须满足一种特殊的社会需要，而这种需要的范围在量上是不同的，“一种内在联系把各种不同的需要量连结成一个自然的体系。”另一方面，“商品的价值规律决定社会在它所支配的全部劳动时间中能够用多少时间去生产每一种特殊商品。”③ 这两个方面正是我们现在所讲的经济调节，也就是资源在各个部门各种需要之间进行分配的内容。

① 马克思：《资本论》第1卷，人民出版社2004年版，第92页。
② 《马克思恩格斯全集》第1卷，人民出版社1956年版，第605页。
③ 马克思：《资本论》第1卷，人民出版社2004年版，第412页。

它归根到底涉及社会劳动在各个部门的按比例分配。

在市场经济条件下，由于价值规律是在市场上起作用的，因此社会劳动的分配，从而资源配置是由市场调节的。市场调节“只是在事后作为一种内在的、无声的自然必然性起着作用，这种自然必然性只能在市场价格的晴雨表的变动中觉察出来，并克服着商品生产者的无规则的任意行动。”“独立的商品生产者互相对立，他们不承认任何别的权威，只承认竞争的权威，只承认他们互相利益的压力加在他们身上的强制。”①

根据这些分析，我们可以给反映价值规律作用的市场调节资源配置的基本特征做如下界定：（1）调节对象是互不依赖的自主决策商品生产者；（2）市场价格是调节信号；（3）竞争的权威；（4）对商品生产者的作用是事后的。因此，“商品生产者及其生产资料在社会不同劳动部门中的分配上，偶然性和任意性发挥着自己的杂乱无章的作用。”② 不同生产领域保持平衡的经常趋势，“只不过是对这种平衡经常遭到破坏的一种反作用。”③

在马克思抽象到具体的逻辑框架中，价值转化为生产价格，价值规律也就转化为生产价格规律。生产价格形成的关键是利润平均化。利润平均化过程在市场上是生产价格的形成过程，也就是贯彻价值规律的过程。马克思认为，“资本主义在一个国家社会内越是发展，也就是说，这个国家的条件越是适应资本主义生产方式，资本就越能够实现这种平均化。”④ 在他看来，基本的制度条件就是在以下两个方面的竞争：

第一，资本有更大的活动性，也就是说，更容易从一个部

① 马克思：《资本论》第1卷，人民出版社2004年版，第412页。
② 马克思：《资本论》第1卷，人民出版社2004年版，第412页。
③ 马克思：《资本论》第1卷，人民出版社2004年版，第412页。
④ 马克思：《资本论》第3卷，人民出版社2004年版，第218页。

门和一个地点转移到另一个部门和另一个地点。这个条件的前提是：(1)“社会内部已有完全的贸易自由，消除了自然垄断以外的一切垄断。”(2)“信用制度的发展已经把大量分散的可供支配的社会资本在各个资本家面前集中起来。”(3)“不同的生产部门都受资本家支配。”①

第二，劳动力能够更迅速地从一个部门和一个地点转移到另一个部门和另一个地点。这个条件的前提是：(1)废除了一切妨碍劳动力劳动的法律。(2)工人对于自己的劳动的内容是无所谓的。(3)“工人抛弃了一切职业的偏见。”(4)“特别是工人受资本主义生产方式的支配。”②

以上两个方面与竞争相关的制度安排，尽管有一部分内容与资本主义制度本身相关，但从总体上说，是市场经济制度的安排。资本的自由流动，劳动力的自由流动是市场经济制度的基本要求，也是贯彻价值规律要求的基本制度。

二、未来社会价值规律的作用

需要指出，马克思对价值的两个功能的规定是有条件的。恩格斯在《反杜林论》中在说明价值的两个功能时指出，在私有制经济中，价值不仅要解决生产问题，还要解决交换问题。“而在私有制消灭之后，就无须再谈现在这样的交换了。到那个时候，价值这个概念实际上就会愈来愈只用于解决生产的问题，而这也是它真正的活动范围。”③ 马克思基于对价值功能的科学认识，预见到：“在资本主义生产方式消灭以后，但社会生产依然存在的情况下，价值决定仍会在下述意义上起支配作用：劳动时间的调节和社会劳动在不同的生产类别之间

① 马克思：《资本论》第3卷，人民出版社2004年版，第218页。
② 马克思：《资本论》第3卷，人民出版社2004年版，第219页。
③ 《马克思恩格斯全集》第1卷，人民出版社1965年版，第605页。

的分配，最后，与此有关的簿记，将比以前任何时候都更重要。”[①] 马克思同时认为，这个过程可以采取计划调节的形式，根据劳动时间的社会的有计划分配，调节各种劳动职能同各种需要的适当的比例。

马克思和恩格斯强调在未来社会中还要用价值范畴来调节社会劳动在各个部门的分配，基本的出发点是时间节约规律在未来社会仍然起作用。马克思指出：“一切节约归根到底都是时间的节约。正像单个人必须正确地分配自己的时间，才能以适当的比例获得知识或满足对他的活动所提出的各种要求，社会必须合理地分配自己的时间，才能实现符合社会全部需要的生产。因此，时间的节约，以及劳动时间在不同的生产部门之间有计划的分配，在共同生产的基础上仍然是首要的经济规律。这甚至在更加高得多的程度上成为规律。”[②]

时间节约规律在公有制经济中仍然是首要的经济规律，有着两方面的含义：第一，在一切经济规律中，时间节约问题是第一位的，时间节约规律是其他一切经济规律发挥作用的基础；第二，人们的一切经济活动都是围绕节约时间展开的，效率问题、劳动时间节约问题应成为计划调节的基本目标。

时间节约规律要求提高劳动生产率。马克思指出：“劳动生产率等于用最低限度的劳动取得最大限度的产品。”[③] 用尽可能少的劳动生产出尽可能多的产品，或者说，使单位产品中的劳动量（包括活劳动量和物化劳动量）尽可能减少。因此，提高劳动生产率的目的就在于节约劳动时间、增加自由时间，同时增加社会财富。

时间节约规律包含按比例分配劳动的要求。马克思指出：

---

① 马克思：《资本论》第 3 卷，人民出版社 2004 年版，第 965 页。
② 《马克思恩格斯全集》第 46 卷（上），人民出版社 1979 年版，第 120 页。
③ 《马克思恩格斯全集》第 49 卷，人民出版社 1982 年版，第 98 页。

“要想得到和各种不同的需要量相适应的产品量，就要付出各种不同的和一定量的社会总劳动量。这种按一定比例分配社会劳动的必要性，决不可能被社会生产的一定形式所取消”①。显然，按比例分配劳动是在宏观上实现时间节约的规律。

以上关于时间节约规律的分析实际上指出了价值在生产上的决定在未来社会还起作用。当时马克思预见未来社会价值在交换上不再起作用，原因是人们的劳动直接是社会劳动，“人们同他们的劳动和劳动产品的社会关系，无论在生产上还是在分配上，都是简单明了的。”② 同时，社会也能直接计算出各个部门所需要的社会劳动时间。因此，“人们可以非常简单地处理这一切，而不需要著名的‘价值’插手其间。”③ 这意味着，按照计划直接调节社会劳动分配的前提是每种产品中包含的社会劳动可以直接计算出来。这时，由计划调节社会总劳动分配的最基本的条件是不再存在商品货币关系，不再是市场经济。

现实的社会主义经济还是市场经济，产品中包含的社会必要劳动时间不能直接计算和确定，因此，不管是在生产上还是在交换上都需要价值来执行职能，调节社会总劳动时间在各个部门的分配还必须借助市场，由价值规律来调节。

第三节　价值规律和社会必要劳动时间

价值规律是商品经济的基本规律，它是生产产品的社会必要劳动时间作为起调节作用的自然规律。其基本要求是：商品的价值由生产商品的社会必要劳动时间决定，商品的交换以价

① 《马克思恩格斯选集》第4卷，人民出版社1995年版，第580页。
② 马克思：《资本论》第1卷，人民出版社2004年版，第96~97页。
③ 《马克思恩格斯全集》第20卷，人民出版社1971年版，第334页。

值为基础。在分析价值含义时就提出它是社会必要劳动时间的规律。其具体内容和作用机制与方式则是在生产、流通和总过程的分析中逐步展开的。其意义在于，社会只能按照社会必要的劳动消耗对各个生产者的消耗进行补偿，这就是个别劳动时间和社会必要劳动时间的关系。只有提供社会必要劳动时间才能使个别劳动成为社会劳动，成为社会分工的一个部分。理解价值规律的关键是明确社会必要劳动时间的含义。在马克思的分析中，社会必要劳动时间有两个含义。

含义一的社会必要劳动时间是马克思在说明价值决定时界定的："社会必要劳动时间是在现有的社会正常的生产条件下，在社会平均的劳动熟练程度和劳动强度下制造某种使用价值所需要的劳动时间。"① 这里是从生产同种使用价值（商品）的劳动消耗的角度界定社会必要劳动时间。在这个界定的基础上，价值的决定就有了明确的限定。同种商品在不同的生产者那里有不同的劳动消耗，只有社会必要劳动时间才能决定该使用价值的价值量。"含有等量劳动或能在同样劳动时间内生产出来的商品，具有同样的价值量。一种商品的价值量同其他任何一种商品的价值的比例，就是生产前者的必要劳动时间同生产后者的必要劳动时间的比例。"②

含义一的社会必要劳动时间是在同一部门内部各个生产者之间的比较和竞争中形成的。意义是各个生产者以社会必要的劳动消耗提供劳动。从社会总劳动时间的分配角度讲，社会必要劳动时间是标准值，社会只是把社会必要劳动时间分配到各个部门。反过来说，每个企业生产商品所消耗的劳动的标准值是社会必要劳动时间。作为标准值，意义不在于要使大家提

---

① 马克思：《资本论》第1卷，人民出版社2004年版，第52页。
② 马克思：《资本论》第1卷，人民出版社2004年版，第52~53页。

供标准值，而是以此为标准优胜劣汰和奖勤罚懒。由此就提出了价值规律对提高微观经济效益的意义。生产同种商品的生产者的劳动消耗各不相同，价值规律的作用是以社会必要劳动时间作为标准值通过市场补偿各个生产者的劳动消耗。于是低于这个标准值的就可能得到超额利润，而高于这个标准值的则因其消耗得不到补偿而亏损。因此，价值规律对生产者通过改进技术提高劳动生产率来降低消耗具有明显的促进作用。

含义二的社会必要劳动时间在《资本论》第一卷中有所涉及。例如，第一卷在说明 W—G 是惊险的跳跃时指出：即使市场上的每一块麻布都只包含社会必要劳动时间，如果市场的胃口不能以每码 2 先令的正常价格吞下麻布的总量，这就证明，“在全部社会劳动时间中，以织麻布的形式耗费的时间太多了。其结果就像每一个织布者花在他个人的产品上的时间都超过了社会必要劳动时间一样。”[①] 这里所讲的能否被市场接受的某种使用价值（如麻布）总量意义上的社会必要劳动时间正是含义二的社会必要劳动时间。

详细分析含义二的社会必要劳动时间是在《资本论》第三卷第 10 章。在这里讨论某种商品的市场供给总量和市场需求总量之间的关系。根据马克思的理论，无论是供给还是需求都可以还原为社会劳动量。一方面某种商品的供给总量，即在一定劳动生产率的基础上，该生产部门制造一定量的物品所需要的一定量的社会劳动时间。另一方面，社会对该种商品的需求总量，即社会购买这些物品的方法，就是把它所能支配的劳动时间的一定量来购买这些物品。而在现实中这两个方面，即一方面耗费在一种社会物品上的社会劳动总量和另一方面社会

① 马克思：《资本论》第 1 卷，人民出版社 2004 年版，第 128 页。

要求用这种物品来满足的需要的规模之间，没有任何必然的联系而只有偶然的联系。于是就出现以下三种情况：

一是，某种商品的产量超过了当时的社会需要，社会劳动时间的一部分就浪费掉了，这时，这个商品量在市场上代表的社会劳动量就比它实际包含的社会劳动量小得多。这些商品必然要低于它们的市场价值出售。

二是，用来生产某种商品的社会劳动的数量同要由这种商品来满足的特殊的社会需要的规模相比太小，结果就同上述结果相反。

三是，用来生产某种商品的社会劳动的数量，同要满足的社会需要的规模相适应。那么这种商品就会按照它的市场价值来出售。

由以上分析就引出社会必要劳动时间的第二个含义："要使一个商品按照它的市场价值来出售，也就是说，按照它包含的社会必要劳动来出售，耗费在这种商品总量上的社会劳动的总量，就必须同这种商品的社会需要的量相适应，即同有支付能力的社会需要的量相适应。"① 马克思的结论是："社会劳动时间可分别用在各个特殊生产领域的份额的这个数量界限，不过是价值规律本身进一步展开的表现，虽然必要劳动时间在这里包含着另一种意义。为了满足社会需要，只有如许多的劳动时间才是必要的。在这里界限是由于使用价值才产生的。社会在既定生产条件下，只能把它的总劳动时间中如许多的劳动时间用在这样一种产品上。"②

含义二的社会必要劳动时间是在不同部门之间的比较和竞争中形成的。起作用的是各个部门提供的使用价值是否符合社

① 马克思：《资本论》第3卷，人民出版社2004年版，第214页。
② 马克思：《资本论》第3卷，人民出版社2004年版，第717页。

会需要，不仅包括使用价值的品种和质量，还包括使用价值的总量。要求各个生产者提供社会所需要的使用价值（包括质和量）。这里实际上包含了后来的西方经济学家所概括的市场一般均衡的基本内容。

概括上述社会必要劳动时间的两个含义，价值规律调节社会劳动分配的功能突出在两个方面：一方面通过同一生产部门不同生产者之间的竞争，在单个使用价值上耗费的劳动时间为社会必要劳动时间；另一方面通过不同生产部门之间的竞争，各个生产部门提供社会所需要的使用价值总量。这两个方面正是西方经济学中与资源有效配置相关的两个基本问题：生产什么和怎样生产。后者涉及生产的使用价值与社会需要的关系，前者涉及个别劳动消耗与社会必要劳动消耗的关系。这是直接影响资源和劳动配置效率的两个关系。

就同种商品生产者之间即卖者之间的竞争来说，为了使同种商品的市场价格与市场价值一致，要求各个卖者互相施加足够大的压力，以便把社会需要所要求的商品量提供到市场上来。如果产品量超过这种需要，商品必然就会以低于它们的市场价值出售；反之，如果产品量不够大，商品就必然会以高于它们的市场价值出售。不仅供求关系的变动会影响价格与价值的偏离，价值发生变化也会对此产生影响。如果市场价值降低了，社会需要（有支付能力的需要）平均说来就会扩大，如果市场价值提高了，商品的社会需要就会缩减。因此，一方面，供求调节着市场价格与市场价值的偏离；另一方面，“市场价值调节供求关系，或者说，调节一个中心，供求的变动使市场价格围绕这个中心发生波动。”①

① 马克思：《资本论》第3卷，人民出版社2004年版，第202页。

第四节 供求关系与价值规律的作用机制

对供求关系的认识也就是对市场机制的认识，马克思对供求关系与价值规律作用的相关分析为我们全面了解市场机制提供了理论指导。

一、供求变动与市场价值变动关系

与马克思同时代的马尔萨斯等人认为是供求调节价值。与此相反，马克思强调："供求比例并不说明市场价值，而是相反，市场价值说明供求的变动"。[①]

与所有经济学的分析一样，马克思同样认为，供求实际上从来不会一致。供求一致的现象，在科学上等于零。但是，在政治经济学上必须假定供求是一致的，"这是为了对各种现象在它们的合乎规律的、符合它们的概念的形态上来进行考察，也就是说，撇开由供求变动引起的假象来进行考察。"[②] 这种抽象分析方法，是要寻求供求一致时的内在的必然性。供求一致究竟是指什么？马克思的界定是："某个生产部门的商品总量能够按照它们的市场价值出售，既不高，也不低。"[③] 这就是说市场价格与市场价值趋于一致。

在任何一个场合供求总是不一致，价格总是偏离价值，因此，供求关系不是说明价值本身，而是说明市场价格与市场价值的偏离。但是由于价值规律的调节，"各种同市场价值偏离的市场价格，按平均数来看，就会平均化为市场价值，因为这

① 马克思：《资本论》第3卷，人民出版社2004年版，第213页。
② 马克思：《资本论》第3卷，人民出版社2004年版，第211页。
③ 马克思：《资本论》第3卷，人民出版社2004年版，第210页。

种和市场价值的偏离会作为正负数互相抵消。”①

马克思考察了供求关系调节市场价格的变动并实现供求平衡的机制：如果需求减少，因而市场价格降低到市场价值以下，结果资本就会被抽走，这样，供给就会减少。反之，如果需求增加，因而市场价格高于市场价值，结果，流入这个生产部门的资本就会过多，生产就会增加到如此程度，甚至使市场价格降低到市场价值以下；或者另一方面，这也可以引起价格上涨，以致需求本身减少。上述机制归结起来就是，“如果供求决定市场价格，那么另一方面，市场价格，而在进一步分析下，也就是市场价值，又决定供求。”②

从表面上看，上述供求平衡的过程和机制与西方经济学的均衡价格形成的分析是一致的。区别只是在西方经济学中供求一致时的市场价格即均衡价格，而在马克思那里，供求一致时的市场价格与价值一致。但是通过更深一层次的分析发现，西方经济学只是分析了供求与价格变动的互动关系，马克思的分析不仅分析了这种互动关系，还对这种互动关系作了更深层次的说明：供求关系说明市场价格与价值的偏离，价值规律的作用使价格与价值趋向一致，从而使供求趋向一致。

根据马克思的分析，与供求关系相关的价格偏离价值反映价值规律作用主要有两种形式：一方面，在同一时间，有的商品价格高于价值，有的商品的价格低于价值，这种和市场价值的偏离会作为正负数互相抵消。另一方面，从趋势看，随着供求关系的变动，偏离价值的价格会与价值趋向一致。

特别需要指出，价格与价值的偏离，供求的变化还可能由价值本身的变化而引起。例如当供过于求时，“由于某种发明

---

① 马克思：《资本论》第3卷，人民出版社2004年版，第211～212页。
② 马克思：《资本论》第3卷，人民出版社2004年版，第212页。

缩短了必要劳动时间，市场价值本身降低了，因而与市场价格平衡。”在供不应求时，如果所需要的一部分产品在这个期间内必须在较坏的条件下生产出来，于是“在一个或长或短的期间内引起市场价值本身的提高”[①]，从而与市场价格平衡。

根据决定价值的社会生产条件，生产条件有优等条件、劣等条件和中等条件。通常决定价值的是中等生产条件。如果出现严重的供不应求，决定价值的生产条件就是劣等生产条件，如果出现严重的供过于求，决定价值的生产条件就是优等生产条件。

供求关系离不开竞争关系。这就是马克思说的，“说到供给和需求，那么供给等于某种商品的卖者或生产者的总和，需求等于这同一种商品的买者或消费者（包括个人消费和生产消费）的总和。而且，这两个总和是作为两个统一体，两个集合力量来互相发生作用的。个人在这里不过是作为社会力量的一部分，作为总体的一个原子来发生作用，并且也就是在这个形式上，竞争显示出生产和消费的**社会**性质。”[②]

市场是商品生产者关系的总和，也是价值规律的作用机制与场所。在市场上存在着三个方面的竞争：卖者之间，买者之间，买卖双方。“竞争，同供求比例的变动相适应的市场价格的波动，总是力图把耗费在每一种商品上的劳动的总量归结到这个标准上来”[③]，即社会必要劳动时间。

根据马克思的分析，同种商品的各个生产者的不同的个别价值平均化为一个社会价值，是在同种商品的商品生产者即卖者之间的竞争中实现的。卖者之间互相施加足够大的压力（竞争），“以便把社会需要所要求的商品量，也就是社会能够

① 马克思：《资本论》第3卷，人民出版社2004年版，第212页。
② 马克思：《资本论》第3卷，人民出版社2004年版，第215页。
③ 马克思：《资本论》第3卷，人民出版社2004年版，第214页。

按市场价值支付的商品量提供到市场上来。”[①] 而另一方面，“在需求恰好大到足以按这样确定的价值吸收掉全部商品的前提下，在实际市场上是通过买者之间的竞争来实现的。”[②]

就买卖双方来说，根据马克思的分析，总是一方处于优势，一方处于劣势，即我们现在讲的买方市场和卖方市场。处于竞争优势的一方，由于垄断给同一方都带来好处，因此，“处于优势的一方，则或多或少地始终作为一个团结的统一体来同对方相抗衡。”这样，竞争总是在处于竞争劣势的一方展开。“在竞争中一时处于劣势的一方，同时就是这样的一方，在这一方中，个人不顾自己那群竞争者，而且常常直接反对这群竞争者而行动。”[③] 每个人都企图通过自己的努力来取得优势，或者摆脱劣势。

在需求超过供给即卖方市场的场合，主要是买方之间的竞争：“一个买者就会比另一个买者出更高的价钱，这样就使这种商品对全体买者来说都昂贵起来，提高到市场价值以上；另一方面，卖者却会共同努力，力图按照高昂的市场价格来出售。”[④]

在供给超过了需求即买方市场的场合，主要是卖方之间的竞争：“一个人开始廉价抛售，其他的人不得不跟着干，而买者却会共同努力，力图把市场价格压到尽量低于市场价值。”[⑤] 在马克思看来，卖方（生产者）之间的竞争会产生降低社会必要劳动时间的功能：“如果一个人用较便宜的费用进行生产，用低于现有市场价格或市场价值出售商品的办法，能售出

① 马克思：《资本论》第3卷，人民出版社2004年版，第201页。
② 马克思：《资本论》第3卷，人民出版社2004年版，第206页。
③ 马克思：《资本论》第3卷，人民出版社2004年版，第215页。
④ 马克思：《资本论》第3卷，人民出版社2004年版，第215~216页。
⑤ 马克思：《资本论》第3卷，人民出版社2004年版，第216页。

更多的商品，在市场上夺取一个更大的地盘，他就会这样去做，并且开始起这样的作用，即逐渐迫使别人也采用更便宜的生产方法，把社会必要劳动减少到新的更低的标准。”①

以上分析表明，虽然从本质上讲，价格的波动是由价值规律调节的，但供求、竞争不是被动的，它们不但能够说明价格与价值的偏离，它们的作用也能使偏离价值的价格与价值趋向一致。它们是价值规律的作用形式。没有供求的自发波动，没有竞争的充分展开，价值规律的作用也就无用武之地。

二、自觉利用价值规律

在社会主义条件下虽然不能取消价值规律的作用，但可以自觉地利用价值规律。

在马克思的分析框架中对价值规律的作用形式实际上有两方面表述：一方面背离价值的价格围绕价值波动并趋近价值；在同一时间，全社会有的商品价格高于价值，有的价格低于价值，总量的价格与价值相等。进入社会主义社会后，谈到自觉利用价值规律就产生了分歧。

在苏联的斯大林时期，所谓自觉利用价值规律的一个典型形式是压低农产品价格，使其低于价值，抬高工业品价格使其高于价值。两者交换实现农产品价值向工业品的转移。我国在改革开放前的30多年间的突出问题，要么是直接否认价值规律，要么是受斯大林模式影响，在自觉偏离价值规律意义上利用价值规律，长期存在的工农业产品价格“剪刀差”就是其突出表现和后果。

我国在相当长的一个时期内上述否认和扭曲价值规律作用的倾向在经济建设中占据了主导地位，由此给我国的经济带来

① 马克思：《资本论》第3卷，人民出版社2004年版，第216页。

了严重的恶果。在总结这一教训时，我国老一辈经济学家孙冶方在 1978 年写了《千规律，万规律，价值规律第一条》一文，1980 年他在一篇文章中又强调，价值规律是在任何社会化大生产中根本不能取消的规律。他把价值规律的作用概括为三个方面：（1）价值规律就是商品（产品）价值由社会平均必要劳动时间决定的规律，必须强调价值规律节约时间的作用。（2）价值规律是商品（产品）交换比例由价值调节的规律，必须强调价值规律的等价交换原则。（3）由上述两种作用产生的实现对生产的调节和对社会生产力的比例的分配。①孙冶方也指出了在社会主义条件下自觉利用价值规律的含义。这就是自觉地按照价值规律办事，自觉地计算出社会平均必要劳动时间，并以此作为计划和统计的基础。虽然孙冶方认为社会必要劳动时间可以直接计算在现实的社会主义经济中是不可能的，但是他所强调的按社会必要劳动时间调节生产和交换则是正确的，不仅符合马克思的原意，也符合实际。

现阶段分配社会劳动需要价值插手。价值插手意味着在现实中存在商品货币关系，需要用价格来衡量各种商品的价值，也就必然存在价格和价值的背离。现在需要进一步研究的是，如何体现对价值规律的自觉利用。

自觉利用价值规律的前提是价格在市场上形成，而不能把国家定价看作是自觉利用价值规律。马克思认为，价格偏离价值量的可能性包含在价格形式本身中，这种形式是市场经济的适当形式，在这里，“规则只能作为没有规则性的盲目起作用的平均数规律来为自己开辟道路。”② 这个规则就是价值规律的规则。“市场价值调节着供求关系，或者说，调节一个中

① 孙冶方：《社会主义经济的若干理论问题（续集）》，人民出版社 1982 年版，第 147 ~ 148 页。

② 马克思：《资本论》第 1 卷，人民出版社 2004 年版，第 123 页。

心，供求的变动使市场价格围绕这个中心发生波动。”① 这意味着偏离价值的市场价格会随着供求关系的变化围绕价值波动并趋近价值。这种机制只可能存在于市场中，国家定的价格不存在这种波动机制，因而不可能实现价值规律要求。如果要讲自觉性，那只能是价格在市场上形成的条件下，自觉地预测到价格趋向价值的方向并对价格的波动进行指导，或者限定价格波动的幅度，防止价格的暴涨暴跌，远离价值。

本章主要涉及：《资本论》第1卷：第1、2、3章，第3卷：第10章

---

① 马克思：《资本论》第3卷，人民出版社2004年版，第202页。

第五章　剩余产品和剩余价值

除了原始社会初期外，剩余劳动和剩余产品是一切社会形态共有的基础。在资本主义生产方式中剩余产品采取了剩余价值形式。剩余价值反映了资本主义剥削关系。在建设新社会的过程中，除了在允许发展的非公有制经济中还存在这种关系外，仍然需要明确的问题是社会生产必须要有剩余，而且要求这种剩余越来越大。至于这种剩余用不用剩余价值来表述，这是可以讨论的问题。现实中，我们广泛使用的利润概念指的就是这种剩余。本章全面介绍马克思的剩余价值生产理论，对企业和全社会努力增加剩余，有重要的指导价值。

第一节　剩余劳动和剩余产品

在马克思的《资本论》中，剩余产品和剩余劳动范畴也具有一般性，与社会劳动生产力的提高相关。在资本主义社会它表现为剩余价值，而在社会主义社会剩余产品仍然存在，是不是还要使用剩余价值这个概念需要专门研究，这里只需要强调，增加剩余仍然是生产发展的重要目标。

一、剩余劳动及其形式

马克思将劳动区分为必要劳动和剩余劳动。相应地，劳动产品区分为必要产品和剩余产品。必要劳动是劳动者为自己劳动的部分，在总劳动时间中余下的部分就是剩余劳动。这就是马克思所说的，在任何社会生产中，“总是能够区分出劳动的两个部分，一个部分的产品直接由生产者及其家属用于个人的消费，另一个部分即始终是剩余劳动的那个部分的产品，总是用来满足一般的社会需要。”①

在分析资本主义下的工资和剩余价值关系问题时，马克思还指出：“如果我们把工资和剩余价值，必要劳动和剩余劳动的独特的资本主义性质去掉，——那么，剩下的就不再是这几种形式，而只是它们的为一切社会生产方式所共有的基础。”②

马克思指出：“剩余劳动一般作为超过一定的需要量的劳动，应当始终存在。”③ 其意义在于，为了满足社会的一般需要，包括保证扩大再生产的需要，满足社会的公共需要，应付偶然事故等，一般剩余劳动的存在具有客观必要性，它是一切社会生产方式共有的基础。如果每个劳动者的全部劳动都是必要劳动，他们生产的产品只够维持自身的生存，没有剩余劳动和剩余产品，就不可能有社会分工，也不可能有积累和扩大再生产，从而也就不可能有人类社会的进步与发展。因此，马克思说：“资本并没有发明剩余劳动。凡是社会上一部分人享有生产资料垄断权的地方，劳动者，无论是自由的或不自由的，都必须在维持自身生活所必需的劳动时间以外，追加超额的劳动时间来为生产资料的所有者生产生活资料。”④

虽然剩余劳动是一切社会形态共有的，但是作为剩余劳动的物化形式的剩余价值却只存在于发达商品经济或市场经济社会中。在不存在商品货币关系的社会形态下，劳动不需要用价

① 马克思：《资本论》第3卷，人民出版社2004年版，第993～994页。
② 马克思：《资本论》第3卷，人民出版社2004年版，第992页。
③ 马克思：《资本论》第3卷，人民出版社2004年版，第927页。
④ 马克思：《资本论》第1卷，人民出版社2004年版，第272页。

值来计量，因此，尽管也存在着剩余劳动，但它不需物化为剩余价值的形式。

剩余劳动被无偿占有需要一定的生产关系和相应的强制。马克思谈到亚洲群岛东部的一些岛屿上，居民们可以从西米树上轻易地得到面包，闲暇时间很多时说："要他把这些闲暇时间用于为自己生产，需要一系列的历史条件；要他把这些时间用于为别人从事剩余劳动，需要外部的强制。"[①] 在各种剥削制度下，都存在着剩余劳动，"使各种经济的社会形态例如奴隶社会和雇佣劳动的社会区别开来的，只是从直接生产者身上，劳动者身上，榨取这种剩余劳动的形式。"[②] 例如，在奴隶主制度下，奴隶主是直接榨取奴隶的剩余劳动；而在封建制下，剩余劳动的物化形式，通常是以剩余产品的形式出现的。地主对剩余劳动的榨取主要形式是获取剩余产品（地租）。马克思在谈到地租时指出：直接生产者在"有可能从事剩余劳动"的时候，"这种可能性不会创造地租。只有变这种可能性为现实性的强制，才创造地租。"[③] 这说明剩余劳动及其物化形式被不被劳动者而是被别人占有，需要一定的生产关系和相应的强制。

在资本主义条件下，不仅存在商品货币关系，更为重要的是存在资本雇佣劳动的关系。因此剩余劳动采取剩余价值形式。在这里，马克思把工人劳动时间分为两个部分，一部分是工人为自己的劳动，即必要劳动时间；另一部分是工人超出必要劳动的界限做工的时间，虽然耗费工人的劳动，耗费劳动力，但并不为工人形成任何价值。这段时间形成剩余价值。马克思认为："把剩余价值看作只是剩余劳动时间的凝结，只是

① 马克思：《资本论》第1卷，人民出版社2004年版，第589页。
② 马克思：《资本论》第1卷，人民出版社2004年版，第251页。
③ 马克思：《资本论》第3卷，人民出版社2004年版，第895页。

对象化的剩余劳动，这对于认识剩余价值也具有决定性的意义。”① 这里的“决定性”意义是指，当把剩余价值与剩余劳动的关系作以上描述后，可以更好地揭示剩余价值的性质和来源，揭示资本主义社会剩余劳动的特点。

在马克思所预见的未来社会中，社会财富像泉水一样涌流，毫无疑问，需要并存在剩余劳动。其必要性在于，“这个自然必然性的王国会随着人的发展而扩大，因为需要会扩大。”在这里，“工作日的缩短是根本条件。”② 马克思科学的预见到未来社会有可能将工作日限制在必要劳动上，并且必要劳动将扩大自己的范围。“只有消灭资本主义生产方式，才允许把工作日限制在必要劳动上。但是，在其他条件不变的情况下，必要劳动将会扩大自己的范围。一方面，是因为工人的生活条件将会更加丰富，他们的生活要求将会增大。另一方面，是因为现在的剩余劳动的一部分将会列入必要劳动，即形成社会准备基金和社会积累基金所必要的劳动。”③

由于马克思预想的未来社会不存在商品货币也不存在剥削，因此那时的剩余劳动及其产品也不再表现为剩余价值。这里的剩余劳动也就被人们定义为“为社会的劳动”。而在实践中的社会主义社会还存在商品货币关系，商品和劳动要采取价值形式。自然地，剩余产品和剩余劳动要采取价值形式。有的使用剩余产品价值范畴，有的则直接使用剩余价值范畴。但要指出，社会主义条件下的剩余价值与剥削之间的关系已经与资本主义下的两者关系大不相同，不能简单地将剩余价值范畴与剥削关系画等号。

---

① 马克思:《资本论》第 1 卷，人民出版社 2004 年版，第 251 页。
② 马克思:《资本论》第 3 卷，人民出版社 2004 年版，第 928 ~929 页。
③ 马克思:《资本论》第 1 卷，人民出版社 2004 年版，第 605 页。

二、自然条件和剩余劳动

剩余劳动作为超过一定需要量（必要劳动）的劳动，其长短客观上取决于劳动生产率。劳动生产率是同自然条件相联系的。马克思从经济上将外界自然条件分为两大类：一类是生活资料的自然富源，例如土壤的肥力，渔产丰富的水，等等；另一类是劳动资料的自然富源，如奔腾的瀑布、可以航行的河流、森林、金属、煤炭，等等。这两类自然富源在不同的发展阶段上起着不同的决定性作用。“在文化初期，第一类自然富源具有决定性的意义；在较高的发展阶段，第二类自然富源具有决定性的意义。”① 这也可以解释处于不同发展阶段的地区差别的自然条件原因。

在一定发展阶段上，自然条件对剩余产品的影响，是指它确定必要劳动的界限从而确定剩余劳动的起点。这就是确定维持和再生产劳动力的必要产品的数量。具体地说，“绝对必需满足的自然需要的数量越少，土壤自然肥力越大，气候越好，维持和再生产生产者所必要的劳动时间就越少。因而，生产者在为自己从事的劳动之外来为别人提供的剩余劳动就可以越多。”② 在其他条件不变的情况下，“剩余劳动量随劳动的自然条件，特别是随土壤的肥力而变化。”③

在不同的自然环境下，维持和再生产劳动力的消费资料需求是不同的。“劳动的不同的自然条件使同一劳动量在不同的国家可以满足不同的需要量，因而在其他条件相似的情况下，使得必要劳动时间各不相同。”④ 这意味着良好的自然条件可

① 马克思：《资本论》第1卷，人民出版社2004年版，第586页。
② 马克思：《资本论》第1卷，人民出版社2004年版，第586页。
③ 马克思：《资本论》第1卷，人民出版社2004年版，第587页。
④ 马克思：《资本论》第1卷，人民出版社2004年版，第588页。

能提供更多的剩余劳动。但是，马克思又明确认为，绝不能反过来说，最肥沃的土壤最适合资本主义生产方式的生长。现实中，资本的祖国不是草木繁茂的热带，而是温带。其基本说明因素是，“资本主义生产方式以人对自然的支配为前提。过于富饶的自然‘使人离不开自然的手，就像小孩子离不开引带一样’。”① 现实中有些地区经济相对落后，原因不在于该地区自然条件差，而在于自然条件太好，以至于该地区依赖自然而缺乏进取心。“它不能使人自身的发展成为一种自然必然性。”②

马克思发现一些国家成为资本的祖国不是靠的自然条件的优越，不是土壤的绝对肥力，而是靠人对自然的支配的基础。他所发现的这种人对自然的支配包括：自然条件的差异性和它的自然产品的多样性，形成社会分工的自然基础，并且通过人所处自然环境的变化，促使他们自己的需要、能力、劳动资料和劳动方式趋于多样化。“社会地控制自然力，从而节约地利用自然力，用人力兴建大规模的工程占有或驯服自然力，——这种必要性在产业史上起着最有决定性的作用。”③ 如果说自然条件会作为确定必要劳动的自然界限而影响剩余劳动的话，“产业越进步，这一自然界限就越退缩。”④ 马克思的这些提示对现阶段受自然条件困扰的发展中国家和地区都有重要的指导意义。

第二节　资本的总公式和剩余价值的产生

在资本主义条件下，剩余产品采取剩余价值的方式。正确

---

① 马克思：《资本论》第1卷，人民出版社2004年版，第587页。
② 马克思：《资本论》第1卷，人民出版社2004年版，第587页。
③ 马克思：《资本论》第1卷，人民出版社2004年版，第587～588页。
④ 马克思：《资本论》第1卷，人民出版社2004年版，第589页。

认识剩余价值及其相关范畴的属性，特别是正确理解这些范畴的一般性，对科学理解剩余价值理论对社会主义市场经济运行的科学指导作用具有重要的意义。剩余价值具有特殊性，它最能反映资本主义经济关系的本质。

一、资本总公式

马克思对剩余价值的分析是从资本总公式开始的。从《资本论》的逻辑来分析，马克思是在研究了货币以后，通过分析资本总公式来揭示货币转化为资本的，通过对资本流通公式与商品流通公式的比较分析来说明资本的本性和剩余价值产生的机理。

无论是商品流通还是资本流通都离不开货币。“商品生产和发达的商品流通，即贸易，是资本产生的历史前提。”① 关于商品流通的历史分析表明，货币是商品流通的最终产物，同时也是资本的最初表现形式。从资本产生的历史看，最初的资本如商人资本和高利贷资本都是货币形式，与地产相对立。在现实的资本运动中，每一个新资本最初都是作为货币出现在舞台上，出现在市场上。

在单纯的商品流通中，货币只是货币，而在资本流通中，货币则是资本。马克思比较了商品流通（或者说一般的货币流通）和资本流通的区别：

一是流通的形式不同。

商品流通的直接形式是“商品—货币—商品”（W—G—W）；资本流通的公式是“货币—商品—更多的货币”（G—W—G′，其中 $G' = G + \Delta G$）。

上述流通形式表明：商品流通的起点和终点都是商品，货

① 马克思：《资本论》第1卷，人民出版社2004年版，第171页。

币只是商品交换过程的媒介，在交换过程中，货币并没有改变自身的形态。资本流通的起点和终点都采取货币的形式，商品在整个资本流通过程中起媒介作用。

二是流通的目的不同。

商品流通的终点是买到所需的商品，因此商品流通是为买而卖，交换的目的是获得用于消费的使用价值。在这种形式中，始极是一种商品，终极是另一种商品，后者退出流通，投入消费。因此，商品流通的最终目的是消费。

资本流通的终点是卖出商品取回货币，因此资本流通是为卖而买，流通的目的是追求量上更多的货币。就是说，资本流通是从货币一极出发，最后又返回同一极。“这一循环的动机和决定目的是交换价值本身。”[①] 准确地说，是要获得价值增殖。在 G—W—G′的终点上的 $G' = G + \Delta G$。马克思认为 ΔG 就是增殖额，即剩余价值。马克思认为，正是由于原预付价值在流通中增殖了，资本流通这个运动才使货币转化为资本。

三是流通的限度不同。

商品流通为买而卖，以使用价值为目的，其运动的终点便是商品的使用价值进入消费，一旦出卖一种商品所得到的货币又被用去购买另一种商品，W—G—W 的循环就全部结束。

资本流通为卖而买，以交换价值为目的。马克思认为，这个过程的开端和终结是一样的，都是货币，都是交换价值，“单是由于这一点，这种运动就已经是没有止境的了。”[②] 原因就在于这些货币的价值就在于流通。如果不是这样，把循环终结时的货币当作货币用掉，它就不再作为资本起作用。如果把

① 马克思：《资本论》第 1 卷，人民出版社 2004 年版，第 175 页。
② 马克思：《资本论》第 1 卷，人民出版社 2004 年版，第 177 页。

它从流通中取出来，“那它就凝固为贮藏货币，即使藏到世界末日，也不会增加分毫。”①

基于上述比较，马克思总结说：“简单商品流通——为买而卖——是达到流通以外的最终目的，占有使用价值，满足需要的手段。相反，作为资本的货币的流通本身就是目的，因为只是在这个不断更新的运动中才有价值的增殖。因此，资本的运动是没有限度的。”② 因此，可以对资本的本性明确判断为价值增殖。资本家作为资本的人格化，就是马克思所说的："这种流通的客观内容——价值增殖——是他的主观目的；只有在越来越多地占有抽象财富成为他的活动的唯一动机时，他才作为资本家或作为人格化的、有意志和意识的资本执行职能。”③ 在此基础上，马克思将资本家与货币贮藏者做了比较。两者都是价值追逐狂。货币贮藏者竭力把货币从流通中拯救出来，以谋求价值的无休止增殖的目的，但这个目的很难达到，而“精明的资本家通过不断地把货币重新投入流通而实现了。”④

二、剩余价值不能在流通中产生，又不能不在流通中产生

马克思在分析资本总公式的矛盾时，揭示了资本运动与商品经济规律的矛盾。马克思说：“货币羽化为资本的流通形式，是和前面阐明的所有关于商品、价值、货币和流通本身的性质的规律相矛盾的。”⑤ 这一矛盾表现为，资本本性的要求

① 马克思：《资本论》第1卷，人民出版社2004年版，第177页。
② 马克思：《资本论》第1卷，人民出版社2004年版，第178页。
③ 马克思：《资本论》第1卷，人民出版社2004年版，第178页。
④ 马克思：《资本论》第1卷，人民出版社2004年版，第179页。
⑤ 马克思：《资本论》第1卷，人民出版社2004年版，第182页。

增殖，但流通过程只会使商品形态发生变化，商品交换必须以等价为基础，它不可能出现价值增殖。

面对这一矛盾，马克思运用排除法，首先说明在流通领域中等价交换不能产生剩余价值；其次说明在流通领域的非等价交换也不能产生剩余价值；再次说明商业资本的高利贷资本不能说明资本的基本形式；最后，马克思说："资本不能从流通中产生，又不能不从流通中产生。它必须既在流通中又不在流通中产生。"① 这是解决问题的条件，正确的答案必须在这个范围中来寻找。

在这个范围内，马克思认为，要想把货币转变为资本，货币所有者必须在市场上找到这样一种特殊商品，它的使用价值本身具有成为价值源泉的特殊属性，因此，它的实际使用本身就是价值的创造。这个特殊商品就是劳动力。劳动力成为商品，特别是劳动力商品的特殊使用价值，是资本增殖的奥秘所在，也是解决资本总公式的矛盾，解决资本本性（增殖）与价值规律（等价交换）矛盾的关键所在。

以上分析表明，在流通领域实行等价交换，不能产生剩余价值；但在流通领域能够以等价交换买到劳动力，劳动力的使用能够产生剩余价值。这就是剩余价值不能不在流通中产生。这里的必要条件是劳动力成为商品。也就是马克思说的，必须在市场上找到双重意义的自由人："一方面，工人是自由人，能够把自己的劳动力当作自己的商品来支配，另一方面，他没有别的商品可以出卖，自由得一无所有，没有任何实现自己的劳动力所必需的东西。"②

① 马克思：《资本论》第1卷，人民出版社2004年版，第193页。
② 马克思：《资本论》第1卷，人民出版社2004年版，第197页。

第三节 劳动过程和价值增殖过程

一、劳动过程及其一般要素

马克思在考察资本主义直接生产过程时，首先撇开各种特定的社会形式来考察劳动过程的一般特点。马克思抽象掉了劳动过程的社会形式，将劳动过程要素做了如下规定："劳动过程的简单要素是：有目的的活动或劳动本身，劳动对象和劳动资料。"① 这一规定后来发展为生产力三要素：劳动者、劳动对象和生产工具。

首先分析劳动要素。劳动力的使用就是劳动本身。劳动首先是人和自然之间的过程，是人以自身的活动来引起、调整和控制人和自然之间的物质变换的过程。马克思区分了人的劳动与动物本能的根本区别："蜘蛛的活动与织工的活动相似，蜜蜂建筑蜂房的本领使人间的许多建筑师感到惭愧。但是，最蹩脚的建筑师从一开始就比最灵巧的蜜蜂高明的地方，是他在用蜂蜡建筑蜂房以前，已经在自己的头脑中把它建成了。劳动过程结束时得到的结果，在这个过程开始时就已经在劳动者的表象中存在着，即已经观念地存在着。他不仅使自然物发生形式变化，同时他还在自然物中实现自己的目的。"这就是说，人的劳动是一种有目的的活动，这是与动物的本能活动的根本区别。从劳动过程的结果看，人的劳动在"作用于他身外的自然并改变自然时，也就同时改变他自身的自然"。②

再来分析劳动对象，在劳动过程中，人的活动借助劳动资

① 马克思：《资本论》第1卷，人民出版社2004年版，第208页。
② 马克思：《资本论》第1卷，人民出版社2004年版，第208页。

料使劳动对象发生预定的变化。“劳动与劳动对象结合在一起。劳动对象化了，而对象被加工了。”[①] 在采掘工业、狩猎业、捕鱼业、农业中，劳动对象是天然存在的，是自然界原有的自然物，即未经过人的协助就作为人类劳动的一般对象的自然物，如土地等自然资源。除此以外，一切产业部门所处理的对象都是原料，即已被劳动滤过的劳动对象，本身已经是劳动产品。例如，森林中砍伐的木材、矿藏中开采的矿石、农业中的种子等。正因为如此，马克思将原料明确定义为：“劳动对象只有在它已经通过劳动而发生变化的情况下，才是原料。”[②]

最后分析劳动资料或劳动手段。“劳动资料是劳动者置于自己和劳动对象之间、用来把自己的活动传导到劳动对象上去的物或物的综合体。”[③] 就是说，劳动者直接掌握的东西，不是劳动对象，而是劳动资料。人类区别于动物的标志之一在于人类能制造并使用劳动资料。从一定意义上说，劳动资料是劳动者肢体的延长。劳动资料分为两类：一是机械性的劳动资料，被称为生产的骨骼系统和肌肉系统；另一类充当劳动对象的容器，如罐、管、桶、篮，被称为生产的脉管系统。土地在农业上可能是劳动对象，但在下述情况下成为劳动资料：它给劳动者提供立足之地，给他的过程提供活动场所。这类劳动资料中有的已经经过劳动的改造，例如厂房、运河、道路等等。在马克思看来，“劳动资料不仅是人类劳动力发展的测量器，而且是劳动借以进行的社会关系的指示器。”就是说，“各种经济时代的区别，不在于生产什么，而在于怎样生产，用什么劳动资料生产。”其中，机械性的劳动资料比只是充当劳动对象的容器的劳动资料“更能显示一个社会生产时代的具有决定意义的

① 马克思：《资本论》第1卷，人民出版社2004年版，第211页。
② 马克思：《资本论》第1卷，人民出版社2004年版，第209页。
③ 马克思：《资本论》第1卷，人民出版社2004年版，第209页。

特征。后者只是在化学工业上才起着重要的作用"[①]，例如马克思讲过水推磨产生的是封建社会，蒸汽机产生的是资本主义。

每一种物品都有不同的用途，"一个使用价值究竟表现为原料、劳动资料还是产品，完全取决于它在劳动过程中所起的特定的作用，取决于它在劳动过程中所处的地位。"[②]

马克思在区分劳动对象和劳动资料以后，又把两者合起来称为生产资料。这就是："如果整个过程从其结果的角度，从产品的角度加以考察，那么劳动资料和劳动对象二者表现为生产资料，劳动本身则表现为生产劳动"。[③] 这样，劳动过程的三要素也可概括为人和物两个方面。

在劳动过程中，劳动者的劳动起着决定性的作用，生产资料只有被活劳动掌握才能发挥作用。例如产品作为生产资料进入新的劳动过程，也就丧失了产品的性质，它们只是作为活劳动的物质因素起作用。再如机器不在劳动过程中服务就没有用。不仅如此，它还会由于自然界物质变换的破坏作用而解体。劳动过程也是消费生产资料的过程，这种消费的结果生产出新产品，也称为生产消费。

概括起来，"劳动过程……是制造使用价值的有目的的活动，是为了人类的需要而对自然物的占有，是人和自然之间的物质变换的一般条件，是人类生活的永恒的自然条件，因此，它不以人类生活的任何形式为转移。"[④] 这可以说是劳动过程的一般性规定。

劳动过程的一般性实际上是对不同社会形式下劳动的抽象。就如马克思所比喻的，根据小麦的味道，我们尝不出它是

① 马克思：《资本论》第 1 卷，人民出版社 2004 年版，第 210 ~ 211 页。
② 马克思：《资本论》第 1 卷，人民出版社 2004 年版，第 213 页。
③ 马克思：《资本论》第 1 卷，人民出版社 2004 年版，第 211 页。
④ 马克思：《资本论》第 1 卷，人民出版社 2004 年版，第 215 页。

谁种的。同样，“根据劳动过程，我们看不出它是在什么条件下进行的：是在奴隶监工的残酷的鞭子下，还是在资本家的严酷的目光下；是在辛辛纳图斯耕种自己的几亩土地的情况下，还是在野蛮人用石头击杀野兽的情况下。”[①] 这意味着劳动过程的一般性质不会因为工人是为资本家劳动还是为自己劳动就发生什么变化。

但是，凡是劳动都需要劳动者和生产资料结合。两者不同的结合形式，反映不同的生产方式。这意味着劳动过程的一般性只是一种抽象，现实的劳动都能反映一定的社会性质。资本主义下的劳动过程，就它是资本家消费劳动力的过程来说，它有两个特点：第一，工人在资本家的监督下劳动，他的劳动属于资本家。监督的目的是要使劳动正常进行，生产资料用得合乎目的。第二，产品是资本家的所有物，而不是工人的所有物。资本家购买了工人的劳动力。从工人进入资本家的工场时起，“他的劳动力的使用价值，即劳动力的使用，劳动，就属于资本家了。……因此，这个过程的产品归他所有”。[②]

二、价值形成和价值增殖过程

既然商品是价值和使用价值的矛盾统一体，“商品生产过程必定是劳动过程和价值形成过程的统一。”[③] 当然在现实中，这两个过程不是分开的，而是结合在一起的，是同一过程的两个方面考察。在商品生产过程中，不仅要生产使用价值，还要生产商品，不仅要生产使用价值，还要生产价值。

马克思以生产棉纱为例分析了生产棉纱的劳动过程同时在形成棉纱的价值。

① 马克思：《资本论》第1卷，人民出版社2004年版，第215页。
② 马克思：《资本论》第1卷，人民出版社2004年版，第216～217页。
③ 马克思：《资本论》第1卷，人民出版社2004年版，第218页。

首先计算消耗的生产资料的价值，这是物化在产品中的过去劳动。生产棉纱需要有原料即棉花，同时也需要劳动资料即纱锭。因此，在考察棉纱的价值时，“可以把各种不同的在时间和空间上分开的特殊劳动过程，即生产棉花本身和生产所消耗的纱锭量所必须完成的劳动过程，以及最后用棉花和纱锭生产棉纱所必须完成的劳动过程，看成是同一个劳动过程的前后相继的不同阶段。”① 只要在这里的消耗是一定社会生产条件下的社会必要消耗，其中所包含的社会必要劳动时间就成为产品棉纱的价值的一部分。

其次考察使棉花变为棉纱的劳动过程，就纺纱这种劳动来说是具体劳动，有特殊性，但就其劳动时间的耗费来说和其他形式的劳动是相同的，是形成价值的源泉，耗费多少劳动时间就形成多少价值。当然，形成价值的劳动也必须是社会必要劳动时间。这意味着，纺纱的劳动创造新价值。

这样，商品价值形成过程就是商品生产过程中消耗的生产资料价值加上活劳动创造的新价值。接下来需要研究资本主义生产过程，资本主义生产是商品生产，但作为资本主义生产不仅要生产价值，而且要生产剩余价值。这就是马克思说的，“作为劳动过程和价值形成过程的统一，生产过程是商品生产过程；作为劳动过程和价值增殖过程的统一，生产过程是资本主义生产过程，是商品生产的资本主义形式。”②

仍旧以棉纱生产为例，生产一定量的棉纱所消耗的生产资料价值是既定的，或者说是不变的。增殖的可能性在于活劳动。如果使用劳动力（劳动）的时间所创造的价值恰好等于购买该劳动力所预付的资本价值，就不能产生剩余价值。对资

① 马克思：《资本论》第1卷，人民出版社2004年版，第219页。
② 马克思：《资本论》第1卷，人民出版社2004年版，第229～230页。

本家来说，他预付自己货币的意图是要由此产出更多的货币。他不进行生产，也同样可以有赚钱的意图和机会。其增殖的途径也不能用禁欲来说明。“在一无所有的地方，皇帝也会丧失他的权力。不管他禁欲的功劳有多大，也没有东西可以用来付给禁欲以额外的报偿。”①

价值增殖的秘密就在于资本家所购买的劳动力的使用价值上。资本家支付了劳动力的日价值，因此，劳动力一天的使用即一天的劳动就归他所有。劳动力使用一天所创造的价值比劳动力自身一天的价值要大。这就是说，“劳动力的价值和劳动力在劳动过程中的价值增殖，是两个不同的量。资本家购买劳动力时，正是看中了这个价值差额。”② 这样，价值增殖的秘密就找到了。与价值形成过程做比较，“价值增殖过程不外是超过一定点而延长了的价值形成过程。”③

马克思在界定价值增殖过程时对进入价值形成过程的各种要素做了严格的规定，“劳动只是在生产使用价值所耗费的时间是社会必要劳动时间的限度内才被计算。”④ 这里包含下列各点：（1）劳动力应该在正常的条件下发挥作用。其中包括劳动资料应该是社会上通用的，原料也应该是正常质量的。（2）劳动力本身的正常性质。劳动力在他被使用的专业中，必须具有在该专业中占统治地位的平均的熟练程度、技巧和速度。（3）不允许不合理地消费原料和劳动资料。

三、资本及其结构

马克思在抽象分析劳动过程和价值增殖过程的基础上进一

① 马克思：《资本论》第1卷，人民出版社2004年版，第223～224页。
② 马克思：《资本论》第1卷，人民出版社2004年版，第225页。
③ 马克思：《资本论》第1卷，人民出版社2004年版，第227页。
④ 马克思：《资本论》第1卷，人民出版社2004年版，第228页。

步展开对资本的分析。所谓资本，即能够带来剩余价值的价值。从劳动过程一般的角度看，资本并不是必然的生产要素。但从价值增殖过程，从资本主义生产过程的角度看，资本却是必要的生产要素。因为在生产要素属于不同所有者的条件下，各种要素是被资本黏合或者并入生产过程的。

在马克思的资本理论中，资本有各种分类，因此资本结构可以从不同的角度进行界定。例如，根据资本在价值增殖中的不同作用，区分为不变资本和可变资本；根据资本周转的不同方式，区分为固定资本和流动资本；根据资本的不同职能，区分为产业资本、商业资本和生息资本；根据产业资本运动的不同阶段区分为货币资本、生产资本和商品资本。所有这些资本结构都有特定的功能。这里考察与价值增殖相关的不变资本和可变资本。

基于劳动过程和价值增殖过程的分析，可以发现，生产资料价值（C）是作为旧价值转移到价值增殖过程中的。活劳动每时每刻都形成新价值，价值增殖的部分完全是由活劳动创造的，即在补偿自身的价值（V）后创造的。

这样，如果将预付资本分成购买生产资料的资本和购买劳动力的资本两部分，那么可以发现，资本的不同组成部分在资本本身的价值增殖过程中所执行的不同职能：

“变为生产资料即原料、辅助材料、劳动资料的那部分资本，在生产过程中并不改变自己的价值量。因此，我把它称为不变资本部分，或简称为不变资本。”

“转变为劳动力的那部分资本，在生产过程中改变自己的价值。它再生产自身的等价物和一个超过这个等价物而形成的余额，剩余价值。……因此，我把它称为可变资本部分，或简称为可变资本。”①

---

① 马克思：《资本论》第1卷，人民出版社2004年版，第243页。

将资本区分为不变资本和可变资本在马克思的理论框架中有十分重要的理论意义。

首先，揭示了剩余价值的来源。剩余价值源于工人所提供的剩余劳动。就资本的组成部分来说，是可变资本部分在购买了劳动力后使用其活劳动所取得的。因此，马克思使用剩余价值率只是将剩余价值与可变资本相比较。“剩余价值的相对量，即可变资本价值增殖的比率，显然由剩余价值同可变资本的比率来决定。”① 与此相应，把这个比率称为剩余价值率。

其次，不否认不变资本在价值增殖中的作用。虽然这部分资本价值只是保存在产品价值中，没有增殖，但它同价值增殖不是没有关系的。“剩余价值同全部预付资本的比率也具有重大的经济意义。”其中自然包括不变资本的作用。“要使资本的一部分转变为劳动力而增殖，就必须使资本的另一部分转化为生产资料。要使可变资本起作用，就必须根据劳动过程的一定的技术性质，按相应的比例来预付不变资本。”② 实际上，活劳动是由这些不变资本来吸收的。特别要注意到，科技进步，从而劳动生产率的提高会体现在不变资本所推动的生产资料上。同一不变资本价值可以体现在更多的生产资料上，从而会提供更多的形成产品和价值的要素，或者说，提供更多的吸收劳动的要素。“使用一架强有力的自动机劳动的英国人一周的产品的价值和只使用一架手摇纺车的中国人一周的产品的价值，仍有大得惊人的差别。……一个几百倍大的旧价值总额使英国人的产品的价值膨胀了。”③

基于对不变资本和可变资本对价值增殖的作用，马克思提出了货币转化为资本的最低限额的问题：不是任何一个货币额

① 马克思:《资本论》第1卷，人民出版社2004年版，第249页。
② 马克思:《资本论》第1卷，人民出版社2004年版，第248页。
③ 马克思:《资本论》第1卷，人民出版社2004年版，第699页。

或价值额都可以转化为资本。“这种转化的前提是单个货币占有者或商品占有者手中有一定的最低限额的货币或交换价值。”[①] 马克思发现蛹化为资本家而必须握有的最低限度价值额，在资本主义生产的不同发展阶段上是不同的，而在一定的发展阶段上，在不同的生产部门内，也由于它们的特殊的技术条件而各不相同。

马克思是这样展开分析的：资本家既要雇佣劳动力，又要购买生产资料，假定剩余价值率为50%（工人8小时必要劳动，4小时剩余劳动），他必须使用两个工人才能过工人一样的生活。如果要使他的生活比工人好1倍，而且要使剩余价值的一半再转化为资本，他就必须把预付资本的最低限额和工人人数都增加为原来的8倍。这时“单纯的量的变化到一定点时就转化为质的区别”[②]。这时他就由“小业主”变成资本家。基于马克思的这种分析，我国有一个时期曾经把雇佣8个工人作为私营企业主和个体户的分界线。其实，马克思在这里没有这个意思，只是强调在一定的剩余价值率下，货币转化为资本的最低限额。如果假设条件发生变化，如剩余价值率不是50%，资本家的生活水平不是工人的2倍，资本积累不是剩余价值的一半，那么，货币转化为资本的最低限额就会发生变化。

追求最大限度的剩余价值，是资本的本性。作为资本人格化的资本家，会不惜采取各种手段，甚至铤而走险。马克思曾引用一位评论家的分析进行了深刻地揭示：“资本害怕没有利润或利润太少，就像自然界害怕真空一样。一旦有适当的利润，资本就胆大起来。如果有10%的利润，它就保证到处被

① 马克思：《资本论》第1卷，人民出版社2004年版，第356页。
② 马克思：《资本论》第1卷，人民出版社2004年版，第358页。

使用；有20%的利润，它就活跃起来；有50%的利润，它就铤而走险；为了100%的利润，它就敢践踏一切人间法律；有300%的利润，它就敢犯任何罪行，甚至冒绞首的危险。如果动乱和纷争能带来利润，它就会鼓励动乱和纷争。”①

第四节　工资及其形式

在《资本论》中，马克思揭示了工资本质上是劳动力价值或价格的货币表现。这是问题的一个方面。另一方面，从马克思关于劳动力要素所有权的分析中发现，工资是劳动力所有权在经济上的实现。劳动力所有权在经济上的实现，即获得工资，通常是契约订立后的一个时期。“给劳动力支付报酬，是在劳动力按购买契约所规定的时间发挥作用以后，例如是在每周的周末。”② 这种劳动力的买和卖的契约关系体现马克思说的“自由、平等、所有权和边沁。”③

一、工资是劳动力价值或价格的货币表现

劳动力价值，即维持劳动力所有者所需要的生活资料价值，包括维持劳动者个体能够正常生活所需要的生活资料的价值，工人的补充者即工人子女所需要的生活资料价值。“劳动力的价值可以归结为一定量生活资料的价值。因此，它也随着这些生活资料的价值即生产这些生活资料所需要的劳动时间量的改变而改变。”④ 劳动力价值是由平均工人通常必需的生活资料的价值决定的。这些生活资料在形式上虽然可能有变化，

① 马克思：《资本论》第1卷，人民出版社2004年版，第871页。
② 马克思：《资本论》第1卷，人民出版社2004年版，第202页。
③ 马克思：《资本论》第1卷，人民出版社2004年版，第204页。
④ 马克思：《资本论》第1卷，人民出版社2004年版，第200页。

但是在一定社会的一定的时期，它们的量是一定的，所以应该看作是一个不变量。变化的是这个量的价值。

劳动力价值的最低限度或最小限度，也就是维持身体所必不可少的生活资料的价值。除此以外，劳动力的发展费用也会进入劳动力价值的范围。这种费用是随着生产方式的变化而变化的。其中最为重要的是教育培训费用，脑力劳动、复杂劳动需要的教育培训费用相对较高，因此，劳动者的工资也就较高。反之，则较低。

因此，劳动力价值包含劳动力再生产所需要的生活资料价值、教育培训费用等方面。特别需要注意到，劳动力再生产所需要的生活资料的范围，多半取决于一个国家的文化水平。而且，“和其他商品不同，劳动力的价值规定包含着一个历史的和道德的要素。”① 这些不仅决定了工资水平所应该包含的内容，也决定了工资水平变动的方向。

就劳动力价值和劳动生产力的关系来说，马克思认为，“劳动力的价值是由一定量的生活资料的价值决定的。随着劳动生产力的变化而变化的，是这些生活资料的价值，而不是它们的量。在劳动生产力提高时，工人和资本家的生活资料量本身可以同时按照同样的比例增长，而劳动力价格和剩余价值之间不发生任何量的变化。”② 但是，尽管它们的价值量不会发生变化，但同时使得其所代表的使用价值按比例地便宜了。因此，“在劳动生产力提高时，劳动力的价格能够不断下降，而工人的生活资料量同时不断增加。但是相对地说，即同剩余价值比较起来，劳动力的价值还是不断下降，从而工人和资本家的生活状况之间的鸿沟越来越深。”③

---

① 马克思：《资本论》第1卷，人民出版社2004年版，第199页。
② 马克思：《资本论》第1卷，人民出版社2004年版，第597页。
③ 马克思：《资本论》第1卷，人民出版社2004年版，第597～598页。

工资作为劳动力价值的货币表现，就存在现象与本质的矛盾。虽然其本质是劳动力价值，但在现实的劳动力市场上，影响工资水平的既有货币本身的价值变化，还有劳动力的供求变化。市场对各种劳动力也有不同的需求，有些劳动力短缺，有些劳动力充足，因而，工资作为劳动力的价格会产生波动，有时高于劳动力的价值，有时低于劳动力的价值。由此产生工资和劳动力价值的背离。这就是马克思说的："劳动力的交换价值和由这个价值转变成的生活资料的量之间的区别，现在表现为名义工资和实际工资之间的区别。"① 但是，从长期来看，劳动力的价格总是围绕劳动力的价值上下波动。工资的变动是有规律的。工资的绝对变动主要受形成劳动力所需要的生活资料价值、教育培训费用决定。马克思认为，如果假设商品是按照它的价值出售的，"劳动力的价格有时可能比它的价值高，但从不比它的价值低。"②

在资本主义条件下，资本家和雇佣工人之间经济利益的对立最直接地表现在工资问题上。在榨取最大限度剩余价值的动机下，资本家具有将工人工资尽量压低至劳动力价值之下的内在冲动。围绕工资问题反复重演和升级的劳资冲突，往往使社会再生产的条件受到破坏。而在社会主义现阶段，从总体上来说，将工人工资降低到劳动力价值之下的制度根源已经消除。但是，我们也应该看到，在某些非公有制企业中，受市场利润的导向，雇主压低工人工资的动机、现象也是存在的。在目前，因工资问题引发的社会矛盾还比较严重。因此，学习和研究马克思的工资变动规律理论，这对我们制定相应的政策、法规，以解决日益突出的劳资矛盾，具有重要的现实意义。

---

① 马克思：《资本论》第1卷，人民出版社2004年版，第623页。
② 马克思：《资本论》第1卷，人民出版社2004年版，第593页。

二、工资形式与劳动效率

虽然马克思认为工资形式属于专门研究雇佣劳动的学说的范围，因而不是本书的任务。但在《资本论》中，马克思仍分析了工资的两种基本形式，即计时工资和计件工资。马克思在这里主要是从揭示资本家如何加强对工人的剥削这一角度而展开的，但从中，我们至少可以得到两个方面的有益启示：一是不同的工资形式具有不同的效率，选择合适的工资机制是提高效率的重要途径之一；二是在没有其他机制约束的条件下，有效率的工资形式通常又是雇主牺牲工人权益的手段，如何保护工人的利益，以防止或化解劳资矛盾，是一个现实的课题。

马克思分析了计时工资和计件工资两种形式。所谓计时工资，就是"工人靠日劳动、周劳动等等得到的货币额，形成他的名义的即按价值计算的工资额。"① 所谓计件工资，就是按照工人在一定时间内生产的产品的件数来支付工资。

计时工资的计量单位，"是劳动力的日价值除以普通工作日的小时数所得之商。"② 比较简便易行。在计时工资下，工人靠日劳动、周劳动等等得到的货币额，形成他的名义工资额。很明显，依照工作日的长短支付同样的工资额，"可以代表对同量劳动所支付的极不相同的货币额。"③ 而且在计时工资下难以对劳动效率进行计算和激励。

计件工资是计时工资的转化形式。其根据是，"在实行计时工资的情况下，劳动由劳动的直接的持续时间来计量；在实行计件工资的情况下，则由在一定时间内劳动所凝结成的产品

① 马克思：《资本论》第1卷，人民出版社2004年版，第624页。
② 马克思：《资本论》第1卷，人民出版社2004年版，第626页。
③ 马克思：《资本论》第1卷，人民出版社2004年版，第624页。

的数量来计量。”[①] 在按劳动力价值支付方面两者具有内在的一致性，区别只在于一个按劳动的流动形态，一个按劳动的凝固形态支付工资。

相比计时工资，计件工资是一种更有效率的工资形式。因为，从雇主角度说，计件工资即使劳动的质量由产品本身控制，又提供了一个十分精确的计算劳动强度的尺度。“既然劳动的质量和强度在这里是由工资形式本身来控制的，那么对劳动的监督大部分就成为多余的了。”[②] 计件工资也就成为层层剥削和压迫的制度基础：例如包工制，血汗工资制；也可能使资本家与工头签订按件计酬的合同，“在这里，资本对工人的剥削是通过工人对工人的剥削来实现的。”[③]

从工人角度说，实行计件工资会使各个工人的实际收入的差别因其技能、体力、精力、耐力等方面的差别而不断扩大，这给个性提供较大的活动场所，“一方面促进了工人个性的发展，从而促进了自由精神、独立性和自我监督能力的发展；但另一方面也促进了他们之间的互相竞争。”[④] 为了个人的利益，工人就会尽可能紧张地发挥自己的劳动力。也就是说，计件工资既是促使工人最大限度发挥自己潜能的有效手段，也是雇主降低管理成本或提高管理效率的有效手段，因而，计件工资大大提高了劳动生产率。当然，“实行了计件工资，很自然，工人的个人利益就会使他尽可能紧张地发挥自己的劳动力，而这又使资本家容易提高劳动强度的正常程度。同样，延长工作日也是工人的个人利益之所在，因为这样可以提高他的日工资或周工资。这就会引起那种在研究计时工资时已经指出过的反作

① 马克思：《资本论》第1卷，人民出版社2004年版，第635页。
② 马克思：《资本论》第1卷，人民出版社2004年版，第636页。
③ 马克思：《资本论》第1卷，人民出版社2004年版，第637页。
④ 马克思：《资本论》第1卷，人民出版社2004年版，第639页。

用，更不用说，即使在计件工资保持不变的情况下，工作日的延长本身就包含着劳动价格的下降。”[①] 不仅如此，计件工资是克扣工资和进行资本主义欺诈的最丰富的源泉。也正因为如此，“计件工资是最适合资本主义生产方式的工资形式。”[②]

以上是从资本雇佣劳动的关系上说明剩余价值的源泉。工资理论也是在此关系的框架内建立的。在社会主义现阶段，增加剩余产品仍然是必要的。价值增殖仍然是资本运行的目标。企业内的劳动管理也要采取计时工资和计件工资的形式。但是与资本主义生产方式的根本区别在于不存在资本雇佣劳动的关系。因此增加剩余产品（价值）不能建立在剥削工人的基础上，更不能实行血汗工资制，需要在劳动者成为主人的基础上建立和谐的劳资关系。

三、工资的差异

在《资本论》中马克思从两个方面分析了造成工资差异的原因。

首先是从不同劳动者的劳动生产率的差异来说明工资差异。这方面的说明主要体现在关于工资的国民差异的分析。马克思指出：“强度较大的国民劳动比强度较小的国民劳动，会在同一时间内生产出更多的价值，而这又表现为更多的货币。”这正是价值规律在国际上运用的结果，如果引入劳动生产率即生产效率的因素，“生产效率较高的国民劳动在世界市场上也被算作强度较大的劳动。”[③] 因而同样在同一时间内生产出更多的价值。

根据上述界定，就可以解释，为什么发达国家工人的工资

① 马克思：《资本论》第1卷，人民出版社2004年版，第637~638页。
② 马克思：《资本论》第1卷，人民出版社2004年版，第640页。
③ 马克思：《资本论》第1卷，人民出版社2004年版，第645页。

要比落后国家高？一个国家经济越发达，“那里的国民劳动的强度和生产率，就越超过国际水平。”① 反之，则低于国际水平。这样，在国际价值规律的作用下，“不同国家在同一劳动时间内所生产的同种商品的不同量，有不同的国际价值，从而表现为不同价格。”劳动生产率高的国家在同一劳动时间内生产的商品会比劳动生产率低的国家得到更多的国际价值。这样，货币的相对价值在发达国家要比不发达国家小，例如，同样1元钱的货币价值在发达国家代表1小时的劳动，在不发达国家则代表2小时的劳动。具体地说，同种商品，在不发达国家生产价格低，而在发达国家生产价格高。这样，“名义工资，即表现为货币的劳动力的等价物，在前一种国家会比在后一种国家高。”② 就是说，在发达国家工人只有更高的名义工资才能买到与不发达国家相同数量的同种商品。这好比“一个国家的三个工作日也可能同另一个国家的一个工作日交换。”③ 需要指出，这里的分析是在发达国家与不发达国家之间没有发生要素流动的情况下进行比较的。如果引入相互之间的要素流动，工资的国民差异会有所变化。

其次是从劳动的复杂程度来说明造成工资差异的原因。这方面的说明主要体现在商业雇佣工人的工资水平的分析上。马克思当时有个判断：由于商业工人的劳动是熟练劳动，高于平均劳动，因而是属于报酬比较优厚的那一类雇佣工人。同时他又预见到随着资本主义生产方式的进展，其工资也有下降的趋势。主要原因有三个：一是商业事务所内部出现分工，劳动能力只需要有片面发展。二是随着教学方法面向实践，科学和教育的进步，“基础教育、商业知识和语言知识等等，就会越来

① 马克思：《资本论》第1卷，人民出版社2004年版，第645页。
② 马克思：《资本论》第1卷，人民出版社2004年版，第645页。
③ 《马克思恩格斯全集》第26卷（Ⅲ），人民出版社1974年版，第112页。

越迅速地、容易地、普遍地、便宜地再生产出来。”① 三是由于国民教育的普及，增加了这类工人的供给，加剧了就业竞争。这些原因归结起来就是降低了商业工人的教育培训费用，从而使这类劳动力贬值。

本章主要涉及：《资本论》第1卷：第4、5、6、7、9、17、19、20章；第3卷：第17、48章

① 马克思：《资本论》第3卷，人民出版社2004年版，第335页。

第六章 相对剩余价值生产和资本积累

资本主义生产过程是劳动过程和价值增殖过程的统一。价值增殖过程即剩余价值生产过程。剩余价值生产有两种方式：一种是绝对剩余价值生产，即将工作日延长到必要劳动时间以外；另一种是相对剩余价值生产，即缩短必要劳动时间，相对延长剩余劳动时间。单纯依靠延长工作日和增加劳动强度的方式来获取更多的剩余价值的绝对剩余价值生产方式在资本主义生产的初期非常盛行。而在现代经济中剩余价值生产的主要方式是相对剩余价值生产。相对剩余价值生产靠的是提高社会劳动生产力。在此基础上马克思揭示了近代生产力发展的一般规律，特别是有关协作、分工和工场手工业、机器大生产促进生产力发展的一般机理的研究。如果将这些相对剩余价值生产的方式理解为增加剩余产品和社会财富的手段，这对现阶段的发展生产力，尤其是对寻求转变经济发展方式的路径有重要启示。

第一节 技术进步的动力和机制

一、超额剩余价值和相对剩余价值

绝对剩余价值生产的基本方式是延长工作日。只要是剩余价值生产，工作日总是要超过必要劳动时间。但是，“工作日有一个最高界限。它不能延长到超出某个一定的界限。”① 马克思指出了影响工作日长度的两个最高界限。第一是劳动力的身体界限。人在一个 24 小时的自然日内只能支出一定量的生命力。第二是道德界限。工人必须有时间满足精神和社会的需要。这种需要的范围和数量由一般的文化状况决定。“因此，工作日是在身体界限和社会界限之内变动的。”② 尽管这两个界限都有极大的伸缩性。总之，这种方法既受到工作日长度的限制，又会引起工人的反抗。因此，资本的增殖空间受到自然的、社会的因素的制约。要突破这些制约，关键是由绝对剩余价值生产转向相对剩余价值生产。这种转变本身也反映了经济增长方式的转变。

相对剩余价值的生产是指，在假定工作日长度已定的条件下，通过缩短必要劳动时间，相应增加剩余劳动时间，从而增加剩余价值。“这里，改变的不是工作日的长度，而是工作日中必要劳动和剩余劳动的划分。”③ 撇开通过压低工资而侵占再生产劳动力价值的必要劳动时间这种情况，降低劳动力价值或缩短必要劳动时间的关键在于提高社会劳动生产力。如果不提高劳动生产力，不改变他的劳动资料或他的生产方法，或不同时改变这两者，就不能把劳动生产力提高，也就不可能降低劳动力的价值。因此，马克思说：“必须变革劳动过程的技术条件和社会条件，从而变革生产方式本身，以提高劳动生产力，通过提高劳动生产力来降低劳动力的价值，从而缩短再生产劳动力价值所必要的工作日部分。”④

① 马克思：《资本论》第 1 卷，人民出版社 2004 年版，第 268 页。
② 马克思：《资本论》第 1 卷，人民出版社 2004 年版，第 269 页。
③ 马克思：《资本论》第 1 卷，人民出版社 2004 年版，第 364 页。
④ 马克思：《资本论》第 1 卷，人民出版社 2004 年版，第 366 页。

相对剩余价值的生产必须以全社会劳动生产力的提高为前提条件。因为，单个生产部门提高劳动生产力，只会使它自己生产的那种商品变得便宜，只能降低劳动力价值中相应的一部分。劳动力全部价值的降低，要靠工人所必需的整个生活资料的生产部门普遍地提高劳动生产力才能实现。而生活资料生产部门劳动生产力的提高又要依赖于生产资料生产部门劳动生产力的提高。这就提出提高全社会劳动生产力的要求。

全社会劳动生产力的要求是在单个资本追逐超额剩余价值过程中实现的。商品价值量与劳动生产率成反比。由于商品价值是由社会必要劳动时间决定的，影响商品价值变化的就只能是社会劳动生产力。于是就可能出现这种情况：个别资本依靠技术进步，提高了劳动生产力，相应地其个别商品的价值下降，但社会劳动生产力没有变化，商品价值量也没有变化。由于商品的现实价值不是它的个别价值，而是它的社会价值。商品仍然按其社会价值出售，由此形成个别价值低于社会价值的差额。这个差额就是超额剩余价值（有的地方翻译为额外剩余价值），归首先采用先进技术的资本家所有。这就是马克思所说的，“生产力特别高的劳动起了自乘的劳动的作用，或者说，在同样的时间内，它所创造的价值比同种社会平均劳动要多。……采用改良的生产方式的资本家，比同行业的其余资本家在一个工作日中占有更大的部分作为剩余劳动。”① 因此个别企业追逐超额剩余价值的内在动力刺激其进行研究开发活动或引进、采用新知识、新技术。

首先采用新技术的资本家获得超额剩余价值，就会产生技术进步的激励。“价值由劳动时间决定这同一规律，既会使采用新方法的资本家感觉到，他必须低于商品的社会价值来出售

① 马克思：《资本论》第1卷，人民出版社2004年版，第370页。

自己的商品，又会作为竞争的强制规律，迫使他的竞争者也采用新的生产方式。”①

竞争的强制规律，首先迫使同一部门内部推广新技术。一个部门更新生产技术和方法的同时，又会引发其他部门或产业的生产方式的变革。“这首先涉及因社会分工而孤立起来以致各自生产一种独立的商品、但又作为总过程的各阶段而紧密联系在一起的那些工业部门。”② 之所以如此，是因为一个生产部门的劳动生产力的发展，或者利润率的提高必须以另一些产业部门的生产资料的价值下降，从而以它们的费用减少为条件。当一项新的生产技术和方法通过个别资本家推广到一个部门，一个部门生产方式的变革引起其他部门或产业生产方式的变革时，全社会的生产力水平就上了一个台阶。从静态角度说，全社会实现了一次技术的进步；从动态角度说，社会又一次实现了技术的进步。新的生产方式普遍采用，全社会的劳动生产力普遍提高，超额剩余价值消失，相对剩余价值就产生了。每个资本都能获得相对剩余价值。

当新技术和新方法在全社会范围内普及后，价值规律和剩余价值规律使个别企业由于首先使用新技术和新方法所获得的超额剩余价值趋于零。虽然超额剩余价值消失了，但企业追求超额剩余价值的内在动力没有消失，竞争的外在强制规律没有消失。如果单个资本还要获取新的超额剩余价值，单个资本必须展开新一轮的竞争。在这里，资本追逐剩余价值的本性，及最大限度地获取超额剩余价值的竞争，成为相对剩余价值形成的机制。这同时也解释了为什么只是关心生产交换价值的资本家，总是力图降低商品的交换价值。实际上，资本家关心的只

① 马克思：《资本论》第1卷，人民出版社2004年版，第370~371页。
② 马克思：《资本论》第1卷，人民出版社2004年版，第440页。

是商品所包含的、在出售时实现的剩余价值。“因为相对剩余价值的增加和劳动生产力的发展成正比，而商品价值的降低和劳动生产力的发展成反比”①。

需要指出的是，超额剩余价值从产生到消失不是转瞬即逝的。这取决于一种新技术产生到全社会广泛采用的时间，由于信息不完全，再加上首先采用新技术者的保密，首先采用新技术的生产者可能会维持相当一段时间的超额剩余价值。也可能因为仿冒和侵权使首先采用新技术者得不到超额剩余价值。社会也可能做一种制度安排（如专利制度），既有效保护首先采用新技术者，又能使新技术得到迅速地推广。

二、技术进步的内在机制

马克思关于超额剩余价值和相对剩余价值关系的理论分析，对我们研究现阶段推进技术进步，转变经济发展方式，可以得到以下启示：一是单个企业追逐超额利润是实现经济增长方式转换的动力源；二是完善的市场竞争机制作为外在强制规律，是改变传统生产方式的有效调节机制；三是全社会的技术进步需要追逐利润的内在动力与竞争的外在强制共同发挥作用。

在分析相对剩余价值时，马克思根据当时的时代背景，阐述了新技术的发现、发明的一般要素：（1）技术创新的主体。在马克思时代，虽然资本家不是新知识、新技术的直接创新者，但他是第一推动者。（2）只有达到一定的生产规模，才可能形成技术和生产方法创新的基本环境，人们才有可能去考虑通过创新节约生产资料，降低生产成本，提高生产效率。马克思说：“在这里可能进行和必须进行的不断改良，也完全是

① 马克思：《资本论》第1卷，人民出版社2004年版，第372页。

由大规模结合的总体工人的生产所提供的和所给予的社会的经验和观察产生的。”①（3）熟练工人所积累的经验、想法一方面是产生创新的源泉；另一方面也为技术发挥作用提供了人力资源的保证。正如马克思所说：沃康松、阿克莱、瓦特等人的发明之所以能够实现，只是因为这些发明家找到了相当数量的、在工场手工业时期就已准备好了的熟练的机械工人。当然，马克思在《资本论》中所揭示的技术进步的要素，主要是以资本主义早期的发展情况或以古典企业为分析背景的。在现代经济背景下，技术进步的要素肯定会发生变化。企业家、专业化分工等，都成为现代技术进步必不可少的要素。

市场竞争内在化为企业创新压力，对单个企业来说，就是将外部竞争内在化，即转化为变革生产方式的压力，并与其内在的动力机制结合，促成生产技术和生产方法的创新。竞争机制可以使企业家面对市场竞争积极创新（在有动力的情况下）或不得不进行创新（缺乏动力但有足够的压力），否则，就要被市场淘汰。

科技创新需要有投入。在马克思看来，制度创新，如“由协作和分工产生的生产力，不费资本分文。它是社会劳动的自然力。”可是，“正像人呼吸需要肺一样，人要在生产上消费自然力，就需要一种人的手的创造物。要利用水的动力，就要有水车，要利用蒸汽的压力，就要有蒸汽机。利用自然力是如此，利用科学也是如此。电流作用范围内的磁针偏离规律，或电流绕铁通过而使铁磁化的规律一经发现，就不费分文了。但要在电报等方面利用这些规律，就需要有极昂贵的和复杂的设备。”②

① 马克思：《资本论》第3卷，人民出版社2004年版，第93~94页。
② 马克思：《资本论》第1卷，人民出版社2004年版，第444页。

三、技术进步成为资本的生产力

根据劳动过程要素的分析，无论是投入劳动还是投入劳动资料和劳动对象，都不只是数量问题，都有个质量问题，而且都有不同的生产力，如劳动生产力，各种自然条件的生产力，各种生产工具的生产力。由于所有这些要素都是由资本黏合和并入的，或者说是用资本购买的，不仅这些要素属于资本的，就是其生产力也是属于资本的。这就是马克思所说的："劳动的这种自然能力表现为合并劳动的资本所固有的自我保存的能力，正像劳动的社会生产力表现为资本的属性，资本家对剩余劳动的不断占有表现为资本的不断自行增殖一样。劳动的一切力量都显现为资本的力量。"① 自然生产力也是这样，"同历史地发展起来的社会劳动生产力一样，受自然制约的劳动生产力也表现为合并劳动的资本的生产力。"② 在马克思那个时代是这样，现时代更是如此，科学发现需要足够的投入，科学发现转化为新技术新产品不只是需要极其昂贵的设备，更是风险投资。

明确各种要素的生产力表现为资本生产力不只是要说明各种要素生产力提高的结果属于资本，更为重要的是明确资本对提高生产力的作用。在资本推动型经济增长的条件下，资本是经济增长的第一推动力。实现经济增长，不仅要求资本有足够的积累能力，还要求提高资本的配置效益。所谓配置效益，不仅是指资本在各个部门的配置效益，还指资本在各个要素间的配置效益。马克思特别指出了资本的扩张力。"资本一旦合并了形成财富的两个原始要素——劳动力和土地，它便获得了一

---

① 马克思：《资本论》第1卷，人民出版社2004年版，第700~701页。
② 马克思：《资本论》第1卷，人民出版社2004年版，第589页。

种扩张的能力，这种能力使资本能把它的积累的要素扩展到超出似乎是由它本身的大小所确定的范围，即超出由体现资本存在的、已经生产的生产资料的价值和数量所确定的范围。”①

对技术生产力，马克思给予了高度评价，技术生产力可能成为资本的生产力，但它能使资本有更高的生产力。“科学和技术使执行职能的资本具有一种不以它的一定量为转移的扩张能力。同时，这种扩张能力对原资本中已进入更新阶段的那一部分也发生反作用。资本以新的形式无代价地合并了在它的旧形式背后所实现的社会进步。”② 科学技术之所以使职能资本具有扩张能力，其内在机理是：不变资本中的固定组成部分是由机器等劳动手段构成的，当这些资本进行物质更新时，如果劳动生产率提高了，旧机器就会为效率更高、价格更便宜的新机器所代替；不变资本的流动部分是由原材料等构成，生产力的发展和科学技术的进步，就会使它们得到更有效、更充分地利用，可以使生产的废料得到综合利用。因此，不用增加投资，就可以在物质方面把生产规模扩大。

技术进步也有个界限问题。马克思以使用机器为例说明了这一点。尽管机器的使用能够节约劳动，但是在资本主义条件下机器的使用还是有界限的。这就是马克思所说的，“如果只把机器看作使产品便宜的手段，那么使用机器的界限就在于：生产机器所费的劳动要少于使用机器所代替的劳动。可是对资本说来，这个界限表现得更为狭窄。……只有在机器的价值和它所代替的劳动力的价值之间存在差额的情况下，机器才会被使用。”③ 其原因是明显的，资本主义生产是剩余价值生产，只有当使用机器能够带来更多剩余价值时，机器才能得到使

① 马克思：《资本论》第1卷，人民出版社2004年版，第697页。
② 马克思：《资本论》第1卷，人民出版社2004年版，第699页。
③ 马克思：《资本论》第1卷，人民出版社2004年版，第451页。

用。这同时也提出了使用机器和采用新技术的成本效益分析问题。就如现在农民更为青睐生物技术之类的新技术，而对代替劳动力的新机械使用不积极，也在一定程度上说明了技术进步的界限。

第二节　发展社会生产力的三个阶段

相对剩余价值的生产是建立在发展社会生产力基础上的。根据马克思的概括，社会生产力的发展来源于三个方面："归结于发挥着作用的劳动的社会性质，归结为社会内部的分工，归结为脑力劳动特别是自然科学的发展。"① 马克思研究的以下相对剩余价值生产的三个阶段就反映这发展社会生产力的三方面来源。

一、协作与团队管理

协作有简单协作、分工协作和专业化协作等多种形态。这里主要分析作为资本主义生产的历史和逻辑起点的协作的简单形态。

简单协作是指许多人在同一生产过程中或在不同的但互相联系的生产过程中，有计划地一起协同劳动。这就是马克思说的，"较多的工人在同一时间、同一空间（或者说同一劳动场所），为了生产同种商品，在同一资本家的指挥下工作，这在历史上和概念上都是资本主义生产的起点。"② 协作的产生引起生产方式的变化，提高了劳动生产力；协作的产生也使指挥、管理成为必要。协作的产生引起生产方式的变化主要表现

① 马克思：《资本论》第3卷，人民出版社2004年版，第96页。
② 马克思：《资本论》第1卷，人民出版社2004年版，第374页。

在两个方面：

一是在价值生产方面的变化。本来，在价值生产上，多数始终只是许多个数的总和，一定资本所生产的剩余价值量等于一个工人所提供的剩余价值量乘以同时雇用工人的总人数。所以，工人人数的多少还会改变剩余价值率。但是，在一定限度内，这也会发生变化。例如，在个体手工业中，单个手工业者的个人劳动一般地说会和社会平均劳动存在差别。但是，在协作中，由于较多工人聚集在一起，这种单个劳动者之间的差别就会相互抵消，归于消失，成为社会平均的劳动。所以，“对单个生产者来说，只有当他作为资本家进行生产，同时使用许多工人，从而一开始就推动社会平均劳动的时候，价值增殖规律才会完全实现。”①

二是在物质条件方面的变化。即使劳动方式不变，同时使用较多的工人，也会在劳动过程的物质条件上引起革命。这表现在，协作可以共同使用生产资料，而生产资料的交换价值不会因生产资料的更有效地利用而增加；协作可以使共同使用的生产资料的规模增大，从而更利于企业大规模生产；协作可以节约生产资料，这既表现在使商品便宜，从而使劳动力价值降低，也表现在改变剩余价值与全部预付资本的比例，从而提高利润率。

由于以上两方面的变化，协作提高了劳动生产力。与个体劳动相比较，协作具有更高的生产效率。第一，协作创造出一种集体力。“单个劳动者的力量的机械总和，与许多人手同时共同完成同一不可分割的操作（例如举起重物、转绞车、清除道路上的障碍物等）所发挥的社会力量有本质的差别。……这里的问题不仅是通过协作提高了个人生产力，而且是创造了一

① 马克思：《资本论》第1卷，人民出版社2004年版，第376页。

种生产力，这种生产力本身必然是集体力。”[①] 第二，协作可以提高个人的工作效率。“单是社会接触就会引起竞争心和特有的精力振奋，从而提高每个人的个人工作效率。”[②] 当然，马克思当时没有看到，后来的制度经济学家发现的，一个人偷懒，其他人也会跟着偷懒。第三，协作可以使每个人的劳动成为总劳动的一部分，使劳动对象在比较短的时间内通过同样的空间。第四，协作“可以把不同的操作分给不同的人，因而可以同时进行这些操作，这样，就可以缩短制造总产品所必要的劳动时间”。[③] 第五，协作可以在紧急时期短时间内动用大量劳动。第六，协作使劳动在作用范围扩大（如铺设铁路、筑堤）的同时缩小空间范围（使劳动者密集、使不同劳动过程靠拢、使生产资料集聚），从而节省非生产费用。另外，协作还能直接获得平均的社会劳动和引起生产资料的节约。总之，协作创造了结合工作日的特殊生产力。“和同样数量的单干的个人工作日的总和比较起来，结合工作日可以生产更多的使用价值，因而可以减少生产一定效用所必要的劳动时间。”[④]

研究协作更为重要的是关注管理。协作形成团队劳动，它使指挥、管理成为必要。协作的产生，一方面使资本对于劳动的指挥权变为实际的生产条件。“现在，在生产场所不能缺少资本家的命令，就像在战场上不能缺少将军的命令一样。”另一方面，协作使得团队管理职能成为资本的职能。“一切规模较大的直接社会劳动或共同劳动，都或多或少地需要指挥，以协调个人的活动，并执行生产总体的运动——不同于这一总体的独立器官的运动——所产生的各种一般职能。一个单独的提

① 马克思：《资本论》第1卷，人民出版社2004年版，第378页。
② 马克思：《资本论》第1卷，人民出版社2004年版，第379页。
③ 马克思：《资本论》第1卷，人民出版社2004年版，第380页。
④ 马克思：《资本论》第1卷，人民出版社2004年版，第382页。

琴手是自己指挥自己，一个乐队就需要一个乐队指挥。一旦从属于资本的劳动成为协作劳动，这种管理、监督和调节的职能就成为资本的职能。”① 马克思在这里突出的管理、监督和调节这三大管理职能一直是后来的管理理论，无论是企业管理还是宏观管理的重要理论依据。

马克思突出强调管理的权威性。资本主义生产过程有严格的管理，“实行严格管理的权威的形式，并且是以劳动过程的完全按等级组织的社会机制的形式出现的。”资本家作为这种权威的执掌者，“只是作为同劳动相对立的劳动条件的人格化，而不是像在以前的各种生产形式中那样，是作为政治的统治者或神权政体的统治者得到这种权威的”②。

特别要注意的是，马克思在这里已经提出了代理人思想，也就是所有者和经营者相分离的思想：“正如起初当资本家的资本一达到开始真正的资本主义生产所需要的最低限额时，他便摆脱体力劳动一样，现在他把直接和经常监督单个工人和工人小组的职能交给了特种的雇佣工人。正如军队需要军官和军士一样，在同一资本指挥下共同工作的大量工人也需要工业上的军官（经理）和军士（监工），在劳动过程中以资本的名义进行指挥，监督工作固定为他们的专职。”③ 在马克思看来，这种经理和监工的职能是从共同的劳动过程的性质中产生的管理职能。马克思还在注解中引用了凯尔恩斯教授关于对劳动的监工的一段话：“因为农民所有者〈北方的〉得到他的土地的全部产品，所以用不着其他的劳动刺激。在这里完全不需要监督。”④ 这里实际上指出了依靠某种制度安排，可以对劳动不

---

① 马克思：《资本论》第1卷，人民出版社2004年版，第384页。
② 马克思：《资本论》第3卷，人民出版社2004年版，第997页。
③ 马克思：《资本论》第1卷，人民出版社2004年版，第385页。
④ 马克思：《资本论》第1卷，人民出版社2004年版，第386页。

需要监工，例如当今农村的家庭承包制。

二、分工：工场内部的和社会的

只要是研究社会生产力的发展，都会特别重视分工理论，亚当·斯密研究国民财富的增长就是从分工理论开始的。马克思在《资本论》中分析的分工是以资本主义发展初期的工场手工业为对象的，他所揭示的分工原理无论是对当今企业内部的分工还是社会分工都有理论和现实意义。

工场手工业是在简单协作基础上，通过把不同种的独立的手工业工人联合在一个工场里，或者把同种手工业者集合在一个工场内产生发展起来的。这样，一方面，工人变成局部工人，生产产品的全部操作由这些局部工人联合体来完成；另一方面，原来由个人独立生产的产品也“转化为不断地只完成同一种局部操作的各个手工业者的联合体的社会产品”①。这样，简单的协作转变为以分工为基础的协作。

工场内部的分工产生局部工人，由此产生了提高劳动生产效率的效应。一方面，工人成为局部工人，构成工场手工业总体工人中的一部分。局部工人由于终生只从事一种专门性的简单操作，有利于提高劳动生产率。一是局部工人的产生更利于积累经验、技术，“经常重复做同一种有限的动作，并把注意力集中在这种有限的动作上，就能够从经验中学会消耗最少的力量达到预期的效果。又因为总是有好几代工人同时在一起生活，在同一些手工工场内共同劳动，所以，这样获得的技术上的诀窍就能巩固、积累并迅速地传下去。”② 二是工场手工业的固定性分工增加了劳动强度或是减少了劳动力的非生产性耗

① 马克思：《资本论》第1卷，人民出版社2004年版，第392页。
② 马克思：《资本论》第1卷，人民出版社2004年版，第393~394页。

费。“每次由静止到运动所需要的力量的额外消耗，为已经达到的正常速度在较长时间的持续所补偿。”① 另一方面，工人成为局部工人，劳动工具也开始分化并专门化。“劳动工具的分化和劳动工具的专门化，是工场手工业的特征，前者使同类的工具获得了适合于每种特殊用途的特殊的固定形式，后者使每种这样的特殊的工具只有在专门的局部工人手中才能充分发挥作用。……工场手工业时期通过劳动工具适合于局部工人的专门的特殊职能，使劳动工具简化、改进和多样化。这样，工场手工业时期也就同时创造了机器的物质条件之一。”②

马克思将工场手工业分为混成的工场手工业和有机的工场手工业两种类型，重点分析了有机工场手工业。一方面，有机的工场手工业即垂直一体化。这种工场手工业不断由一个人手转移到另一个人手，从一个过程转移到另一个过程，“把原来分散的手工业结合在一起，它就缩短了制品的各个特殊生产阶段之间的空间距离。制品从一个阶段转移到另一个阶段所需要的时间减少了，同样，用在这种转移上的劳动也减少了”③。另一方面，这种工场手工业进一步发展了分工，把制成一个产品的过程分成不同的工序，其特点是“由局部工人组成的总体工人”，使原来一个产品的“不同的阶段过程由时间上的顺序进行转化为空间上的并存”④。这促进了生产过程的连续性、划一性、规则性、秩序性，迫使每个工人在自己的职能上只使用必要的时间。在一定劳动时间内提供一定量的产品或者说生产一定量的产品只许使用必要劳动时间，就成了生产过程本身的技术规律。

---

① 马克思:《资本论》第1卷，人民出版社2004年版，第395页。
② 马克思:《资本论》第1卷，人民出版社2004年版，第396页。
③ 马克思:《资本论》第1卷，人民出版社2004年版，第398~399页。
④ 马克思:《资本论》第1卷，人民出版社2004年版，第399页。

研究马克思的分工理论特别要关注他对工场手工业内部的分工和社会分工区别的分析。工场手工业内部的分工和社会分工存在以下区别：

一是社会内部的分工是各自的产品都作为商品而存在，而工场手工业内部的分工则是局部工人不生产商品，变成商品的只是局部工人的共同产品。

二是社会内部的分工是以不同劳动部门的产品的买卖为媒介的，而工场手工业内部各局部劳动之间的联系是以生产者将局部工人作为一个结合劳动力为媒介的。

三是社会分工以生产资料分散在许多相互独立的商品生产者手中为前提，而工场手工业内部的分工以生产资料集中在一个商品生产者手里为前提。

四是在生产要素配置方面，“在工场手工业中，保持比例数或比例的铁的规律使一定数量的工人从事一定的职能；而在商品生产者及其生产资料在社会不同劳动部门中的分配上，偶然性和任意性发挥着自己的杂乱无章的作用。……商品的价值规律决定社会在它所支配的全部劳动时间中能够用多少时间去生产每一种特殊商品。但是不同生产领域的这种保持平衡的经常趋势，只不过是对这种平衡经常遭到破坏的一种反作用。”①

五是在生产的计划性方面，“在工场内部的分工中预先地、有计划地起作用的规则，在社会内部的分工中只是在事后作为一种内在的、无声的自然必然性起着作用，这种自然必然性只能在市场价格的晴雨表式的变动中觉察出来，并克服着商品生产者的无规则的任意行动。”

六是“工场手工业分工的前提是资本家对于只是作为他所拥有的总机构的各个肢体的人们享有绝对的权威；社会分工

① 马克思：《资本论》第1卷，人民出版社2004年版，第412页。

则使独立的商品生产者互相对立，他们不承认任何别的权威，只承认竞争的权威，只承认他们互相利益的压力加在他们身上的强制。”①

从以上关于社会分工与工场手工业分工的区别中可见社会分工所涉及的内容，对我们现阶段发展社会分工有重要的现实指导意义。从中也可发现建立在社会分工基础上市场经济的基本特征。

三、机器大生产与现代社会的物质基础

机器生产是大工业生产的起点。马克思将机器与大工业相联系，是为了说明机器的产生奠定了大工业的基础，从而开始了一个新的经济时代，这就是包括资本主义社会在内的现代社会。

机器大工业作为一种生产方式与以往的生产方式有本质的区别。“生产方式的变革，在工场手工业中以劳动力为起点，在大工业中以劳动资料为起点。”② 这就是说，大工业作为标志性的是：“大工业必须掌握它特有的生产资料，即机器本身，必须用机器来生产机器。这样，大工业才建立起与自己相适应的技术基础，才得以自立。”③ 马克思将发达的机器分解为三个组成部分：发动机、传动装置、工具机。在他看来，作为生产方式变革特征的不是工具机，而是出现发动机。用机器制造机器的最重要的生产条件，是要有能充分供给力量同时又完全受人控制的发动机。“一旦人不再用工具作用于劳动对象，而只是作为动力作用于工具机，人的肌肉充当动力的现象

① 马克思：《资本论》第1卷，人民出版社2004年版，第412页。
② 马克思：《资本论》第1卷，人民出版社2004年版，第427页。
③ 马克思：《资本论》第1卷，人民出版社2004年版，第441页。

就成为偶然的了，人就可以被风、水、蒸汽等等代替了。”①机器大生产，即用机器生产机器，对人类社会生产力和生产方式发展有巨大的影响。

在马克思看来，自然科学在生产中的应用是从机器大生产开始的。马克思说：“劳动资料取得机器这种物质存在方式，要求以自然力来代替人力，以自觉应用自然科学来代替从经验中得出的成规。”② 就像当年的自然科学的应用解决了机器代替人手一样，现代自然科学的应用则解决了电脑代替人脑。

大工业最初的科学要素的技术要素是在工场手工业时期发展起来的。机器体系本身是科学的结晶，科学、巨大的自然力等都体现在机器体系中。自然科学理论是知识形态上的生产力，当它运用于生产过程时，就变成了直接的生产力。这种转化首先是通过生产工具和工艺过程的变革来实现的。

机器大生产创造了大工业的物质技术基础，促使生产的社会化。随着科学技术的进步及其在生产上的应用，一方面机器制造业日益分为多种多样的部门；另一方面制造机器的工场手工业内的分工也日益发展。在工场手工业中，我们看到了大工业的直接技术基础，这些技术促进了生产方式的变革和劳动过程的变化。从社会角度分析，“一个工业部门生产方式的变革，会引起其他部门生产方式的变革。这首先涉及因社会分工而孤立起来以致各自生产一种独立的商品、但又作为一个总过程的各阶段而紧密联系在一起的那些工业部门。”③

机器大工业导致了生产方式的重大变革。工场手工业生产了机器，而大工业借助于机器，在它首先占领的那些生产领域排除了手工业生产和工场手工业生产。机器生产发展到一定阶

① 马克思：《资本论》第1卷，人民出版社2004年版，第432页。
② 马克思：《资本论》第1卷，人民出版社2004年版，第443页。
③ 马克思：《资本论》第1卷，人民出版社2004年版，第440页。

段，需要建立起与自身的生产方式相适应的新基础。这个基础就是机器生产的最发达的形态，即“通过传动机由一个中央自动机推动的工作机的有组织的体系”[①]。在这里，庞大的机械的躯体充满了整座整座的厂房。由此产生了工厂制度，在工厂制度中，“工人在技术上服从劳动资料的划一运动以及由各种年龄的男女个体组成的劳动体的特殊构成，创造了一种兵营式的纪律，这种纪律发展成为完整的工厂制度。”[②]

工厂制度也导致了管理制度的根本性变化。对劳动过程实行社会调节“是大规模协作和使用共同的劳动资料，特别是使用机器所必需的”。随之而来的是把工人划分为监工和劳工。监督管理的方式也改变了，“奴隶监督者的鞭子被监工的罚金簿代替了。自然，一切处罚都简化成罚款和扣工资”[③]。这种工厂制的管理制度较以往的管理制度是一种进步。可以说是精巧的剥削制度。

机器大生产和随之而来的工厂制度使生产的无限扩张成为可能，经济危机也频频爆发。“一旦工厂制度达到一定的广度和一定的成熟程度，特别是一旦它自己的技术基础即机器本身也用机器来生产……这种生产方式就获得一种弹性，一种突然地跳跃式地扩展的能力，只有原料和销售市场才是它的限制。”[④] 生产力的这种扩展能力，既为积累社会财富创造了条件，又为生产无限扩张提供了可能性。随着生产方式的变革，生产的组织形式也由作坊制发展为农场、工厂等企业形式。而且，企业形式也不断创新、完善。17～18 世纪，产生了股份制形式的企业，到 19 世纪，股份制成为企业的主要组织形式。

① 马克思：《资本论》第 1 卷，人民出版社 2004 年版，第 438 页。
② 马克思：《资本论》第 1 卷，人民出版社 2004 年版，第 488 页。
③ 马克思：《资本论》第 1 卷，人民出版社 2004 年版，第 488～489 页。
④ 马克思：《资本论》第 1 卷，人民出版社 2004 年版，第 518～519 页。

企业组织形式的创新，使个别资本不可能建立的企业出现了，生产规模也惊人地扩大了。①

机器大工业的影响渗透到社会的方方面面，特别是为城市化提供了物质基础。正如马克思所分析的，使用瓦特发明的双向蒸汽机后，找到了一种原动机，它消耗煤和水，它的能力完全受人控制，它可以移动，它在工艺上的应用是普遍的，在地址选择上不太受地点条件的限制（当然在不同地点成本可能是不一样的）。其现实意义是，“这种原动机是在城市使用的，不象水车那样是在农村使用的，它可以使生产集中在城市，不象水车那样使生产分散在农村”。②

第三节　资本积累和资本增值

在马克思的理论框架中，资本有三个方面定义。首先，资本是一种生产关系，是在资本主义条件下资本雇佣劳动的关系。其次，资本的本性是实现价值增殖。第三，资本是作为生命体的运动，资本在运动中不仅要实现价值增殖，还要实现资本的增值。在资本主义条件下，资本的这三个定义是完整的。而在社会主义经济中使用的资本概念，就不包含其第一个定义。这个时候的资本就不是指资本主义意义上的资本，而是单纯的一种生产要素意义上的资本，包含后两个定义。资本在现代经济中起着其他要素所不可替代的作用。其他各种生产要素是由资本组合和驱动进入生产过程的。而且，资本还提供资本运作的工具，资本在部门和企业之间的流转推动结构调整和企业重组。

① 马克思:《资本论》第3卷，人民出版社2004年版，第494页。
② 马克思:《资本论》第1卷，人民出版社2004年版，第434页。

一、资本积累

资本的运动不仅要实现价值的增殖，还要实现资本本身的增值，也就是积累。资本主义生产的特征不只是增殖，更为重要的是通过资本积累实现增值。后来的各个学派的经济学家都将资本积累看作是资本主义生产的基本特征。

所谓资本积累，就是“把剩余价值当作资本使用，或者说，把剩余价值再转化为资本。”① 积累就是资本的规模不断扩大的再生产。资本积累需要有物质条件。这就是马克思说的：“剩余价值所以能转化为资本，只是因为剩余产品（它的价值就是剩余价值）已经包含了新资本的物质组成部分。”②其中包括追加的生产资料和追加的劳动力。

资本家作为人格化的资本，他的动机是追逐更多的剩余价值。因此，“资本主义生产的发展，使投入工业企业的资本有不断增长的必要。”③ 这样，产业资本家狂热地追求价值的增殖，总是“把剩余价值或剩余产品中尽可能大的部分重新转化为资本”④。在马克思看来，资本家的这种狂热不是个人意志，而是社会机构的作用，资本家“不过是这个社会机制中的一个主动轮罢了”⑤。这种促进资本积累的社会机制就是：“竞争使资本主义生产方式的内在规律作为外在的强制规律支配着每一个资本家。竞争迫使他不断扩大自己的资本来维持自己的资本，而他扩大资本只能靠累进的积累。”⑥ 这就是说，这种外在的竞争压力会转变为内在的资本积累的动力。正是在

① 马克思：《资本论》第 1 卷，人民出版社 2004 年版，第 668 页。
② 马克思：《资本论》第 1 卷，人民出版社 2004 年版，第 670 页。
③ 马克思：《资本论》第 1 卷，人民出版社 2004 年版，第 683 页。
④ 马克思：《资本论》第 1 卷，人民出版社 2004 年版，第 686 页。
⑤ 马克思：《资本论》第 1 卷，人民出版社 2004 年版，第 683 页。
⑥ 马克思：《资本论》第 1 卷，人民出版社 2004 年版，第 683 页。

这一意义上说，资本积累是资本主义生产关系的特征。就如后来刘易斯在说明其二元结构理论时，假定工业部门是资本主义部门就是以资本积累作为其特征的。

资本积累的方式与资本主义发展阶段相关。在其初期，致富欲和贪欲作为绝对的欲望占统治地位。"随着投机和信用事业的发展，它还开辟了千百个突然致富的源泉。"① 例如资本市场上股票的投机，房地产市场上的投机，外汇市场上的投机等等，都可能提供一夜暴富的机会，当然也伴有失败的风险。

在积累量上，一定时期内利润量的大小和积累率的高低影响着积累的量。一般说来，提高剩余价值率和增加预付资本的数量都是增加资本积累数量的重要因素。除此之外，以下两个方面因素特别要引起注意。

一是由科技进步所推动的社会劳动生产力。马克思认为："资本一旦合并了形成财富的两个原始要素——劳动力和土地，它便获得了一种扩张的能力，这种能力使资本能把它的积累的要素扩展到超出似乎是由它本身的大小所确定的范围。"②

社会劳动生产率的提高不仅追加资本效率提高，也会对原资本或已经处于生产过程中的资本发生反作用。如果劳动生产力是随着科学和技术的不断进步而不断发展的，"旧的机器、工具、器具等等就为效率更高的、从功效来说更便宜的机器、工具和器具等等所代替……旧的资本也会以生产效率更高的形式再生产出来。"③

科技在生产中的运用，可以带来劳动生产率的提高和生产成本的下降等，从而提高剩余价值率，增加资本积累量；"化学的每一个进步不仅增加有用物质的数量和已知物质的用途，

① 马克思：《资本论》第1卷，人民出版社2004年版，第685页。
② 马克思：《资本论》第1卷，人民出版社2004年版，第697页。
③ 马克思：《资本论》第1卷，人民出版社2004年版，第698页。

从而随着资本的增长扩大投资领域。同时，它还教人们把生产过程和消费过程中的废料投回到再生产过程的循环中去，从而无需预先支出资本，就能创造新的资本材料。"① 这就是现在人们所关注的循环经济的思想。由于生产要素效率提高，使包括生产资料和消费资料在内的产品的社会生产成本下降，从而使这些产品的价格得以下降，同量的资本积累额可以购买更多的生产要素，使资本积累的实际效果提高。对资本价值量来说，"随着劳动的生产资料的效能、规模和价值的增长，从而随着由劳动生产力的发展而造成的积累的增长，劳动在不断更新的形式中把不断膨胀的资本的价值保存下来并使其之永久化。"②

二是所用资本和所费资本的差额增大。所用资本是投入生产中的全部资本，所费资本是生产中实际耗费的资本。二者差额的产生是由于厂房、机器设备等劳动资料形态的资本需要全部投入生产过程，但其使用价值可以在较长期、多次的生产过程中发挥作用，因而其价值也按照使用价值的消耗程度逐次分批转移到产品中。也就是说，生产中所用的是全部资本，而所耗费的只是被转移的那部分价值。所以，所用资本总是大于所费资本。特别是所用的劳动资料的使用价值的丧失同每年被转移的价值不是同比例的。就是说，虽然劳动资料按折旧率转移了价值，但劳动资料如果保养得好，其性能不一定相应丧失。因此，"它们越是整个地被使用而只是部分地被消费，那么，它们就越是像我们在上面说过的自然力如水、蒸汽、空气、电力等等那样，提供无偿的服务。"③ 而且，随着资本总量的增大，所用资本和所费资本的差额也在增大。机器设备等劳动资

---

① 马克思：《资本论》第 1 卷，人民出版社 2004 年版，第 698 ~ 699 页。
② 马克思：《资本论》第 1 卷，人民出版社 2004 年版，第 700 页。
③ 马克思：《资本论》第 1 卷，人民出版社 2004 年版，第 702 页。

料的价值在部分被转移后，并不影响其仍然可以全部在生产过程中继续无偿发挥作用；而已转移并通过产品出售加以回收的那部分资本价值，在实际用于更新原有设备前，也可暂时用于企业的扩大再生产，起到与资本积累相似的作用。特别需要指出的是，所用资本和所费资本的差额，实际上形成到时用于更新固定资本的折旧基金。这些折旧基金在没有用于更新固定资本时可以通过进入信用渠道或财政渠道被用于扩大再生产，从而成为积累的另一个源泉。

二、资本积聚和资本集中

每一个资本，都是生产资料的或大或小的积聚。资本积聚有两种类型：一是资本积累所引起的单个资本的积聚。资本积累使执行资本职能的财富数量增多，从而扩大财富在单个资本家手中的资本积聚。二是已经形成的各个资本的积聚，这是资本集中意义上的积聚。资本积累意义上的积聚与资本集中意义上的积聚，虽然都意味着单个资本规模的增大，但两者有明显地区别。

首先，资本积累意义上的单个资本的积聚，会导致社会资本的增长。就是马克思说的，“社会资本的增长是通过许多单个资本的增长来实现的。”[①] 而资本集中仅仅以已经存在的并且执行职能的资本在分配上的变化为前提。“集中的进展决不取决于社会资本的实际增长量。”[②] 因而也不会增大社会资本量。

其次，资本积累意义上的资本积聚，受社会财富增长程度的限制。没有剩余价值的增加，没有更多的剩余价值转化为资

① 马克思：《资本论》第1卷，人民出版社2004年版，第721页。
② 马克思：《资本论》第1卷，人民出版社2004年版，第723页。

本，就不可能积累和积聚。而资本集中是以已经存在的资本为前提，资本集中若采取原有资本之间的兼并和联合的途径，它的作用范围不受社会财富的绝对增长或积累的绝对界限的限制。马克思在这里指出了资本集中的两个极限："在一个生产部门中，如果投入的全部资本已溶合为一个单个资本时，集中便达到了极限。在一个社会里，只有当社会总资本或者合并在唯一的资本家手中，或者合并在唯一的资本家公司手中的时候，集中才算达到极限。"① 事实上，无论是单个部门还是全社会，资本集中的极限都是可望而不可即的。

再次，在资本积累意义上的资本积聚场合中，社会总资本分散为许多单个资本，各自作为独立的互相竞争的商品生产者彼此对立着，相互排斥。而资本集中意味着各个资本的互相吸引。这种积聚，是个体独立性的消灭，使许多小资本变成一个大资本。从这一意义上说，资本集中是做大做强单个资本的途径。资本集中虽不能直接增大社会总资本，但可以改变资本的结构和质量。

最后，通过资本积累方式扩大单个资本规模，一般速度较慢，资本集中则可以用很快的速度实现资本规模的扩大。所以，马克思以修建耗资巨大的铁路为例，说明资本集中具有资本积聚无法比拟的高效："假如必须等待积累使某些单个资本增长到能够修建铁路的程度，那么恐怕直到今天世界上还没有铁路。但是，集中通过股份公司转瞬之间就把这件事完成了。"②

资本集中是指把若干个已有的规模相对较小的资本合并重组为规模较大的资本。资本集中的主要途径有：一是并购

① 马克思：《资本论》第1卷，人民出版社2004年版，第723页。
② 马克思：《资本论》第1卷，人民出版社2004年版，第724页。

（包括兼并、收购），即在竞争中居优势地位的资本并购居劣势地位的资本，包括部分并购或整体并购；二是联合，即原有的分散的单个资本联合成新的更大的资本；三是通过向社会发行股票等方式，把社会闲散资金集中起来使之转化为资本。

竞争和信用是集中的两个最强有力的杠杆。马克思阐明了资本吸引资本的竞争规律。从规模经济的角度来分析，一般说来，总是“较大的资本战胜较小的资本”。在正常条件下经营某种行业都有个最低限量资本规模问题，达不到最低限量的小资本被挤到大工业不完全占领的生产领域中去。“竞争的激烈程度同互相竞争的资本的多少成正比，同互相竞争的资本的大小成反比。竞争的结果总是许多较小的资本家垮台，他们的资本一部分转入胜利者手中，一部分归于消灭。”① 显然，竞争对集中起着重要的杠杆作用。

就信用对资本集中的杠杆作用来说，马克思指出了其作用的三个阶段：“起初，它作为积累的小小的助手不声不响地挤了进来，通过一根根无形的线把那些分散在社会表面上的大大小小的货币资金吸引到单个的或联合的资本家手中；但是很快它就成了竞争斗争中的一个新的可怕的武器；最后，它转化为一个实现资本集中的庞大的社会机构。”② 规模较大、效益较好的资本，可利用其较强的信誉和信用地位，获得用户信任和银行等金融机构的支持，进而能更有效地击败竞争对手，然后以很低的价格收购对手的资产，或通过清偿债务和自愿联合的方式将其吞并，促进资本集中。同时，信用关系的发展，又使企业有了更多的融资渠道，企业对这些融资渠道的利用，实际

① 马克思：《资本论》第1卷，人民出版社2004年版，第722页。
② 马克思：《资本论》第1卷，人民出版社2004年版，第722页。

上也就是对社会各类闲散资金的集中。企业对社会各类闲散资金的集中，超出了对既有资本进行集中的局限，使单个资本的扩大有了更广阔的资金来源。

在马克思看来，资本集中有强制的道路和平滑的方式两种。强制的道路即吞并。“某些资本成为对其他资本的占压倒优势的引力中心，打破其他资本的个体内聚力，然后把各个零散的碎片吸引到自己方面来。”平滑的方式，即“通过建立股份公司这一比较平滑的办法把许多已经形成或正在形成的资本溶合起来”①。

无论采取哪种集中方式，其经济作用总是一样的。由集中所导致的企业规模的扩大，“对于更广泛地组织许多人的总体劳动，对于更广泛地发展这种劳动的物质动力，也就是说，对于使分散的、按习惯进行的生产过程不断地变成社会结合的、用科学处理的生产过程来说，到处都成为起点。”② 这意味着资本集中是对生产过程进行科学处理的起点。现实中有些企业进行资本集中后，不注意进行技术和制度的改造，则达不到集中的目标。

集中与积累的关系在于，集中也可以加强和加速积累的作用，与此同时，扩大和加速资本技术构成的变革。通过集中而在一夜之间集合起来的资本量，不断再生产和增大，而且速度更快，“从而成为社会积累的新的强有力的杠杆。”③ 正是在这一意义上，我们在考虑增进社会积累时，必须包括集中的作用。

资本积累的概念说明，价值增殖不只是获取剩余价值，还要求资本本身的增值。基于以上对资本积累和集中的分

① 马克思:《资本论》第1卷，人民出版社2004年版，第723页。
② 马克思:《资本论》第1卷，人民出版社2004年版，第723~724页。
③ 马克思:《资本论》第1卷，人民出版社2004年版，第724页。

析，可以研究资本经营。这是以价值形态的资本为经营对象，通过调整、交易、优化重组等方式，以实现资本价值量的保值增殖的一系列市场行为。资本经营的方式是多样的，并且是在实践中不断有所创新和发展的。目前较主要的资本经营方式有：(1) 利用证券市场或其他形式的产权交易市场进行资产的收购、出售、购并、托管、租赁等，包括投资性买进卖出股权等形式。通过股权交易，资本所有者可以调整其资本在不同产业或不同公司中的比例，对某一部门或企业实行增持或减持股份。(2) 对资产存量或所积累的资产增量进行调整，用以改变资本的使用价值的物质形态，以改变投资规模、方向与结构。

资本的生命在于运动。马克思在《资本论》中给资本下的另一个定义：资本就是运动。在他看来，资本的运动一旦停止，资本就不是资本，仅仅是作为货币存在。资本的这个定义规定了资本经营的重要内容，这就是如何将资本不间断地投入运动。这种运动包含的内容很多。其中包括：资本从一个部门流向另一个部门的运动。根据马克思的分析，竞争的主要方式是资本在部门间的流动，目标是谋求最大限度的利润。显然，资本在部门间的流动是资本经营的重要方面。

马克思在《资本论》中用资本积累、资本积聚和资本集中的概念来说明资本扩张的途径。在他看来，如果依靠企业自身的积累来积聚资本，那么资本扩张的速度是非常缓慢的。由于资本集中扩张资本的速度最快，因此马克思把它看作是社会积累的新的强有力的杠杆。显然，实现资本集中是资本经营的重要内容。根据马克思的分析，竞争和信用是集中的两个重要的经济杠杆。就竞争来说，它是集中的强制手段。其途径是马克思所说的：某些资本对其他资本占压倒优势的引力中心，打破其他资本的个体内聚力，然后把各个零散的碎片吸引到自己方面来。而信用和建立股份公司则是一种平滑的集中办法。现在的兼并、收购和企业上市都可以看作是资本集中的重要方式。

三、扩大再生产的两种方式：外延的和内涵的

从再生产过程来考察资本和剩余价值的关系，“再生产也只表现为把预付价值作为资本即作为自行增殖的价值来再生产的一种手段。”[①] 再生产有简单再生产和扩大再生产两种方式。资本主义生产的特征是扩大再生产，但从抽象法上考察简单再生产，可以分析资本主义再生产的实质。

简单再生产指的是生产的剩余价值全部被资本家消费掉，由此使生产过程在原有规模上重复。这就提出资本自身的再生产问题。如果表现为资本收入的剩余价值被资本家全部消费掉，那么，即使初始的资本是资本家预付的，若干年后，那部分被消费掉的剩余价值量就相当于其预付的资本量。具体地说，预付资本除以每年所消费的剩余价值就可以求出，经过若干年，原预付资本就会被资本家消费掉。这种状况反过来说，就是“经过若干年以后，资本家占有的资本价值就等于他在这若干年不付等价物而占有的剩余价值额，而他所消费的价值额就等于原有资本价值。”由此得出的结论是：“他的原有资本的任何一个价值原子都不复存在了。”[②] 显然，资本自身的再生产就是剩余价值资本化的过程。

马克思在研究积累和扩大再生产关系时指出：“积累，剩余价值转化为资本，按其实际内容来说，就是规模扩大的再生产过程，而不论这种扩大是从外延方面表现为在旧工厂之外添

① 马克思：《资本论》第1卷，人民出版社2004年版，第653页。
② 马克思：《资本论》第1卷，人民出版社2004年版，第657页。

设新工厂，还是从内涵方面表现为扩充原有的生产规模。”[①]这样，马克思就把扩大再生产区分为两种类型：外延的扩大再生产和内含的扩大再生产。两者的区别是：“如果生产场所扩大了，就是在外延上扩大；如果生产资料效率提高了，就是在内涵上扩大。”[②] 马克思在另一处所作的区分是：“从外延方面表现为在旧工厂之外添设新工厂，还是从内涵方面表现为扩充原有的生产规模。”[③] 从马克思的区分中可以看到，对扩大再生产的内涵和外延的区分主要是从扩大生产资料规模还是提高生产资料效率的角度来区分的。

马克思明确认为，货币形式的资本投入是“每一个新开办的企业的第一推动力和持续的动力。”[④] 但他同时发现在有些场合所实现的扩大再生产是不需要增加资本投入的。这种扩大再生产可以说是内含的扩大再生产。这就是马克思说的：“并入资本中的各种生产要素的扩大，在一定的界限之内，不是取决于预付货币资本的量。”[⑤] 马克思从以下几个方面分析了内含的扩大再生产的形式：

生产上可利用的自然资源，如土地、海洋、矿山、森林等等，“只要提高同样数量劳动力的紧张程度，不增加预付货币资本，就可以从外延方面或内涵方面，加强对这种自然物质的利用。”[⑥]

同一固定资本，可以用延长每天的使用时间的办法，也可以用增加使用强度的办法，更有效地利用，而无需为固定资本追加货币支出。

---

① 马克思：《资本论》第 2 卷，人民出版社 2004 年版，第 355 页。
② 马克思：《资本论》第 2 卷，人民出版社 2004 年版，第 192 页。
③ 马克思：《资本论》第 2 卷，人民出版社 2004 年版，第 355 页。
④ 马克思：《资本论》第 2 卷，人民出版社 2004 年版，第 393 页。
⑤ 马克思：《资本论》第 2 卷，人民出版社 2004 年版，第 393 页。
⑥ 马克思：《资本论》第 2 卷，人民出版社 2004 年版，第 394 页。

各种不费分文的自然力，也可以作为要素，以或大或小的效能并入生产过程。"它们发挥效能的程度，取决于不花费资本家分文的各种方法和科学进步。"①

劳动力在生产过程中的社会结合和各个单个工人积累起来的熟练程度，也能起到内含扩大再生产的作用。这两个方面就是现在讲的社会劳动的组织和人力资本积累。

在肯定不以追加投入为基础的内含扩大再生产的内容时，还要指出，在现实中增加投入也可以用于内含扩大再生产。在马克思看来，无论是外延扩大还是内含扩大都可能需要投入。区别在于内含的扩大再生产的投入效率更高。例如对固定资本的投入，无论是用剩余价值资本化的积累投入，还是用折旧基金投入，可以有两种选择，或者是增加设备，或者是改造设备，提高设备效率。所导致的扩大再生产，前者是外延的扩大，后者是内含的扩大。进一步分析，可以发现，实际上，内含和外延在许多场合是结合在一起的。如内含的扩大再生产，提高设备效率，往往是靠购买效率更高的新设备实现的。再如对流动资本的投入，"如使用一部分剩余价值来从事改良，这种改良或者只是提高所使用劳动的生产力"，或者追加支出流动资本用于生产材料和工资上面，"就足以扩大生产规模，而不需要增加固定资本。"②

四、资本积累对资本有机构成的影响

资本积累的结果，根据可以从量和质两个方面规定。在量上表现为资本量的扩大，在质上就表现为资本构成的变化，即马克思所说的："它是通过资本构成不断发生质的变化，通过

① 马克思：《资本论》第2卷，人民出版社2004年版，第394页。
② 马克思：《资本论》第2卷，人民出版社2004年版，第355~356页。

减少资本的可变组成部分来不断增加资本的不变组成部分而实现的。”①

每一个资本都由生产资料（不变资本）和劳动力（可变资本）组成，因此，资本的构成要从双重意义上理解：一是资本的技术构成；二是资本的价值构成。资本的技术构成即生产资料和活劳动的比例，一定量的生产资料需要多少劳动力与之相适应，这反映一定阶段的生产力水平。资本的价值构成即不变资本和可变资本的比例。在现实中，由于价格等方面的原因，资本这两个构成的比率不一定都是一致的。基于考察的需要，马克思提出了两者存在有机联系的资本有机构成的概念。这就是马克思说的，“由资本技术构成决定并反映技术构成……叫做资本的**有机**构成。”②

资本有机构成不只是指单个资本的结构，还可以推广到部门和国家。“把这些资本的一个个构成加以平均，就得出这个生产部门的总资本的构成。最后，把一切生产部门的平均构成加以总平均，就得出一个国家的社会资本的构成。”③ 以下的分析将会发现，不同企业、不同部门和不同国家的资本有机构成的差别反映各自的资本积累水平和与此相关的社会劳动生产力水平的差别。

资本有机构成概念是重要的分析工具，它可以用来解释技术进步和社会劳动生产力提高的趋势，说明技术进步条件下的劳动力剩余，说明社会劳动生产力提高条件下一般利润率下降规律。

随着社会劳动生产力的发展，资本有机构成具有提高的趋势。“劳动生产率的增长，表现为劳动的量比它所推动的生产

① 马克思：《资本论》第 1 卷，人民出版社 2004 年版，第 725 页。
② 马克思：《资本论》第 3 卷，人民出版社 2004 年版，第 163 页。
③ 马克思：《资本论》第 1 卷，人民出版社 2004 年版，第 708 页。

资料的量相对减少。”资本技术构成的这一变化，“反映在资本的价值构成上，即资本价值的不变组成部分靠减少它的可变组成部分而增加。”① 不仅如此，在技术上，在社会劳动生产率提高的情况下，由于生产资料价值的变化，劳动所使用的生产资料量增长得更快。因此，“不变资本和可变资本之间的差额的增大，同不变资本转变成的生产资料的量和可变资本转变成的劳动力的量之间的差额的增大相比，要慢得多。”② 而且，劳动生产力的发展以及由此引起的资本有机构成的变化，要比“积累的增进或社会财富的增长要快得多，因为简单的积累即总资本的绝对扩大，伴随着总资本的各个分子的集中，追加资本的技术变革，也伴随有原资本的技术变革。”③

资本有机构成提高意味着可变资本的相对减少，其直接效应是对劳动力需求的相对减少。“资本主义积累不断地并且同它的能力和规模成比例地生产出相对的，即超过资本增殖的平均需要的，因而是过剩的或追加的工人人口。”④

马克思同时也发现，在不同部门有机构成不同，有机构成变化的趋势也不同，因此产生不同部门和不同经济增长阶段对劳动力的不同需求。就不同增长阶段来说，“资本时而在一定的技术基础上持续增长，并按照它增长的比例吸引追加的劳动力，时而发生有机的变化，资本的可变组成部分缩小。”⑤ 这说明劳动力的大量失业具有阶段性。另一方面考虑到不同部门资本有机构成的差别，面对沉重的就业压力，不能要求所有部门都提高资本有机构成，社会上需要部分资本有机构成较低的

① 马克思：《资本论》第 1 卷，人民出版社 2004 年版，第 718 页。
② 马克思：《资本论》第 1 卷，人民出版社 2004 年版，第 719 页。
③ 马克思：《资本论》第 1 卷，人民出版社 2004 年版，第 725 页。
④ 马克思：《资本论》第 1 卷，人民出版社 2004 年版，第 726 页。
⑤ 马克思：《资本论》第 1 卷，人民出版社 2004 年版，第 726 页。

部门的存在，解决就业问题。

在《资本论》第三卷中，马克思用资本有机构成这个分析工具研究了各个部门由于有机构成的差别所产生的利润率差别。根据其劳动价值论，马克思发现："因为在不同生产部门由于资本的有机构成不同，它们的可变部分也就不同，因而它们所推动的活劳动量也就不同，它们所占有的剩余劳动量，即剩余价值从而利润的实体的量，也就不同。"① 这意味着利润率与资本有机构成的高低成反比。当然，现实中由于存在资本在部门间自由流动的竞争机制，由此产生的利润平均化，则可能使有机构成不同的不同部门取得平均利润。在资本流动受到阻碍的部门，利润率的差别仍然可能从资本有机构成的差别中得到说明。

同样，使用资本有机构成这个分析工具可以解释一般利润率下降规律。由于利润率高低与可变资本所占份额直接相关，资本有机构成提高意味着所使用的可变资本份额相对下降。"随着可变资本同不变资本相比的日益相对减少，使总资本的有机构成不断提高，由此产生的直接结果是：在劳动剥削程度不变甚至提高的情况下，剩余价值率会表现为一个不断下降的一般利润率。"② 当然，一般利润率下降只是趋势，原因是存在阻碍一般利润率下降的因素。

本章主要涉及：《资本论》第 1 卷：第 10、11、12、13、14、22、23 章

---

① 马克思：《资本论》第 3 卷，人民出版社 2004 年版，第 166 页。
② 马克思：《资本论》第 3 卷，人民出版社 2004 年版，第 237 页。

第七章　资本运行及其效率

在马克思的基本理论中，资本只能理解为运动，而不能理解为静止物。资本是作为生命体的运动，资本在运动中不仅要实现价值增殖，还要实现资本的增值。资本运行的目标非常明显，就是实现价值增殖和资本增值。现在需要研究的是资本如何在运行中实现这个目标。马克思所分析的资本运动主要是资本的循环和周转。资本循环的关键是在运动中提高资本的使用效率，节约资本。资本周转的关键是加快资本的周转速度，使资本在同一时间内更多的使用，更多的产出。

第一节　资本循环及其形式

资本运动"是一个经过各个不同阶段的循环过程，这个过程本身又包含循环过程的三种不同的形式"。① 这意味着研究资本循环涉及其所经过的不同阶段和它所包含的三种循环形式。

资本从其最初的形态即货币资本的职能形态出发，依次经过购买、生产、售卖等阶段，并相应变换资本的职能形态，然后又回到原来的出发点，这一过程就是资本的循环。同一个资本运动如果把其处于不同阶段的资本作为循环的起点和终点，

① 马克思：《资本论》第2卷，人民出版社2004年版，第121页。

就形成三种循环形式：货币资本循环形式、生产资本循环形式和商品资本循环形式。

一、货币资本循环

货币资本循环即G—G′的循环，所经历的阶段表示为：

G—W…P…W′—G′—W…P…W′—G′

资本循环的第一阶段是购买阶段（G—W）。在这一阶段，货币资本的职能就是通过购买生产要素，为资本价值增殖做准备。在这里，物质形态的生产要素包括生产资料和劳动力。这是实现资本增值的物质载体。在购买阶段，货币资本，一方面执行货币的职能，货币作为流通手段和支付手段，用于购买生产资料和支付劳动者工资；另一方面执行资本的职能，“是由**货币资本**到**生产资本**的转化。”[①] 在这里，货币资本也就表现为资本预付的形式。从技术层面说，这一阶段所购买的生产要素涉及种类、规模、质量，而且还要注意保持各种要素在结构上的合理化，即各种要素要保持恰当的比例。

购买阶段一旦完成，资本的职能形态也随之从货币资本转化为生产资本，资本循环就进入第二阶段即资本的生产阶段（W…P…W′）。在生产阶段，生产资料和劳动力等不仅在形式上发挥着一般生产要素的作用，生产出新的使用价值；而且更重要的是在本质上发挥着资本的作用，成为生产资本的物质载体，执行生产剩余价值的职能。资本通过吸收剩余劳动而使自身发生增殖，生产的直接结果是生产出包含剩余价值在内的商品W′。这也说明剩余价值是在生产过程中产生的。

资本循环的第三阶段是资本的销售阶段（W′—G′）。在这

① 马克思：《资本论》第2卷，人民出版社2004年版，第35页。

个阶段，“资本在商品形式上必须执行商品的职能。”[①] 商品必须卖掉，转化为货币。作为资本的一个流通阶段，商品资本的职能是实现剩余价值，使资本实现了它的循环运动的目的，收回了包含剩余价值在内的更多货币（亦即收回了成本和利润）。

商品资本转化为货币资本是资本循环中一个十分关键和特殊的阶段。首先，如果 W′卖不掉，资本循环就不能回到它原来的出发点，资本的再生产过程就会中断，所以马克思把这一阶段称为“惊险的跳跃”。这个跳越不成功，摔坏的不是商品，而是它的所有者。其次，W′是全部出售还是部分出售，将影响所预付和耗费的资本价值能获得多少补偿，以及能否实现剩余价值（利润）或能实现多少剩余价值（利润）。再次，出售的速度会影响同一资本在再生产中的作用的大小，从而影响再生产的规模。这就是马克思说的：“流通过程推动了和资本的价值量无关的新的潜能，即资本的作用程度的新的潜能，资本的扩张和收缩的新的潜能。”[②]

二、生产资本的循环

生产资本循环是以生产资本为起点和终点的循环，即 P…W′—G′—W…P。

“这个循环表示生产资本职能的周期更新，也就是表示再生产，或者说，表示资本的生产过程是增殖价值的再生产过程”。[③] 在这个循环形式中，特别需要分析的是在 P…P′中作为媒介的流通过程（W′—G′—W）。在资本的这种流通形式上，一方面包含着一种职能上确定的物质变换，即由生产出的商品变为再生产所需要的生产要素。另一方面，如果是简单再生产

① 马克思：《资本论》第 2 卷，人民出版社 2004 年版，第 46 页。
② 马克思：《资本论》第 2 卷，人民出版社 2004 年版，第 48 页。
③ 马克思：《资本论》第 2 卷，人民出版社 2004 年版，第 75 页。

就要求“W 和商品量 W′的各种生产要素相等，并要求这些生产要素互相之间维持原有的价值比例”。[①] 如果是扩大再生产，就意味着会有一部分剩余价值 g 作为新增货币资本投入再生产。“如果它是用来扩大原有的企业，P 的各种物质要素的比例和它们的价值比例，也要求 g 具有一定的最低限量。在这个企业中所使用的一切生产资料，不仅互相间有质的关系，而且有一定的量的关系，一种比例量。”[②]

如果考虑到规模扩大的再生产，就可发现，“已经实现的剩余价值虽然要资本化，但往往要经过若干次循环的反复，才能增长到（也就是积累到）它能实际执行追加资本的职能的规模，即能进入处在过程中的资本价值的循环的规模。”[③] 于是就产生达不到该资本规模扩大再生产所需要的最低限量资本的货币资本的贮藏和积累，“直到它由价值增殖的反复循环即由外部得到充分的追加，达到它为了能动地执行职能而必须具有的最低限量。”[④] 达不到最低限量的 g 在一段时间中就作为货币贮藏和积累，本身不执行资本职能，不参加价值增殖过程。当然，这部分货币会以“会生出货币的货币的形态而存在，例如成为银行的有息存款，换成某种票据或有价证券”。[⑤] 也可以通过信用途径进入其他企业的资本循环，这时它就转化为债权。

三、商品资本的循环

商品资本循环是以商品资本为起点和终点的循环，即

① 马克思：《资本论》第 2 卷，人民出版社 2004 年版，第 85 页。
② 马克思：《资本论》第 2 卷，人民出版社 2004 年版，第 96 页。
③ 马克思：《资本论》第 2 卷，人民出版社 2004 年版，第 91 页。
④ 马克思：《资本论》第 2 卷，人民出版社 2004 年版，第 97 页。
⑤ 马克思：《资本论》第 2 卷，人民出版社 2004 年版，第 98 页。

W′—G′—W…P…W′。

公式表明，商品资本的循环不是以资本价值开始，而是以商品形式上增大了的资本价值开始的，其中包含剩余价值的循环。这就是马克思说的："W′总是作为一个商品资本（＝资本价值＋剩余价值）来开始循环。"① 不仅如此，循环还是由流通过程的两个阶段开始的。因此，商品资本循环可以看作"各单个资本的总和即资本家阶级的总资本的运动形式，在这个运动中，每一个单个产业资本的运动，都只表现为一个部分运动，和其他部分运动交织在一起，并且受它们制约。"② 根据马克思的界定，单个资本之和即社会资本。"包括股份资本；如果政府在采矿业、铁路等等上面使用生产的雇佣劳动，起产业资本家的作用，那也包括国家资本"。③ 商品资本"运动一开始就表明是产业资本的总和运动，既是补偿生产资本的那部分产品的运动，又是形成剩余产品的那部分产品（通常部分作为收入花掉，部分要用作积累要素）的运动"。④"在这个形式上，社会总产品的分配已经包含在资本的循环中，它同任何单个商品资本的产品的特殊分配一样，一方面分为个人消费基金，另一方面分为再生产基金。"⑤ 正因为如此，马克思在考察社会总资本再生产和实现条件时是以商品资本循环形式为分析根据的。

四、产业资本的循环是它的三种循环形式的统一

根据马克思的定义，产业资本是依次采取货币资本、商

① 马克思：《资本论》第2卷，人民出版社2004年版，第102页。
② 马克思：《资本论》第2卷，人民出版社2004年版，第112页。
③ 马克思：《资本论》第2卷，人民出版社2004年版，第113页。
④ 马克思：《资本论》第2卷，人民出版社2004年版，第113页。
⑤ 马克思：《资本论》第2卷，人民出版社2004年版，第109页。

品资本和生产资本三种形式并在每一个形式中执行相应职能的资本。在分别考察上述三种循环形式后进行综合，资本是在运动中增殖的，资本的运动过程就是它周而复始的循环过程。从产业资本周而复始的循环中，我们可以看到它的三种职能形式各自的循环，以及在整体的循环中的相互联系。

G—W…P…W′—G′—W…P…W′— ……

←货币资本循环→

←生产资本循环→

←商品资本循环→

总之，货币资本循环的起点和终点都是货币，但终点的货币量大于起点的货币量，该循环形式表明资本循环的目的就是价值增殖。生产资本循环的起点和终点都是生产过程，它的循环形式表明生产实际上就是接连不断地再生产。商品资本循环的起点和终点都是包含了剩余价值的待售商品，它的循环形式反映生产、销售和消费的内在联系，表明市场实现过程对于资本循环的重要性。可见，产业资本循环中的每种循环形式都从一个方面表现资本运动的特征，所以，把三种循环形式统一起来考察，可以更全面地了解资本的运动。

事实上，任何处于正常运动中的产业资本都是同时处在这三种循环形式中，“产业资本的连续进行的现实循环，不仅是流通过程和生产过程的统一，而且是它的所有三个循环的统一。”① 就是说，产业资本循环是由一个生产阶段和两个流通阶段（买和卖）所构成。资本循环的三个阶段是相互依存、紧密衔接的，任何一个阶段的停顿或滞缓，都会影响资本循环的实现和再生产的顺利进行。要使资本循环正常进行，必须具

① 马克思：《资本论》第2卷，人民出版社2004年版，第119页。

备这样两个基本条件：

第一，产业资本的三种职能形式在空间上同时并存。全部产业资本必须按一定比例分为相应的三个部分，使它们同时并存于货币资本、生产资本、商品资本这三种职能形式上，各自执行其相应的职能。否则，就不能做到三种循环形式的相互衔接，资本的循环运动就会发生停顿。

第二，产业资本三种职能形式的循环在时间上相互继起。三种职能形式的资本在循环中必须各自相继地经历三个阶段并相应转换为其他职能形式，最后又回到原来的出发点；各自的职能形式的转换过程能够前后衔接、相互更替，即货币资本要不间断地转化为生产资本、商品资本，生产资本要不间断地转化为商品资本、货币资本，商品资本要不间断地转化为货币资本、生产资本。而且三种职能形式的相互转换在时间上能够前后紧密地衔接。其中任何一种职能形式的资本如果不能及时转化为其他职能形式，就会造成循环过程的中断。

产业资本的三种资本职能形式在循环中的并存及其相互继起，是互为条件、互相制约的。并存是继起得以形成的前提，没有并存，就不可能有不同职能形式各自的循环，也就不存在它们之间的相互继起；继起是并存得以维持的保证，没有继起，资本职能形式的转换到了某一阶段就停滞下来，不同职能形式的并存就不会存在下去。所以，产业资本的连续进行的现实循环，不仅是流通过程和生产过程的统一，而且是它的所有三个循环的统一。

五、资本循环的时间和费用

资本作为自行增殖的价值，必须理解为运动。“价值经过不同的形式，不同的运动，在其中它保存自己，同时使自己增殖，增大。”[①] 资本的运动要经过生产领域和流通领域。“资本在生产领域停留的时间是它的生产时间，资本在流通领域停留的时间是它的流通时间。所以，资本完成它的循环的全部时间，等于生产时间和流通时间之和。”[②]

根据生产过程特点，生产时间即生产资本参加某个商品的生产过程的时间。生产时间包括劳动时间和非劳动时间。生产时间超过劳动时间的部分即非劳动时间是指：生产资本潜在地处在生产领域内，但不在生产过程本身中执行职能，或者在生产过程中执行职能，但不处在劳动过程中。虽然非劳动时间可能是生产过程所必需，但资本在非劳动时间中不会增殖。因此，“资本主义生产的趋势，是尽可能缩短生产时间超过劳动时间的部分。”[③]

在流通领域中，资本是作为商品资本和货币资本存在的。流通过程有两个方面：W—G 即资本由商品形式转化为货币形式，其职能是实现商品中包含的剩余价值。G—W 即资本由货币形式转化为商品形式，其职能是转化为各种生产要素形式。虽然流通时间是必需的，但资本在流通时间内“既不生产商品，也不生产剩余价值”。因此，“流通时间越等于零或近于零，资本的职能就越大，资本的生产效率就越高，它的自行增殖就越大。”[④]

研究资本循环的时间和费用的一个重要意义是，明确提高资本运行效率的关键是资本在每个阶段的运动都必须通畅。“资本的循环，只有不停顿地从一个阶段转入另一个阶段，才能正常进行。如果资本在第一阶段 G—W 停顿下来，货币资

① 马克思：《资本论》第 2 卷，人民出版社 2004 年版，第 122 页。
② 马克思：《资本论》第 2 卷，人民出版社 2004 年版，第 138 页。
③ 马克思：《资本论》第 2 卷，人民出版社 2004 年版，第 141 页。
④ 马克思：《资本论》第 2 卷，人民出版社 2004 年版，第 142 页。

本就会凝结为贮藏货币；如果资本在生产阶段停顿下来，一方面生产资料就会搁置不起作用，另一方面劳动力就会处于失业状态；如果资本在最后阶段 W′—G′停顿下来，卖不出去而堆积起来的商品就会把流通的流阻塞。”①

在 W—G—W 的流通中，资本停留在货币形式上比停留在商品形式上命运要好。资本在货币形式上比在易逝的商品形式，能坚持较长的时间。“但资本如果过久地停留在商品资本的职能上，它就不再成为商品，甚至不再成为使用价值。”②商品腐烂变质就不再成为商品。这反过来说明了 W—G 的特殊重要性。

第二节　资本的周转

资本必须不断地、周而复始地循环，才能不断地带来剩余价值（利润）。资本这种连续不断地、周而复始地循环运动就叫做资本周转。若每次周转带来的利润量一定，则资本周转越快，在一定时期内带来的利润总量就越多。所以，研究资本周转问题的重点在于资本的周转速度。

一、资本的周转时间

资本周转时间是指预付资本以一定的形式为起点，到它带着利润以同样的形式返回出发点所耗费的时间。周转时间由资本的生产时间与流通时间所构成。因此，“资本的周转时间计量总资本价值从一个循环周期到下一个循环周期的那段时间，计量资本生活过程经历的周期。”③

---

① 马克思：《资本论》第 2 卷，人民出版社 2004 年版，第 63 页。
② 马克思：《资本论》第 2 卷，人民出版社 2004 年版，第 86 页。
③ 马克思：《资本论》第 2 卷，人民出版社 2004 年版，第 174 页。

资本周转时间的长短，反映了资本周转的速度。资本周转一次所需的时间越长，资本的周转速度越慢；反之，则越快。资本的周转速度可用一定时期内（一般以年为单位）一定量资本的周转次数来表示。假定以 U 表示周转时间的计量单位——年（12 个月），用 u 表示一定资本的周转时间，用 n 表示资本的周转次数，那么，$n = U/u$。如果周转时间 $u = 3$ 个月，那么，$n = 12/3 = 4$。资本在一年中周转 4 次。

资本的周转速度和周转次数成正比，和周转时间成反比。资本要加快周转速度，就要设法缩短周转时间，包括缩短资本的生产时间和流通时间。

加快资本的周转速度，对于资本的利用和资本增殖、扩大生产和降低成本、增强经营实力和市场竞争力，有着重要的意义。资本周转加快了，一方面反映了企业有较强的经营能力；另一方面也会增强企业偿还债务的能力，从而增强企业竞争力。

加快资本周转，可以提高资本使用效率，节省资本的投入量。资本周转时间越长，投资回收期就越长，为维持资本运营而需要不断投入的资本量就越大；反之，资本周转时间越短，资本回收越快，就可通过较快的资本循环运动，节省预付资本的总量。

加快资本周转，可以在一定时期内产生更多的资本增殖额，提高资本运营的效益。在利润率一定的情况下，一定量资本周转一次带来的利润量一定，而在一定时期内同一预付资本周转次数越多，带来的利润总量就越大，资本的运营效益就越高。

加快资本周转，可以节省所用资本，降低生产经营成本。这样，就可以把节省下来的资本用于扩大生产或开拓新的经营项目、经营领域，从而有利于实现规模经营或产生分散经营风险的效果。加快资本周转必须从影响资本周转速度的基本因素入手，努力缩短资本的周转时间。

二、固定资本和流动资本的区别

生产资本可以根据其价值周转方式的不同，划分为固定资本和流动资本。固定资本是指以厂房、机器设备、生产工具等劳动资料形式存在的那部分生产资本。流动资本是指以原料、燃料及动力、辅助材料等劳动对象形式存在的以及用于购买劳动力的那部分资本。

"固定资本和流动资本的形式规定性之所以产生，只是由于在生产过程中执行职能的资本价值或**生产资本**有不同的周转。"①

固定资本在使用价值形态上全部投入生产过程，并可以较长期地在多个生产过程中发挥作用，其使用价值是逐渐消耗的。流动资本的使用价值则是在形成单个产品时全部被消费掉。

固定资本价值是在多个生产过程中分批转移，并逐渐地分批加以回收；流动资本价值是在一个生产过程中一次全部转移，并通过产品出售而全部回收。

两者的物质形态的更新方式也不同，固定资本在其跨越多个生产周期的较长的有效使用期内可不必更新；流动资本则需在每一生产周期开始前都得到及时更新。

固定资本和流动资本在资本周转方式上的差异，影响资本周转速度，固定资本是预付量大，且分批转移，因而价值回收较为缓慢，周转期长；流动资本是一次预付，一次全部回收其价值，因而价值回收期短，周转期短。因此，在其他条件不变

① 马克思：《资本论》第2卷，人民出版社2004年版，第186页。

的情况下，固定资本的比重越大，全部资本的周转越慢；反之，流动资本所占比重越大，全部资本的周转就越快。

固定资本和流动资本的区分是研究资本运动效益的重要工具。资本周转速度意味着预付资本在一定期限内执行职能的次数。马克思指出："固定资本组成部分的周转，从而它的必要的周转时间，包括流动资本组成部分的多次周转。"[①] 这意味着在固定资本周转一次的期限内，加快流动资本的周转，可以提高固定资本的使用效益。

固定资本能否流动？有的固定资本，如车船具有可动性。也有一些固定资本，如厂房、铁路是不可动的，固定在一个地点，更不可能作为商品在世界市场上流通。但是其所有者却可能变换。这就是马克思说的，"这种固定资本的所有权证书却可以变换，可以买卖，就这一点说，可以观念地流通。这种所有权证书，甚至可以在国外市场上流通，例如以股票的形式。"[②] 这种不可动的固定资本的所有者的变换在现代经济中已非常频繁。

三、固定资本周转的特点

固定资本的独特的流通，引起独特的周转。固定资本是整个的参加生产过程，部分地转移价值。固定资本价值全部转移的时间"是由它本身的再生产期间决定的，即由这样一段时间决定的，在这段时间内，劳动资料已经损耗掉，必须用同一种新的物品替换。"[③] 假定一台价值 100 万元的机器，执行职能的时间是 10 年，每年转移价值 10% 并转化为货币。10 年后这台机器全部转化为货币，并由货币全部转化为一台机器，也

① 马克思：《资本论》第 2 卷，人民出版社 2004 年版，第 187 页。
② 马克思：《资本论》第 2 卷，人民出版社 2004 年版，第 182 页。
③ 马克思：《资本论》第 2 卷，人民出版社 2004 年版，第 183 页。

就完成它的周转。认识固定资本周转的这种特点对提高固定资本的使用效率有重要的意义。

既然固定资本在这个周转期内是整个的参与生产过程，按既定的比例转移价值，这就提出充分利用固定资本问题。“它们越是整个地被使用而只是部分地被消费，那么，它们就越是像我们在上面说过的自然力如水、蒸汽、空气、电力等等那样，提供无偿的服务。”①

固定资本有有形损耗和无形损耗两种类型。有形损耗“是指固定资本被消耗而逐渐转移到产品中去的价值部分。这种转移是按照固定资本丧失使用价值的平均程度进行的。”②为减轻固定资本损耗的不利影响，企业可以加强对机器设备的维护和保养，使设备维持良好的效能，从而使机器设备在这个周转期内保持良好的生产功能。对机器设备进行维护保养就要支付费用。“机器越是超过它的中年期，因而正常的磨损越是增多，构成机器的材料越是消耗和衰老，为维持机器直到它的平均寿命结束所需要的修理劳动就越频繁，越重要。正像一个老年人，为了防止不到时候就死去，必须比一个年轻力壮的人支付更多的医药费。”③

无形损耗是由技术进步引起的。“劳动资料大部分都因为产业进步而不断变革。”④ 这里有两种情况：一是劳动资料不是以原来的形式，而是以革新的形式进行补偿。二是“旧的劳动资料在它们的自然寿命完结之前，用新的劳动资料来替换”。⑤ 无形损耗的具体实现形式就是提高折旧率，根据技术

① 马克思：《资本论》第1卷，人民出版社2004年版，第702页。
② 马克思：《资本论》第2卷，人民出版社2004年版，第191页。
③ 马克思：《资本论》第2卷，人民出版社2004年版，第195页。
④ 马克思：《资本论》第2卷，人民出版社2004年版，第190页。
⑤ 马克思：《资本论》第2卷，人民出版社2004年版，第190~191页。

进步的速度来缩短固定资本的更新周期。“迫使企业设备提前按照更大的社会规模实行更新的，主要是大灾难即危机。”①

固定资本的价值在周转中获得双重存在：“其中一部分仍然束缚在它的属于生产过程的使用形式或实物形式上，另一部分则作为货币，脱离这个形式。”② 其中，固定资本逐次转移的价值所形成的货币，即折旧基金，“成为货币准备金的要素，以便在资本需要以实物形式进行再生产时来补偿资本。”③这意味着固定资本折旧所形成的折旧基金属于固定资本再生产的补偿基金。但是，这种货币准备金“可以用来扩大企业，或改良机器以提高机器效率”。④ 马克思在这里把折旧基金看作是除了积累以外扩大再生产的又一个源泉。折旧基金既可以用于外延的扩大再生产，也可用于内含的扩大再生产。“这种规模扩大的再生产，不是由积累——剩余价值转化为资本——引起的，而是由从固定资本的本体分出来、以货币形式和它分离的价值再转化为追加的或效率更大的同一种固定资本而引起的。”⑤ 这里特别要指出，折旧基金对原有企业来说，归根到底还是原有资本再生产的补偿基金。我国有一个时期国有企业的折旧基金上交给国家，当时著名经济学家孙冶方曾经批评这是“吃老本”。

四、预付资本的总周转

生产资本的固定组成部分和流动组成部分，是按不同的方式，以不同的期间周转的。而且，同一企业的固定资本的不同

① 马克思：《资本论》第2卷，人民出版社2004年版，第191页。
② 马克思：《资本论》第2卷，人民出版社2004年版，第182页。
③ 马克思：《资本论》第2卷，人民出版社2004年版，第192页。
④ 马克思：《资本论》第2卷，人民出版社2004年版，第192页。
⑤ 马克思：《资本论》第2卷，人民出版社2004年版，第192页。

组成部分根据它们的寿命，又各有不同的周转期间。“预付资本的总周转，是它的不同组成部分的平均周转。”①

当我们考察预付资本的总周转时，有几点必须注意：第一，固定资本周转一次的时间内，流动资本周转多次；第二，固定资本价值是一次全部预付，分次收回，它的使用价值替换要到其寿命终结时才会发生；第三，流动资本的价值是一次预付，一次收回，它的使用价值在一次商品生产中全部消费，并通过流通一次更新。

计算预付资本的总周转（平均周转），“必须把固定资本不同部分的特殊周转化为周转的同种形式，使它们只有量的差别，即只有周转时间上的差别。”②

考虑了固定资本与流动资本价值转移的方式和速度的不同以后，我们就可以得出预付资本总周转的概念和计算公式。预付资本的总周转是指包括固定资本、流动资本在内的预付资本的不同组成部分的平均周转速度。其计算公式是：

$$\text{预付资本的总周转速度} = \frac{\text{固定资本年周转价值总额} + \text{流动资本年周转价值总额}}{\text{预付资本总量}}$$

举例说，预付资本总量为 100 000 元（流动资本 20 000 + 固定资本 80 000）。一年内周转的资本价值包括：流动资本一年周转 5 次，周转的流动资本总价值就是 100 000 元；固定资本的周转期间为 10 年，平均每年转移的价值就是其 1/10，即 8 000 元。这样，一年中周转的总资本价值就等于 108 000 元。预付资本的总周转 = 年周转价值/预付资本量。在这里就是 108 000/100 000 = 1.08 次。

① 马克思：《资本论》第 2 卷，人民出版社 2004 年版，第 204 页。
② 马克思：《资本论》第 2 卷，人民出版社 2004 年版，第 205 页。

显然，“预付资本的**价值周转**，是和它的实际再生产时间，或者说，和它的各种组成部分的现实周转时间相分离的。”①

由此可见，预付资本的总周转速度，不仅与固定资本和流动资本各自所占的比重有关，而且也和固定资本、流动资本各自的周转速度有关。在实践中，相关的问题有以下几方面：

首先，不同行业会因为固定资本所占比重不同会有不同的资本周转时间。有些行业资本会因为固定资本所占比重大、周转时间较长而需要较大的预付资本量。

其次，相同的固定资本所占比重，依靠企业经营者的管理能力，加快流动资本的周转速度可以带动资本的总周转速度的加快。

再次，虽然固定资本比重较大会减慢预付资本的总周转时间，但是，固定资本的物质要素（机器等设备）是科学技术的物化。先进的固定资本实际上能够加快流动资本的周转。

五、流动资本周转和时间的节约

由于流动资本是随着商品生产一次全部转移自身的价值，所以流动资本的周转时间与商品的生产和流通时间基本上是一致的。加快流动资本周转从一定意义上说是节约生产时间和流通时间。

资本的生产时间是指资本处于生产领域中的时间，它包括：（1）劳动期间，即生产部门为制造单位商品所必须经历的互相联系的劳动日数目。（2）劳动过程的正常中断时间。它主要包括劳动对象受自然力独立作用而发生物理的、化学的、生物的变化过程所需要的时间（自然作用时间），以及正常的休工时间（设备的正常保养期，节假日或其他正常的劳

① 马克思：《资本论》第2卷，人民出版社2004年版，第206页。

动间歇期等）。（3）生产要素的储备时间，主要是指生产资料等已经购买但尚未投入生产过程的时间。

在生产时间中，劳动期间始终是生产时间中最重要的部分。劳动期间缩短可以减少资本的预付量，提高固定资本的使用效率。劳动期间的长短主要受产品性质和生产技术与效率高低的影响。例如高速公路建设、铁路建设，劳动期间就比较长。劳动期间长的生产，流动资本束缚在劳动期间的时间也长，需要预付的资本量也多。劳动期间较长的生产部门，如果由于某些特殊的原因，生产过程中断，“已经在生产上消费掉的生产资料和劳动，就会白白地耗费。即使以后工程恢复了，它在这段间歇时间里也总会有损失。”① 劳动期间长的部门在较长时间内不提供有用产品，但要在较长时间内使用生产要素。因此，马克思要求在未来的社会主义社会，“社会必须预先计算好，能把多少劳动、生产资料和生活资料用在这样一些产业部门而不致受任何损害。”②

农业中因农作物需要自然作用的时间较长，因此，生产期间和劳动期间的差距较大，农民不从事农业劳动的时间较长。所以就提出了农业中发展副业生产的必要性。

资本的流通时间是指资本处于流通领域中的时间，它包括：（1）购买时间，即货币资本转化为生产资本所需要的时间，它主要受生产要素供应条件的影响。（2）售卖时间，即商品资本转化为货币资本的时间，它主要受市场需求与竞争状况的制约。马克思关于流通时间的原理将在商品流通中作专章说明。

六、商业资本的周转

以上考察的是产业资本的周转。在商业部门独立为专门执

① 马克思：《资本论》第2卷，人民出版社2004年版，第257页。
② 马克思：《资本论》第2卷，人民出版社2004年版，第349页。

行商品买卖的职能的部门后，就产生商业资本独立的周转。商业资本周转的特点可以从同产业资本周转的区别中得到说明。首先，产业资本的周转是它的生产时间和流通时间的统一，包括整个生产过程。而商业资本的周转只代表商品形态变化的第一阶段即 W—G，但商业资本为实现这个形态变化，需要预付货币资本，因此其周转就包括 G—W 和 W—G，也就是先买后卖，或者说为卖而买。其次，在流通中，产业资本的形态变化总是 W1—G—W2。即出售商品 W1，得到货币，购买生产资料 W2，在这里是货币的运动对两种不同商品的交换起中介作用。而在商业资本那里，G—W—G′中两次转手的是同一种商品，是同一货币资本按其价值额反复买卖商品资本，并反复得到剩余价值。

“商业资本的反复周转，始终表示买和卖的反复。”[①] 其周转是否顺畅取决于产业资本的周转状况。产业资本必须不断地把商品投入市场，并且从市场再取走商品，商业资本才能保持迅速周转。如果再生产过程是缓慢的，商业资本的周转也是缓慢的。因此生产时间不仅是对产业资本周转时间的一个限制，也是对商业资本周转的一个界限。但是，由于商业资本的独立化，它的运动在一定界限内就不受再生产过程的限制，甚至还会驱使再生产过程越出它的各种限制。原因是在现代信用制度下，商人资本支配着社会总货币资本的很大一部分。它可以在已买物品最终卖掉以前可以再进行购买。由此对生产者产生一种虚假的需求，掩盖了生产和消费的矛盾。问题是商人资本的周转还要受全部个人消费的速度和规模的限制。这种矛盾达到一定阶段，最终爆发生产过剩的危机。由于同一个商人资本的周转能够同时或依次对极不相同的多个部门的资本周转起中介

① 马克思：《资本论》第 3 卷，人民出版社 2004 年版，第 338 页。

作用，因此其外部影响会更大。

第三节　资本运行中的货币和信用

资本循环和周转过程必然会遇到货币问题。货币在其中起着润滑作用，同时又通过信用渠道放大资本的潜能。

马克思分析货币资本的循环本身就在说明货币资本的作用。他在分析生产资本循环时说明其中包含的流通过程时指出，“资本只要停留在货币形态上，就不执行资本的职能，从而不增殖价值；这个资本就闲置起来。”但是，资本在货币形式上比在易逝的商品形式上能坚持较长的时间。“资本如果不执行货币资本的职能，它仍然可以是货币。”① 闲置的货币资本执行货币职能意味着它可以执行贮藏手段，也可以进入信用渠道，这时就执行资本职能。

马克思在研究资本周转时间时发现资本周转本身会使相当一部分货币资本处于游离资本状态。一方面，“一年周转多次的社会流动资本有相当大的部分，在年周转周期中，周期地处于游离资本的形式”。② 另一方面，固定资本依次流回而形成的货币资本也会处于游离状态，再加上每个劳动过程都需要有可变资本所需的货币资本。所有这些由单纯的周转运动机制游离出来的货币资本，“只要信用制度发展起来，必然会起重要的作用，同时也必然是信用制度的基础之一。”③

资本运行也会碰到积累货币准备金问题。这些货币准备金在一般情况下成为信用的基础。

首先，在企业扩大再生产的条件下，转化为资本的剩余价

① 马克思：《资本论》第2卷，人民出版社2004年版，第86页。
② 马克思：《资本论》第2卷，人民出版社2004年版，第311页。
③ 马克思：《资本论》第2卷，人民出版社2004年版，第313页。

值要达到能够投入扩大再生产的最低限额，就需要贮藏起来，形成货币准备金。一个企业的货币准备金要积累到多大数量才能再投入企业用于扩大再生产，取决于企业的特殊性质。对许多企业来说，这需要一定的时间。这就是马克思说的："为了积累资本，他首先就要从流通中取出从流通中流到他手里的货币形式的剩余价值的一部分，使它作为贮藏货币去增加，直至它达到扩大旧企业或分设新企业所需要的数量。"①

其次，固定资本周转所逐次转移的价值成为货币准备金的要素，以便在资本需要以实物形式进行再生产时来补偿资本。这些由折旧基金所形成的货币同样需要积累到一定数额后才能补偿原有的固定资本。

所有通过以上途径形成的货币准备金可能成为信用制度的基础。就如马克思说的，"资本家随着货币的积累，把货币作为有息的活期存款存入银行，这就是属于信用范围的问题。"②随着信用制度的发展，这部分货币可能用于购买股票，这时，"这种货币不再执行贮藏货币的职能，而是执行资本的职能，不过不是在它的所有者手中，而是在另一些使用这种货币的资本家手中。"③ 这意味着折旧基金在达不到更新固定资本所需要的数额前，可以通过信用途径被别人使用，在别人手中执行资本职能。

资本的运行本身所产生的闲置货币资本可能成为货币准备金，这里要进一步指出的是，每一个资本的正常运行都需要存在货币准备金。

首先，资本的正常循环需要防止生产要素价格变动等因素的干扰。"只有在价值关系保持不变时，过程才能完全正常地

① 马克思：《资本论》第2卷，人民出版社2004年版，第137页。
② 马克思：《资本论》第2卷，人民出版社2004年版，第137页。
③ 马克思：《资本论》第2卷，人民出版社2004年版，第203页。

进行，只有各种干扰在循环反复中被排除，过程才能够在事实上正常进行；干扰越大，产业资本家就必须持有越是大量的货币资本，才有可能等到干扰被排除。"[①] 企业抗干扰的能力实际上同企业所拥有的货币资本的数量以及利用信用的能力相关，由此产生大货币资本家的垄断地位。

其次，对货币资本的需求是由劳动期间的持续所引起的。货币一般地说是每个资本（撇开信贷不说）为了转化成生产资本所必须采取的形式。"即要预付的资本必须采取货币形式预付，并不会由于这个货币本身的形式——不论是金属货币、信用货币、价值符号或其他等等——而消除。"劳动期间长的项目和事业，在较长时间内不断从社会取走劳动力和生产资料，而在这个时间内却不向社会提供任何可以再转化为货币的产品。因此，资本必须为较长的时间而预付，而且一个较大的资本量要束缚在生产资本的形式上。这样，一些需要很长劳动期间，因而需要在较长期间内大量投资的重大项目，单个资本是无力经营的，只有很少一部分是靠资本家自己的财产来生产的。在资本主义不太发达的阶段，多由国家出资兴办。"举办劳动期间相当长而规模又很大的事业，只有在资本积聚已经十分显著，另一方面信用制度的发展又为资本家提供方便的手段，使他可以不用自己的资本而用别人的资本来预付、来冒险的时候，才完全成为资本主义生产的事情。"[②] 这个条件在资本主义发达的阶段具备了。"一方面大量资本集中在单个资本家手里，另一方面，除了单个资本家，又有联合的资本家（股份公司），同时信用制度也发展了"。[③]

再次，为购买生产要素必须随时一次预付大量的货币。其

① 马克思：《资本论》第 2 卷，人民出版社 2004 年版，第 124 页。
② 马克思：《资本论》第 2 卷，人民出版社 2004 年版，第 261 页。
③ 马克思：《资本论》第 2 卷，人民出版社 2004 年版，第 260 页。

必要性在于，一方面，出售产品的市场距离决定了货币回流的时间；另一方面，“撇开所有的投机不说，需要购买多少必须不断作为生产储备来存放的商品，这取决于这种储备更新的时间”。对不同的原料来说市场条件各不相同，因此，“这里有时必须一次预付大量的货币”①，需要有货币准备金，或用于购买或用于支付。

根据上述分析，马克思得出的结论是，“资本主义生产按它现有的规模，没有信用制度（甚至只是从**这个**观点来看），只有金属流通，能否存在。显然，不能存在。”② 这里讲的金属流通就是货币流通。进一步的结论是：“我们对于信用制度在它提供货币资本或使货币资本发生作用时所具有的生产力，也不应该有任何神秘的观念。”③

最后需要指出，资本周转速度与货币流通速度不完全一致。一般说来，资本周转速度加快，货币流通也会加快，但“反过来，货币流通的加快，不一定包含资本周转的加快”。④原因是，只要用同一货币量完成较大量的交易，货币流通就会加快。货币流通的技术设施的变化，也可能加快货币流通。而且有些货币流通并不包含实际的商品交易，例如交易所里的买空卖空。有些商品交易也完全可以不要货币流通，例如，在自然经济内部的交易，等等。

本章主要涉及：《资本论》第2卷：第1、2、3、4、7、8、9、15、17、18章

---

① 马克思：《资本论》第2卷，人民出版社2004年版，第283页。
② 马克思：《资本论》第2卷，人民出版社2004年版，第383页。
③ 马克思：《资本论》第2卷，人民出版社2004年版，第383页。
④ 马克思：《资本论》第2卷，人民出版社2004年版，第379页。

第八章　商品流通和商业活动

在商品生产中，流通和生产一样必要。流通是指社会产品从生产领域进入流通领域所经过的全部过程。在马克思的理论框架中，流通有多种类型，其中包括：商品流通、货币流通、资本流通，等等。我国在相当长的时间中不重视流通，否定流通在再生产过程中的积极作用，付出了物流成本太大、整体经济效益下降的代价。研究马克思的《资本论》，需要注意到其对流通的作用、形式、内容、时间、费用、目的等方面的分析和论断，这对我国现阶段发展物流并搞好物流管理具有重要的指导意义。

第一节　流通领域及其作用

一、流通领域

《资本论》第1卷第2章以交换过程为标题，分析交换过程中商品的价值和使用价值的矛盾，并在此基础上引入货币。《资本论》中使用的交换和流通两个概念，实际上讲的是同一种行为。如果要将两者做严格区别的话，商品流通一般是指以货币为媒介的商品交换。但在许多场合，两者可以并用，就同我们现在使用交易这个概念一样。

根据马克思的界定，交换或者说流通是社会再生产四个环节中的一个。在商品的使用价值和价值的关系中，交换过程作为社会过程，既是实现商品价值的过程，也是证明一种商品是否具有使用价值的机制。这就是马克思所说的："商品交换使商品彼此作为价值发生关系并作为价值来实现。""它的产品是否能够满足别人的需要，只有在商品交换中才能得到证明。"①

流通是与社会分工和生产社会化相联系的经济概念。在自给自足的自然经济中，生产和消费合二为一，产品生产出来后就由生产者直接消费，也就没有流通过程。随着生产力的发展，出现了社会分工，产品有了剩余，需要经过交换才能进入消费过程，生产和交换就成为社会化生产的两种基本职能，恩格斯在《反杜林论》中把生产和交换叫做"经济曲线的横坐标和纵坐标"。②

每个商品的形态变化同其他商品的形态变化交织在一起，就构成了商品流通。以货币为媒介的商品流通不同于直接的物物交换。商品流通打破了物物交换中对个人和地方的限制，扩大了交换范围，深化了社会分工，极大地促进了经济的发展。

孤立地看，每一次商品交换只是买卖双方的事，实际上只要不是直接的物物交换，买者必须在卖出自己的商品（完成另一个方面的商品交换）后才有能力购买商品，或者说持有一般等价物后才能实现这次交换。因此交换是"一般社会的过程"。也正是在这一意义上，马克思对流通下了如下定义："每个商品的形态变化系列所形成的循环，同其他商品的循环不可分割地交错在一起。这全部过程就表现为商品流通。"③

基于以上对商品交换和流通作为社会过程的分析，马克思

---

① 马克思：《资本论》第1卷，人民出版社2004年版，第104、105页。

② 《马克思恩格斯全集》第20卷，人民出版社1971年版，第160页。

③ 马克思：《资本论》第1卷，人民出版社2004年版，第133～134页。

得出结论："流通是商品占有者的全部相互关系的总和。在流通以外，商品占有者只同他自己的商品发生关系。"[①] 显然，我们所讲的市场调节中的市场，实际上就是流通过程。在流通过程中商品的卖者和买者集中，相互之间的关系就形成市场关系。

在马克思看来，流通领域通行等价交换，因此这是天赋人权的真正乐园。"那里占统治地位的只是自由、平等、所有权和边沁。自由！因为商品例如劳动力的买者和卖者，只取决于自己的自由意志。他们是作为自由的、在法律上平等的人缔结契约。契约是他们的意志借以得到共同的法律表现的最后结果。平等！因为他们彼此只是作为商品占有者发生关系，用等价物交换等价物。所有权！因为每一个人都只支配自己的东西。边沁！因为双方都只顾自己……正因为人人只顾自己，谁也不管别人，所以大家都是在事物的前定和谐下，或者说，在全能的神的保佑下，完成互惠互利、共同有益、全体有利的事业。"[②] 马克思在这里是针对流通领域中的等价交换规则说的。在现实的市场上常常出现诸如假冒伪劣、坑蒙拐骗、尔虞我诈之类的秩序混乱问题，这些问题的出现表明市场上并不是那种人间乐园，这意味着市场要成为人间乐园需要根据马克思的上述规则和制度的规定去创造。

二、流通的作用

在流通和生产的辩证关系中，首先是生产决定流通，流通的对象是生产的结果，生产的方式决定流通的方式。但是，流通并不是完全被动的，流通对生产过程和整个社会经济的发展起着制约和决定作用，特别是当市场态势从卖方经济转向买方

① 马克思：《资本论》第1卷，人民出版社2004年版，第192页。
② 马克思：《资本论》第1卷，人民出版社2004年版，第204~205页。

经济后，流通对生产的反作用更加重要。

只要不是自然经济，任何生产和再生产的正常进行，都必须依赖两个条件，一是必须从流通中取得生产所需的劳动力和生产资料；二是生产出来的产品必须通过流通销售出去。如果第一个条件不能满足，生产就成了“无米之炊”，难以进行；如果第二个条件不能满足，产品就会积压，再生产就会停滞。

流通制约生产的规模。包括两个方面，第一，通过流通购买的劳动力和生产资料的规模和质量制约了生产的规模；第二，通过流通实现的新价值的规模和速度制约了生产的规模。在买方市场经济中，商品能否通过流通转化为货币、能转化多少，是制约生产规模的关键，如果商品不能足值、及时地转化为货币，商品的价值就不能全部实现。

马克思从资本循环和周转中界定流通的作用。资本流通形式（G—W—G′）中包含商品流通过程。在流通领域中，资本是作为商品资本和货币资本存在的。“资本的两个流通过程是：由商品形式转化为货币形式，由货币形式转化为商品形式。”[①] 这样，资本循环过程包含生产过程和流通过程，相应地，整个资本流通时间就包含生产时间和流通时间。资本在流通时间内不执行生产资本的职能，既不生产商品，也不生产剩余价值。这意味着，在资本进入流通过程时，生产过程就中断，资本的自行增殖也就中断。资本处于流通的时间越长，“资本在生产领域不断执行职能的部分就必定越小。因此，流通时间的延长和缩短，对于生产时间的缩短或延长，或者说，对于一定量资本作为生产资本执行职能的规模的缩小或扩大，起了一种消极限制的作用。资本在流通中的形态变化越成为仅仅观念上的现象，也就是说，流通时间越等于零或近于零，资

① 马克思：《资本论》第 2 卷，人民出版社 2004 年版，第 141 页。

本的职能就越大，资本的生产效率就越高，它的自行增殖就越大。"[①] 显然，马克思是从流通对价值创造的消极作用方面出发来肯定流通的积极作用的。

商品流通形式包括 W—G 和 G—W 两个互相对立、互为补充的过程。W—G 是商品通过出售得到货币，从而商品的价值得到实现。G—W 是商品所有者用出售商品得到的货币来购买所需要的使用价值。其中，W—G，马克思称之为"商品的惊险的跳跃。这个跳跃如果不成功，摔坏的不是商品，但一定是商品占有者。"[②] 商品生产者要证明自己的劳动是社会劳动，必须通过交换来得到社会承认，这就要求所提供的商品必须是满足社会需要的。但能否满足社会需要则是偶然的事情，因为社会需要具有替代性的特点。某种产品今天满足一种社会需要，明天就可能全部地或部分地被一种类似的产品排挤掉，而且，社会对某种产品的需要是有限度的，如果你的竞争者的产品已经满足社会需要了，你的产品就成为多余的了。

商品流通的对象是商品，因此，流通的经济内容包括两个方面：商品价值的补偿和使用价值的替代。在交换中，必须按照价值规律的要求，实行等价交换，商品的价值必须得到等量补偿，生产者不仅要收回 C + V 部分，补偿物化劳动和活劳动的消耗，同时要实现 M 部分，取得利润。同时，在交换中，商品生产中已消耗的各种生产资料如磨损报废的机器、原辅材料等，也必须得到替换和更新。

在马克思看来，商品流通的速度会直接影响资本作用的程度，从而影响再生产的规模。这就是他说的："由于资本抛弃它的商品形式和采取它的货币形式的速度不同，或者说，由于

① 马克思：《资本论》第 2 卷，人民出版社 2004 年版，第 142 页。
② 马克思：《资本论》第 1 卷，人民出版社 2004 年版，第 127 页。

卖的速度不同，同一个资本价值就会以极不相同的程度作为产品形成要素和价值形成要素起作用，再生产的规模也会以极不相同的程度扩大或者缩小。"① 当再生产周期和生产时间一定时，再生产的速度就决定于流通时间的长度。如果生产者能够迅速地购买到生产所需的劳动力和生产资料，能够顺利地将生产出来的商品出售，再生产的速度就会加快。反之，如果流通不畅，所需要的生产要素难以购买，所生产的商品难以出售，再生产的速度就会降低。

社会资本再生产的核心问题是社会总产品的实现问题，即社会总产品的价值补偿和实物补偿问题。社会总产品的实现是通过社会生产两大部类之间以及各部类内部的相互交换来实现的，客观上要求两大部类及部类内部按比例分配社会劳动。如果这些重要的比例关系不能得到满足，就会导致生产过剩或生产不足，严重时，可能会导致造成重大破坏后果的全社会的经济危机。

现代经济中，"生产的规模在越来越小的程度上取决于对产品的直接需求，而在越来越大的程度上取决于单个资本家支配的资本量。" 这样，"每一个特殊生产部门中作为商品出现在市场上或寻找销路的产品量，必然增大。"② 这是对在资本主义经济中以商品供过于求为主要特征的买方市场的主要说明。这意味着商品流通对买方市场经济有特别重要的作用。

基于以上关于流通作用的分析，现阶段研究流通的目的，是为了使流通过程与生产过程相适应，使社会产品以最小的成本和最短的时间进入消费，从而提高企业和社会的经济效益。因此，研究流通问题，重点是要解决两个问题，一是要研究流

---

① 马克思:《资本论》第 2 卷，人民出版社 2004 年版，第 48 页。
② 马克思:《资本论》第 2 卷，人民出版社 2004 年版，第 162 页。

通怎样影响经济效益；二是要研究怎样采取措施组织流通来提高经济效益。

在研究流通与商品价值的关系时有几点需要强调：第一，虽然马克思认为纯粹的流通过程和流通时间不创造价值，但它是实现价值的必要过程，流通时间和生产时间一样，同样是创造社会财富的必要过程。第二，流通过程也有一部分行为是创造价值的，例如运输、保管分类等，马克思认为这些行为是生产过程在流通中的继续。第三，在现代经济中，随着分工的发展，流通部门（商业）作为第三产业的一个重要部分，已经成为生产性部门，因而其收入也已计入 GDP。

第二节　资本周转中的流通时间

资本完成循环的全部时间，等于资本的生产时间和资本的流通时间之和。资本在流通领域停留的时间是流通时间。资本的流通时间又可以分成两部分，即商品转化为货币（W—G）的时间和货币转化为商品（G—W）的时间。

根据马克思的劳动价值论，价值是在生产过程中创造的，流通过程不创造新价值，但马克思丝毫没有忽视流通的作用。流通过程不仅实现生产过程中创造的价值，还会直接影响创造价值的生产时间及在生产过程中进行价值增殖的资本规模。因此，加快流通速度，缩短流通时间，表现为更高的经济效益。

马克思在《资本论》第 2 卷第 15 章使用复杂的数据，以流动资本为例，非常耐心地计算了资本流通时间对预付资本的影响：预付资本是 900 镑，如果流通时间从 3 周缩短到 2 周，当其他条件不变时，预付资本就会减少到 800 镑，游离出来 100 镑的货币资本；反之，如果流通时间延长到 5 周，就需要追加 200 镑资本。因此，维持同样规模的再生产，资本周转速度越快，需要的预付资本量越少，消耗的资金成本越小。

一、流通时间的缩短

资本处于流通时间会限制资本的生产时间，从而限制资本的价值增殖程度，限制的程度与流通时间持续的长短成比例。既然流通时间不创造价值，缩短流通时间就是题中应有之义。缩短流通时间能使资本有更多的时间在生产过程中执行职能。无论是卖（W—G）的时间还是买（G—W）的时间都需要缩短。“流通时间越等于零或近于零，资本的职能就越大，资本的生产效率就越高，它的自行增殖就越大。”①

W—G 即卖，“是资本形态变化的最困难部分，因此，在通常的情况下，也占流通时间较大的部分。”② 但它是资本流通中具有决定意义的部分。影响这个时间的决定性因素是商品是否符合社会需要，提供给市场的商品量是否等于社会的需要量。

马克思特别注意到商品的使用价值形式会使 W—G 的时间受到限制。“如果商品没有按照它们的用途，在一定时期内，进入生产消费或个人消费，换句话说，如果它们没有在一定时间内卖掉，它们就会变坏，并且在丧失它们的使用价值的同时，也就丧失作为交换价值承担者的属性。”商品不同，使用价值变坏的快慢程度也不同。“由商品体本身会变坏所决定的商品资本流通时间的界限，就是流通时间的这一部分或商品资本作为商品资本能够经过的流通时间的绝对界限。”③ 这表明商品的易坏程度是对 W—G 时间的客观限制（绝对限制），但作为资本家来说，会使这部分时间进一步缩短，以尽快回收

① 马克思：《资本论》第 2 卷，人民出版社 2004 年版，第 142 页。
② 马克思：《资本论》第 2 卷，人民出版社 2004 年版，第 143 页。
③ 马克思：《资本论》第 2 卷，人民出版社 2004 年版，第 144 ~ 145 页。

资本。

马克思还根据商品易坏的程度提出了相应市场布局思想："一种商品越容易变坏，因而生产出来越要赶快消费，也就是越要赶快卖掉，它能离开产地的距离就越小，它的空间流通领域就越狭窄，它的销售市场就越带有地方性质。……这种商品只有在人口稠密的地方，或者随着地域的距离由于运输工具的发展而缩短时，才能成为资本主义生产的对象。"①

G—W 即买，是资本由货币形式再转化为生产要素的时间，是购买生产中需要的生产要素。马克思指出了影响这个时间长短的因素："资本要转化成在一定投资场所形成生产资本的一定要素的商品。生产资料也许在市场上还没有，还必须生产出来，或者要取自远方市场，或者它们的通常供给出现了障碍，价格发生了变动等等。"②

如果将 W—G 和 G—W 结合起来分析，可以发现"像 W—G 和 G—W 可以在时间上分离一样，W—G 和 G—W 也可以在空间上分离，购买市场和销售市场可以是空间上不同的市场。"③ 这样，流通时间的缩短就与生产地点和市场的距离相关，其中包括与销售市场的距离，与购买市场的距离。

一般来说，在交通运输条件大致相同的条件下，商品的销售市场和生产地点的空间距离是影响流通时间的重要原因，市场距离造成的资本束缚在商品资本形式上的延长，影响了货币回流的时间，因而也影响了由货币资本到商品资本的转化。另外，原料产地距离生产地点距离的远近，也影响了购买时间的长短。产销地点的距离近，出售的时间就短；反之，产销地点的距离远，出售的时间就长。

---

① 马克思：《资本论》第 2 卷，人民出版社 2004 年版，第 145 页。
② 马克思：《资本论》第 2 卷，人民出版社 2004 年版，第 143 页。
③ 马克思：《资本论》第 2 卷，人民出版社 2004 年版，第 143 页。

马克思特别指出了订货对缩短流通时间的意义："假定有一个资本家按订货生产，因此他在提供产品时就得到支付，又假定支付给他的是他自己需要的生产资料，那么，流通时间就接近于零了。"① 马克思在说明销售市场和生产地点距离时进一步说明了订货的作用："在商品运往市场的全部时间内，资本束缚在商品资本的状态；如果商品按订货生产，就要停留到交货的时候；如果不是按订货生产，那么，商品运往市场的时间，还要加上商品在市场上等候出售的时间。"②

二、生产储备及其减少

任何商品，只要它不是从生产领域直接进入生产消费或个人消费，因而在这个间歇期间处在市场上，它就是商品储备的要素。也就是说，W—G 包括商品 W 处于市场上的间歇期。马克思认为，不管生产的社会形式如何，为了保证社会再生产的顺利进行，总要进行商品储备。

生产资本形式的储备，即以生产资料的形式存在的储备。"随着生产规模的扩大，随着劳动生产力由于协作、分工、机器的应用等等而提高，逐日进入再生产过程的原料、辅助材料等等的量也会增加。这些要素必须预先在生产场所准备好。因此，这种以生产资本形式存在的储备的规模是绝对增大的。"③这种储备虽然绝对地增大了，但是依靠物流的效率，可以相对地减少。

生产储备的减少要取决于各种条件。马克思所认为的条件就是："要使必要数量的原料能够更迅速地、更有规则地、更有保证地不断得到供应，而不致发生任何中断。这些条件越不

① 马克思：《资本论》第 2 卷，人民出版社 2004 年版，第 142 页。
② 马克思：《资本论》第 2 卷，人民出版社 2004 年版，第 277 页。
③ 马克思：《资本论》第 2 卷，人民出版社 2004 年版，第 159 页。

具备，从而供应越没有保证，越不规则，越缓慢，生产资本的潜在部分，即生产者手中等待加工的原料等等的储备就必然越大。”① 显然，马克思尽管把这种生产资本的储备看做是生产性的，但他没有把所有的生产储备的保管费用都计入商品价值，只有必要数量的储备费用才进入商品价值。

生产储备的减少归根到底还是要靠经济体制。匈牙利经济学家科尔奈在20世纪80年代的著作中曾经以全社会生产储备在流动资本中的比重看做是卖方市场还是买方市场的指标。如果生产储备比重大，这个市场就是卖方市场，体现市场商品短缺。如果生产储备比重小，与此相应的是产成品储备比重大，这个市场就是买方市场，体现市场商品过剩。

三、信用和契约

在同一个部门的不同的企业之间，或不同部门、不同地区的企业之间，商品转化为货币的时间都存在着差别。原料进入市场的周期也是这样。大批原料进入市场的周期或长或短，也会对不同的生产部门产生影响。原料进入市场的周期决定了原料的购买日期，就如马克思所举例的，在19世纪，伦敦每三个月进行一次羊毛的拍卖，而棉花市场不断有棉花出售，羊毛和棉花的购买周期就不一样。在现实经济中，马克思所讲的这种情况仍然存在，特别是对那些以矿产品和农牧渔业产品为原料的企业，如冶金、石化、纺织、农副产品加工等行业，购买原材料的周期较长。

马克思认为，上述流通时间的差别正是“各种信用期限的物质基础之一……一般说来也是真正的信用制度的源泉之

---

① 马克思：《资本论》第2卷，人民出版社2004年版，第159~160页。

一。”[①] 由于不同部门不同企业支付习惯和支付期限的不同，信用就有插手流通的需要和可能。信用制度可以加速商品的形态变化，缩短资本的流通时间。在现实经济中，某些地区、某些企业缺乏诚信，企业销售的货款难以回收，严重影响了正常的经营秩序，人为地延长了商品转化为货币的时间，不利于经济的发展。

资本周转的时间也是由供货契约的范围引起的。“作为买者和卖者之间的交易的供货契约，是一种与市场即流通领域有关的业务。”[②] 如果商品买卖双方签订了供货契约，商品生产出来后，就可以立即得到支付，从商品转化为货币的时间就接近于零；反之，如果没有签订供货契约，商品生产出来后，就必须进入库房等待它的买主，从商品转化为货币的时间取决于当时市场的情况。当然，供货契约的实际执行情况也是影响商品销售时间的重要因素，必须加强供货契约的管理，依法保证契约的执行。

四、交通运输的改进

“商品在空间上的流通，即实际的移动，就是商品的运输。”[③] 根据马克思的分析，运输属于生产过程的继续。“在产品从一个生产场所运到另一个生产场所以后，接着还有完成的产品从生产领域运到消费领域。产品只有完成这个运动，才是现成的消费品。”[④] 其运动形式用公式表示就是 $G—W < \begin{matrix} A \\ Pm \end{matrix} \cdots P—G'$。

① 马克思：《资本论》第2卷，人民出版社2004年版，第280页。
② 马克思：《资本论》第2卷，人民出版社2004年版，第281页。
③ 马克思：《资本论》第2卷，人民出版社2004年版，第170页。
④ 马克思：《资本论》第2卷，人民出版社2004年版，第168页。

商品的销售市场和生产地点的空间距离是影响流通时间的重要原因，一般来说，距离销售市场远的地区，流通的时间长；距离销售市场近的地区，流通的时间短，因此，距离市场中心的远近往往成为经济发达程度的重要标志。

缩短流通时间的主要方法是改进交通，交通运输的改进能缩短生产地点和市场的时间距离。“交通运输工具的改良，会绝对缩短商品的移动期间。”① 交通干线附近的某些地区尽管距离市场中心的空间距离很远，但通过便捷的交通干线，距离市场中心的时间距离却很近。相反，某些地区尽管距离市场中心的空间距离很近，但因为交通不发达，距离市场中心的时间距离却很远。决定经济发展程度的不是空间距离，而是时间距离。“在运输工具发展的同时，不仅空间运动的速度加快了，而且空间距离在时间上也缩短了。”② 交通运输业的发展可以改变地区经济的发展速度和相对差距，要发展地区经济，首先必须从交通运输上与先进地区对接，缩短与先进地区的时间距离。

运输业能加速生产要素的集中。交通便利的地方，可以面向更大的市场来组织生产，大量的人口和资本向这一地点加速集中，就能聚集起大量的生产要素和市场要素，迅速成为较大的生产中心、市场中心、人口中心、输出中心。交通运输条件的变化，也会使现有的经济中心的地位发生变化。马克思举例说，一个生产地点，由于处在大河或运河的旁边，一度享有特别的交通上的便利，现在却处于一条冷清的铁路支线旁边；另一个地点，原来和交通要道完全隔绝，现在却处于好几条铁路的交叉点。由于铁路运输代替了水路运输，后一个生产地点兴

① 马克思：《资本论》第2卷，人民出版社2004年版，第277页。
② 马克思：《资本论》第2卷，人民出版社2004年版，第278页。

盛起来，前一个生产地点衰落了。在历史上，类似的例子举不胜举，因此，地区经济的发展在很大程度上决定于交通运输业的发展水平，要想使地区经济的发展不被边缘化，必须大力发展交通运输等基础设施。

马克思在说明改进运输工具所带来的缩短商品流通时间的效应的同时，又指出由于交通运输工具发展所带来的进步又引起开拓越来越远的世界市场的必要性。因此，“在较长时间内不断处在商品资本阶段、处在流通时间内的那部分社会资本，也会绝对地和相对地增加。”[①] 与此同时，投在交通运输工具上的社会财富也会增加。

第三节　流通费用

流通费用是在流通时间中耗费的费用。马克思将流通费用分为两种类型，一种是纯粹流通费用，这是不加入商品价值的费用；另一种是生产性流通费用，这是可以加入商品价值的费用，是生产过程在流通中继续所产生的费用。两者的区别还在于，前者是与价值运动相关的费用，后者是与使用价值运动相关的费用，两类流通费用的性质及其补偿方式是完全不同的。

一、纯粹流通费用

在马克思的分析中，用在买卖、簿记、执行职能的货币上的费用都属于纯粹流通费用。马克思在说明用在买卖上的费用时对纯粹流通费用做了明确地界定：“用在买卖上的时间，是一种不会增加转化了的价值的流通费用。这种费用是价值由商

① 马克思：《资本论》第2卷，人民出版社2004年版，第279页。

品形式转变为货币形式所必要的。”①

买卖时间就是在市场上执行卖者和买者的职能的时间。“资本家进行买卖，在市场上奔走的时间，也是他作为资本家即作为人格化的资本执行职能的时间的一个必要部分。这是他的经营时间的一部分。”② 就是说，流通过程所消耗的费用同生产过程所消耗的费用一样，是资本执行职能的必要部分，是他的经营费用的一部分。

纯粹流通费用的第一种形式是买卖费用，它纯粹是为资本的形态变化即由商品到货币和由货币到商品的形式转化而产生的费用。“形态变化 W—G 和 G—W，是买者和卖者之间进行的交易；他们达成交易是需要时间的，尤其是因为在这里进行着斗争，每一方都想占对方的便宜，生意人碰在一起，就像‘希腊人遇到希腊人就发生激战’一样。”③ 显然，这里所讲的纯粹流通费用的含义，与后来西方经济学所使用的交易成本概念是完全一致的。买卖费用是指达成买卖交易所需要的费用。无论是商品转化为货币即商品销售，还是货币转化为商品，即商品购买，都需要寻找交易对象并进行谈判、签约，这个达成交易的过程，不仅耗费时间而且还要耗费成本。

纯粹流通费用是不创造价值的费用。马克思认为，流通中的买卖费用是一种经济能量的损失，就像在煤炭的燃烧过程中需要消耗一定的热量一样，“这种能量的消耗不转化为热，而是热的一种扣除。”④ 纯粹流通费用虽然是纯粹的，但它是必需的。流通费用是资本流通必须支付的费用。马克思反复强调说，“劳动力和劳动时间必须以某种程度耗费在流通过程（就

---

① 马克思：《资本论》第 2 卷，人民出版社 2004 年版，第 150 页。
② 马克思：《资本论》第 2 卷，人民出版社 2004 年版，第 146 页。
③ 马克思：《资本论》第 2 卷，人民出版社 2004 年版，第 147 页。
④ 马克思：《资本论》第 2 卷，人民出版社 2004 年版，第 147 页。

它只是形式转化来说）上”，[①]“这种劳动对于作为总体的资本主义生产过程来说，即对于包含着流通或被包含在流通中的资本主义生产过程来说，是一个必要的因素。”[②]

簿记即记账，用于簿记的费用属于纯粹流通费用。资本在生产领域和流通领域，“这种运动是由包含商品的定价或计价（估价）在内的簿记来确定和监督的”[③] 这种职能是从生产职能中分离出来的，不创造价值，归入流通费用，归入总收益的扣除部分。马克思认为，“过程越是按社会的规模进行，越是失去纯粹个人的性质，作为对过程的监督和观念上的总括的簿记就越是必要；因此，簿记对资本主义生产，比对手工业和农民的分散生产更为必要，对公有生产，比对资本主义生产更为必要。但是，簿记的费用随着生产的积聚而减少，簿记越是转化为社会的簿记，这种费用也就越少。”[④]

纯粹流通费用的第三种形式是执行流通手段、支付手段和准备金等职能的货币商品的费用。这些执行货币职能的费用，既不进入个人消费，也不进入生产消费，这是固定在充当单纯的流通机器的形式上的社会劳动。而且，流通中的货币还会磨损，要求不断得到补偿。因此，流通中的货币，“对社会来说，是仅仅由生产的社会形式产生的流通费用。这是商品生产的非生产费用。”[⑤]

马克思分析了纯粹流通费用的补偿问题。流通费用的一般规律是：“一切只是由商品的形式转化而产生的流通费用，都不会把价值追加到商品上。”[⑥] 因此，流通费用的补偿的源泉

---

① 马克思：《资本论》第 2 卷，人民出版社 2004 年版，第 150 页。
② 马克思：《资本论》第 2 卷，人民出版社 2004 年版，第 147 页。
③ 马克思：《资本论》第 2 卷，人民出版社 2004 年版，第 151 页。
④ 马克思：《资本论》第 2 卷，人民出版社 2004 年版，第 152 页。
⑤ 马克思：《资本论》第 2 卷，人民出版社 2004 年版，第 153 页。
⑥ 马克思：《资本论》第 2 卷，人民出版社 2004 年版，第 167 页。

是直接生产活动中创造的剩余价值，“这种费用必须从剩余产品中得到补偿，对整个资本家阶级来说，是剩余价值或剩余产品的一种扣除。”①

马克思认为，纯粹流通费用是对收入的直接扣除，不能形成新价值。因此，对于经济发展来说，关键是如何加速资本周转，缩短流通时间，使流通费用减少到最低限度。

二、生产性流通费用

生产性流通费用是由在流通过程中继续进行的生产过程所带来的。与上述纯粹流通费用不同，它不是单纯由价值形态的变化产生的费用，而是使用价值的运动所产生的费用。例如，使用价值的保管所产生的保管费用，使用价值的运输产生的运输费用以及包装、分类等等。这些费用本身属于生产过程，但在现实中是进入流通过程的，是在流通过程中支付的生产费用，因而会通过商品的加价进入商品的价值。

（一）保管费用

在马克思看来，不是所有保管费用都是生产性的，或者说可以加入商品价值的。“如果形成商品储备所需要的流通费用，只是产生于现有价值由商品形式转化为货币形式的时间”②，即商品处于待售状态时的储备，这种费用仍然属于纯粹流通费用。

就像我们不能把商品卖不出去而被迫保管支付的费用看做是创造价值的生产性费用一样。马克思将商品储备分为自愿储备和非自愿储备两类。非自愿储备是由流通停滞造成的，是商品卖不出去的结果。“如果储备的形成就是流通的停滞，由此

① 马克思：《资本论》第2卷，人民出版社2004年版，第167页。
② 马克思：《资本论》第2卷，人民出版社2004年版，第156页。

引起的费用就不会把价值加到商品上。"[①] 自愿储备指的是"商品储备是商品流通的条件，甚至是商品流通中必然产生的形式时"[②] 形成的储备。根据马克思的分析，这种储备的必要性在于：首先，商品储备必须要有一定的量，才能在一定时期内满足需求量。这里要把买者范围的不断扩大计算在内。其次，储备量要大于平均出售量或平均需求量，不然，超过这个平均量的需求量就不能得到满足。最后，储备因为不断消耗，所以要不断更新，而且生产者为了使自己不直接依赖于生产，为了保证自己有一批老顾客，总是想保持一批与平均需求量相适应的存货。再从再生产和资本流通连续的角度不断来看，市场上的商品必须有一部分不断保持商品形式。"只是由于有了这种储备，流通过程从而包含流通过程在内的再生产过程的不断连续进行，才得到保证"。[③] 这种正常储备或者说自愿储备所产生的保管费用无疑应计入商品的价值。

需要指出的是，马克思所指出的商品储备必须有一定的量，也就是为在一定时期内满足需求量，储备量要大于平均出售量或平均需求量。这些论断正是我们现在所讲的需要形成适度买方市场。但要防止储备过度。马克思发现，"商品储备的规模由于流通停滞而扩大的现象，会被误认为是再生产过程扩大的征兆，特别是在现实的运动由于信用制度的发展而变得神秘莫测时，更是这样。"[④] 后面将会看到，生产过剩的危机正是在商品流通停滞而被误认为是正常储备时发生的。

根据马克思的分析，随着资本主义生产的发展，商品储备有比生产储备增长更快的趋势。储备在商品形式上所以增大，

---

① 马克思：《资本论》第 2 卷，人民出版社 2004 年版，第 163 页。
② 马克思：《资本论》第 2 卷，人民出版社 2004 年版，第 165 页。
③ 马克思：《资本论》第 2 卷，人民出版社 2004 年版，第 165 页。
④ 马克思：《资本论》第 2 卷，人民出版社 2004 年版，第 166 页。

是因为，“它在直接的生产储备和消费储备形式上减少了”。[①] 其原因在于，“生产的规模在越来越小的程度上取决于对产品的直接需求，而在越来越大的程度上取决于单个资本家支配的资本量，取决于他的资本的价值增殖欲以及他的生产过程连续进行和不断扩大的必要性。因此，每一个特殊生产部门中作为商品出现在市场上或寻找销路的产品量，必然增大。”[②] 20 世纪 70 年代，匈牙利经济学家科尔内在区分计划经济和市场经济时同样使用了生产储备和商品储备的比较方法。如果企业库存普遍以生产储备为主，这个经济就是短缺经济，这是计划经济的特征；如果企业库存普遍以产成品为主，这个经济就是需求约束型经济，是市场经济的特征。

（二）运输费用

运输的费用和效用的关系就是马克思所说的：“运输业所出售的东西，就是场所的变动本身。它产生的效用，是和运输过程即运输业的生产过程不可分离地结合在一起的。……这种效用的交换价值，和任何其他商品的交换价值一样，都是由其中消耗的生产要素（劳动力和生产资料）的价值加上运输工人的剩余劳动所创造的剩余价值决定的。”[③]

运输费用属于生产性费用，从而进入商品价值。其理论说明是：“物品的使用价值只是在物品的消费中实现，而物品的消费可以使物品的位置变化成为必要，从而使运输业的追加生产过程成为必要。因此，投在运输业上的生产资本，会部分地由于运输工具的价值转移，部分地由于运输劳动的价值追加，把价值追加到所运输的产品中去。”[④]

---

① 马克思：《资本论》第 2 卷，人民出版社 2004 年版，第 161 页。
② 马克思：《资本论》第 2 卷，人民出版社 2004 年版，第 162 页。
③ 马克思：《资本论》第 2 卷，人民出版社 2004 年版，第 65 页。
④ 马克思：《资本论》第 2 卷，人民出版社 2004 年版，第 167～168 页。

运输业对社会所出售的东西是场所的变动，发达的运输业可以缩短从生产到消费的时间和空间限制，从而节省流通费用，促进经济的发展。

需要指出的是，马克思在说明商品发生场所变化所产生的费用加入商品价值是有严格限制的。马克思当时分析有些发生移动的行为并没有增大价值。例如，“棉花、生铁之类可以移动的商品价值，经过许多流通过程，由投机者反复买卖，但还是留在原来的货栈内。这里实际运动的，是物品的所有权证书，而不是物品本身。”① 由此产生的费用自然不能计入商品价值。

马克思还以工业革命以来的交通革命为例，全面评述了交通运输和通讯业对资本流通时间和利润率的影响，“在陆地上，碎石路已经被铁路排挤到次要地位，在海上，缓慢的不定期的帆船已经被快捷的定期的轮船航线排挤到次要地位。并且整个地球布满了电报网。苏伊士运河才真正开辟了通往东亚和澳洲的轮船交通。”② 结果是通往东亚的商品流通时间从1847年的12个月减少到1866年的12个星期，极大地促进了利润率的提高。商品的运输尽管不会使商品的总量增大，但可以便利商品使用价值的消费，因此，运输会把费用追加到所运输的商品价值中去。

第四节　流通部门和商业资本

再生产过程包含流通阶段。现代生产以大规模生产为前提，“同样也必须以大规模的出售为前提；因此是以出售给商

① 马克思：《资本论》第2卷，人民出版社2004年版，第167页。
② 马克思：《资本论》第3卷，人民出版社2004年版，第84页。

人，而不是出售给消费者个人为前提。”① 由此就提出研究商业作为独立的流通部门的必要性。

一、流通部门的独立和商业资本的作用

马克思在研究流通费用时分析了流通从生产者那里独立出来成为独立的部门承担流通职能的意义。

由于 W—G 和 G—W 可以在时间上和空间上分离，“购买市场和销售市场可以是空间上不同的市场”。面对这种市场，“流通和生产本身一样必要从而流通当事人也和生产当事人一样必要。”② 其必要性在于，流通当事人必须由生产当事人支付报酬。“在有些营业中，采购者和推销者的报酬，是用利润分成的办法支付的。”③

商人资本是从产业资本中分离出来的。对于产业资本来说，它的一部分总是作为商品处在市场上，以便转化为货币；另一部分以货币形式处在市场上，以便转化为商品。不断处在流通过程中的资本的这种职能独立起来，成为一种特殊资本的特殊职能，这种资本就是商业资本。因此，商业资本只是这个不断处在市场上、处在形态变化过程中的并总是局限在流通领域内的流通资本的转化形式，商业资本完成的是商品资本的职能，它通过不断地买和卖来对产业资本的流通起中介作用，作为媒介来实现商品资本的形态变化。

既然商业资本是商品资本的职能独立化的形式，那么，是什么情况使流通从生产者那里独立出来成为独立的部门并承担流通职能呢？马克思认为需要满足两个条件：

第一，社会分工出现独立的商人。商品资本完成商品形态

① 马克思：《资本论》第 2 卷，人民出版社 2004 年版，第 127 页。
② 马克思：《资本论》第 2 卷，人民出版社 2004 年版，第 143 页。
③ 马克思：《资本论》第 2 卷，人民出版社 2004 年版，第 144 页。

变化的职能是由独立的商人来进行的，而不是由商品的生产者来进行的，因此，这种商品形态变化活动就形成了一种与产业资本的其他职能相分离的、特别的、独立存在的业务。“这是社会分工的一种特殊形式，结果是，一部分本来要在资本再生产过程的一个特殊阶段（在这里就是流通阶段）中完成的职能，现在表现为一种和生产者不同的、特别的流通当事人的专门职能。”①

第二，商人预付货币资本。商人作为经营者首先是作为某个货币额的代表出现在市场上，他要通过他的经营行为使他的预付货币额 X 转化为包含利润的 X + ΔX，而他要经营商品就必须首先购买商品，必须首先是货币的所有者。在商人预付资本向生产者购买商品时，对商人来说表现为 G—W—G 的行为。但对商品资本来说，只是完成 W—G，即由商品资本转化为货币资本。就是说，商人通过 G—W 和 W—G 的两个行为完成 W—G 的一个行为。商人只是对这一商品资本的最终的出售起中介作用。商人预付货币资本，独立执行资本的职能，也意味着必须由商人而不是生产者来承担商品经营中的风险。例如，如果商人向生产者购买了 3 000 镑商品，如果在这个期间商品价格下降了 1/10，商人不仅得不到利润，而且只能收回 2 700 镑，损失 300 镑。商人预付的货币资本之所以能作为资本自行增殖，能执行资本的职能，是因为它只从事一种活动，即作为媒介实现资本由商品形态向货币形态的转化，对商品的不断买和卖，是商业资本的唯一活动。商人资本预付货币资本，是专门用于买卖商品的，只采取商品资本和货币资本的形式，而从来不采取生产资本的形式，并且总是处在资本的流通领域中。这是商业资本与产业资本的根本区别。

① 马克思：《资本论》第 3 卷，人民出版社 2004 年版，第 303 页。

商业资本成为独立的资本形态后，形成了商人资本和产业资本的社会分工。"如果商人仍然是商人，那么，生产者就可以把出售商品的时间节省下来用于监督生产过程，而商人则必须把他的全部时间由于出售商品。"[①] 由于存在这种生产者和商人的分工，只要商人资本没有超过它的必要比例，就可以大大提高产业资本的效率，大大促进社会经济的发展，主要表现如下：

第一，节省社会资本。由于社会分工，专门用于商品买卖的资本，小于产业资本家必须亲自从事全部商业活动所需要的资本。社会分工使流通职能由多数人（生产者）的附带工作变为少数人（商人）的专门工作，变为他们的特殊行业，而且，流通职能由专门的商人来承担，与由生产者自己直接承担的重要区别还在于，"他的买卖规模较大，因而他作为流通当事人执行职能的范围较大"，[②] 有利于实现规模效益，节省社会资本。

第二，缩短商品流通的时间，也就是加速商品向货币形态的变化。因为商人专门从事流通业务，不仅生产者可以把他的商品较早地转化为货币，而且商品资本可以比在生产者手中的时候更快地完成它的形态变化。在商人出现以前，生产者必须要等待消费者购买他的商品后才能收回预付资本，重新进行下一轮生产；商人出现以后，生产者可以依靠商人的货币实现商品的价值，由商人来实现商品的最终销售，因而加速了商品的形态变化。

第三，加快资本周转速度。产业资本的周转，不仅受流通时间的限制，也受生产时间的限制。而同一商业资本可以依次

---

① 马克思：《资本论》第3卷，人民出版社2004年版，第306~307页。

② 马克思：《资本论》第2卷，人民出版社2004年版，第150页。

对投入同一个生产部门（如麻布）的各个资本的不同周转起中介作用，不受该部门的单个资本的生产范围的限制，或单个资本由生产时间决定的周转时间的限制。例如某个麻布生产者提供一种商品需要3个月才能生产出来，而商人在一个月内买进该种商品并且把它卖掉后，可以向另一个生产者购买同一种商品并把它卖掉。而且，商业资本不仅可以对同一生产部门中的不同资本的周转起中介作用，还可以有效地对不同部门的周转起中介作用，也就是买卖不同种商品。

这样，只要同一商人资本在不同的周转中依次将不同的商品买进和卖出，它所预付的货币资本对商品资本完成的职能，就和货币通过它在一定时期的多次流通对商品完成的职能相同。因此商人资本预付的货币资本也有个周转速度问题。由于商人资本可以同时买卖不同部门生产的商品，因此，“商人资本周转得越快，总货币资本中充当商人资本的部分就越小；商人资本周转得越慢，总货币资本中充当商人资本的部分就越大。生产越不发达，商人资本的总额，同投入流通的商品的总额相比，就越大；但是绝对地说，或者同比较发达的状态相比，则越小。”①。

商人资本预付的货币资本的流通速度取决于两个因素：一是生产过程更新的速度和不同生产过程互相衔接的速度；二是消费的速度。

商人资本自身也有加快资本周转速度的方式。其资本可以分为两部分。一部分由商品资本构成，另一部分由货币资本构成。他在这里买东西，又在那里卖东西。他在一方面流回货币资本，在另一方面流回商品资本。二者互相交替并互相平衡。信用制度发展起来后，货币的支付手段和流通手段结合应用，

① 马克思：《资本论》第3卷，人民出版社2004年版，第308～309页。

那么，商人资本的货币资本部分同这个商人资本完成的交易额相比，就会更加减少。“再生产过程进行得越迅速，货币作为支付手段的职能越发展，也就是说，信用制度越发展，这个部分同总资本相比就越小。”①

商人资本作为在流通领域内执行职能的资本，既不创造价值，也不创造剩余价值。尽管如此，马克思还是根据上述商人资本的作用，高度评价了商业资本：“既然它有助于流通时间的缩短，它就能间接地有助于产业资本家所生产的剩余价值的增加。既然它有助于市场的扩大，并对资本之间的分工起中介作用，因而使资本能够按更大的规模来经营，它的职能也就会提高产业资本的生产效率和促进产业资本的积累。既然它缩短流通时间，它也就提高剩余价值对预付资本的比率，也就是提高利润率。既然它把资本的一个较小部分作为货币资本束缚在流通领域中，它就增大了直接用于生产的那部分资本。”②

二、商业的集中和大规模经营

纯粹流通费用不会生产任何价值，但必须从商品的价值中得到补偿，因此，流通费用的增加会使利润率减少。虽然由商人专门从事流通业务，利润率的减少也会发生，但程度较小了。“只要商人资本限制在必要限度以内，差别就只是在于：由于资本职能的这种划分，专门用在流通过程上的时间减少了，为流通过程预付的追加资本减少了，而且总利润中以商业利润的形式表现出来的损失也比在没有这种划分的情况下减少了。”③ 在此基础上，马克思进一步指出发展大商业，可以加速资本形态的变化，缩短流通时间，有助于节省流通费用。

---

① 马克思：《资本论》第3卷，人民出版社2004年版，第309页。
② 马克思：《资本论》第3卷，人民出版社2004年版，第312页。
③ 马克思：《资本论》第3卷，人民出版社2004年版，第324页。

马克思是在研究雇佣商业工人时说明商业大规模经营的意义的。马克思认为，不雇佣商业工人，商业就不可能大规模地经营，就不可能按资本主义的方式经营。他指出：如果每个商人所拥有的资本，只够他本人用自己的劳动来周转，那就会发生商人资本的无限分散。其后果是，对产业资本家来说，面对无限分散的商人，产业资本家的纯粹商人业务，从而他的纯粹商业支出，因此会无限制的扩大。他要和 1 000 个商人打交道，而不是和 100 个商人打交道。除了纯粹的商业费用之外，别的流通费用也会增加。这样，产业资本家就不得不在他的业务的商业部分花费更多的劳动和流通费用。而对商人资本来说，更是如此。100 个小事务所的费用比一个大事务所的费用多得无法比拟。同一商人资本，如果分给许多小商人，由于这种分散就需要多得多的工人来完成它的职能。由于这样一些原因就提出了雇佣商业工人，从而实现商人资本集中和大规模商业经营的必要性。这就是马克思说的："生产规模越扩展，产业资本的商业活动，从而，为实现价值和剩余价值而需要的劳动及其他流通费用也就越增加，虽然决不是按比例增加。因此使用商业雇佣工人就成为必要了。"① 马克思在这里所说的纯粹流通费用，就是后来科斯所说的交易费用，马克思当时所说的商业资本集中和大规模经营可以说是降低交易成本的重要制度安排。

至于商业集中的规模应该有多大，同样可以从马克思关于商业雇佣工人的数量分析中得到说明。马克思认为：商业中需要多少雇佣工人，需要多少劳动量，与产业雇佣工人不一样，产业工人的劳动是生产性劳动，创造价值，因此，在其他条件不变时，产业工人越多，价值和剩余价值也越大。而商业工人

① 马克思：《资本论》第 3 卷，人民出版社 2004 年版，第 333 页。

的劳动不是这种直接的生产劳动，不是作为创造价值的量的原因起作用，而是作为这些价值的量的结果起作用。因此，各种流通费用，包括包装劳动、运输劳动等等的量，“以商品的量为转移，即以这些劳动的活动对象为转移，而不是相反。”①马克思发现，在资本主义生产方式基础上，不仅会生产出大量的商品，而且其中会有越来越多的部分进入商业。“结果，不仅商人资本的量会增加；而且投在流通中的一切资本，例如投在航运、铁路、电报等等上面的资本都会增加。”② 现阶段经济发达的国家和地区商业等服务业都有迅猛的发展就证明了这一点。

本章主要涉及：《资本论》第2卷：第5、6、14章；第3卷：第16、17、18、20章

① 马克思：《资本论》第3卷，人民出版社2004年版，第334页。
② 马克思：《资本论》第3卷，人民出版社2004年版，第346页。

第九章　社会再生产和部门之间的平衡

社会再生产的核心问题是社会总产品的实现问题。这是宏观经济的重要方面。宏观经济的平衡不只是总供给和总需求的平衡，还要求部门之间建立平衡关系，尤其是生产资料生产部门和消费资料生产部门之间的平衡。这种平衡不只是简单再生产（即原有规模）下的平衡，而且要求关注扩大再生产（扩大规模）下的平衡。马克思的社会再生产及其比例关系的理论就提供了这种平衡理论。依据这种平衡理论产生了国民收入平衡账户。研究马克思的社会再生产理论对我们研究产业结构的调整和升级有重要的理论指导意义。

第一节　社会再生产的核心问题是社会总产品的市场实现

马克思的宏观经济分析是从分析社会总资本的再生产入手的。在马克思看来，不管生产过程的社会形式怎样，它必须是连续不断的，或者说，必须周而复始地经过同样一些阶段。“一个社会不能停止消费，同样，它也不能停止生产。”[①] 这种连续的、不断重复的生产就是再生产。社会再生产涉及社会资

① 马克思：《资本论》第1卷，人民出版社2004年版，第653页。

本的运动。研究社会资本及其再生产，研究社会总产品的实现条件，是马克思宏观经济分析的重要内容。

一、社会总资本运动

从一定意义上说，马克思的宏观经济分析是对社会总资本运动的分析。马克思是在《资本论》第二卷分析资本循环时提出社会资本的概念的。根据马克思的界定，社会资本=单个资本之和。单个资本的范围不只是单个的私人资本，也包括股份资本，如果政府投入的资本也起产业资本的作用，那么也包括国家资本。“社会资本的总运动=各单个资本的运动的代数和。”① 就是说，社会资本的运动不是各单个资本运动的简单相加，而是各单个资本运动的相互联系和制约。

马克思将整体的产业资本循环，分解为货币资本循环、生产资本循环和商品资本循环三种循环形式。其中商品资本循环形式反映社会总资本的运动。马克思对社会资本的总运动是通过对商品资本循环的分析来说明的。

商品资本循环（W′…W′）以交换别人所有的、别人手中的商品为前提。这意味着商品资本的循环以另一个产业资本的循环为前提。因此，对商品资本的循环，“不仅看作一切单个产业资本共有的运动形式，而且同时看作各单个资本的总和即资本家阶级的总资本的运动形式，在这个运动中，每一个单个产业资本的运动，都只表现为一个部分运动，和其他部分运动交织在一起，并且受它们制约。”②

马克思的宏观经济分析考察一个国家的全部年产品，他从社会再生产的角度进行考察，“分析其中一部分补偿一切单个

① 马克思：《资本论》第2卷，人民出版社2004年版，第113页。
② 马克思：《资本论》第2卷，人民出版社2004年版，第112页。

企业的生产资本，另一部分进入不同阶级的个人消费的运动。”[①] 因此，W′…W′的运动“一开始就表明是产业资本的总和运动，既是补偿生产资本的那部分产品的运动，又是形成剩余产品的那部分产品（通常部分作为收入花掉，部分要用作积累要素）的运动”。[②] 其中花掉收入的运动包含了个人消费。

从社会再生产的运动过程考察，各单个资本的运动不可能在彼此孤立的状态下进行，它们互为前提、互相制约，形成了相互间的有机联系：各单个资本要向其他企业购买自己所需要的生产资料、生活资料，同时也要向其他企业出售自己的产品，因而单个资本之间有着通过市场发生相互交换的密切的经济联系。社会资本所包含的单个资本，不仅有投在生产资料生产部门的资本，也有投在消费资料生产部门的资本；不仅有投在物质生产领域的资本，也有投在服务业中的资本。社会资本在各产业及产业内部的资本投放，都必须符合一定的客观的比例；而且投在各部门和产业的资本，其各自运行也必须相互配合。所以，社会资本的整体功能，不等于组成社会资本的各部分资本的简单算术和；社会资本的内部构成状况，决定了其整体功能是大于还是小于单个资本部分之算术和。

单个资本的运动是指各单个资本经过生产过程和流通过程，依次变换不同的资本形态，独立进行循环和周转，实现着单个资本的再生产。因此，“社会资本的运动，由社会资本的各个独立部分的运动的总和，即各个单个资本的周转的总和构成。”[③] 由于各单个资本之间存在着相互依存的关系，因而它们的循环和周转也是互为条件、相互交替的。这种互为条件、相互交替的单个资本运动的总和，就是社会资本的运动。马克思

① 马克思：《资本论》第2卷，人民出版社2004年版，第112页。
② 马克思：《资本论》第2卷，人民出版社2004年版，第113页。
③ 马克思：《资本论》第2卷，人民出版社2004年版，第390页。

的这个提示表明，研究单个资本的运动，必须有宏观视野和市场视角：“考察作为社会总资本的组成部分的各个单个资本的流通过程（这个过程的总体就是再生产过程的形式），也就是考察这个社会总资本的流通过程。”①

同单个资本运动一样，社会资本运动的过程是生产和流通过程的统一。社会资本运动的总过程，不仅包括生产消费，而且包括生活消费；不仅包括媒介生产消费的交换（资本流通），而且包括媒介个人消费的一般商品流通。社会资本运动包括个人消费在内，是由于个人购买消费品的过程，同时就是生产消费资料的生产者出售消费品并把商品资本转化为货币资本的过程，这部分资本的循环正是通过媒介个人消费的一般商品流通运动来实现的。所以，个人消费以及与此相联系的一般商品流通，是社会资本运动的一个有机组成部分。

归结起来，马克思从社会总资本运动的角度进行宏观经济分析，关注的是社会再生产，并由此出发关注各单个资本运动之间的相互关系，关注包含资本流通和一般商品流通在内的流通，关注包括生产消费和个人消费在内的消费。

二、社会总产品及其结构

社会总资本在一年内执行职能的结果，就是一年间提供的商品产品，即年产品。马克思用社会总产品概念表现社会生产的总成果。社会总产品就是社会在一定时期内（通常为一年）所生产的全部物质资料的总和。社会总产品在价值形态上又称社会总产值，它由 $c+v+m$ 构成，即转移到产品中去的生产资料的价值（c），补偿预付的可变资本价值（v），以及工人在剩余劳动时间里创造的剩余价值（m）之和。

---

① 马克思：《资本论》第2卷，人民出版社2004年版，第392页。

宏观分析社会总产品，不只是分析其价值构成，更重要的是分析其实物构成。马克思是从社会再生产实现的角度提出问题的："在其他条件不变的情况下，社会在例如一年里所消费的生产资料，即劳动资料、原料和辅助材料，只有在实物形式上为数量相等的新物品所替换，社会才能在原有的规模上再生产或保持自己的财富。"① 这样，社会总产品的物质构成就是马克思所区分的："年产品既包括补偿资本的那部分社会产品，即社会再生产，也包括归入消费基金的、由工人和资本家消费的那部分社会产品，就是说，既包括生产消费，也包括个人消费。"②

社会总产品在物质形态上，根据其最终用途，区分为用于生产性消费的生产资料和用于生活消费的消费资料。相应地，马克思把社会生产划分为两大部类，第一部类（Ⅰ）是由生产生产资料的部门所构成，也就是具有必须进入或至少能够进入生产消费的形式的商品。第二部类（Ⅱ）是由生产消费资料的部门所构成，也就是具有进入个人消费形式的商品。

两大部类划分是从产品最终用途出发所作的高度抽象，这种分类使生产与消费、生产资料与劳动力等社会生产的基本比例关系变得简洁明了。当然由于其高度抽象的关系，人们不能把社会现实经济生活中的部门或企业一个个简单地归入其中哪一个部类；特别是有些社会产品既可以用作生产资料，也可以作为消费资料，其生产单位就不一定只归属某一部类。例如煤气可以作为消费资料用于居民生活，也可以作为生产资料用于企业生产。

按社会总产品的物质形态把社会生产分成两大部类和把社

① 马克思：《资本论》第1卷，人民出版社2004年版，第653页。
② 马克思：《资本论》第2卷，人民出版社2004年版，第435页。

会总产品从价值上分成三个部分，是马克思研究社会再生产的两个基本前提，是我们科学地研究社会资本运动的重要理论钥匙。

需要指出，在马克思的理论框架中，只有物质生产部门的劳动才是创造价值的生产性劳动，因此其社会再生产分析只限于两大部类，至于服务部门只是再分配物质生产部门创造的收入。而现实经济发展突破了马克思的视野。服务业中越来越多的部门进入创造价值的部门，于是有了三次产业的划分。按照三次产业的分类，第一次产业主要指农业，包括直接以自然物为劳动对象的农、林、牧、渔等行业；第二次产业主要指工业，包括制造业、建筑业等在内的对初级产品进行加工的行业；第三次产业即服务业，如运输、通讯、商贸、旅游、金融保险、医疗卫生、公用事业、文化娱乐、科技教育、新闻出版等行业。

两大部类和三次产业的分类方法存在一定的差异：从方法论上看，前者较后者更为抽象；从分类的依据看，前者依据产品的最终用途，后者依据生产部门产生和发展的序列；从涵盖面看，前者以社会总产品概念涵盖一切物质生产部门，后者以国民生产总值的概念包容社会所有生产部门，特别是包括服务业；从计算口径看，前者包括了原材料等中间产品在内的所有物质产品，后者则只统计各部门的增加值（即不包括构成当年新产品实体的原材料价值）。尽管这两种产业分类法存在较大的差异，我们仍然可以用马克思的方法来建立二者的联系。首先，正如可以把物质产品的价值区分为c、v、m一样，非物质的产品即服务的价值也可以区分为c、v、m。其次，为全面反映现代社会生产的结构，在研究两大部类生产的比例关系和社会生产的实现过程时，完全可以而且应该根据服务产品的最终用途，把为生产提供的服务纳入第一部类，把为生活提供的服务纳入第二部类。这样，所有的物质生产和服务生产就构成社会总生产，社会全部物质产品和服务产品就构成社会总产出。在这个意义上，两大部类就有了新的内涵，这一新的内涵为全面认识社会再生产运动提供了更广阔的视野。

三、社会再生产的实现

从社会再生产角度考察："任何一个社会，如果不是不断地把它的一部分产品再转化为生产资料或新生产的要素，就不能不断地生产，即再生产。"① 因此，再生产过程必须从 W′…W′的各个组成部分的价值补偿和物质补偿的观点来加以考察。面对的实现问题就是马克思所说的："这个运动不仅是价值补偿，而且是物质补偿，因而既要受社会产品的价值组成部分相互之间的比例的制约，又要受它们的使用价值，它们的物质形式的制约。"② 因此，研究社会再生产，一方面要考察社会总产出（包括社会总产品和服务）的各个部分如何从商品形式转化为货币形式，即实现价值补偿的问题；另一方面要考察社会总产出的各个部分在转化为货币形式之后，又如何再转化为所需要的物质产品和服务，即实现物质补偿的问题。社会总产品的各个组成部分经过流通进入消费，在价值上得到补偿，在使用价值上得到替换，这就是社会总产出的实现。这个过程是在市场上完成的，因此，市场实现问题是研究社会再生产的核心问题。

首先，资本从商品形态向货币形态的转化，是"惊险的跳跃"③。它既表明生产过程是否能顺利完成，同时也表明下一个生产过程能否正常开始。如果社会总产出能够通过交换，

① 马克思：《资本论》第1卷，人民出版社2004年版，第653页。
② 马克思：《资本论》第2卷，人民出版社2004年版，第438页。
③ 马克思：《资本论》第1卷，人民出版社2004年版，第127页。

实现其价值，就意味着社会生产所耗费的资本能够在价值上得到相应的补偿，意味着社会资本的周转又回到了原来的出发点，从而可以重新购买生产要素，开始新一轮的再生产。否则，如果社会总产出不能或部分不能顺利销售，所耗费的资本就不能得到或不能充分得到价值补偿，社会再生产就不能正常进行。

其次，社会再生产的进行，不仅要求生产中所耗费的资本在价值上得到补偿，而且要求资本价值所反映的实际生产过程所耗费的生产资料和消费资料得到实物的替换。就是说，社会资本所获得的价值总量要足以用于重新购买所需补偿和替换的生产要素，从市场上得到的使用价值，在量上结构上都必须符合再生产继续进行的需要。使用价值形态的补偿和替换是社会再生产运动中一个更加现实的问题，它不仅有所消耗的生产资料和消费资料以及有关服务产品的总量补偿和替换问题，而且还有这些需要补偿和替换的使用价值的内部结构问题。如果社会生产的物质产品和服务在实物构成上与所耗费和要补偿的不一致，则社会再生产的进行就会遇到困难。

所以，社会总产出的实现既包括了总量和结构的价值补偿，也包括了总量和结构的使用价值替换。所有这些补偿和替换过程就是社会总产出在价值和使用价值形态上都得到实现的过程。

第二节　社会再生产的实现条件

社会再生产问题，本质上就是社会经济运行的比例关系。简单再生产是指没有发生剩余价值转化为资本的积累。相应的，社会简单再生产就是社会剩余产品用于消费而不是用于积累，生产在原来的规模上重复进行。现代社会的再生产是以扩大再生产为特征的，但对扩大再生产的认识必须从简单再生产开始。无论是从其逻辑关系还是从其现实运行来看，简单再生产都是扩大再生产的基础和出发点，是扩大再生产的重要组成部分和内在的一个阶段。从社会再生产的历史观察，简单再生产是再生产的主要形式，扩大再生产是简单再生产的历史延续。从社会再生产的内在逻辑分析，如果简单再生产不能补偿，扩大再生产也无从扩大，因为再生产的扩大总是以先维持了简单再生产为前提的，扩大再生产无非是在实现简单再生产的基础上进一步扩充和提高的结果。

一、社会简单再生产的实现条件

在简单再生产条件下，为使下一年的再生产能够在维持原有规模上重复进行，社会生产两大部类的全部产出都必须通过交换而得到实现。在以下的分析中，有必要作出若干假定：设生产周期为一年，全部生产资料价值在一个生产周期内一次性消耗掉，消费资料也在一年内被消费，没有外贸和储蓄。

把社会生产分为两大部类（Ⅰ、Ⅱ），把社会产出品从价值形式上分为c、v、m三个部分，社会总产出的价值构成和使用价值构成如下：

Ⅰ. c+v+m

Ⅱ. c+v+m

第一部类是为全社会提供生产资料产品。社会简单再生产得以实现的条件是，第一部类的（c+v+m）的全部产出必须和当年包括两大部类在内的为维持简单再生产而需要补偿的生产资料总和（即第一部类的c与第二部类的c之和）相等。这一关于生产资料的供给与需求间的平衡关系可用公式表示为：

$$\text{Ⅰ}(c+v+m)=\text{Ⅰ}c+\text{Ⅱ}c$$

这是第一部类产出的实现条件公式。

第二部类是为全社会提供消费资料和生活服务的，社会简单再生产得以实现的条件是，第二部类的（c+v+m）的全部产出必须和当年所需要的维持两大部类劳动者和资本所有者既有规模的消费需求（即第一部类的v+m和第二部类的v+m之和）相等。这一关于消费资料的供给与需求间的平衡关系可用公式表示为：

$$Ⅱ(c+v+m)=Ⅰ(v+m)+Ⅱ(v+m)$$

这是第二部类产出的实现条件公式。

以上两个公式分别表述了两大部类产品各自的供求平衡关系。在此基础上，可以导出两大部类之间的平衡关系式。我们把两个公式的两端分别移项，就可得出同一个简约的公式①：

$$Ⅰ(v+m)=Ⅱc$$

这个公式把两大部类之间的交换关系简洁地概括出来。具体地说，全部社会总产出的交换过程可以分为三个基本方面：

（1）第一部类产出中用Ⅰc表示的部分：第一部类的产品采取生产资料形态，而在价值上又表示本部类在生产中所消耗的需要补偿的那部分生产资料。这部分产品的供求都发生在第一部类内部，因此是通过第一部类内部的相互交换而实现的。

（2）第二部类产出中用Ⅱ（v+m）表示的部分：第二部类的产品采取消费资料的形态，而在价值上又表示本部类劳动者和资本所有者所需要的消费资料。这部分产品的供求都发生在第二部类内部，因此是通过第二部类内部的相互交换而实现。

（3）经过上述交换，第一部类还有以Ⅰ（v+m）表示的

① 马克思：《资本论》第2卷，人民出版社2004年版，第446页。

产品有待和Ⅱc交换。其中，Ⅰ(v+m)在价值上表示第一部类劳动者和资本所有者所需要的消费资料，而其使用价值形态却仍然是生产资料，由于供求在使用价值形态上不一致，无法在本部类内部通过交换而满足需要；Ⅱc则在价值上表示第二部类生产中所消耗的需要补偿的生产资料和生产性服务，但其产品的使用价值形态是消费资料，因而其供求在使用价值形态上也不一致，同样无法在本部类内部通过交换而满足需要。这样，就发生了两大部类之间相互交换的需要，即Ⅰ(v+m)和Ⅱc的交换，使第一部类的消费需求得到补偿，第二部类的生产耗费得到替换。

通过以上三方面的交换，全部社会总产出都得到了实现，社会简单再生产得以继续进行。

从以上分析可见，社会简单再生产实现的最关键的问题在于，上述交换中的Ⅰ(v+m)是否能等于Ⅱc。所以，Ⅰ(v+m)=Ⅱc是社会简单再生产的基本实现条件。如果该公式的两端不平衡，或者是第一部类产出相对过剩，或者是第二部类产出相对过剩，社会简单再生产就不能正常进行。所以，这一公式不仅反映两大部类之间的平衡关系，也包含了两大部类产出各自的实现要求，从而也隐含了在两大部类各自内部的平衡要求。

二、社会扩大再生产的前提条件

社会扩大再生产是指社会生产在社会总资本循环运动中不断扩大规模，它可以通过生产要素投入的增加（外延扩大再生产）或生产要素产出效率的提高（内涵扩大再生产）或二者同时发生而得到实现。

社会扩大再生产需要增加投入，追加生产资料。追加的生产资料和生产服务是由第一部类生产的。因此，社会扩大再生产要求，第一部类的产出在补偿了当年两大部类的生产资料和服务耗费以后，必须有一个余额，用来满足两大部类扩大再生产对追加生产资料和生产服务的需要。这就要求第一部类中代表可变资本和剩余价值这两部分产出之和，必须大于第二部类所需补偿的生产资料和生产服务的耗费总额。所以，社会扩大再生产的第一个前提条件为：

$$\text{I}(v+m) > \text{II}c$$

如果考虑到社会扩大再生产对消费资料的追加需求，则要求第二部类的产出能够大于补偿两大部类的资本家和劳动者原有规模的消费总额。设剩余价值中用于资本家消费的部分为 m/x，用于积累的部分则为 m－m/x 的余额。社会扩大再生产的第二个前提条件为：

$$\text{II}[c+(m-m/x)] > \text{I}(v+m/x)$$

马克思说明社会简单再生产的前提条件（Ⅰ(v＋m)＞Ⅱc）时明确指出，“这种过剩本身并不是什么祸害，而是利益。”“这种生产过剩等于社会对它本身的再生产所必需的各种物质资料的控制。”①

三、社会扩大再生产的实现条件

社会扩大再生产具备了上述前提条件，为扩大再生产的进行提供了可能性；但可能性要转变为现实性，仍然有个实现问题。这就是解决好两大部类产出在社会扩大再生产条件下的市场实现问题。

根据社会再生产正常运行所提出的总量平衡和结构平衡的基本要求，社会扩大再生产的实现，首先是第一部类全部产出

① 马克思：《资本论》第2卷，人民出版社2004年版，第525～526页。

（供给）必须在总量和结构上都符合两大部类对生产资料的补偿需要和扩大再生产的追加需要；其次是第二部类全部产出（供给）必须在总量和结构上都符合两大部类对生活资料的补偿需要和扩大再生产的追加需要。这样，上述这两方面的供求平衡要求可以分别用以下两个公式表示：

（1）社会扩大再生产条件下第一部类产出的实现条件为：

$$\text{I}(c+v+m)=\text{I}(c+\Delta c)+\text{II}(c+\Delta c)$$

在此，把上述实现条件简化为 $\text{I}(v+m)=\text{II}(c+\Delta c)+\text{I}\Delta c$，把它和上述第一个前提条件 $\text{I}(v+m)>\text{II}c$ 进行对比，就可知这个前提条件所要求的 $\text{I}(v+m)$ 大于 $\text{II}c$ 的部分，正是 $\text{I}\Delta c+\text{II}\Delta c$ 之和，代表了两大部类扩大再生产对追加生产资料的需要；从其使用价值的供给来源看，是来自于第一部类提供的积累即 $\text{I}(m-m/x)$ 那部分的。

（2）社会扩大再生产条件下第二部类产出的实现条件为：

$$\text{II}(c+v+m)=\text{I}(v+\Delta v+m/x)+\text{II}(v+\Delta v+m/x)$$

在此，把上述实现条件简化为 $\text{II}[c+(m-m/x)]=\text{I}(v+\Delta v+m/x)+\text{II}\Delta v$，与上述第二个前提条件 $\text{II}[c+(m-m/x)]>\text{I}(v+m/x)$ 进行对比，就可知该前提条件所要求的 $\text{II}[c+(m-m/x)]$ 大于 $\text{I}(v+m/x)$ 的部分，正是 $\text{I}\Delta v+\text{II}\Delta v$ 之和，代表了两大部类扩大再生产追加的劳动力对生活资料和生活服务的需要；从其使用价值的供给来源看，是来自于第二部类提供的积累即 $\text{II}(m-m/x)$ 那部分的。

由上述两大部类产出各自的平衡式，可以得出一个能够反映两大部类交换关系的简约的公式，它是社会扩大再生产实现的基本条件：

$$\text{I}(v+\Delta v+m/x)=\text{II}(c+\Delta c)$$

在这个公式里，$\text{I}(v+\Delta v+m/x)$ 这部分在供给的实物形态上是生产资料，所需要的则是生活资料；而Ⅱ（$c+\Delta c$）的供给和需求恰好相反，它供给的是消费品，需求的是生产资料。因此，Ⅰ($v+\Delta v+m/x$）就需要和Ⅱ($c+\Delta c$）进行交换，并且只有彼此的价值量相等，两大部类的产出才都能得到实现。

社会扩大再生产条件下两大部类之间的产出交换仍包括三个基本的方面：一是Ⅰ($c+\Delta c$）是在第一部类内部通过交换而实现；二是Ⅱ($v+\Delta v+m/x$）是在第二部类内部通过交换而实现；三是两大部类之间的交换，即Ⅰ($v+\Delta v+m/x$）和Ⅱ($c+\Delta c$）交换，使第一部类在扩大再生产情况下的消费需求得到解决，使第二部类在扩大再生产情况下所增加了的生产资料也得到满足。在上述条件得到满足后，社会扩大再生产得以顺利运行。

（3）考虑到资本家奢侈性消费的再生产条件。

在资本私有制条件下资本家占有生产资料，因而劳动产品中 m 部分归资本家消费，v 部分归工人消费。它们分属于不同的消费领域，在价值补偿和实物替换上表现为不同的形式，这决定了再生产过程中第Ⅱ部类的划分和第Ⅰ部类交换的不同方式，从而也决定了再生产的总结构。马克思说，归工人消费的必要消费资料的生产和归资本家消费的奢侈品的生产之间的比例关系，“是以Ⅱ($v+m$）在Ⅱa 和Ⅱb 之间的分割为条件的，从而也是以Ⅱc 在（Ⅱa）c 和（Ⅱb）c 之间的分割为条件的。因此，这种分割从根本上影响着生产的性质和数量关系，对生产的总形态来说，是一个本质的决定因素。”①

马克思当时也发现，在经济进入繁荣阶段，工人阶级也“暂时参加了他们通常买不起的各种奢侈品的消费。”进一步

① 马克思：《资本论》第 2 卷，人民出版社 2004 年版，第 457 页。

说，在现代经济中被马克思那个时代所认为是资本家奢侈性消费的一些内容可能已经成为劳动者的必要消费部分。马克思当时所分析的奢侈性消费的内容包含了服务性消费。这就意味着研究扩大再生产的实现条件，还需要引入包含服务性消费的内容。

第三节　社会再生产的协调和调控

马克思的宏观经济理论基本上是从社会总资本的再生产分析中提出的，因此他所讲的宏观调控在许多场合是讲对社会再生产的调控，尤其是关于计划经济思想。根据马克思的社会再生产理论调节社会生产各部门的比例关系，解决好社会总产品的市场实现问题。这也是我们当前所要推进的结构调整的重要内容。

一、社会再生产的周期性波动

马克思揭示上述社会再生产的实现条件，绝不意味着在资本主义条件下社会再生产的条件能自动实现，恰恰是其内在矛盾决定了这些条件不能自动实现。社会再生产的实现条件往往是通过危机强制实现的。

马克思所分析的经济危机产生的直接原因，除了两大部类比例失调以外，再就是固定资本的更新周期。而固定资本的更新周期又与社会再生产的市场实现密切相关。马克思根据固定资本周转的特点分析资本周转的周期，进而指出：“由一些互相连结的周转组成的长达若干年的周期（资本被它的固定组成部分束缚在这种周期之内），为周期性的危机造成了物质基础。……虽然资本投入的那段期间是极不相同和极不一致的，但危机总是大规模新投资的起点。因此，就整个社会考察，危机又或多或少地是下一个周转周期的新的物质基础。”①

经济周期有多长？马克思当时的判断是以固定资本的寿命为依据的。他发现，随着资本主义生产方式的发展，所使用的固定资本的价值量和寿命会增加，同时，“生产资料的变换也加快了，它们因无形损耗而远在有形寿命终结之前就要不断补偿的必要性也增加了。”② 据此，马克思当时把这个生命周期平均为10年。现在这种经济周期有缩短的趋势。

应该说当时马克思不可能提出宏观调控的概念，但针对周期性产生的经济危机，马克思提出了由“集体的理性所把握”“共同控制”社会再生产过程的思想。马克思指出，在市场经济中，“各个生产部门之间的平衡表现为由不平衡形成的一个不断的过程，因为在这里，全部生产的联系是作为盲目的规律强加于生产当事人，而不是作为由他们的集体的理性所把握、从而受这种理性支配的规律来使生产过程服从于他们的共同的控制。”③ 这就意味着调控社会再生产有两条途径：一条是依靠市场的自发调节，由客观规律在事后强制地实现平衡；另一条途径是自觉地实现平衡，由“集体的理性所把握”“共同控制”社会再生产过程。马克思设想的对社会再生产由集体的理性所把握，实际上指的是对社会再生产过程进行宏观调控或计划调节。

二、社会再生产的协调

在《资本论》中，马克思从以下几个方面指出了宏观调控社会再生产的具体内容：

首先，扩大再生产的前提条件是两大部类的产出都要相比

① 马克思：《资本论》第2卷，人民出版社2004年版，第207页。
② 马克思：《资本论》第2卷，人民出版社2004年版，第206～207页。
③ 马克思：《资本论》第3卷，人民出版社2004年版，第286页。

简单再生产的需要而产生过剩，尤其是固定资本的不同部分的寿命和更新周期有长有短，为此形成的折旧基金的报酬周期也不同。因此可能产生“产品过剩”。这种过剩，“在资本主义生产下，它却是祸害”，可能产生危机。原因是“在资本主义社会内部，这种生产过剩却是一个无政府状态的要素。”① 就如他在讲到第Ⅱ部类生产过剩时指出的：“第Ⅱ部类的生产过剩了，而这只有通过一次大崩溃才能恢复平衡。”② 而在再生产的资本主义形式废除后，仍然存在固定资本的实物补偿问题，仍然需要用不断的相对的生产过剩来补救。“这种生产过剩等于社会对它本身的再生产所必需的各种物质资料的控制。”③

其次，生产资料生产和消费资料生产这两大比例是国民经济各个部门之间比例关系中的核心比例。过去有人片面强调Ⅰ(v+m)>Ⅱc这个扩大再生产的前提条件，片面强调生产资料生产部门的优先增长。而在马克思那里还有涉及消费资料生产的Ⅱ[c+(m-m/x)]>Ⅰ(v+m/x)这个扩大再生产的另一个前提条件，还有两大部类平衡的实现条件。正是在这一意义上列宁指出：“社会产品的第一部类（生产资料的制造）能够而且应当比第二部类（消费品的制造）发展得更快。但是决不能因此得出结论，生产资料的生产可以完全不依赖消费品的生产而发展，也不能说二者毫无关系。……生产消费（生产资料的消费）归根到底总是同个人消费联系着，总是以个人消费为转移的。”④

第三，即使是在共产主义社会，虽然已经不存在货币，但

① 马克思：《资本论》第2卷，人民出版社2004年版，第526页。
② 马克思：《资本论》第2卷，人民出版社2004年版，第587～588页。
③ 马克思：《资本论》第2卷，人民出版社2004年版，第526页。
④ 列宁：《市场问题述评》，《列宁全集》第4卷，人民出版社1961年版，第44页。

仍然有个社会生产比例问题。“如果生产是社会的，而不是资本主义的，那么很明显，为了进行再生产，第Ⅰ部类的这些产品同样会不断地再作为生产资料在这个部类的各个生产部门之间进行分配，一部分直接留在这些产品的生产部门，另一部分则转入其他生产场所。”① 这就提出对部门之间比例的计划调节问题。

第四，不同部门的资本周转时间是不一样的。有的部门劳动期间长，会在相当长的时间中取走生产资料和生活资料，但不提供社会产品。考虑到总产品市场的平衡，马克思设想在未来社会中，“社会必须预先计算好，能把多少劳动、生产资料和生活资料用在这样一些产业部门而不致受任何损害，这些部门，如铁路建设，在一年或一年以上的较长时间内不提供任何生产资料和生活资料，不提供任何有用效果，但会从全年总生产中取走劳动、生产资料和生活资料。”② 由此可避免在资本主义条件下所产生的市场紊乱。

马克思特别强调，上述计划调节必须建立在预先准确计算出社会劳动时间和社会需要基础上。例如，有些生产部门在较长时间内取走劳动力和生产资料，而在这个时间内不提供任何有效用的产品；而另一些生产部门不仅在一年间不断地或者多次地取走劳动力和生产资料，而且也提供生产资料和生活资料。“在社会的生产的基础上，必须确定前者按什么规模进行，才不致有损于后者。”③

我们注意到马克思说明的这种计划调节方式是有条件的。这就是“在社会公有的生产中，货币资本不再存在了”。而在现实的社会主义经济中，还存在商品货币，无论是社会必要劳

① 马克思：《资本论》第2卷，人民出版社2004年版，第473页。
② 马克思：《资本论》第2卷，人民出版社2004年版，第349页。
③ 马克思：《资本论》第2卷，人民出版社2004年版，第396～397页。

动时间还是社会需要都不可能直接计算出来，因此马克思在讲到社会再生产比例时所涉及的货币资本对社会再生产实现的影响对现实的社会主义经济中的影响仍然存在。例如他说到，“历时较长范围较广的事业，要求在较长时间内预付较大量的货币资本。所以，这一类领域里的生产取决于单个资本家拥有的货币资本的界限。这个限制被信用制度和与此相联的联合经营（例如股份公司）打破了。因此货币市场的混乱会使这类企业陷于停顿，而这类企业反过来也会引起货币市场的混乱。”[①] 这表明社会再生产的市场实现与信用和货币资本相关。因此在我国现阶段，对各个部门之间的比例关系的调节需要重视货币资本的作用，也需要利用货币市场机制。

马克思在研究实现社会扩大再生产时所提出了一个重要概念，这就是“按订货生产”。他认为：“只要有订货的刺激，即在商品存在以前预先购买，预先出售，它们的生产就可以实际进行。”[②]

三、重视农业在国民经济中的基础地位

农业在马克思所区分的两大部类中，既是生产消费资料的部门，又是生产生产资料的部门。而在三次产业的分类中，属于第一产业。在整个国民经济中农业是其他部门发展的基础。其基础作用就是马克思所说的：“超过劳动者个人需要的农业劳动生产率，是全部社会的基础”[③]。很明显，农业的基础作用指的是，农业劳动者所提供的剩余劳动是其他行业发展的基础。任何社会，工业和其他事业的发展，最终都受农业劳动生产率高低的制约。

---

① 马克思：《资本论》第 2 卷，人民出版社 2004 年版，第 396 页。
② 马克思：《资本论》第 2 卷，人民出版社 2004 年版，第 551 页。
③ 马克思：《资本论》第 3 卷，人民出版社 2004 年版，第 888 页。

农业生产力是社会经济发展的基础。农业劳动生产率提高了，有了剩余产品，才能使社会上的一部分人走出农业生产，从事其他方面的社会活动。马克思说："因为食物的生产是直接生产者的生存和一切生产的首要的条件，所以在这种生产中使用的劳动，即经济学上最广义的农业劳动，必须有足够的生产率，使可供支配的劳动时间不致全被直接生产者的食物生产占去；也就是使农业剩余劳动，从而农业剩余产品成为可能。"① 进一步说，"社会上的一部分人用在农业上的全部劳动——必要劳动和剩余劳动——必须足以为整个社会，从而也为非农业劳动者生产必要的食物；也就是使从事农业的人和从事工业的人有实行这种巨大分工的可能；并且也使生产食物的农民和生产原料的农民有实行分工的可能。"②

从剩余价值生产方面看，直接生产者提供剩余劳动，是剩余价值生产的一般条件，而为了使直接生产者能够提供剩余劳动，农业劳动生产力必须有足够的发展。直接生产者要提供剩余劳动，主观条件是，生产者在劳动时间内，除去必要劳动外，还必须完成剩余劳动；客观条件是，生产者也能够完成剩余劳动；自然条件是，劳动者不必把劳动时间全部用来生产自己所消费的必要生活资料，因而可以拿出一部分时间作为剩余劳动时间来生产剩余产品，如果自然条件过于贫瘠，不能提供上述条件，剩余劳动也就不存在，剩余价值也就无从产生了。因此，"在这里自然的肥力是一个界限，一个出发点，一个基础。"③ 社会生产力也是这样，如果生产力水平特别低，便不能提供剩余产品，因此，对剩余价值生产来说，"社会生产力

① 马克思：《资本论》第3卷，人民出版社2004年版，第715~716页。
② 马克思：《资本论》第3卷，人民出版社2004年版，第716页。
③ 马克思：《资本论》第3卷，人民出版社2004年版，第715页。

的发展，则是另一个界限，出发点，基础。”①

在国民经济体系中，农业是人类社会最早的具有决定性作用的生产部门。在人类社会初期，“农业劳动和工业劳动不是分离的；后者同前者是连接在一起的。……织和纺等等当初是农业中的副业。”② 当农业劳动生产率提高到一定的水平，其他部门——工业、商业、交通、文化教育、科学技术等等，才相继成为独立的部门。可见，农业的发展是社会分工的基础，也就是说，其他行业的发展程度必然受到农业发展程度的制约。这是满足社会对特殊物品的一种特殊需要所必要的劳动。

从社会分工的发生和发展以及人类的生存和发展的观点看，农业是基础，是指有一定程度发展的农业劳动生产力，并且使农业成为能够提供剩余劳动的农业。马克思说：“剩余价值的全部生产，从而资本的全部发展，按自然基础来说，实际上都是建立在农业劳动生产率的基础上的。……超过劳动者个人需要的农业劳动生产率，是全部社会的基础，并且首先是资本主义生产的基础。”③

从现代社会发展的观点看，农业劳动生产率的发展水平，制约着整个社会生产的发展和人类生活水平、生活质量的提高，这是人类社会发展的普遍规律。随着生产力的发展，科学技术的不断进步，农业在整个国民经济中的比重、农业劳动力占社会总劳动力的比重也在逐步下降。这不意味着农业在国民经济中的基础地位已经改变。其他经济部门之所以能够大力发展，正是因为农业劳动生产力有了极大地提高，能够提供更多的剩余劳动力和剩余农产品满足其他部门更大规模发展的需要。

---

① 马克思：《资本论》第3卷，人民出版社2004年版，第715页。
② 马克思：《资本论》第3卷，人民出版社2004年版，第713页。
③ 马克思：《资本论》第3卷，人民出版社2004年版，第888页。

在马克思看来，农业部门不是一成不变的，农业部门的落后会制约整个国民经济现代化进程。改变农业落后地位靠大工业。大工业可能推动农业领域的革命，根据马克思的概括："在农业领域内，就消灭旧社会的壁垒——'农民'，并代之以雇佣工人来说，大工业起了最革命的作用。这样，农村中社会变革的需要和社会对立，就和城市相同了。最墨守成规和最不合理的经营，被科学在工艺上的自觉应用代替了。"同时，农业中的家庭纽带也"被资本主义生产方式撕断了"。[①] 马克思讲的农业领域革命的三个方面正是我们现在讲的农业现代化、农村城市化、农民市民化、城乡一体化的内容。大工业所推动的农业领域的这些发展，在马克思看来，"同时为一种新的更高级的综合，即农业和工业在它们对立发展的形态的基础上的联合，创造了物质前提。"[②]

本章主要涉及：《资本论》第 2 卷：第 18、20、21 章

① 马克思：《资本论》第 1 卷，人民出版社 2004 年版，第 578 页。
② 马克思：《资本论》第 1 卷，人民出版社 2004 年版，第 579 页。

第十章　生产价格和市场价值

马克思关于简单商品经济的分析提出了价值和价值规律。进入现代市场经济的分析则要研究价值向生产价格的转化及价值规律向生产价格规律的转化。研究生产价格形成和市场价值问题，目的不只是明确价格形成的基础，还要明确市场经济中的竞争机制，从而明确社会劳动在各个部门有效分配的规律。

第一节　成本价格和利润

一、成本价格

根据劳动价值论，每一个商品的价值（W）是由三部分组成的，即不变资本价值（c），可变资本价值（v）和剩余价值（m），用公式表示就是 W = c + v + m。在劳动价值论中 c 是过去劳动价值的转移，v + m 是劳动耗费，是活劳动创造的新价值。如果换一种考察角度，从商品的价值中减去 m，那么剩下的就是 c + v。它是补偿生产中所耗费的生产要素的价格的部分，这是资本耗费。马克思说：“商品价值的这个部分，即补偿所消耗的生产资料价格和所使用的劳动力价格的部分，只是补偿商品使资本家自身耗费的东西，所以对资本家来说，这就是商品的成本价格。”① 由此可见，成本价格是所费资本价值的转化形式。也就是说，商品的价值 W 可以分解为：

$$\begin{cases} C + V = K \text{（成本价格）} \\ M \text{（剩余价值）} \end{cases}$$

这样，对商品价值有两个层次的分析，本质层次分析是要明确所费劳动 v + m，表面层次分析是要明确所费资本 c + v，即成本价格。把成本价格从商品价值中分离出来，使之成为独立的经济范畴，并非主观随意的，而是由商品生产的特点决定的。因为生产一个商品所费于资本的耗费和劳动的耗费是两个完全不同的量。商品价值 W 中由剩余价值构成的部分，是由工人的剩余劳动形成的。但是，在商品经济条件下，资本所有者才是实际的商品生产者，由于生产资料是属于资本所有者，劳动力在出卖之后，劳动实际上也是属于资本所有者的，所以，对资本所有者来说，“商品的成本价格必然表现为商品本身的实际费用”②。

商品的成本价格，作为生产商品所耗费的生产要素的价格，必须得到补偿，商品生产才能够继续进行。就这点来说，商品的成本价格，对一切商品生产都有实际意义。与商品的成本价格的形成相适应，商品的价值结构也发生了变化，如果用 k 来表示成本价格，则 W = c + v + m 就转化为 W = k + m，即商品价值 = 成本价格 + 剩余价值。

通过对成本价格的分析，发现了商品价值的两个转化：一个转化是，劳动的耗费向资本的耗费的转化。劳动的耗费和资本的耗费，是两个不同的量。另一个转化是，剩余价值的占有向资本的自行增殖的转化。本来在劳动价值论中，c 是转移价

① 马克思：《资本论》第 3 卷，人民出版社 2004 年版，第 30 页。
② 马克思：《资本论》第 3 卷，人民出版社 2004 年版，第 30 页。

值，活劳动创造的新价值为 v + m，其中 m 是无偿占有的剩余价值。而在成本价格 c + v 场合，m 就是资本耗费（c + v）的增殖额。因此，“成本价格这一范畴，同商品的价值形成或资本的增殖过程毫无关系”①。

在成本价格这一转化形式中，旧价值的转移和新价值的创造之间的区别消失了，看到的只是已完成的、现有的价值，只是预付资本价值的各个不同部分。成本价格在抹杀资本职能区别的同时，却突出了资本的形式区别，即固定资本与流动资本的区别。从成本价格的形成过程看，不变资本的固定部分，只是随着磨损的程度，逐渐把它们的价值转移到产品中去。而不变资本中的流动部分和可变资本，则是一次参加商品价值的形成。结果，在劳动力上支出的可变资本和不变资本中的流动资本，就被等同起来了。这样一来，“不变资本和可变资本的区别也就消失了”②。“资本的增殖过程的神秘化也就完成了。”③价值增殖过程的秘密就再也看不到了。

二、剩余价值向利润的转化

从价值生产过程的角度看，剩余价值是可变资本的一个增加额。但是，由于所费资本（c + v）转化为成本价格，不变资本和可变资本的区别被掩盖了，剩余价值“不仅对用商品的成本价格来补偿的所耗费的资本来说是一个价值增加额，而且对生产中所使用的全部资本来说也是一个价值增加额”④。

根据劳动价值论，m 只是产生于 v 的价值变动，因而只是

① 马克思：《资本论》第 3 卷，人民出版社 2004 年版，第 33 页。
② 马克思：《资本论》第 3 卷，人民出版社 2004 年版，第 39 页。
③ 马克思：《资本论》第 3 卷，人民出版社 2004 年版，第 40 ~ 41 页。
④ 马克思：《资本论》第 3 卷，人民出版社 2004 年版，第 42 页。

v 的一个增加额，但在生产过程结束以后，它同样可以成为所耗费的总资本 c + v 的一个价值增加额，就是说，作为表示 v 的一个价值增加额的公式 c + (v + m)，可以成为表示 c + v 的一个价值增加额的公式（c + v）+ m。分析角度的改变必然导致观念的改变。m 不仅是这个 c + v（成本价格）的增加额，而且对预付的全部资本（包括不进入价值增殖过程的部分）也是一个增加额。因此，价值的增加额就从剩余价值这种形式的规定上升到利润这种形式的规定了。既然在成本价格中不变资本和可变资本的界限消失了，同样表现为成本价格的形成要素，因此剩余价值也就表现为全部所耗资本价值的增加额。这样，“剩余价值，作为全部预付资本的这样一种观念上的产物，取得了**利润**这个转化形式。因此，一个价值额之所以成为资本，是因为它用来生产利润，换句话说，利润之所以产生出来，是因为有一个价值额被当作资本来使用。”① 就是说，作为剩余价值的 m 就转化为作为利润的 p。

关于商品的价值以及它的各个要素的转化，可用公式表示如下：

$$W = c + (v + m)$$

$$W = (c + v) + m$$

转化后

$$c + v = k$$

$$m = p$$

$$W = k + p = \text{成本价格} + \text{利润}$$

上面的转化公式表明：一方面，最初看到的利润和剩余价值是一样的，都是商品价值超过商品成本价格的余额；另一方面，因为成本价格的形成具有一种假象，把不变资本和可变资本之间的区别掩盖了，所以在生产过程中发生的价值变化，必

① 马克思：《资本论》第 3 卷，人民出版社 2004 年版，第 43 ~ 44 页。

然转变为由总资本引起的，而不是由可变资本部分引起。由此，在一极上，劳动力的价格表现为工资这个转化形式，即表现为全部劳动的报酬；在另一极上，剩余价值表现为利润这个转化形式，剩余价值与剩余劳动失去联系，表现为全部预付资本的产物。通过成本价格范畴这个中介环节，一方面实现了从剩余价值向利润的转化；另一方面又进一步掩盖了作为利润这种形式的“内核”，即剩余价值以及它的来源和本质。利润作为剩余价值的转化形式，也就愈益和它的内在基础相脱离。

利润与剩余价值的区别，不仅表现在质的方面，还可能发生在量的方面。利润是剩余价值的表现形式。这种质的区别从一开始就包含了量的不一致的可能性。在商品价值实现之前，商品价值 = 成本价格 + 剩余价值，或 $W = k + m$。商品价值在实现过程中，可能会出现三种情况：（1）如果商品按价值出卖，商品中包含的剩余价值就会全部实现。这时，利润就等于剩余价值，即 $p = m$。（2）如果商品低于价值，又高于成本价格出卖，剩余价值就只能实现一部分，这时利润就会小于剩余价值，即 $p < m$。（3）如果商品既高于价值，又高于成本价格出卖，剩余价值不仅全部实现，而且还能够获得超过剩余价值的超额部分，这时利润就会大于剩余价值，即 $p > m$。所以，在商品的价值和成本价格之间，会有一系列可能的出售价格。商品中包含的剩余价值越大，这个可能的出售价格弹性也就越大。

三、剩余价值率向利润率的转化

由于剩余价值是通过研究加以揭示的本质层面的东西，因此，“剩余价值和剩余价值率相对地说是看不见的东西”，利润率“却会在现象的表面上显示出来”[①]。在现实中，资本家是从现有的利润率出发，来计算成本价格的增加额即利润的。其方法是用总资本 C 来乘以利润率 p′，然后再加上成本价格 k。这表明，p′发生在 p 之前。因此，在研究了 m 到 p 的转化后，还必须研究 p′到 m′的转化。

为了生产剩余价值 m，必须预付 v 来和活劳动相交换，预付 c 来购买推动这个活劳动的条件，即劳动资料和劳动对象。在这里，预付的 v 和 c 这两部分资本，究竟是哪一部分资本创造了 m，对于资本家来说，是无关紧要的。因为对于资本家来说，获利的程度不是取决于 v，而是取决于 c + v。所以，他们关心的不是前者而是后者。“这就促使我们（这是真正的过渡）去考察生产费用及其与产品出售价格的关系”[②]。

按照前面关于成本价格的规定，计入成本价格的是所费资本，而在计算利润率时，就不能仅仅按照所费资本来计算，还要将所用的资本一起计算在内。就是说，要将 m 同该项生产的所有预付资本做比较。用公式表示：p′ = m/C。这里的 C 大于（c + v）。这就是马克思说的：“在 m/C 这个表现中，剩余价值是按照为生产它而预付的总资本的价值计算的，总资本在这个生产中一部分完全被消费掉，一部分只是被使用了。实际上，m/C 这个比率表示全部预付资本的增殖程度。”[③]

剩余价值率 m′和利润率 p′中的 m 是同一个量，但从经济关系的形式来看，它们却是不同的，后者是前者的转化形式，而且，由于它们的计算方法、计算标准的不同，因而它们的比率也是不同的。马克思认为，用全部预付资本价值来计算利润率，是很重要、很自然的，因为总资本增殖的比率，或者说总

① 马克思：《资本论》第 3 卷，人民出版社 2004 年版，第 51 页。
② 《马克思恩格斯全集》第 48 卷，人民出版社 1985 年版，第 258 页。
③ 马克思：《资本论》第 3 卷，人民出版社 2004 年版，第 54 页。

资本的增殖程度，实际上就是这样找到的。不仅 m 同直接产生它并由它来表示其价值变化的那部分资本的比率具有重要的经济意义，而且 m 同全部预付资本的比率也具有重要的经济意义。在我国现阶段也广泛使用资本利润率概念来衡量资本效益。

马克思在表述利润率和剩余价值率的关系时，运用单纯的数量关系、在纯粹数学的范围内进行研究。

根据前面的公式：

$$C = c + v,$$

$$m' = \frac{m}{v},$$

$$p' = \frac{m}{C} = \frac{m}{c + v}$$

然后，用 m′v 代替 m，得出下述公式：

$$p' = \frac{m}{c + v} = \frac{m'v}{c + v} = m'\frac{V}{c + v}$$

这个公式用比例来表示是：

$$\frac{p'}{m'} = \frac{V}{c + v} = \frac{V}{C}$$

马克思对上述基本公式进行全面的分析，得出三种假定的情况：（1） m′不变；（2） $\frac{V}{c+v}$或$\frac{V}{C}$不变；（3） 一切因素都变。根据以上的假设及其公式，推出利润率的各种规律，也就是上升到对 p′和 m′的关系作出各种具体的规定。这些规定的基本内容可以归纳为以下几点：（1） 利润率取决于两个主要因素：剩余价值率和资本的价值构成，上述公式就是由于它包括了这两个主要因素而取得这样重要的地位的；（2） 剩余价值率不变，利润率可以提高、降低或者不变；(3) 剩余价值率降低或者提高，利润率可以降低，剩余价值率提高或者降低，利润率可以不变。

马克思通过一系列数学方法的精确计算，揭示出 p' 和 m' 的复杂关系，为进一步上升到对利润率的变化与资本有机构成的变化的内在联系、资本主义平均利润率规律、资本主义条件下利润率趋向下降的规律等等的揭示提供前提和基础。

马克思还从价格变动的侧面来考察对利润率的影响。他说："因为利润率是 $\frac{m}{C}=\frac{m}{c+v}$，所以很清楚，一切使 c 的大小，从而使 C 的大小发生变化的东西，即使在 m 和 v 以及它们相互间的比例保持不变的情况下，也会使利润率发生变化。"① "原料是不变资本的一个主要部分。"② 因而它的价格高低对利润率的作用最为明显。这是因为：(1) 原材料价值在生产中是全部一次转移到产品中，固定资本的价值是逐渐转到产品中；(2) 随着劳动生产力的提高，单位劳动时间的产品数量会增加，消耗的原材料比重也会相应增加，而固定资本损耗的比重会相对减少；(3) 原材料属于流动资本，它不断地实现资本周转，因而它的价格变动的影响会迅速反映出来。由于 C 中的 c（主要是指原料，因为撇开可变资本不说，对一切部门来说，最重要的要素就是原料）的价格发生波动，即使这里的波动完全不影响工资，因而完全不影响 m' 和 m 量，也会影响 p'。由此得出了一个普遍规律："在其他条件相同时，利润率和原料价值的高低成反比。"③ 这个规律对于新投入企业的资本来说，是无条件正确的。马克思还用了很大的篇幅，特别

① 马克思：《资本论》第 3 卷，人民出版社 2004 年版，第 121 页。
② 马克思：《资本论》第 3 卷，人民出版社 2004 年版，第 121 页。
③ 马克思：《资本论》第 3 卷，人民出版社 2004 年版，第 127 页。

从生产史上举出棉业危机作为价格变动影响 p′的“一般的例证”，而且随时注意用现实的例子来检验理论。

马克思在论述价格变动影响 p′时，还把它和实际价值的变动联系起来。因为，在这之前考察 p、p′时，一直假定价值是固定的、不变的。而且，无论是考察不变资本使用上的节约，还是考察价格变动，都是和劳动、劳动生产率发生的变化联系着的。马克思说：“我们的全部研究都是从下面这个前提出发的：价格的提高或降低，是实际价值变动的表现。”① 但是，“因为利润率等于产品价值的余额和全部预付资本价值的比率，所以，由预付资本贬值造成的利润率的提高，是和资本价值的损失结合在一起的，同样，由预付资本增值造成的利润率的降低，也可能和资本价值的收益结合在一起。”② 价值的变动具有“一般的意义”③，所以，引进“价值变动”这个十分重要的新规定是非常必要的。如果价格变动反映价值变动，马克思在这里讲的价值变动的影响同样可以看做是价格变动的影响。

四、成本价格和利润范畴的现实意义

以上关于成本价格和利润范畴的确定有重要的现实意义。马克思说：“把商品价值中那些只是补偿商品生产上耗费的资本价值的部分概括为成本价格这个范畴，这一方面表明资本主义生产的特殊性质。商品的资本主义费用是用**资本**的耗费来计量的，而商品的实际费用则是用**劳动**的耗费来计量的。……另一方面，商品的成本价格也决不仅仅是资本家账簿上的一个项目。这个价值部分的独立存在，在现实的商品生产中，会经常

---

① 马克思：《资本论》第 3 卷，人民出版社 2004 年版，第 128 页。
② 马克思：《资本论》第 3 卷，人民出版社 2004 年版，第 129 页。
③ 马克思：《资本论》第 3 卷，人民出版社 2004 年版，第 129 页。

在实际中表现出来。”[①] 概括起来，成本价格和利润范畴对现代经济的重要意义主要有以下方面：

第一，商品的成本价格和利润是现代企业财务管理的重要工具和评价指标。对于企业来说，其经济效益的重要评价是，成本能否得到补偿，销售收入中超过成本的利润部分有多少。从马克思的分析中可以得出一系列的利润率评价指标：资本利润率：p/C；成本利润率：p/(c+v)；工资利润率：p/v。

第二，成本价格是资本家经营企业盈亏的界限，成本价格的补偿是再生产正常进行的必要条件。这就是马克思所说的：“商品出售价格的最低界限，是由商品的成本价格规定的。”[②] 主要商品出售的价格高于成本价格，消耗的资本部分全部由出售价格得到补偿，这个过程就可以继续下去。“从这个观点来说，资本家就乐于把成本价格看作商品的真正的**内在**价值。”[③] 这就可以解释以剩余价值为惟一目标的资本家为什么在实际的经营中为了某种需要即使没有利润也会生产的现实原因。对资本家来说，只要能够保持他的资本，成本价格是他的必要的价格。

第三，成本价格还是决定资本家在竞争中胜败的关键。马克思列举日常的竞争现象，例如低价出售的情形，这反映资本主义竞争的基本规律，即“调节一般利润率和由它决定的所谓生产价格的规律，就是建立在商品价值和商品成本价格之间的这种差别之上的，建立在由此引起的商品低于价值出售也能获得利润这样一种可能性之上的”。[④]

---

① 马克思：《资本论》第3卷，人民出版社2004年版，第30、33页。
② 马克思：《资本论》第3卷，人民出版社2004年版，第45页。
③ 马克思：《资本论》第3卷，人民出版社2004年版，第45页。
④ 马克思：《资本论》第3卷，人民出版社2004年版，第45页。

第二节　平均利润与生产价格

对“剩余价值转化为利润”和“剩余价值率转化为利润率”的分析，是以个别资本为研究基础的，以成本价格为中介，分析了个别资本的变化对 p′的影响。研究的进程从个别资本上升到社会资本，就要以社会资本为研究的基础，考察在不同生产部门中、不同资本之间的差别对 p′的影响。这个研究假定在 m′不变、工作日长度不变的条件下，不同生产部门的 p′是怎样转化为一般利润率的。

一、不同部门的利润率差别

对于不同生产部门的 p′是怎样转化为一般利润率的研究，必须从资本有机构成和资本周转时间上的不同来研究社会资本。

考察资本的有机构成对 p′的影响，主要考察两个比率：第一个比率，是指技术构成的比率，“它在生产力的一定发展阶段可以看作是已定的”①，即一定的生产资料（物化劳动）和一定的劳动力（活劳动）的比率，它是能动组成部分的比率，是“资本有机构成的真正基础”②。这个比率在不同生产部门，甚至同一产业的不同部门，往往是极不相同的，或者是在很不同的部门，也可能偶尔完全相同或大致相同。第二个比率，是指价值构成的比率，即 c 和 v 的比率，它为资本的技术构成所决定，并反映这种技术构成，所以它是被动组成部分的比率。“由资本技术构成决定并且反映这种技术构成的资本价

① 马克思：《资本论》第 3 卷，人民出版社 2004 年版，第 162 页。
② 马克思：《资本论》第 3 卷，人民出版社 2004 年版，第 162 页。

值构成”①。马克思将其称为“资本的**有机**构成”。

马克思考察了不同部门因资本有机构成不同而利润率不同的情况，如果所使用的资本量发生变化，剩余价值并未按比例地发生变化，或者是资本量变化，有机构成也发生变化，都会引起利润率的变化。“因此，在所有这些场合，在其他条件不变的情况下，所使用的资本量的变化，必然会同时伴有利润率的变化。”② 首先，利润率的提高，就其实质来说，无非是由剩余价值量的相对增加或绝对增加引起的（由于剩余价值量增加，才会引起它和预付总资本的比率提高），或者说是由利润率和剩余价值率之间的差额缩小所引起的。其次，在其他条件不变，只是资本有机构成发生变化的情况下，“利润率就会随着可变资本的相对提高而提高，随着可变资本的相对降低而降低”③。马克思举例做了说明，假定投在不同生产部门的两个等量资本中（见表10－1）。

表10－1　等量资本投在有机构成不等部门后m、m′、p′的差异

部门	c	v	m	m′	p′
A部门资本	90	10	10	100%	10%
B部门资本	10	90	90	100%	90%

表10－1表明，在这两个资本中，虽然m′、工作日都相等。只是资本的有机构成不等，结果导致了m、p、p′都不相等。“不同的构成与可变部分和不变部分的不同比率相一致，因而利润率的差别是由可变资本和不变资本的比率的差别引起的，而不是由固定资本和流动资本的比率的差别引起的。”④

① 马克思：《资本论》第3卷，人民出版社2004年版，第163页。
② 马克思：《资本论》第3卷，人民出版社2004年版，第156页。
③ 马克思：《资本论》第3卷，人民出版社2004年版，第157页。
④ 马克思：《资本论》第3卷，人民出版社2004年版，第169页。

马克思还研究了另一种情况，投在不同生产部门的两个等量资本，由于资本周转时间的不同，因而产生不同的 p、p′。“固定组成部分和流动组成部分的不同比率引起了实现一定量利润所需的周转时间的差别。如果各资本按不同的比率分为固定部分和流动部分，这个情况当然总是会对这些资本的周转时间发生影响，并引起周转时间上的差别”①。假定：c∶v 等条件都相同，只是资本周转时间不同，其结果也导致 p、p′不同。“周转时间的差别本身，只有当它影响同一资本在一定时间内所能占有和实现的剩余劳动量的时候，才有意义。”②

既然在不同产业部门，由于资本的有机构成不同和资本的周转时间不同，都会导致不同的 p 和 p′，使得不同的 p′占统治地位。那么，利润和资本量成正比，从而等量资本在相等时间内提供等量利润的规律（作为一般的趋势，假定周转时间相等），也只适用于有机构成相等的资本。在马克思看来，以上所述是建立在同一基础之上的，即商品是按照它们的价值出售的。如果撇开那些非本质的、偶然的、互相抵消的差别不说，对不同产业部门来说，平均利润率的差别实际上是并不存在的，存在的只能是部门的利润率。

二、平均利润的形成

不管资本的有机构成如何不同，只要为生产产品所预付的资本额相等，不同生产部门的产品的成本价格总是相等的。对资本家说来，“不管所生产的价值和剩余价值多么不同，成本价格对投在不同部门的等量资本来说总是一样的。成本价格的这种等同性，形成各个投资竞争的基础，而平均利润就是通过

① 马克思：《资本论》第 3 卷，人民出版社 2004 年版，第 169～170 页。
② 马克思：《资本论》第 3 卷，人民出版社 2004 年版，第 170 页。

这种竞争确定的。”① 解决了一般利润率（平均利润率）的形成和商品价值转化为生产价格的问题后，就能够清楚认识到，商品的交换，不是按价值而是按生产价格进行的，这样，等量资本才能取得等量利润。

关于 m 向 p 转化的问题，马克思已经揭示出从 m 向 p 转化的中介环节是关于成本价格 K 的规定。由于在这里揭示的是在个别资本中的成本价格，m 虽然是向 p 转化了，但它们的性质不同，p 不是像 m 那样表现为 v 变化的结果，而是表现为 c 变化的结果。当然，m 和 p 的量毕竟是等同的，没有区别的。而在研究社会资本的成本价格，出现了不同的资本竞争。马克思说：“全部困难是由这样一个事实产生的：商品不只是当作**商品**来交换，而是当作**资本的产品**来交换。这些资本要求从剩余价值的总量中，分到和它们各自的量成比例的一份，或者在它们的量相等时，要求分到相等的一份。”② 就是说，等量资本要求得到等量利润。

马克思认为，为了揭示平均利润，首先要揭示出平均利润率，因为“这种平均化显然是结果，而不可能是起点”③。不同生产部门的“不同的利润率，通过竞争而平均化为一般利润率，而一般利润率就是所有这些不同利润率的平均数。按照这个一般利润率归于一定量资本（不管它的有机构成如何）的利润，就是平均利润。”④

在研究平均利润率（一般利润率）时，马克思运用经济统计方法，来求出统计的平均数。以 1 ~ n 的不同生产部门的利润为例，来说明它们是如何达到平均化的。现在假定有 n 个

① 马克思：《资本论》第 3 卷，人民出版社 2004 年版，第 172 页。
② 马克思：《资本论》第 3 卷，人民出版社 2004 年版，第 196 页。
③ 马克思：《资本论》第 3 卷，人民出版社 2004 年版，第 195 页。
④ 马克思：《资本论》第 3 卷，人民出版社 2004 年版，第 177 页。

生产部门，其平均化的过程如图 10－1 所示。

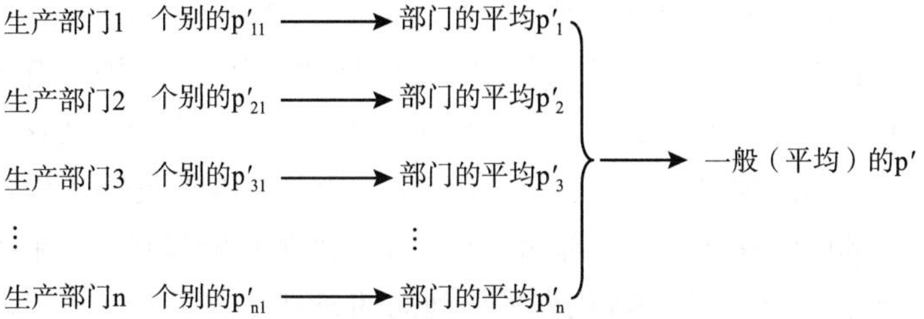

图 10－1 平均利润的形成过程

上面的平均化表现为个别到特殊的一般的发展过程。因为，一般利润率是以每个特殊生产部门都存在许多不同的利润率为前提的，只有从个别生产者的个别的利润率中，求出这个生产部门的平均利润率即特殊的平均利润率之后，再从各个生产部门的特殊的平均利润率求出一般的平均利润率，这是不同层次利润率平均化的结果。

平均利润率形成是与竞争密不可分的，“不同部门的资本的竞争，才能形成那种使不同部门之间的利润率平均化的生产价格。”① 不同部门投资竞争的基础是成本价格。“不管所生产的价值和剩余价值多么不同，成本价格对投在不同部门的等量资本来说总是一样的。成本价格的这种等同性，形成不同投资竞争的基础，而平均利润就是通过这种竞争确定的。”② 成本价格对每一个单个资本都是特殊的，而平均利润率从而平均利润，对每一特殊资本都是一般的、共同的。竞争会把社会资本分配在不同的生产部门中，以致每个部门的生产价格都等于成本价格加上成本价格乘以平均利润率所得之积。利润率平均化的趋势对资本的实际意义还在于投资要把或长或短的一定时期

① 马克思：《资本论》第 3 卷，人民出版社 2004 年版，第 201 页。
② 马克思：《资本论》第 3 卷，人民出版社 2004 年版，第 172 页。

内的变动和平均化计算在内。

利润率的平均化在现实中就是竞争，主要形式是资本在部门间的流动。由此提出竞争所需要的条件：其一，“资本有更大的活动性，也就是说，更容易从一个部门和一个地点转移到另一个部门和另一个地点”；其二，“劳动力能够更迅速地从一个部门转移到另一个部门，从一个生产地点转移到另一个生产地点”。上述利润转化为平均利润的条件，实质上就是“两个自由”，即资本转移的自由和劳动力转移的自由。“资本主义在一国社会内越是发展，也就是说，该国的条件越是适应资本主义生产方式，资本就越能够实现这种平均化。”①

值得注意的是，平均利润率的形成后超额利润仍然存在，获取超过平均利润的超额利润是竞争的强大动力。一定生产部门的资本，或者通过额外的劳动强度，或者通过把工资降低到平均工资以下的办法，或者通过使用的劳动的额外生产率，可以获得一种额外利润，即超过平均利润的利润。同市场价值类似，生产价格包含着每个特殊生产部门中在最好条件下生产的人所获得的超额利润。此外，在某些生产部门可以不把它们的商品的价值转化为生产价格，并由此产生出超额利润。

三、价值转化为生产价格

马克思在研究了如何从利润转化为平均利润之后，接着就来说明从价值转化为生产价格的问题。在不同产业部门，通过部门之间的竞争，利润形成平均利润。平均利润形成后，价值就转化为生产价格。

从数学的方法看，先将不同部门的不同利润率化为一个平

① 马克思：《资本论》第3卷，人民出版社2004年版，第218页。

均数，就会得出平均利润率，把这个平均数加到不同部门的成本价格上，由此形成的就是生产价格。当然，这个形成过程是通过竞争这个外在力量形成的，而不是通过数字计算的。马克思说："一个商品的价格，如等于这个商品的成本价格，加上生产这个商品所使用的资本（不只是生产它所消费的资本）的年平均利润中根据这个商品的周转条件归于它的那部分，就是这个商品的生产价格。"① 因此，平均利润就是按照一般利润率归于一定量资本的利润，商品的生产价格就是成本价格加平均利润。"商品按照它们的价值或接近于它们的价值进行的交换，比那种按照它们的生产价格进行的交换，所要求的发展阶段要低得多。而按照它们的生产价格进行的交换，则需要资本主义的发展达到一定的高度。"②

生产价格是以一般利润率的存在为前提的，后者是形成前者的要素之一。只有求出不同生产部门的不同利润率的平均数之后，再把这个平均数加到不同生产部门的成本价格上，才能形成生产价格。在这里，平均利润就成了价值向生产价格转化的中介环节。

这就是马克思说的："一般利润率的出现、实现和确立，使得价值必然转化为不同于价值的费用价格。"③ 这个价格就是生产价格。

在发达的市场经济条件下，商品的交换，并不是按照价值而是按照生产价格进行的。在马克思看来，尽管生产价格会发生同价值的某种偏离，但它并没有否定价值范畴，或者说，价值转化为生产价格并不会改变价值本身，而只是证明价值的表现形式是复杂的、多层次的。生产价格与之的这种偏离，既没

① 马克思：《资本论》第3卷，人民出版社2004年版，第177页。
② 马克思：《资本论》第3卷，人民出版社2004年版，第197页。
③ 《马克思恩格斯全集》第26卷（Ⅱ），人民出版社1973年版，第493页。

有使价值决定价格的性质消失，也没有使利润的合乎规律的界限消失，价值规定始终是 p、p′和生产价格变化的基础。生产价格是价值在发展过程中的一种“变形”，是在一个更为复杂的商品生产形态下发生的一种“变形”，同时说明了生产价格是从价值引申出来的。先有价值、剩余价值的产生，然后才有剩余价值率、利润率平均化的出现。

一般利润率无非是等量资本生产的各种不同商品所包含的不同剩余价值率的平均化。平均利润、生产价格，只能来自价值、剩余价值本身的规定，“没有这一规定，平均利润就是无中生有的平均，就是纯粹的幻想。那样的话，平均利润就既可以是 10%，也可以是 1 000%。”① 这说明利润是剩余价值的转化形式，利润率、一般利润率是剩余价值率的转化形式，生产价格则是价值的转化形式。它们的量不是任意的，而是确定的、有界限的。马克思说：“一切不同生产部门的利润的总和，必然等于剩余价值的总和；社会总产品的生产价格的总和，必然等于它的价值的总和。”② 这是一种会起支配作用的趋势，它使生产价格成为价值的单纯转化形式，或者使利润转化为剩余价值的单纯部分。凡是在平均利润从而一般利润率已经形成的地方，这个平均利润就只能是社会平均资本的利润，它的总和等于剩余价值的总和。由于这个平均利润加入成本价格而形成的价格只能是转化为生产价格的价值，所以平均利润只能是按照每个生产部门的资本量的比例分配在这些资本量上的剩余价值总量。

价值范畴和生产价格范畴是随着商品经济的发展而发展的。价值不仅在逻辑上，而且在历史上都是先于生产价格而产

① 《马克思恩格斯全集》第 26 卷（Ⅱ），人民出版社 1973 年版，第 210 页。
② 马克思：《资本论》第 3 卷，人民出版社 2004 年版，第 193 页。

生的。马克思说："撇开价格和价格变动受价值规律支配不说，把商品价值看作不仅在理论上，而且在历史上先于生产价格，是完全恰当的。"①

马克思在研究了价值向生产价格的转化之后，还修正了前面对成本价格所做的定义。原先假定，一个商品的成本价格等于它在生产上消费的各种商品的价值。一个商品的生产价格，对它的购买者来说就是成本价格，并且可以作为成本价格加入另一个商品的价格形成中去。由于生产价格可以和商品的价值发生偏离，因此，"一个商品的包含另一个商品的这个生产价格在内的成本价格，也可以高于或低于它的总价值中由加到它里面的生产资料的价值构成的部分。必须记住成本价格这个修改了的意义，因此，必须记住，如果在一个特殊生产部门把商品的成本价格看作和该商品生产中所消费的生产资料的价值相等，那就总可能有误差。"② 这里说明了，成本价格范畴已从抽象规定的定义上升到"修正"过的即具体的定义。生产价格范畴也是如此。商品的生产价格 = k + p，即等于成本价格加上利润，现在由于一般利润率 p′变成了成本利润率 kp′，即成本价格乘以平均利润率所得之积。从而使得生产价格的定义也"得到了如下的进一步规定"③，即等于 k + kp′。这说明在《资本论》中，不只价值范畴，而且成本价格、生产价格等范畴也都有发展的、有层次的。

关于一般利润率 p′。马克思认为，一般利润率从而和不同生产部门所使用的一定量资本相适应的平均利润率，一旦形成之后，原先在第一篇中的假定：m = p，是必然的，而现在却变成 m≠p，也是必然的，p 变成是某种存在于商品内在价

① 马克思：《资本论》第 3 卷，人民出版社 2004 年版，第 198 页。
② 马克思：《资本论》第 3 卷，人民出版社 2004 年版，第 184 ~ 185 页。
③ 马克思：《资本论》第 3 卷，人民出版社 2004 年版，第 185 页。

值之外的东西了。随着生产价格的形成，价值概念就完全消失了。"因为当我们考察特殊生产部门时，加在成本价格上的利润，的确不是由该部门本身的价值形成过程的界限决定，而是由完全外在的条件确定的"。① 这就是说，它是由竞争和利润率的平均化过程决定的，因而是不以资本家的意志为转移的。这样，"随着价值转化为生产价格，价值规定的基础本身就被掩盖起来"。②

需要指出的是，马克思所揭示的利润平均化是作为一种趋势而存在的，不意味着在现实中，每个资本得到的都是平均利润。这就是马克思说的，"在整个资本主义生产中，一般规律作为一种占统治地位的趋势，始终只是以一种极其错综复杂和近似的方式，作为从不断波动中得出的、但永远不能确定的平均数来发生作用。"③

马克思在分析平均利润率的形成时，假定还没有商业资本的存在，一般利润率只是作为生产部门的产业资本实际生产的利润或剩余价值的平均化来说明。但是，商业资本却是一种不参加利润生产而只分享利润的资本。因此，现在必须对以前的研究进行补充。这就是说，一般利润率在它的最初形态中，只是表现为投在不同部门的产业资本之间的利润的平均化，这时还未区分产业利润和商业利润。然而，商业资本和产业资本一样，都要参加利润率的平均化，这样，一般利润率才达到它的"完成形态"，以后凡提到一般利润率或一般利润的时候"就不再需要区分产业利润和商业利润了"。④ 随着商业利润的加入，导致对一般利润率的补充、修正，因此也导致对生产价格

① 马克思：《资本论》第3卷，人民出版社2004年版，第188页。
② 马克思：《资本论》第3卷，人民出版社2004年版，第188页。
③ 马克思：《资本论》第3卷，人民出版社2004年版，第181页。
④ 马克思：《资本论》第3卷，人民出版社2004年版，第377页。

的补充、修正，生产价格就有了一个“更确切的有限制的规定”。[①] 原来生产价格 = k + p；现在生产价格 = k + p + h（商业利润）。这是商人把商品卖给最后消费者的生产价格，因为这种价格的总和等于商品的价值，商人预付的货币资本没有在商品的价值中加入任何追加的要素，说明商人从商品经营中获得的利润是产业资本家在生产商品时占有的剩余价值的一部分。由于商业资本参加竞争，就出现了产业生产价格与实际生产价格的区别，产业生产价格小于实际生产价格。

第三节　供求、竞争与市场价值

马克思在说明价值转化为生产价格后紧接着提出市场价值的概念，并在分析利润平均化的同时集中研究市场价值的形成。在这里必须注意的是，“这里关于市场价值所说的，也适用于生产价格，只要把市场价值换成生产价格就行了。”[②] 根据马克思的提示，在现代经济中我们广泛使用市场价值这个概念，而少用生产价格概念，而实际上现代经济中市场价值就是生产价格，并不同于简单商品经济中的价值。“市场价值，一方面，应看作是一个部门所生产的商品的平均价值，另一方面，又应看作是在这个部门的平均条件下生产的并构成该部门的产品很大数量的那种商品的个别价值。只有在特殊的组合下，那些在最坏条件下或在最好条件下生产的商品才会调节市场价值，而这种市场价值又成为市场价格波动的中心，不过市场价格对同类商品来说是相同的。”[③]

① 马克思：《资本论》第 3 卷，人民出版社 2004 年版，第 318 页。
② 马克思：《资本论》第 3 卷，人民出版社 2004 年版，第 200 页。
③ 马克思：《资本论》第 3 卷，人民出版社 2004 年版，第 199 页。

一、市场价值的形成机制

在市场价值形成中，竞争和供求是相互交织在一起共同起作用的。马克思说："竞争首先在一个部门内实现的，是使商品的不同的个别价值形成一个相同的市场价值和市场价格。但只有不同部门的资本的竞争，才能形成那种使不同部门之间的利润率平均化的生产价格。这后一过程和前一过程相比，要求资本主义生产方式有更高的发展。"① 商品生产者为实现其商品价值，必须把商品拿到市场上出卖，于是，同类商品生产者之间为争夺有利的销售条件便展开了竞争。当商品供大于求，则卖者竞相争卖，把商品价格压低到优等条件生产的商品个别价值水平；反之，当这种商品求大于供，则买者竞相购买，卖者就借机把商品价格提高到劣等条件生产的商品个别价值水平，这样使商品个别价值平均化为市场价值。可见，部门内部竞争是市场价值形成的条件，社会必要劳动是市场价值的基础。

马克思分别考察了部门内部竞争和部门之间竞争。部门内部竞争是商品市场价值的形成条件，部门之间的竞争是商品生产价格的形成条件。在马克思看来，"要使生产部门相同、种类相同、质量也接近相同的商品按照它们的价值出售，必须具备两个条件。"②

第一，不同的个别价值平均化为一个市场价值（即社会价值）。

为了使同类商品的市场价格与市场价值相一致，这就要求各个卖者互相施加足够大的压力，以便把社会需要所要求的商

① 马克思：《资本论》第3卷，人民出版社2004年版，第201页。
② 马克思：《资本论》第3卷，人民出版社2004年版，第201页。

品量，也就是社会能够按市场价值支付的商品量提供到市场上来。如果产品量超过这种需要，商品就必然会低于它们的市场价值出售。反之，如果卖者之间竞争的压力没有大到足以迫使他们把这个商品量带到市场上来，商品就必然高于它们的市场价值出售。如果市场价值发生了变化，总商品量得以出售的条件也就会发生变化。如果市场价值降低了，有支付能力的社会需要平均说来就会扩大，并且在一定限度内能够吸收较多的商品。如果市场价值提高了，商品的社会需要就会缩减，就只能吸收较少的商品。“因此，如果供求调节着市场价格，或者确切地说，调节着市场价格同市场价值的偏离，那么另一方面，市场价值调节着供求关系，或者说，调节一个中心，供求的变动使市场价格围绕着这个中心发生波动。”①

需求是可以调节的。马克思说：“在这里顺便指出，‘社会需要’，也就是说，调节需求原则的东西，本质上是由不同阶级的互相关系和他们各自的经济地位决定的，因而也就是，第一是由全部剩余价值和工资的比率决定的，第二是由剩余价值所分成的不同部分（利润、利息、地租、赋税等等）的比率决定的。这里再一次表明，在供求关系借以发生作用的基础得到说明以前，供求关系绝对不能说明什么问题。”②

关于单个商品的研究方法，完全适用对市场上现有的一定生产部门的商品总量的研究。商品的个别价值与社会价值相一致，在商品总量上实现为或进一步规定为这个商品总量包含着生产它所必需的社会劳动总量，并且这个总量的价值等于它的市场价值，这就是市场价值形成的基础。市场价值的确定有三种情况：（1）假定这些商品的很大数量是在大致相同的正常

① 马克思：《资本论》第 3 卷，人民出版社 2004 年版，第 202 页。
② 马克思：《资本论》第 3 卷，人民出版社 2004 年版，第 202 页。

社会条件下生产出来的，“在这种情况下，商品总量的市场价值或社会价值，即其中包含的必要劳动时间，就由中间的大量商品的价值来决定。”[①] 结果，在最坏一端生产的人，必然低于个别价值出售他们的商品；在最好一端生产的人，必然高于个别价值出售他们的商品。（2）假定投到市场上某商品总量不变，而其中相当大的数量是在较坏生产条件下生产出来的，其价值又不能由较好生产条件下生产的商品个别价值来平衡时，那么，“市场价值或社会价值就由在较坏条件下生产的大量商品来调节。”[②] 这样得到的市场价值，不仅会高于有利一端生产的商品的个别价值，而且会高于属于中等部分的商品的个别价值，但它仍然低于不利的一端生产的商品的个别价值。（3）假定在高于中等条件下生产的商品量，大大超过在较坏条件下生产的商品量，甚至同中等条件下生产的商品量相比也构成一个相当大的量，那么，“市场价值就由在最好条件下生产的那部分商品来调节。”[③] 结果，由两端和中等条件下生产的商品的价值额合计得到的平均价值，就会低于中等价值。

上述市场价值确定的三种情况，其假定是供给量与需求量已定，并且两者相一致，只是供给总量在不同生产条件下，生产的各个商品的组成比例发生了变化。因此，同样数量商品的市场价值，就要按不同的情况来确定。这说明，在供求一致时它对市场价值确定不起任何作用。但是，当供给（商品的生产量）与需求（按市场价值的需求量）不一致时，它们对市场价值的确定就会发生重要的影响。“只要一方面有了整个生产部门的产品，另一方面又有了社会需要，这个量就是一个重

① 马克思：《资本论》第3卷，人民出版社2004年版，第204页。
② 马克思：《资本论》第3卷，人民出版社2004年版，第204页。
③ 马克思：《资本论》第3卷，人民出版社2004年版，第204页。

要的因素了。"[1] 卖方之间的竞争，规定提供给市场的商品量是社会需要的量，从而形成一种供求平衡，这是卖方之间竞争的结果；买方之间的竞争，规定市场上能够吸收的商品量是社会供给的量。"在需求恰好大到足以按这样确定的价值吸收掉全部商品的前提下，在实际市场上是通过买者之间的竞争来实现的"[2]。这是由买方之间的竞争形成的一种供求平衡，是买方之间竞争的结果。此外，由于卖方与买方之间的竞争，相互间向对方施加压力，从而达到一种供需平衡状态。

第二，供求平衡关系中的市场价值。

对于供求之间的研究，不仅需要从质的方面分析，还要从量的方面分析。生产部门相同、种类相同、质量也接近相同的商品必须满足价值出售的第二个条件，即符合社会需要量。马克思说："说商品有使用价值，无非就是说它能满足某种社会需要。"[3] 在分析单个商品时，可以假定存在着对这种特定商品的需要，而不必进一步考察这个有待满足的需要的量。但是，当有了整个社会生产部门的产品，而且又有了社会需要的时候，这个量就是一个不得不考虑的重要因素。"因此，现在有必要考察一下这个社会需要的规模，即社会需要的量。"[4] 对此，也可以从三种不同的情况来进行分析。

（1）供求之间量的平衡是商品按市场价值出售的前提条件。假定商品总量是正常的供给量，即能够满足社会有购买能力需求的量。同时，假定社会需求的量也必须是正常的量，即购买者的支付能力足以吸收由社会供给的全部商品。在上述假定条件下，商品就能按市场价值出售，而不管这个市场价值是

① 马克思：《资本论》第3卷，人民出版社2004年版，第206页。
② 马克思：《资本论》第3卷，人民出版社2004年版，第206页。
③ 马克思：《资本论》第3卷，人民出版社2004年版，第206页。
④ 马克思：《资本论》第3卷，人民出版社2004年版，第206页。

由上述哪一种方法来调节的。这种情况下的商品量所满足的需求，是满足了社会范围内的需求。如果这个量与对它的需求不一致，市场价格就会偏离市场价值。

（2）供求关系量影响着市场价值的形成。如果这个量小于或大于对它的需求，市场价格就会偏离市场价值。当这个量过小时，市场价值是由最坏条件下生产的商品来调节的；当这个量过大时，市场价值总是由最好条件下生产的商品来调节的。可见，"市场价值就由两端中的一端来决定"。①

（3）商品生产量（供给）和按市场价值出售的商品量（需求）之间的差额是由双重原因产生。一种可能是生产量本身发生了变化，变得过小或过大了，从而再生产必须按照与调节现有市场价值的规模不同的规模来进行。在这种情况下，供给发生了变化，尽管需求未变，结果导致相对的生产过剩或生产不足的现象。另一种可能是再生产即供给保持不变，但需求由于各种原因增加或减少了。在这里，尽管供给的绝对量保持不变，但它的相对量，即同需要相比较或按需要来计量的量还是发生了变化，结果是与第一种情形一样，出现相对的生产不足或生产过剩的现象，不过，方向相反，或者方向相同但程度不同。总之，"如果双方都发生了变化，而且改变了它们之间的以前的比例，那么，最后结果就必然总是归结为上述两种情况中的一种"。②

二、竞争在市场价值形成中的作用

所谓竞争，不过是资本同作为另一个资本的它自身的关系。竞争，是个别价值转化为市场价值、市场价值转化为生产

① 马克思：《资本论》第3卷，人民出版社2004年版，第206页。
② 马克思：《资本论》第3卷，人民出版社2004年版，第207页。

价格、m转化为p、p′转化为平均p′的基本途径。竞争能够把社会资本分配在不同的生产部门中，以致每个部门的生产价格都按照这些中等构成部门的生产价格来形成，“一切其他资本，不管它们的构成如何，在竞争的压力下，都力求和中等构成的资本拉平”。[①] 竞争作为资本的相互作用，要以资本本身的发展为前提。

竞争首先出现在一个部门的内部，即生产同一商品的部门内部的竞争。通过这种竞争，使得在个别价值中形成一个相同的市场价值，即一个部门所生产的商品的平均价值，这个市场价值就成了市场价格“波动的中心”。“竞争，同供求比例的变动相适应的市场价格的波动，总是力图把耗费在每一种商品上的劳动的总量归结到这个标准上来。”[②] 通过这种变动，也就把市场价格还原为市场价值。“竞争只能使同一个生产部门内的生产者以相等的价格出售他们的商品，并使不同生产部门内的生产者按照这样一个价格出售商品，这个价格使他们得到相同的利润，得到已经部分地由工资决定的商品价格上的同一比例的加价。因此，竞争只能使不等的利润率平均化。要使不等的利润率平均化，利润作为商品价格的要素必须已经存在。竞争不创造利润。利润的水平，在平均化过程发生的时候便形成了。竞争不过使它提高或降低，但并不创造它。”[③] 这样，通过部门内部的竞争和供求平衡，就达到了产业部门的内部均衡。早在《资本论》第一卷中，就已经使用过社会价值的范畴，这里出现的市场价值即社会价值，而不是什么新的范畴、新的规定。当然，《资本论》第一卷是在从生产领域的角度谈到超额剩余价值的产生和消失的问题时，提到社会价

① 马克思：《资本论》第3卷，人民出版社2004年版，第194页。
② 马克思：《资本论》第3卷，人民出版社2004年版，第214页。
③ 马克思：《资本论》第3卷，人民出版社2004年版，第979页。

值这个范畴的。而在这里，是从流通领域的角度，谈到在个别价值中形成市场价值的问题时提到社会价值的范畴。

竞争还出现在不同部门之间，即生产不同产品的各个生产部门之间的竞争。这种竞争是部门内部竞争的进一步发展。部门内部竞争的结果，是使同类商品的无数个别价值，形成一个统一的社会价值或市场价值。但市场价值形成的结果，是使不同生产部门有不同的利润率；只有不同生产部门间的竞争，才使不同利润率平均化，使价值转化为生产价格。竞争能将社会资本这样地分配在不同的生产部门中，以致每个部门的生产价格都按照这些中等构成部门的生产价格来形成。马克思说："一旦资本主义生产发展到一定的程度，各个部门的不同利润率平均化为一般利润率，也就决不只是通过市场价格对资本的吸引作用和排斥作用来实现了。在平均价格和与之相适应的市场价格确定一定时期之后，各个资本家**意识到**，在这种平均化中**某些差别**会互相抵销，因此，他们会立即把这些差别包括在他们的互相计算中。"① 通过部门之间的竞争来形成平均利润，市场价值就成了从价值转化为生产价格的中介环节，通过竞争这个中介环节，显示出生产和消费的社会性质。"**在竞争中一切都颠倒地表现出来**。在表面上呈现出来的经济关系的完成形态，在这种关系的现实存在中，从而在这种关系的承担者和代理人试图借以说明这种关系的观念中，是和这种关系的内在的、本质的、但是隐蔽着的核心形态以及与之相适应的概念大不相同的，并且事实上是颠倒的和相反的。"② 在这样的情况下，"资本就意识到自己是一种**社会权力**；每个资本家都按照他在社会总资本中占有的份额而分享这种权力。"③

① 马克思：《资本论》第3卷，人民出版社2004年版，第232页。
② 马克思：《资本论》第3卷，人民出版社2004年版，第231页。
③ 马克思：《资本论》第3卷，人民出版社2004年版，第217页。

通过上述两种竞争来形成平均利润的发展，表现为从个别导向特殊、一般的过程和形式，可以用图 10－2 表示。

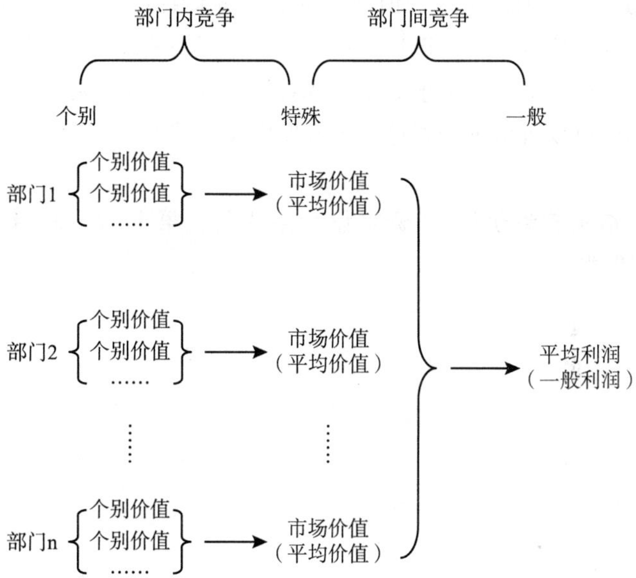

图 10－2　平均利润的形成

马克思认为，在平均利润和生产价格形成的过程中，如果商品都按照它们的价值出售，那么，不同生产部门由于投入其中的资本量的有机构成不同，就会产生极不相同的利润率。当然，资本就会从利润率较低的部门抽走，转移到利润率较高的其他部门。通过资本的这种不断地流出和流入，供求之间就会形成这样的一种比例，以致不同的生产部门都获得相同的平均利润，从而使得价值转化为生产价格。

市场价值决定市场价格，市场价格是市场价值的表现形式。不过，市场价格与市场价值并不总是一致的，市场价格还要受到竞争条件下供求变化的调节。当然，市场价值反过来又能调节供求的变化，当某商品的劳动生产力提高时，该商品市场价值就会降低，市场价格也随之降低，从而社会需求量增加；反之，市场价格则随之上升，社会需求量也就相应减少。市场价格是围绕市场价值波动的。“如果供求调节市场价格，或者确切地说，调节市场价格同市场价值的偏离，那么另一方面，市场价值调节供求关系，或者说，调节一个中心，供求的变动使市场价格围绕着这个中心发生波动。”①

本章主要涉及：《资本论》第3卷：第1、2、3、4、8、9、10章

① 马克思：《资本论》第3卷，人民出版社2004年版，第202页。

第十一章　一般利润率下降规律和周期性经济波动

马克思对宏观经济的总量分析是从对社会总资本的利润率即一般利润率的变动趋势分析入手的。人们往往以现实中的利润率水平不存在下降，来非议马克思的一般利润率下降趋势规律。这是对马克思的误解。马克思在《资本论》中明确指出了客观存在的抵消这个规律作用的要素。更为重要的是我们要把马克思揭示的这个规律理解为资本报酬递减规律。这样，这个规律就客观存在。这个规律的存在可能带来宏观经济的波动。这个规律也就成为周期性经济波动的一个重要说明因素。

第一节　一般利润率下降的趋势

利润率水平有多种评价，有相对于成本的利润率，有相对于销售额的利润率。马克思是从全社会资本的平均利润率的角度研究一般利润率下降趋势的。这种研究具有宏观意义。

马克思发现，社会劳动生产率提高导致资本有机构成提高，由此产生一般利润率下降的效应。这就是，随着总资本价值量的增加，资本有机构成的提高，利润（剩余价值）量和所使用的总资本价值的比率（利润率）必然不断下降。这就是马克思说的，不变资本相对增加，可变资本相对减少，在剩余价值率不变的情况下，一般利润率会逐渐下降。“随着资本主义生产方式的发展，可变资本同不变资本相比，从而同被推动的总资本相比，会相对减少，这是资本主义生产方式的规律。"① 由于一般利润率下降是相对于总资本而言的，尤其是产生于表现为劳动资料的部分的资本越来越大而言的。因此，一般利润率下降规律完全可以理解为我们现在所讲的资本报酬递减规律。

"一般利润率日益下降的趋势，只是劳动的社会生产力日益发展**在资本主义生产方式下所特有的表现**。"② 原因是劳动的社会生产力发展表现在用较少的劳动更多地使用机器和一般固定资本，在同一时间内把更多地原料和辅助材料转化为产品，会使产品日益便宜。同样的原因又使所用的固定资本和原料，辅助材料的量同所使用的活劳动量相比以越来越大的比例增加起来。因而利润率趋向下降。

一般利润率下降所表明的资本报酬递减同样也说明为增加一定单位的利润所需要的资本量也相应增加。这就是马克思说的："资本主义生产和积累的发展过程，要求劳动过程的规模及其范围日益扩大，要求每一个企业的预付资本相应地日益增加。"③ 这就是说，资本的最低限额提高了。因此，"造成一般利润率趋向下降的同一些原因，又会引起资本的加速积累。"④

马克思用实证材料证明了一般利润率下降规律的普遍性，"一个国家中各个相继发展的阶段的情况是这样，不同国家中同时并存的不同发展阶段的情况也是这样。"⑤ 这就是说，在时间上分析，各个相继发展的阶段存在一般利润率下降趋势；

① 马克思：《资本论》第3卷，人民出版社2004年版，第236页。
② 马克思：《资本论》第3卷，人民出版社2004年版，第237页。
③ 马克思：《资本论》第3卷，人民出版社2004年版，第244页。
④ 马克思：《资本论》第3卷，人民出版社2004年版，第250页。
⑤ 马克思：《资本论》第3卷，人民出版社2004年版，第238页。

从空间上分析，发达国家的一般利润率要低于不发达国家。其原因是在经济发展的低级阶段，或者在不发达国家，劳动的生产效率低，因而较大量的劳动表现为较小量的同种商品，结果剩余价值率也较低。在这里的资本有机构成也低，因此一般利润率可能会高于发达国家和经济发展的高级阶段。比较发达国家和不发达国家利润率差别，说明了为什么发达国家的资本要输出到不发达国家。原因就是在发达国家一般利润率下降的程度要高于不发达国家，也就是发达国家资本边际报酬递减的问题比较突出，同样的资本投到不发达国家去，会比在原有的发达国家得到更高的利润率。因此，就有了现实的资本输出。产生不同国家一般利润率差别的原因就在于，不发达国家主要使用活劳动，而发达国家主要使用的是资本。由于这个差别，资本投到不发达国家获得的利润率可能会高于在本国的利润率。这就是不同国家的比较优势在起作用。

利润率不断下降的规律，决不排斥这样的情况："社会资本所推动和所剥削的劳动的绝对量在增大，因而社会资本所占有的剩余劳动的绝对量也在增大；同样也决不排斥这样的情况：单个资本家所支配的资本支配着日益增加的劳动量，从而支配着日益增加的剩余劳动量"。① 这就是说，尽管利润率下降，但是剩余价值率不会下降，利润的绝对量不会减少。因为利润率是利润同全部预付资本之比来计算的，当预付资本总量增加时，利润的总量还是提高的。由此马克思界定了"利润率的下降和绝对利润量的同时增加产生于同一些原因的这个二重性的规律。"② 这个规律也表现为：利润率因社会生产力的发展而下降，但是利润量却会因生产规模扩大而增

① 马克思：《资本论》第3卷，人民出版社2004年版，第241页。
② 马克思：《资本论》第3卷，人民出版社2004年版，第245页。

加；不变资本要素日益便宜，资本所生产的商品的价格下降，同时商品所包含的并通过商品出售所实现的利润量却会相对增加。

马克思在揭示一般利润率下降规律，同时也指出了阻挠和抵消这个一般规律作用的因素。其中包括：（1）劳动剥削程度的提高；（2）工资被压低到劳动力的价值以下；（3）不变资本各要素变得便宜；（4）相对过剩人口；（5）对外贸易；（6）股份资本的增加。这些起反作用的要素抵消一般利润率下降实际上也就是促使资本报酬递增的要素。这些因素的作用，阻碍、延缓并且部分地抵消一般利润率的下降。所以一般利润率下降规律“只是作为一种趋势发生作用；它的作用，只有在一定情况下，并且经过一个长的时期，才会清楚地显示出来。”① 正因为如此，马克思就把一般利润率的下降叫做趋向下降。

上述各种相互对立的因素在现实的经济运行中作用的结果，就是产生周期性经济波动。就是马克思说的，“各种互相对抗的要素之间的冲突周期性地在危机中表现出来。危机永远只是现有矛盾的暂时的暴力的解决，永远只是使已经破坏的平衡得到瞬间恢复的暴力的爆发。”②

马克思揭示一般利润率下降趋势规律的理论意义在于揭示资本主义生产方式的内在矛盾。总资本的增殖率，即利润率，是资本主义生产的刺激。“利润率的下降在促进人口过剩的同时，还促进生产过剩、投机、危机和资本过剩。”③ 对这个矛盾的分析提供了对经济波动进行宏观分析的思路和方法。

---

① 马克思：《资本论》第3卷，人民出版社2004年版，第266页。
② 马克思：《资本论》第3卷，人民出版社2004年版，第277页。
③ 马克思：《资本论》第3卷，人民出版社2004年版，第270页。

第二节　经济周期性波动：社会生产力和社会消费力的矛盾

根据马克思的分析，经济危机产生的根本原因是社会化大生产与生产资料资本主义私有制这个基本矛盾。这就是马克思说的，“手段——社会生产力的无条件的发展——不断地和下游资本的增殖这个有限的目的发生冲突。因此，如果说资本主义生产方式是发展物质生产力并且创造同这种生产力相适应的世界市场的历史手段，那么，这种生产方式同时也是它的这个历史任务和同它相适应的社会生产关系之间的经常的矛盾。”①其具体说明表现在马克思在一般利润率下降趋势规律的内部矛盾的展开的具体分析中。

马克思对经济危机产生的直接原因的分析使用了两个方面的分析工具。一是生产条件和实现条件的矛盾分析；二是社会生产力和社会消费力的分析。由生产条件和实现条件的分析直接引出社会生产力和社会消费力的矛盾分析。

马克思揭示的资本主义生产方式的矛盾就在于，一方面包含着绝对发展生产力的趋势，另一方面是资本的保值和增殖。对此矛盾，马克思作了如下说明：

就发展生产力来说，由社会劳动生产力提高带来的生产扩大表现在两个方面：一是表现在已经生产出来的生产力的量上；二是资本有机构成的提高上。由此对价值增殖的影响是：利润率会下降，而利润量会随着所使用的资本量的增加而增加。

就资本本身的要求来说，资本主义生产的真正的限制是资

① 马克思：《资本论》第3卷，人民出版社2004年版，第279页。

本本身。这就是说：“资本及其自行增殖，表现为生产的起点和终点，表现为生产的动机和目的；生产只是为**资本**而生产，而不是反过来生产资料只是生产者社会的生活过程不断扩大的手段。”①

上述两方面矛盾说明了导致生产过剩危机的生产条件和实现条件的冲突。资本主义生产过程可区分为紧密相连的两个行为。第一个行为即直接的生产过程，生产出剩余价值。在这里资本具有无限扩张的趋势。第二个行为即第一个行为的结果总产品必须卖掉，即实现问题。由此马克思提出：“进行直接剥削的条件和实现这种剥削的条件，不是一回事。”② 也就是说，生产的条件和实现的条件在时间和空间上是分开的，马克思在关于社会总资本的再生产的分析表明，社会总产品的实现问题是社会再生产的中心问题。现实中社会再生产实现经常遭到破坏，其原因就同生产目的相关。“因为资本的目的不是满足需要，而是生产利润，因为资本达到这个目的所用的方法，是按照生产的规模来决定生产量，而不是相反，所以，在立足于资本主义基础的有限的消费范围和不断地力图突破自己固有的这种限制的生产之间，必然会不断发生不一致。”③ 如果反过来，生产的目的是需要，按照需要量来决定生产规模，就不可能出现这种生产过剩。

在资本主义经济中，生产只受社会生产力的限制，市场实现则受社会生产比例和社会消费力的限制。由此引出社会生产力与社会消费力之间的矛盾。

就社会生产力来说，大工业生产方式具有一种跳跃式地扩张的能力。根据马克思的分析，进入机器大工业阶段后，生产

① 马克思：《资本论》第 3 卷，人民出版社 2004 年版，第 278 页。
② 马克思：《资本论》第 3 卷，人民出版社 2004 年版，第 272 页。
③ 马克思：《资本论》第 3 卷，人民出版社 2004 年版，第 285 页。

过剩的危机成为现实是大工业同资本积累共同作用的结果。“随着积累和伴随积累而来的劳动生产力的发展，资本的突然扩张力也增大了。”其原因包括：执行职能的资本增大了；信用每当遇到特殊刺激会在转眼之间把非常大的财富部分作为追加资本交给生产支配；生产过程本身的技术条件有可能以最大的规模最迅速地将剩余产品转化为追加的生产资料。“随着积累的增进而膨胀起来的并且可以转化为追加资本的大量社会财富，疯狂地涌入那些市场突然扩大的旧生产部门，或涌入那些由旧生产部门的发展而引起需要的新兴生产部门。”① 这种状况正是我们现在所讲的经济过热状况。

所谓消费力，是指一定时期内消费者的消费能力。马克思说：“消费的能力是消费的条件，因而是消费的首要手段，而这种能力是一种个人才能的发展，一种生产力的发展”。② 消费力可以分为个人消费力和社会消费力。个人消费力是由其收入水平决定的，而社会消费力则决定于社会的分配关系。就社会消费力来说，在资本主义条件下，它“既不是取决于绝对的生产力，也不是取决于绝对的消费力，而是取决于以对抗性的分配关系为基础的消费力；这种分配关系，使社会上大多数人的消费缩小到只能在相当狭小的界限以内变动的最低限度。其次，这个消费力还受到追求积累的欲望，扩大资本和扩大剩余价值生产规模的欲望的限制”。③ 生产的条件和实现的条件的矛盾表明，生产的无限扩张要求市场不断扩大，但“市场的联系和调节这种联系的条件越来越采取一种不以生产者为转移的自然规律的形式，越来越无法控制。”因此，“生产力越发展，它就越和消费关系的狭隘基础发生冲突。”其结果是爆

① 马克思：《资本论》第1卷，人民出版社2004年版，第729页。
② 《马克思恩格斯全集》第46卷（下），人民出版社1979年版，第225页。
③ 马克思：《资本论》第3卷，人民出版社2004年版，第273页。

发生产过剩的危机。

上述社会生产力和社会消费力的矛盾分析表明，在客观上，生产的扩大受消费规模的限制。而现实的资本主义生产目的是"为生产而生产"，并且以广大生产者群众的被剥夺和贫困化为基础。不可避免产生生产的无限扩张与人民群众消费受限制之间的矛盾。

社会生产和社会需要之间的矛盾还反映在各个生产部门之间的不平衡上。"在资本主义生产内部，各个生产部门之间的平衡表现为由不平衡形成的一个不断的过程，因为在这里，全部生产联系是作为盲目的规律强加于生产当事人，而不是作为由他们的集体的理性所把握、从而使这种理性支配的规律来使生产过程服从于他们的共同的控制。"① 这反过来也说明了理性地把握各个生产部门之间的平衡对宏观经济的重要性。

分析生产过剩还不能忽视生产和流通脱节所造成的影响。适应生产的扩张，市场必须不断扩大，但是，"市场的联系和调节这种联系的条件，越来越取得一种不以生产者为转移的自然规律的形式，越来越无法控制。"②。马克思在分析生产资本的循环时就发现，资本主义生产的规模取决于这种生产的规模和不断扩大生产规模的需要，而不取决于需求和供给、待满足的需要的预定范围。在大量生产中，直接的购买者只能是大商人。产品只要卖出，在生产者看来，一切都正常。也就是在再生产过程处于非常繁荣状态时，商品的一大部分只是表面上进入消费，实际上是堆积在转卖者的手中没有卖掉，事实上仍然留在市场上。这时，商品的潮流一浪接一浪地涌入市场。于是市场上形成激烈竞争。后涌入的商品为了卖掉只好降低价格出

① 马克思：《资本论》第3卷，人民出版社2004年版，第286页。
② 马克思：《资本论》第3卷，人民出版社2004年版，第273页。

售，以前进入市场的商品尚未变成现金，支付期限已经到来，商品持有者不得不宣告无力支付。“这种出售同需求的实际状况绝对无关。同它有关的，只是**支付的需求**，只是把商品转化为货币的绝对必要。于是危机爆发了。”①

马克思在研究商人资本周转时，进一步说明了商人资本介入后加剧生产和消费矛盾的机制。由于商人资本的独立化，它的运动在一定界限内就不受再生产过程的限制，甚至还会驱使再生产过程越出它的各种限制。在现代信用制度下，商人资本支配着社会总货币资本的很大一部分。它可以在已买物品最终卖掉以前可以再进行购买。由此对生产者产生一种虚假的需求，掩盖了生产和消费的矛盾。问题是商人资本的周转还要受全部个人消费的速度和规模的限制。这种矛盾达到一定阶段，最终爆发生产过剩的危机。在危机中可以看到的现象是：“危机最初不是在和直接消费有关的零售业中暴露和爆发的，而是在批发商业和向它提供社会货币资本的银行业中暴露和爆发的。”② 进入21世纪以来，在西方国家爆发的几次大的经济危机都以金融危机的形式出现就证明了这个结论的正确性。

第三节　资本过剩和资本积累

一般利润率下降的趋势实际上是资本报酬递减，再加上社会劳动生产力提高意味着生产资料和生活资料可以更便宜地生产出来，因此产生资本的贬值。现有资本的周期贬值，既阻碍利润率下降，又刺激资本价值加速积累。资本积累又会促进利润率下降。

① 马克思：《资本论》第2卷，人民出版社2004年版，第89页。
② 马克思：《资本论》第3卷，人民出版社2004年版，第339页。

由于一般利润率趋向下降规律可以理解为资本报酬递减，同样可以理解为增加每一单位的利润所需要的资本增加。这样，“单个资本家为了生产地使用劳动所必需的资本最低限额，随着利润率的下降而增加。”① 而资本要达到最低限额就需要一定时间的资本集聚。由此产生资本过剩。

在利润率下降的条件下产生的资本过剩指的是积累的资本的过剩。就是说，资本过剩总是指那种利润率下降不会由利润量的增加得到补偿的资本的过剩。反过来说，如果利润量的增加能够补偿利润率的下降，这种资本就不会过剩，必然会投入运行。

在资本最低限额提高的条件下，积累的资本达不到最低限额，就会延缓新的独立资本的形成。这部分资本就处于过剩状态。由此产生的状况是，达不到投入实体经济最低资本限额的资本就要寻找出路；分散的小资本往往是进入资本市场或信用渠道。这就是马克思讲的两种状况：一种情况是，一部分不能形成新的独立资本的资本“以信用形式交给大产业部门的指挥人去支配”。另一种情况是，“大量分散的小资本被迫走上冒险的道路：投机、信用欺诈、股票投机、危机。”②

马克思还提出了资本绝对过剩的概念：“只要增加以后的资本同增加以前的资本相比，只生产一样多甚至更少的剩余价值量，那就会发生资本的绝对生产过剩。”③ 这种状况可以表示为资本的边际生产力小于等于零。这个时候达不到资本主义生产的目的，追加资本就等于零。于是，“一部分资本全部或部分地闲置下来。”④

---

① 马克思：《资本论》第3卷，人民出版社2004年版，第279页。
② 马克思：《资本论》第3卷，人民出版社2004年版，第279页。
③ 马克思：《资本论》第3卷，人民出版社2004年版，第280页。
④ 马克思：《资本论》第3卷，人民出版社2004年版，第280页。

现实中，尽管存在利润率的下降，尽管存在资本过剩，但不影响资本追逐积累的本性。由于以下原因，社会资本积累的能力和欲望仍然会增加。(1)“由于相对过剩人口增加”；(2) 由于随着劳动生产率的提高，“资本的物质要素的量会增加”；(3)“由于生产部门会多样化”；(4) 由于信用制度、股份公司等等的发展以及由此引起的结果，即自己不成为产业资本家，“也很容易把货币转化为资本”；(5)“由于需要和致富欲望的增长”；(6)“由于固定资本的大量投资不断增长。”①

资本过剩与资本积累的矛盾是靠竞争和危机来解决的。在资本过剩的条件下，资本闲置的直接影响是，一部分生产资料即一部分固定资本和流动资本将不执行资本职能。问题是，究竟是哪一部分资本被闲置？是旧资本闲置，还是新资本即追加资本闲置？这取决于资本之间的激烈竞争。马克思指出了以下几种情况：

一种情况是，原来执行职能的资本家会把他们手中追加资本闲置下来，以便使其原有资本不致贬值，或者会使用追加资本，以便把追加资本的闲置转嫁给他们的竞争者。

另一种情况是，新资本家手中的追加资本，力图排挤旧资本来取得自己的地位，强迫旧资本把旧位置让给它。

新旧资本之间面对资本过剩而排挤对方资本竞争，“实际上表现为资本家阶级的兄弟情谊，使他们按照各自的投资比例，共同分配共同的赃物。但是，一旦问题不再是分配利润，而是分配损失，每一个人就力图尽量缩小自己的损失量，而把它推给别人。对整个阶级来说，损失是不可避免的。但是每个资本家要分担多少，要分担到什么程度，这就取决于力量的大小和狡猾的程度了。在这种情况下，竞争也就变为敌对的兄弟

① 马克思：《资本论》第3卷，人民出版社2004年版，第295页。

之间的斗争了。"[①] 竞争的结果是，损失极不平均地、以极不相同的形式进行分摊，"一个资本闲置下来，另一个资本被毁灭，第三个资本只受到相对的损失，或者只是暂时地贬值。"[②]

在这种竞争中，小资本总是处于劣势"这种情况在竞争中表现为：只要新的较贵的生产设备普遍得到采用，较小的资本在将来就会被排除在这种生产之外"。而在像铁路之类的规模极大的企业，"资本在股份形式上的巨大的聚集，在这里也找到了直接的活动场所"。[③] 显然，竞争的结果是明显的，竞争必然走向集中，通过对小资本家的剥夺，通过在资本市场吸收游资，以及企业间的收购兼并，资本越来越向少数企业集中。

显然，在资本过剩时，依靠竞争才恢复资本的平衡，"平衡都是由于一个或大或小的资本被闲置下来，甚至被毁灭而得到恢复"[④]。资本闲置影响最大的，或者说遭受最严重破坏的是债券股票之类的具有价值属性的资本。当它预计的收入减少时，将会立即贬值。与此同时，货币形式的资本也会闲置，不执行资本职能。市场上的商品也会通过价格下降，代表资本的贬值完成流通过程。这种混乱和停滞，会削弱货币的支付手段职能，破坏一定期限内的支付债务的锁链，导致信用制度的崩溃。

总之，经过危机的破坏，"周期会重新通过。由于职能停滞而贬值的资本的一部分，会重新获得它原有的价值。而且，在生产条件扩大，市场扩大以及生产力提高的情况下，同样的

---

① 马克思：《资本论》第 3 卷，人民出版社 2004 年版，第 282 页。
② 马克思：《资本论》第 3 卷，人民出版社 2004 年版，第 282 页。
③ 马克思：《资本论》第 3 卷，人民出版社 2004 年版，第 292 页。
④ 马克思：《资本论》第 3 卷，人民出版社 2004 年版，第 282 页。

恶性循环会再次发生。"① 显然，马克思在这里是从资本过剩的角度分析资本周期的。

在马克思的分析中，资本过剩与人口相对过剩是相伴的。资本的生产过剩仅仅是指能够作为资本执行职能的生产过剩。利润率下降到一定程度就会引起资本的过剩。资本的这种生产过剩伴随有相当可观的相对人口过剩。原因是，"使劳动生产力提高、商品产量增加、市场扩大、资本在量和价值方面加速积累和利润率降低的同一些情况，也会产生并且不断地产生相对的过剩人口，即过剩的工人人口，这些人口不能为过剩的资本所使用。"②

资本过剩与人口过剩一样，也是相对的。马克思以资本输出为例指出：资本输出国外，不是因为它在国内已经绝对不能使用，而是"因为它在国外能够按更高的利润率来使用。"③其基本说明因素是在国外能够更为便宜地使用劳动力，利润率高于国内。

第四节 经济波动的金融机制

过去人们一般将经济的周期性波动和生产过剩同资本主义经济相联系。仔细研究马克思的波动和危机的理论便可发现，导致波动和危机的原因有两个方面：一是客观可能性。例如，大工业的生产方式是经济得以跳跃性扩张的技术基础；在货币形式上潜伏着危机的可能性；固定资本的周转周期是经济周期性波动的物质基础。二是主观原因和制度安排上的原因。例如，生产和商业的脱节；社会生产比例的失调；信用制度对波

---

① 马克思：《资本论》第3卷，人民出版社2004年版，第284页。
② 马克思：《资本论》第3卷，人民出版社2004年版，第285页。
③ 马克思：《资本论》第3卷，人民出版社2004年版，第285页。

动的杠杆影响；对抗性的分配关系造成狭小的市场。在市场经济条件下，经济波动总是能够在金融形式那里找到原因和形式。

社会再生产的实现过程即交换过程，在这一过程中需要货币介入。“货币不仅起流通手段的作用，而且也起货币资本的作用，同时又会产生这种生产方式所特有的、使交换从而也使再生产（或者是简单再生产，或者是扩大再生产）得以正常进行的某些条件，而这些条件转变为同样多的造成过程失常的条件，转变为同样多的危机的可能性；因为在这种生产的自发形式中，平衡本身就是一种偶然现象。”① 显然，在研究社会再生产比例失调的主要原因时，还必须注意到商品交换和货币流通所起的作用。

一、货币形式上潜伏着的危机的可能性成为现实

根据马克思的分析，货币产生后，商品内在的价值和使用价值的矛盾外化为商品和货币的对立。货币执行流通手段职能，就可能使商品的买和卖在时间和空间上分离，特别是使W—G成为惊险的跳跃。买卖的对立就包含着危机的可能性。纸币产生则使通货膨胀和紧缩成为可能。货币执行支付手段的职能便形成债务链条，由此所产生的矛盾在货币危机时暴露得特别明显。在生产过剩的危机打乱债务支付链条时，“货币就会突然直接地从计算货币的纯粹观念形态转变成坚硬的货币。”② 到处都要求货币支付并偿还债务，由此产生货币危机。货币执行世界货币，就使货币成为世界经济危机传导的载体。

马克思在讲到货币形式包含着危机的可能性时指出，“这

① 马克思：《资本论》第2卷，人民出版社2004年版，第557页。
② 马克思：《资本论》第1卷，人民出版社2004年版，第162页。

种可能性要发展为现实，必须有整整一系列的关系。"① 过去人们在解释使危机的可能成为现实的条件时，一般是指资本主义经济关系。仔细研究《资本论》便可发现，使危机的可能成为现实的条件固然同资本主义相联系，但基本条件还是在资本主义条件下得到充分发展的大工业和市场经济。

生产过剩对市场的直接影响是价格的普遍下降。"一定的、预定的价格关系是再生产过程的条件，所以，由于价格的普遍下降，再生产过程就陷入停滞和混乱。"② 生产过剩时，处于市场上的商品，只有通过它的价格的极大下降，才能完成它的流通过程和再生产过程。由此，会削弱以预定的价格关系为基础的货币及处于再生产过程的资本的支付手段职能，"会在许许多多点上破坏按一定期限支付债务的锁链，而在随着资本而同时发展起来的信用制度由此崩溃时，会更加严重起来，由此引起强烈的严重危机，突然的强制贬值，以及再生产过程的实际的停滞和混乱，从而引起再生产的实际的缩小。"③

二、信用制度是生产过剩的主要杠杆

货币经济发展到信用经济形式，不但加大了产生危机的可能性，还可能使危机产生后，情况进一步恶化。这就是马克思所讲的，信用制度是"生产过剩和商业过度投机的主要杠杆"。④ 其作用是，它能把可以伸缩的再生产过程强化到极限。其机制是，在资本积累过程中，资本具有突然扩张能力的一个重要原因是，"信用每当遇到特殊刺激会在转眼之间把这种财

① 马克思：《资本论》第3卷，人民出版社2004年版，第283页。
② 马克思：《资本论》第3卷，人民出版社2004年版，第283页。
③ 马克思：《资本论》第3卷，人民出版社2004年版，第283页。
④ 马克思：《资本论》第3卷，人民出版社2004年版，第499页。

富的非常大的部分作为追加资本交给生产支配。”①

在资本主义社会，经济之所以会产生紊乱，同需要长期投资的部门投资规模过大相关。其原因就是：“由于危机而发生的社会生产过程的中断、紊乱，对于具有可分立性质的劳动产品和那些在生产上需要有一个较长的互相连接的劳动期间的劳动产品，会产生极不相同的影响。”② 如大型建筑、铁路等部门，“在这里不断需要大规模地长期预付货币资本”。由此，货币市场受到压力，另外，“社会的可供支配的生产资本受到压力。因为生产资本的要素不断地从市场上被取走，而投入市场来代替它们的只是货币等价物，所以，有支付能力的需求将会增加，而这种需求本身不会提供任何供给要素。因此，生活资料和生产材料的价格都会上涨。”③ 在这个时候，通常是欺诈盛行，投机家、承包人等会发财致富，引起市场上强烈的消费需求。进口品将会增加。在那些生产可以急剧增长的产业部门（如制造业），由于价格的提高，会发生突然的扩大，随即发生崩溃。基于此，马克思要求在未来社会中，社会必须预先计算好，能把多少劳动、生产资料和生活资料用在铁路建设之类的劳动期间长的部门。在这里马克思实际上说明了物质产品市场与货币市场的关系。在现实中，如果劳动期间长的部门投资过多，就可能产生经济过热，接着是物价上涨，然后是经济崩溃。

特别需要注意的是在经济周期性波动中的信用行为及其对波动的放大作用。

马克思在分析市场货币流通量时区分了作为收入的流通和作为资本的流通。在经济周期的不同阶段上，对流通手段的需

① 马克思：《资本论》第1卷，人民出版社2004年版，第729页。
② 马克思：《资本论》第2卷，人民出版社2004年版，第257页。
③ 马克思：《资本论》第2卷，人民出版社2004年版，第349页。

求是不一样的：

在繁荣阶段，用在收入的花费上的流通手段量，就会增加。而资本流通所需要的通货，“绝对地说，它可以增加；但相对地说，和再生产过程的扩大相比来说，它在所有情况下都会减少”。[①] 其主要原因是信用的作用。这个时期是信用伸缩最自如和最易获得的时期。通货流通的速度直接由信用调节。因此，支付结算甚至现金购买所需要的通货，会相应减少。

而在危机时期，情形正好相反。第一种流通缩小，物价下降，就业下降，交易的总额减少。而在第二种流通上，信用紧缩，相应地对贷款的需要增加。由此马克思的结论是：“在信用活跃的时期，货币流通的速度比商品价格增加得快，而在信用紧缩的时期，商品价格比流通速度降低得慢。”[②] 正是信用制度在繁荣时期的惊人发展，“造成了停滞时期的信用紧迫”。[③]

信用紧缩，“是产业周期中紧接着崩溃之后的那个阶段所特有的现象”。[④] 正是在这个信用最缺乏的时刻，不是闲置的寻找出路的资本，而是滞留在再生产过程内的资本数量也最大。这恰恰说明，在危机和停滞时期，生产资本也是过剩的。就是说，危机时不是资本不足，而是信用不足。“在信用收缩或完全停止的紧迫时期，货币会突然作为惟一的支付手段和真正的价值存在，绝对地同商品相对立。因此，商品会全面跌价，并且难于甚至不可能转化为货币。”[⑤]

根据以上分析，马克思得出结论：“在再生产过程的全部

---

① 马克思：《资本论》第 3 卷，人民出版社 2004 年版，第 507 页。
② 马克思：《资本论》第 3 卷，人民出版社 2004 年版，第 508 页。
③ 马克思：《资本论》第 3 卷，人民出版社 2004 年版，第 510 页。
④ 马克思：《资本论》第 3 卷，人民出版社 2004 年版，第 547 页。
⑤ 马克思：《资本论》第 3 卷，人民出版社 2004 年版，第 584 页。

联系都是以信用为基础的生产制度中，只要信用突然停止，只有现金支付才有效，危机显然就会发生。”① 所以生产过剩的危机往往会表现为信用危机和货币危机。面对危机，马克思仍然强调信用的作用。“只要一个银行的信用没有动摇，这个银行在这样的情况下通过增加信用货币就会缓和恐慌，但通过收缩信用就会加剧恐慌。”②

造成波动和危机的客观原因表明，尽管《资本论》分析的危机产生于资本主义经济，但产生危机的客观条件还是在资本主义条件下得到充分发展的大工业的生产方式和发达的商品货币经济（即市场经济）。在马克思的分析框架中，在社会主义社会不存在商品货币经济（市场经济），因而不存在产生经济周期性波动和经济危机的客观条件。而现实的社会主义社会不但没有消灭商品货币关系，还要发展和培育市场经济，再加上大工业的生产方式已经建立起来。这就意味着在现实中的社会主义经济，依然存在着产生经济周期性波动的客观原因。例如，我国的经济波动也会进入不景气阶段：产品积压严重，经济增长率增幅明显下降，通货紧缩，信用萎缩。

面对经济的周期性波动，人们一般是选择西方宏观经济理论作为制定宏观调控政策的依据。应该说，西方宏观经济学提供的政策选择对我们确定宏观调控政策有重要的参考价值。但不能由此否定《资本论》对调控宏观经济的指导价值。《资本论》对造成经济周期性波动原因分析的同时也指出了克服危机的路径。其中包括以下几方面：（1）根据马克思的生产条件和实现条件的相关性分析，克服为生产而生产的状况，重视并解决好社会总产品的市场实现问题。（2）协调生产部门和商

① 马克思：《资本论》第3卷，人民出版社2004年版，第555页。
② 马克思：《资本论》第3卷，人民出版社2004年版，第585页。

业部门的联系，克服和防止产销脱节。(3) 调节收入分配，提高全社会的消费力。特别注意提高低收入阶层的收入。(4) 重视信用制度对经济波动的放大作用，发挥银行信用对调控需求的杠杆作用。根据马克思《资本论》关于经济波动和危机理论提出的相应的宏观对策，应该说是科学的，也是可操作的。与西方宏观经济理论相比，马克思的思想和据此得出的对策由于大都涉及制度安排，因而更具有长期性。

本章主要涉及:《资本论》第3卷：第13、14、15、18章

第十二章　世界市场与国际价值

关于世界市场和国际价值的理论，是马克思经济学理论体系的重要组成部分。1857年8月，在《〈政治经济学批判〉导言》里，马克思为他未来的经济学著作拟定了第一个写作计划，即现在所说的“五篇计划”。其中有两篇涉及世界经济，这就是马克思说：“显然，应当这样来分篇：……（4）生产的国际关系。国际分工。国际交换。输出和输入。汇率。（5）世界市场和危机。”① 1858年2月，马克思在给拉萨尔的信中第一次提出了“六册计划”，其中第五、第六册分别是：国际贸易和世界市场。② 最后形成的就是我们现在看到的《资本论》四卷体系，只是“六册计划”中第1册的部分。对世界市场的研究，是马克思未完成的巨著《政治经济学批判》的末篇。只是由于身体原因，马克思的宏大计划才没有实现。

关于世界市场和国际价值的理论，构成了马克思经济学理论体系的一个重要组成部分。关于对外贸易和世界市场的理论占其整个理论体系的很大部分。在马克思的“五篇计划”的第一方案中，关于“世界市场”的第五篇的标题是“世界市场和危机”。在“五篇计划”的第二方案中，马克思指出，“在末篇中，生产以及它的每一个要素都表现为总体，但是同时一切矛

---

① 《马克思恩格斯全集》第46卷（上），人民出版社1979年版，第46页。

② 《马克思恩格斯全集》第29卷，人民出版社1972年版，第531页。

盾都展开了。于是，世界市场又构成总体的前提和承担者。于是，危机就是普遍表示超越这个前提，并迫使采取新的历史形式。”[①] 在现有的《资本论》理论体系中，尽管没有全面系统阐述关于世界市场和国际价值的专门篇章，但是我们仍然可以从分散在各个相关章节中的关于国际分工，世界市场，国际价值，工资的国民差异等方面的论述中概括出马克思关于世界市场和国际价值的理论，作为我们当前参加国际竞争，进行对外贸易和开展国际经济交往的理论指导。

第一节 国际分工和世界市场

“世界市场既是资本主义生产的前提，又是它的结果。”[②] 按照马克思经济学的基本原理，分工决定交换。社会分工是商品生产存在的条件。尽管从历史上看，最早的国际贸易可能先于国际分工，但是只有在国际分工产生以后，国际贸易和世界市场才有发展的条件和基础。国际分工的发展是世界市场形成的前提。在国际分工的基础上，资本的生产和交换越出了国家的界限，就形成了世界市场。

在资本主义生产方式确立以前，在欧洲的地中海沿岸以及欧亚某些国家和地区之间，已经出现过最初的国际分工，但这些分工主要建立在自然条件上，具有很大的偶然性和局限性。最早的真正意义上的国际分工体系出现在 18 世纪英国工业革命之后，英国凭借强大的工业生产能力，成了“世界工厂”，其他国家和地区则成了英国廉价工业品的市场和工业原料的产地。例如，东印度为英国生产棉花、羊毛、大麻、黄麻、靛蓝等，

---

① 《马克思恩格斯全集》第 46 卷（上），人民出版社 1979 年版，第 178 页。
② 《马克思恩格斯全集》第 26 卷（Ⅲ），人民出版社 1974 年版，第 278 页。

澳大利亚变成了英国的羊毛产地。

从经济史上考察，机器大工业的出现奠定了国际分工和形成世界市场的技术基础。国内生产能力超出国内市场需求以及国内原材料供给不足，便提出世界市场问题。这就是马克思所说的："一旦工厂制度达到一定的广度和一定的成熟程度，特别是一旦它自己的技术基础即机器本身也用机器来生产，一旦煤和铁的采掘、金属加工以及交通运输业都发生革命，总之，一旦与大工业相适应的一般生产条件形成起来，这种生产方式就获得一种弹性，一种突然地跳跃式地扩展的能力，只有原料和销售市场才是它的限制。"[①] 具体地说，"一方面，机器直接引起原料的增加，例如轧棉机使棉花生产增加。另一方面，机器产品的便宜和交通运输业的变革是夺取国外市场的武器。机器生产摧毁国外市场的手工业产品，迫使这些市场变成它的原料产地。"[②] 大工业国的工人不断过剩，大大促进了国外移民和把外国变成殖民地，变成宗主国的原料产地。于是，"一种与机器生产中心相适应的新的国际分工产生了，它使地球的一部分转变为主要从事农业的生产地区，以服务于另一部分主要从事工业的生产地区。"[③] 在机器大工业的作用下，形成了工业中心和农业外围的国际分工体系。

一般说来，自然条件的差别是国际分工的自然基础。马克思在谈到社会分工的起源时，指出自然条件的差异性和多样性是"形成社会分工的自然基础"[④]，这就是所谓的自然禀赋。但是在世界市场的贸易竞争中会改变一国的自然禀赋。这就是马克思在《关于自由贸易的演说》中所说的："先生们，你们也许

---

① 马克思：《资本论》第1卷，人民出版社2004年版，第518~519页。
② 马克思：《资本论》第1卷，人民出版社2004年版，第519页。
③ 马克思：《资本论》第1卷，人民出版社2004年版，第519~520页。
④ 马克思：《资本论》第1卷，人民出版社2004年版，第587页。

认为生产咖啡和砂糖是西印度的自然禀赋吧。二百年以前，跟贸易毫无关系的自然界在那里连一棵咖啡树、一株甘蔗也没有生长出来。也许不出五十年，那里连一点咖啡、一点砂糖也找不到了，因为东印度正在以其更廉价的生产得心应手地跟西印度虚假的自然禀赋作竞争。”①

国际分工体系的形成极大地促进了对外贸易的发展，资本的生产和交换越出了国家的界限，就形成了世界市场。“世界市场不仅是同存在于国内市场以外的一切外国市场相联系的国内市场，而且同时也是作为本国市场的构成部分的一切外国市场的国内市场”②，从这个意义上讲，世界市场是在各国国内市场基础上形成的各国国内市场的有机整体，是商品交换关系突破国家界限扩充到世界范围的结果。

世界市场是资本主义生产的前提和结果。资本主义生产方式的存在与发展只有在世界市场中才能得到全面的解释和说明，一方面，资本主义生产促进了世界市场的形成与发展，使一切国家的生产和消费具有了世界性，使过去那种地方的和民族的自给自足和闭关自守状态被各民族、各方面的相互往来、相互依赖所代替，民族的片面性和局限性日益成为不可能；另一方面，世界市场又是资本主义生产方式的基础和生活条件，它使资本主义国家经济的发展完全依赖于世界市场上形成的国际交换和国际分工。

世界市场形成的直接动力来自资本的本性。“资本一方面具有创造越来越多的剩余劳动的趋势，同样，它也具有创造越来越多的交换地点的补充趋势；……从本质上来说，就是推广以资本为基础的生产或与资本相适应的生产方式。创造世界市场

① 《马克思恩格斯全集》第4卷，人民出版社1958年版，第457～458页。
② 《马克思恩格斯全集》第46卷（上），人民出版社1979年版，第238页。

的趋势已经直接包含在资本的概念本身中。”① 资本的使命就是生产更多的剩余价值，要求不断扩大的生产和销售规模，在本性上就有一种超越民族、国家和地域的冲动和欲望。产业革命造成了生产能力的突然的跳跃式发展，使原料和销售市场成为生产发展的惟一限制，于是，“资产阶级就不得不奔走全球各地。它不得不到处钻营，到处落户，到处建立联系。”②

现代工业、交通、通信技术是世界市场形成的技术条件。马克思指出了资本主义大工业、交通、通信技术等技术发展与世界市场的关系。现代工业的发展为国际市场准备了充足的商品，实际上，产业革命造成的巨大工业生产能力迫使资产阶级不得不开辟世界市场，向世界各地推销商品。交通、通信技术的发展，克服了地理自然条件的限制，缩短了国际距离，拓展了市场范围。他说：“大工业创造了交通工具和现代的世界市场……它首次开创了世界历史”③。“大工业建立了由美洲的发现所准备好的世界市场。世界市场使商业、航海业和陆路交通得到了巨大的发展。这种发展又反过来促进了工业的扩展。”④“如果从一方面说，随着资本主义生产的进步，交通运输工具的发展会缩短一定量商品的流通时间，那么反过来说，这种进步以及由于交通运输工具发展而提供的可能性，又引起了开拓越来越远的市场，简言之，开拓世界市场的必要性。”⑤

马克思之所以重视世界市场分析，根据马克思的写作计划和他在《资本论》中的分析，首先，世界市场问题是最为现

---

① 《马克思恩格斯全集》第46卷（上），人民出版社1979年版，第391页。
② 《马克思恩格斯全集》第4卷，人民出版社1958年版，第469页。
③ 《马克思恩格斯选集》第1卷，人民出版社1995年版，第114页。
④ 《马克思恩格斯全集》第4卷，人民出版社1958年版，第467页。
⑤ 马克思：《资本论》第2卷，人民出版社2004年版，第279页。

实的内容。资本主义经济本身就是以世界为市场的经济，研究资本主义必须研究世界市场。其次，世界市场构成经济的总体，资本主义社会最复杂的经济关系及其一切矛盾可以在这里展开。其集中表现是危机。再次，世界市场创造了向未来社会过渡的基础。世界市场使商业、航海业和工业空前高涨，导致现代资本主义工业代替了工场手工业，导致生产力在资产阶级手中得到了前所未有的发展，使它在不到一百年的阶级统治中创造的生产力比过去一切时代创造的全部生产力还要多，还要大。在资本主义生产方式允许的前提下，生产力得到了巨大的发展，但资本遇到了它自身的限制，于是，"它发展到一定的程度，就产生出消灭它自身的物质手段。从这时起，社会内部感到受它束缚的力量和激情就活动起来。这种生产方式必然要被消灭，而且已经在消灭。"① 世界市场的发展同时创造未来社会存在的物质条件，一方面要造成以全人类互相依赖为基础的世界交往，以及进行这种交往的工具；另一方面要发展人的生产力，把物质生产变成在科学的帮助下对自然力的统治。世界市场的发展为未来社会准备了雄厚的物质基础，创造了向未来社会过渡的基础。

第二节　国际价值

价值规律是商品经济的基本规律，凡是存在商品生产和商品交换的地方，价值规律就必然发生作用。商品的价值不取决于生产商品的个别劳动时间，而是由社会必要劳动时间决定的，商品交换要以价值为基础实行等价交换。随着各国商品越出国界，进入世界市场，商品的价值就由国际价值规律调节，

---

① 马克思：《资本论》第1卷，人民出版社2004年版，第873页。

国别价值就转化为国际价值。

马克思是在比较工资的国民差异时阐述其国际价值理论的。发达国家工人的工资明显高于落后国家。马克思认为，“在比较国民工资时，必须考虑到决定劳动力的价值量的变化的一切因素。”① 其中包括生活必需品的价值和范围，劳动生产率，劳动的外延量和内含量，等等。马克思特别注意到劳动的内含量和劳动生产率在不同国家的差别，由此引出商品的国别价值与国际价值的差别。

首先讨论国别价值。每一个国家都有一个中等的劳动强度，即国民平均水平强度的劳动，这里的劳动强度不是指劳动的紧张程度，而是指劳动熟练程度及劳动生产率水平。中等强度的劳动是指前面所分析的一国商品的社会必要劳动。在这个平均强度以下的劳动，“在生产一种商品时所耗费的时间要多于社会必要劳动时间，所以不能算作正常质量的劳动。在一个国家内，只有超过国民平均水平的强度，才会改变单纯按劳动的持续时间进行的价值计量。”② 这意味着在国内市场上，如果中等强度的劳动决定商品的价值，那么在中等强度以下的劳动，在生产商品时所耗费的高于社会必要劳动的部分，就不被市场所承认。而超过国民平均强度的劳动，生产商品所耗费的时间低于社会必要劳动，因此会被社会承认更高的价值。

进入世界市场，情形就不同了。国家不同，劳动的中等强度也就不同；有的国家高些，有的国家低些。这就相当于国内市场上个别劳动与社会必要（或平均）劳动的差别。于是各国的劳动强度平均数形成了一个由高到低的阶梯。

---

① 马克思：《资本论》第1卷，人民出版社2004年版，第644页。
② 马克思：《资本论》第1卷，人民出版社2004年版，第645页。

在国内市场上决定商品价值的计量单位是社会必要劳动时间，或者说是国内劳动的平均单位。将这一理论推广到世界市场，那么决定国际价值的计量单位是世界劳动的平均单位，即世界必要劳动时间。“因此，强度较大的国民劳动比强度较小的国民劳动，会在同一时间内生产出更多的价值，而这又表现为更多的货币。”这正是价值规律在国际上运用的结果，如果引入劳动生产率即生产效率的因素，只要生产效率较高的国家没有因竞争（或者是限制要素在国与国之间流动，或者是存在市场保护）而被迫把它们的商品的出售价格降低到和商品的价值相等的程度，“生产效率较高的国民劳动在世界市场上也被算作强度较大的劳动。”① 因而同样在同一时间内生产出更多的价值。

基于以上分析可以概括国别价值与国际价值的关系：就价值实体而言，国别价值是一个国家的正常质量的或中等强度的劳动，而在世界市场上，这种各国的中等强度的劳动却只能处于个别劳动的地位，国别劳动在国际市场上转化为国际劳动，构成国际价值的实体。在这里国际价值规律起调节作用。就价值量而言，国际价值的量是由世界劳动的平均单位决定的。国别价值的计量单位是一国的社会必要劳动时间。国别价值与国际价值存在差异。在国际竞争中，国别价值还原为国际价值。劳动生产率高、劳动强度较大的国家的国民劳动比劳动生产率低、劳动强度较小的国家的国民劳动，会在同一时间内生产出更多的价值。

在竞争不完全的国际市场上，由于资本和劳动力等生产要素不能像在一国范围内那样自由流动，从而把效率低的企业淘汰掉，各国劳动强度和劳动生产率的差异将长期存在，生产效

① 马克思：《资本论》第1卷，人民出版社2004年版，第645页。

率较低的国家在同一劳动时间内生产的产品数量较少，按商品的国际价值出售后所得到的货币额就少；而生产效率较高的国家在同一劳动时间内生产的产品数量较多，按商品的国际价值出售后得到的货币额就多。“因此，不同国家在同一劳动时间内所生产的同种商品的不同量，有不同的国际价值，从而表现为不同的价格，即表现为按各自的国际价值而不同的货币额。”①

在国际经济分析中，正是各国之间的劳动生产率水平的不同，决定了全部国际经济联系的内容和特点；正是各国劳动生产率结构的不同，决定了国际分工和国际交换的格局。因此，关于劳动生产率的决定因素的分析，关于这些因素的国际差异的分析，就构成了国际经济分析的基础。

以上分析表明，价值规律作为商品经济的一般规律，在一国范围内和世界范围内所起的作用，并没有质的区别，只不过是在一国范围内决定商品价值的社会必要劳动，在世界范围内变成了个别劳动，只有许多国家的“个别劳动”的平均水平，才是决定商品的国际价值的“社会必要劳动”。了解国际价值规律的作用，便可科学认识以下国际经济学问题。

在国际交换中，排除垄断因素，按国际价值进行等价交换，是否存在发达国家对不发达国家的剥削？不同国家之间由于劳动生产率的差异，同种商品的国别价值是不同的，国际间商品交换依据的是国际价值而不是国别价值，一国的劳动生产率较高，商品的国别价值低于国际价值，通过商品的国际交换，就能得到一部分超额利润，这部分超额利润是本国人民创造的，不是从劳动生产率低的国家转移过来的。因为生产效率高的劳动在世界市场上也被算作强度较大的劳动，这种强度较

① 马克思：《资本论》第1卷，人民出版社2004年版，第645页。

大的劳动比强度较小的劳动会在同一时间内产出更多的价值。马克思做过如下比喻，“这好比一个工厂主采用了一种尚未普遍采用的新发明，他卖得比他的竞争者便宜，但仍然高于他的商品的个别价值出售，就是说，他把他所使用的劳动的特别高的生产力作为剩余劳动来使用。因此，他实现了一个超额利润。”① 相反，如果一国的劳动生产率较低，其商品的国别价值高于国际价值，高出的部分不会被世界市场所承认，就不能转化为国际价值。所以，按国际价值进行的等价交换不存在价值转移的问题，也就不存在剥削问题。各国劳动生产率的差异不仅不是造成国际贸易中不等价交换的原因，恰恰相反，它是国际交换的动力。当然这也是发展中国家参与国际竞争获取国际市场利益所付出的代价。指出这种代价，绝不是说发展中国家应该避开国际价值规律的作用，恰恰是要借助国际价值规律的作用促使自己通过技术改造增加自身的国际竞争力。需要指出，这里的分析排除了国际市场上的垄断因素，如果引入垄断，由此产生的不等价交换就产生了发达国家对不发达国家的剥削。

第三节　对外贸易利益

各国的劳动生产率具有很大的差异，建立在各国劳动生产率的差异基础上的国际交换理论就是传统的比较利益理论，在马克思以前的代表人物是斯密和李嘉图。

斯密认为，国际贸易的原因是国与国之间存在着绝对优势的差别，国际贸易的流向是各国出口本国具有绝对利益的商品，进口绝对不利的商品。斯密所说的绝对优势，是指在某一

① 马克思：《资本论》第3卷，人民出版社2004年版，第265页。

商品的生产上，一国所耗费的劳动成本绝对低于另一国，在生产效率上占有绝对优势。各国都应按照本国的优越条件形成的国际分工格局，提供交换产品。斯密的绝对优势学说解释了产生国际贸易的部分原因，但有很大的局限性，它不能解释各种生产上都具有绝对优势的国家与不具有生产技术上绝对优势的国家之间的贸易问题。

李嘉图把斯密的国际分工理论向前推进了一步，在绝对优势的基础上，提出了比较优势的国际贸易理论。李嘉图认为，每个国家不仅应当生产那些花费劳动力比较少的出口商品，即具有绝对优势的产品；还可以生产一些生产效率较低的其他产品，即处于相对优势的产品，虽然这些商品的绝对成本高于其他国家，但用它可以换回其他商品，如果换来的那些商品在本国生产要付出更多的劳动，就可以取得比较利益。

马克思在《资本论》第 3 卷中分析一般利润率下降规律时，从发达国家的角度阐述了对外贸易的利益。马克思从发达国家的对外贸易中“再一次看见了同样的二重作用”。[①] 一方面对外贸易可以使生产规模扩大，从而使不变资本的要素变得便宜，可变资本转化成的必要生活资料变得便宜，因而具有提高利润率的作用；另一方面，在效率提高时，也加速资本有机构成提高，即可变资本同不变资本相比相对减少，从而加速利润率的下降。

马克思解释了投在殖民地贸易（不发达国家）上的资本具有较高利润率的原因，在这里我们也可以理解为发达国家对不发达国家对外贸易具有较高的利润率。

首先，“因为这里是和生产条件较为不利的其他国家所生产的商品进行竞争，所以，比较发达的国家高于商品的价值出

① 马克思：《资本论》第 3 卷，人民出版社 2004 年版，第 264 页。

售自己的商品，虽然比它的竞争国卖得便宜。”① 如果这个国家既有商品输入，又有商品输出，同样的情况也都可能发生。“这种国家所付出的实物形式的对象化劳动多于它所得到的，但是它由此得到的商品比它自己所能生产的更便宜。”② 由此它实现了一个超额利润。马克思在这里显然是提出了对外贸易的比较利益理论。

其次，投在不发达国家的资本利润率一般没有参加输出国的平均化。投在这里的资本，能提供较高的利润率，是因为在那里，由于发展程度较低、劳动的剥削程度也较高，利润率一般较高。从理论上讲，在自由竞争的部门，应该参加利润率的平均化，至多只能暂时得到超额利润。马克思分析投入殖民地的资本不是这样。“只要利润率较高是因为它在殖民地国家一般比较高，那么，在殖民地国家的有利的自然条件下，较高的利润率就可以和较低的商品价格同时存在。”③ 即使有平均化也不会平均化到原来水平。

以上分析反过来也说明，在国际贸易中，发展中国家的出口产品往往是较多的国内价值只能转化为较少的国际价值。马克思的国际价值理论对此做出了理论解释：“比较富有的国家剥削比较贫穷的国家”④，“两个国家可以根据利润规律进行交换，两国都获利，但一国总是吃亏……一国可以不断攫取另一国的一部分剩余劳动而在交换中不付任何代价。”⑤ 在国际贸易中，国际价值和国内价值是互相转化的，较少的国内价值可以转化为较多的国际价值；反之，较多的国内价值也可以转化

① 马克思：《资本论》第3卷，人民出版社2004年版，第264页。
② 马克思：《资本论》第3卷，人民出版社2004年版，第265页。
③ 马克思：《资本论》第3卷，人民出版社2004年版，第265～266页。
④ 《马克思恩格斯全集》第26卷（Ⅲ），人民出版社1974年版，第112页。
⑤ 《马克思恩格斯全集》第46卷（下），人民出版社1980年版，第401～402页。

为较少的国际价值。这是由国际价值规律所决定的，因此，除了具有垄断性的初级产品，如石油输出国的石油，发展中国家所拥有的大部分初级产品虽然有较高的国内价值，却只能转化为较低的国际价值。

马克思所分析的国际价值和对外贸易利益理论，都是以生产要素不能在国际上流动为前提的。如果改变这些假设条件，发展中国家在国际经济贸易中不是得不到利益的。

经济全球化的话题在20世纪80年代后成为热点。马克思没有直接使用过"经济全球化"的术语，但通过对马克思关于世界市场理论的研究，我们可以发现，马克思是最早对经济全球化现象做出理论分析的经济学家之一，经济全球化实际上是马克思所说的"世界市场"的进一步深化和发展。马克思关于经济全球化的思想散见于《资本论》及早期的大量著作中，主要的观点包括以下几个方面：

经济全球化是生产力发展的必然结果。在《德意志意识形态》里，马克思已经初步论述了生产力的发展和经济全球化的关系。马克思说："大工业创造了交通工具和现代化的世界市场"，"它首次开创了世界历史，因为它使每个文明国家以及这些国家中的每一个人的需要的满足都依赖于整个世界，因为它消灭了各国以往自然形成的闭关自守的状态"。[①] 一般说来，"大工业到处造成了社会各阶级间相同的关系，从而消灭了各民族的特殊性"。[②]

经济全球化的实质是资本主义生产方式的全球化。在《共产党宣言》里，马克思说："资产阶级，由于开拓了世界市场，使一切国家的生产和消费都成为世界性的了。……过

① 《马克思恩格斯选集》第1卷，人民出版社1995年版，第114页。
② 《马克思恩格斯选集》第1卷，人民出版社1995年版，第114页。

去那种地方的和民族的自给自足和闭关自守状态，被各民族的各方面的互相往来和各方面的互相依赖所代替了。……它迫使一切民族——如果它们不想灭亡的话——采用资产阶级的生产方式；它迫使它们在自己那里推行所谓的文明，即变成资产者。一句话，它按照自己的面貌为自己创造出一个世界。……正像它使农村从属于城市一样，它使未开化和半开化的国家从属于文明的国家，使农民的民族从属于资产阶级的民族，使东方从属于西方。”① 从这一意义上说，经济的全球化往往是由发达国家推动的，其结果往往是不发达国家从属于发达国家。

经济全球化是社会主义的入口。马克思在分析资本家被剥夺的历史趋势时指出，随着生产的社会化，“各国人民日益被卷入世界市场网，从而资本主义制度日益具有国际的性质。”② 其趋势是“生产资料的集中和劳动的社会化，达到了同它们的资本主义外壳不能相容的地步。这个外壳就要炸毁了。”③

第四节 世界货币和汇兑率

进入国际市场就会碰到国际金融问题。马克思当时研究了世界货币和与此相关的汇兑率问题。

世界货币是指货币在世界市场充当一般等价物的职能。在世界市场上，世界货币超越民族的地域限制而在世界市场上独立地发挥作用。同样执行货币的价值尺度、流通手段、支付手段和储藏手段这四种职能。但其执行货币职能的重点与国内市

① 《马克思恩格斯选集》第1卷，人民出版社1995年版，第276~277页。
② 马克思：《资本论》第1卷，人民出版社2004年版，第874页。
③ 马克思：《资本论》第1卷，人民出版社2004年版，第874页。

场不同。“世界货币作为一般支付手段、一般购买手段和一般财富的绝对社会化身执行职能。它的最主要的职能，是作为支付手段平衡国际贸易差额。”① 就是说，各国之间相互购买商品，作为购买手段的货币可以相互抵消。只是当出现贸易差额时，就需要世界货币用于国际支付。

与国内市场不同，“在世界市场上，占统治地位的是双重价值尺度，即金和银。”② 货币失去了它在国内获得的价格标准、铸币、辅币和价值符号等地方形式，又恢复原来的贵金属条块的形式。这就是说在国际市场上通行的货币必须是各国所认可的。现在大家都认可美元，它就可能执行世界货币的职能，当然也可以看作是世界纸币。如果一个国家没有那么多的美元支付，那就要动用黄金储备。

由于世界货币（金和银）执行一般财富的绝对社会化身的职能，因此，每个国家，“为了世界市场的流通，也需要有准备金。”这里的货币储藏的职能，“来源于货币作为世界货币的职能。”③ 在资本主义发达的国家，储藏货币大量集中在银行的准备库内，形成该国的金储备。金储备并非越多越好，一般说来资产阶级国家总是把它的金储备限制在执行各种特殊职能所必需的最低限度之内。“如果准备库内的货币贮藏大大超过平均水平，那就表明商品流通停滞了，或者商品形态变化的流动中断了。”④ 这里实际上也指出了一个国家的外汇储备量问题。

在世界市场上，“金银又不断往返于不同国家的流通领域

---

① 马克思:《资本论》第1卷，人民出版社2004年版，第167～168页。
② 马克思:《资本论》第1卷，人民出版社2004年版，第167页。
③ 马克思:《资本论》第1卷，人民出版社2004年版，第168～169页。
④ 马克思:《资本论》第1卷，人民出版社2004年版，第170页。

之间，这是一个随着汇率的不断变化而产生的运动。”① 由此提出一个国家货币与外国货币的汇兑率问题。

马克思认为：外汇率可以由于以下原因而发生变化：(1) 支付的差额。不管造成这种差额的原因是什么，是纯粹的商业原因，还是国外投资，只要由此会引起对外的现金支付，都会发生。(2) 一国货币的贬值。不管是金属货币还是纸币都一样。(3) 如果一国用银，一国用金作“货币”，这种汇兑率就取决于这两种金属价值的相对变动，因为这种变动显然影响这两种金属的平价。②

现实存在的信用制度，包括国际信用可以突破金属货币流动和支付的限制。就如马克思所说，“随着信用制度的发展，资本主义生产不断地企图突破对财富及其运动的这个金属的限制，突破这个物质的同时又是幻想的限制，但又不断地在这个限制面前碰破头。”③

恩格斯指出：“汇兑率是货币金属的国际运动的晴雨计。”④ 他举例说，如果英国对德国的支付多于德国对英国的支付，马克的价格，以英镑表示就会在伦敦上涨；英镑的价格，以马克表示就会在柏林下跌。如果英国多于对德国的支付，不能由德国在英国的超额购买来恢复平衡，那么英国向德国输出金属来支付就变得合算了。如果贵金属输出的规模大，时间长，就得动用英国的银行准备金。与此相对应，为了保护国内货币市场，对策就是提高利息率。

由此就提出国家银行的金属准备。马克思指出了国家银行金属准备的三个用途：“1. 作为国际支付的准备金，一句话，

---

① 马克思：《资本论》第1卷，人民出版社2004年版，第169页。
② 马克思：《资本论》第3卷，人民出版社2004年版，第668～669页。
③ 马克思：《资本论》第3卷，人民出版社2004年版，第650页。
④ 马克思：《资本论》第3卷，人民出版社2004年版，第651页。

《资本论》的现代解析

作为世界货币的准备金；2. 作为时而扩大时而收缩的国内金属流通的准备金；3. 作为支付存款和兑换银行券的准备金。”① 其中第一个用途，作为国际基金，它会受支付差额的影响。在马克思看来，“金属的流出，在大多数情况下总是对外贸易状况变化的象征。”②

本章主要涉及：《资本论》第 1 卷：第 20、25 章；第 3 卷：第 14、35 章

① 马克思：《资本论》第 3 卷，人民出版社 2004 年版，第 643 页。
② 马克思：《资本论》第 3 卷，人民出版社 2004 年版，第 646 页。

第十三章　信用和虚拟资本

商品经济和货币经济都可以说是对市场经济特征的概括，但最能概括市场经济的现代特征的是信用经济。这就是马克思说的："在发达的资本主义生产中，货币经济只表现为信用经济的基础。"①根据马克思的分析，在发达的市场经济中，再生产过程的全部联系是以信用为基础的。从这一意义上说市场经济是信用经济。在信用经济基础上衍生出虚拟经济，它是现代经济的重要形式。虚拟经济的实体是虚拟资本。对虚拟资本的最早进行深刻分析的是马克思。尽管现在与一百多年前相比较，虚拟资本的形式更为多样，数量更大，但马克思对虚拟资本运行的内在机理的分析结论，至今仍不过时。我们可以从马克思当年的分析中发现虚拟经济的二重性功能：一方面虚拟经济的存在和发展对实体经济的发展有显著的拉动作用。另一方面它作为投机性经济，一旦失去控制会导致泡沫经济之类的宏观风险。这就提出虚拟经济的趋利避害问题。

第一节　信用及其功能

信用是与商品经济相联系的范畴，指的是一种借贷行为，是定期的以偿还付息为条件的单方面价值转让运动。

---

① 马克思：《资本论》第2卷，人民出版社2004年版，第132页。

信用产生于货币的支付手段职能。“随着商品流通的发展，使商品的让渡同商品价格的实现在时间上分离开来的关系也发展起来。”① 不同的商品生产时间有长有短，有的（大部分）商品的产地和市场不在同一地区，有的商品如房屋的使用权出卖是有一定期限的，买者只是在期满时才真正取得商品的使用价值。于是出现赊销商品之类的支付关系。“因而他先购买商品，后对商品支付。一个商品占有者出售他现有的商品，而另一个商品占有者却只是作为货币的代表或作为未来货币的代表来购买这种商品。卖者成为债权人，买者成为债务人。”② 在此基础上又产生了货币信用。“信用货币是直接从货币作为支付手段的职能中产生的。由出售商品得到的债券本身又因债权的转移而流通。”③ “由于充当支付手段的货币的发展，就必须积累货币，以便到期偿还债务。”④

一、信用的形式

原始形态的信用大多是实物的借贷。随着商品货币关系的发展，信用活动愈来愈多地表现为货币借贷。信用渗透到再生产过程的各个环节。随着市场经济的发展，信用活动日益频繁和深化，信用形式也日趋多样化。可分为商业信用、银行信用、企业信用、国家信用、消费信用等。马克思在《资本论》中分析的信用形式主要是商业信用、银行信用和国家信用。

商业信用是指以赊账方式出售商品（或提供劳务）时买卖双方之间相互提供的信用。商业票据是商业信用的工具。在商业信用中，债权人为确保自己的债权，要求持有的书面债权

① 马克思：《资本论》第1卷，人民出版社2004年版，第158页。
② 马克思：《资本论》第1卷，人民出版社2004年版，第159页。
③ 马克思：《资本论》第1卷，人民出版社2004年版，第163页。
④ 马克思：《资本论》第1卷，人民出版社2004年版，第166页。

凭证，以证明所发生的债务关系并保证债务人按期偿还。商业票据分为期票和汇票两种。这就是马克思所说的商业信用，“即从事再生产的资本家互相提供的信用。这是信用制度的基础。它的代表是汇票，是一种有一定支付期限的债券，是一种延期支付的证书。”① 在商业信用的循环中，货币执行支付手段的职能，在债权债务的链条中，有一部分互相的债权可以抵消，因此只有不能抵消的差额才需要货币支付。这就意味着，在商业信用中，没有货币介入，也照样可以进行结算。

商业信用的发展与社会生产规模的扩大相适应。大规模生产的发展意味着：“1. 市场会扩大，并且会远离生产地点，2. 因而信用必须延长，并且 3. 投机的要素必然越来越支配交易。”② 大规模生产和供应远地市场，意味着更大数量的产品投入商业手中。问题是商业不可能用自有资本把这么大数量的产品买去并且再卖掉。这时，信用就是不可避免的了。其机制是：商品买卖采取汇票形式，汇票是一种有一定支付期限的债券。“这种票据直到它们期满，支付日到来之前，本身又会作为支付手段来流通”。③ 这种商业票据的流通便代替了货币流通。这就是马克思所说的，“真正的信用货币不是以货币流通（不管是金属货币还是国家纸币）为基础，而是以票据流通为基础。”④ 通过这种单纯流通手段的创造，产生出虚拟资本。

商业信用的作用是能使经济的扩张，交易的扩张突破现有资本的限制，“信用的数量会随着生产的价值量一起增长，信用的期限也会随着市场距离的增大而延长。在这里是互相

① 马克思：《资本论》第 3 卷，人民出版社 2004 年版，第 542 页。
② 马克思：《资本论》第 3 卷，人民出版社 2004 年版，第 544 页。
③ 马克思：《资本论》第 3 卷，人民出版社 2004 年版，第 450 页。
④ 马克思：《资本论》第 3 卷，人民出版社 2004 年版，第 451 页。

影响的。”①

“信用制度的另一方面，与货币经营业的发展联系在一起。”② 这就是银行提供的信用。“银行一方面代表货币资本的集中，贷出者的集中，另一方面代表借入者的集中。”③ 根据马克思当时的观察，银行所集中的货币资本包括每个生产者和商人作为准备金保存的或在支付中得到的货币资本，由银行贷放的厂商的存款。此外还有所有人的货币积累和暂时不用的货币，各种逐渐花费的收入都会存入银行。银行的贷放包括汇票的贴现，以个人信用为基础的直接贷款，以有息证券、国家证券、各种股票作抵押的贷款，以提单及其他各种证明商品所有权的单据作抵押的贷款，以及存款透支等。在马克思看来，银行在这里提供的各种形式的贷款实际上是与商业信用相关的信用。

纯粹的银行信用即银行家提供的信用，其形式包括：“向其他银行签发汇票、支票，开立同样的信用账户，最后，对拥有钞票发行权的银行来说，是发行本行的银行券。”④

银行信用是适应产业资本循环周转和再生产运动的需要而产生的。银行通过借贷关系，将再生产中游离出来的闲置货币资本和社会上的闲置货币集中起来，再把它们贷给需要货币资本的企业。银行信用具有以下特点：第一，银行信用的实质是银行作为中介使货币资本所有者通过银行和职能资本之间发生的信用关系。银行能把社会上各种闲置资本集中起来，银行信用不受个别资本的数量和周转的限制。第二，银行信用有可能突破商业信用的局限性，从而扩大了信用的规模和范围。一方

① 马克思：《资本论》第3卷，人民出版社2004年版，第544~545页。
② 马克思：《资本论》第3卷，人民出版社2004年版，第453页。
③ 马克思：《资本论》第3卷，人民出版社2004年版，第453页。
④ 马克思：《资本论》第3卷，人民出版社2004年版，第454页。

面，银行信用不受个别资本数量和周转的限制。因为银行能够集中许多职能资本的闲置资本和食利者阶层的货币资本以及其他阶级和阶层的货币收入及储蓄，资本的来源广泛，可以超出单个资本的限制，形成巨额的资本。另一方面，银行信用也不受商品流转方向的限制。由于银行信用是以货币的形式提供的，而货币资本可以投向任何部门，因此，银行资本的借贷不存在商品流转方向问题。

银行资本包括银行家自己的投资和别人的存款。其物质组成部分包括现金和有价证券。有价证券分成两部分：一部分是商业证券即汇票，另一部分是公共的有价证券，如国债券和股票等，还包括不动产的抵押单。①

除了上述商业信用和银行信用外，还有国家信用和企业信用。国家信用是指国家借助于举债向社会公众筹集资金的一种信用形式。国家在这种信用关系中处于债务人的地位。国家信用的基本形式为发行公债券和国库券。只要政权稳定，国家信用的信用度是最高的。企业通过发行债券筹集资金便形成企业信用。在现代公司制企业中，企业还通过发行股票的形式筹集资本。这种方式也可归入企业信用，但它形成企业股权。没有归还资本的要求，但要求参与企业分红。

二、信用在现代经济中的作用

马克思在《资本论》第3卷第27章中总结了信用在现代经济中的作用，概括起来主要有以下几个方面：

第一，对利润率的平均化起中介作用。原因是利润平均化的基本条件是资本能够在部门间自由流动。这种流动的前提是资本的货币化和证券化，通过银行信用和资本市场的渠道就可

① 马克思：《资本论》第3卷，人民出版社2004年版，第526页。

有效解决资本在部门间流动的技术问题。

第二，减少流通费用。一是就货币流通本身所产生的流通费用来说，通过信用，货币得到节约。相当大的一部分交易完全用不着货币，原因是在债权债务链条上有相当一部分债权债务可以相互抵消，不需要货币支付；由于银行介入结算，流通手段的流通加速了。就是说，通货速度的最大调节器是信用；纸币代替金币流通。二是由于信用，资本运动的各个阶段加快了，整个再生产过程也加快了；信用又使厂商为各个阶段所提供的准备金缩小了。

第三，为股份公司成立提供各种平台。“信用制度是资本主义的私人企业逐渐转化为资本主义的股份公司的主要基础，同样，它又是按或大或小的国家规模逐渐扩大合作企业的手段。”① 这里特别要指出股份公司的两个大的作用：一方面，“个别资本不可能建立的企业出现了。”另一方面，“以前曾经是政府企业的那些企业，变成了社会的企业。”② 这意味着股份制公司可以成为政府经营企业改制的形式。

第四，把股份制度撇开不说，“信用为单个资本家或被当作资本家的人，提供在一定界限内绝对支配他人的资本，他人的财产，从而他人的劳动的权利。”③ 正如马克思所举例的，进行投机的批发商人是拿社会的财产，而不是拿自己的财产来进行冒险的。

在马克思看来，良好的信用是信用经济的基础。这就是马克思所说的：“一个人实际拥有的或公众认为他拥有的资本本身，只是成为信用这个上层建筑的基础。”④ 对工厂主、商人

① 马克思：《资本论》第3卷，人民出版社2004年版，第499页。
② 马克思：《资本论》第3卷，人民出版社2004年版，第494页。
③ 马克思：《资本论》第3卷，人民出版社2004年版，第497页。
④ 马克思：《资本论》第3卷，人民出版社2004年版，第498页。

来说，良好的信用可以成为其资本。由此，其可以进行大大超过资本限制的交易。

第二节　虚拟经济的产生

信用形式产生虚拟经济，其主要形式是出现虚拟资本。正如马克思所说："随着生息资本和信用制度的发展，一切资本好像都会增加一倍，有时甚至增加两倍，因为有各种方式使同一资本，甚至同一债权在各种不同的人手里以各种不同的形式出现。这种'货币资本'的最大部分纯粹是虚拟的。"①

在马克思的分析中，虚拟资本有两种形式：一种是信用形式上产生的虚拟资本；另一种是收入资本化形式上产生的虚拟资本。

一、信用创造虚拟资本

商业信用创造虚拟经济。马克思以汇票为例说明：首先，汇票可以通过背书在商人自己中间再作为支付手段来流通。假定每张流通的汇票都有两次背书，因而每一张汇票在到期以前都结清过两次支付。实践中还可能产生空头汇票。它是指人们在一张流通的汇票到期以前又签发另一张代替它的汇票，这样，通过单纯流通手段的制造，就创造出虚拟资本。由此在现实中产生流通的汇票额大大大于同期的汇票额。② 在信用产生虚拟资本的条件下，信用的扩张以及由此产生的经济扩张力就取决于三个条件：（1）曾经多少次转移资本，曾经多少次实现收入；（2）支付的节约以及信用制度的发展和组织；（3）信用

---

① 马克思：《资本论》第3卷，人民出版社2004年版，第533页。
② 马克思：《资本论》第3卷，人民出版社2004年版，第451页。

的衔接和周转速度。[1] 这样，信用的意义在于它使经济具有一种扩张力。就是马克思所说的，信用的最大限度等于产业资本的最充分运用。它使生产有无限扩张的能力。当然，生产的扩张与信用经济的发展存在相互推动的互动关系。

银行信用产生虚拟资本，根据马克思的分析，其产生的途径是多种多样的。首先是与存款的创造相关。今天存在 A 处的 1 000 元，明天就会被支付出来形成 B 处的存款，后天又可能由 B 处再支付出来形成 C 处的存款，依次类推，以至无穷。因此这 1 000 元货币，通过一系列的转移，可以成倍地增长为一个绝对无法确定的存款总额。再加上银行为商业信用中的汇票提供提前贴现。因此，同一些货币可以充当多项存款的工具，执行多次支付和流通手段的职能。同一货币能够执行多次借贷资本的职能。从而产生商品生产和流通突破流通手段量而实现扩张的正效应。这里，同一笔货币资本可以反复使用。这实际上是货币虚拟化，是在信用流通替代货币流通意义上产生的虚拟资本。

通常认为银行是借和贷的中介，其实不完全如此，银行还能创造资本。银行资本的运动除了以银行信用的形式存在外，还会以买卖有价证券的形式存在。马克思举例："英格兰银行不用它的地库内的金属贮藏作准备金而发行银行券时，它创造了一些价值符号，它们不仅是流通手段，而且对英格兰银行来说，它们还按没有准备金的银行券的票面总额，形成了追加的——虽然是虚拟的——资本。并且这一追加的资本，会为它提供追加的利润。"[2] 马克思概括的银行创造信用和资本的方法有三种："1. 发行本行的银行券；2. 开出以 21 天为期在伦

① 马克思：《资本论》第 3 卷，人民出版社 2004 年版，第 576 页。
② 马克思：《资本论》第 3 卷，人民出版社 2004 年版，第 614 页。

敦兑付的汇票，但在签发汇票时，立即收进现金；3. 付出已经贴现的汇票，这种汇票之所以有信用能力，至少对有关地区来说，首先是并且主要是因为有了银行的背书。”①

信用产生虚拟资本的量是有边界的。它最终不能脱离现实经济。“只要再生产过程顺畅地进行，从而资本回流确有保障，这种信用就会持续下去和扩大起来。”②

二、在收入资本化形式上产生的虚拟资本

这是虚拟资本产生的典型形式。在马克思看来，虚拟资本产生的基础是：“每一个确定的和有规则的货币收入都表现为资本的利息，而不论这种收入是不是由资本生出。”因此，“人们把虚拟资本的形成叫做资本化。人们把每一个有规则的会反复取得的收入按平均利息率来计算，把它算作是按这个利息率贷出的一个资本会提供的收益，这样就把这个收入资本化了。”③

借贷资本信用关系是虚拟资本产生的根据。借贷资本是通过资本使用权的有偿转让，凭借债权来获取定期收入的。生息资本借贷给职能资本使用，参与职能资本创造的平均利润的分割从而获得利息这样一个事实，逐渐使“资本是一个自行增殖的自动机的观念就牢固地树立起来了”。④ 利息是资本所有权的果实，借贷资本成为独立的收入来源，任何源于资本所有权的确定性收入，都可以视为利息，并且把收入资本化，即任何一笔收入都可以幻想成一定资本带来的利息。自然地，股票、债权等一切资本所有权证书，虽然只是现实资本的纸制副

① 马克思：《资本论》第3卷，人民出版社2004年版，第615页。
② 马克思：《资本论》第3卷，人民出版社2004年版，第546页。
③ 马克思：《资本论》第3卷，人民出版社2004年版，第528～529页。
④ 马克思：《资本论》第3卷，人民出版社2004年版，第529页。

本，但可以借此获得定期收入并且可以在证券市场自由买卖，实现价值增殖，也逐渐视为可以独立地获取收入，成为具有不同于现实资本存在形式的虚拟资本。股票、债券等不仅依托于现实资本定期获得收入，还可以独立运动，在自由买卖中获益。

虚拟资本之所以是虚拟的，可以从其对应的现实资本的关系中得到说明。就股票和债券来说，它们反映二重的关系，一方面是以股票债券等形式筹集的资本进入工商企业，开始现实资本的运动，这是实体经济；另一方面是投入企业资本的所有权凭证和债权凭证进入证券市场运动，这是虚拟经济。例如以股权形式投资（如 10 万元）形成两个方面运动：一是现实资本的运动，即资本（10 万元）进入企业后开始的运动。这意味着 10 万元资本实实在在地进入了企业。二是虚拟资本的运动，即投资者将所持有的股票（10 万元）作为所有权证书进入股市后开始的运动。股票作为所有权证书，是现实资本的复本。股票持有者“不能去支配这个资本。这个资本是不能提取的。有了这种证书，只是在法律上有权索取这个资本应该获得的一部分剩余价值……现实资本存在于这种复本之外，并且不会由于这种复本的转手而改变所有者。”① 不仅如此，虚拟资本的价值与现实资本的价值也会分离。马克思认为，投入股票的资本价值不能有双重存在，“一次是作为所有权证书即股票的资本价值，另一次是作为在这些企业中实际已经投入或将要投入的资本。”② 资本价值只存在于后一种形式。否则就不能将作为所有权证书存在的股票称为虚拟资本。这意味着债券和股票作为所有权证书的流通，不是现实的资本价值的流通，

① 马克思：《资本论》第 3 卷，人民出版社 2004 年版，第 540 页。
② 马克思：《资本论》第 3 卷，人民出版社 2004 年版，第 529 页。

而是收入索取权的转让。

股票、债券对购买者而言是一种投资行为，是存在风险的。股票和债券作为企业与投资者之间的信用工具的发现，使同一资本取得了双重的存在：一是投入生产经营过程发挥作用的实在资本，企业获得了其使用权或法人财产权；二是以证券形式存在的资本所有权证书。作为现实资本的纸制副本，它本身并没有价值，但可以定期获得收入。但是，股票、债权特别是股票显然不同于信贷关系下的债权、债务关系。股票售出不退，股票持有人承担有限责任；债券是债务人为筹措资本而向债权人出具的、承诺按一定利率定期支付利息，并到期偿还本金的债务凭证。债券虽然到期还本付息，但在到期之前不能直接变现。因此，股票、债券必须能够进行交易，赋予证券持有人做出调整的权利。股票、债券持有人不仅可以凭借资本所有权定期获得收入，也可以在证券市场上进行交易，规避风险，减少亏损以及获得更多的收益。股票、债券等基于企业与投资者之间的信用关系，又摆脱这种关系而呈现出相对独立的运动规律，甚至成为另一种独立收入的源泉。

就债券的市场流通来说，它反映虚拟资本与已经消失的现实资本的分离。在一定期限内，债权人不能要求债务人解除契约，只能卖掉他的债权，即所有权证书。就国债来说，资本本身已经由国家花掉了，耗费了。国债券“代表已经消失的资本的纸制复本，在它们是可卖商品，因而可以再转化为资本的情况下，对它们的占有者来说，就作为资本执行职能。”① 在债券支付期限内反复交易的债券是纯粹的虚拟资本。

虚拟资本的运动与现实资本运动的分离，不仅在于股票、债权作为所有权证书流通，还在于所有权证书的价值的独立运

---

① 马克思：《资本论》第3卷，人民出版社2004年版，第540页。

动。“它们的价值额的涨落，和它们有权代表的现实资本的价值变动完全无关。”[①] 它们成为了一种商品，这些商品的价格有独特的运动和决定方法：一方面“它们的市场价值，会随着它们有权索取的收益的大小和可靠程度而发生变化”；另一方面“这种证券的市场价值部分地有投机的性质，因为它不是由现实的收入决定的，而是由预期得到的、预先计算的收入决定的”。[②]

虚拟资本在资本市场的运动不只是反映其代表的实体资本的运动，更要受市场上各种因素的影响。利息率变化，进入市场的证券数量、投机心理、虚假信息、操纵市场等都会导致虚拟资本的市场价值远远脱离其现实资本的价值。这些纸制复本的价值额和它们有权代表的现实资本的价值变动无关，而取决于证券交易所中的行情。

三、现代经济中的虚拟资本

在现代经济中，虚拟资本具有无限扩张的趋势。依靠虚拟资本的形成机制，一切资本具有了倍数增加的能力。在马克思时代，马克思已经发现：“在一切进行资本主义生产的国家，都有巨额的所谓生息资本或货币资本（moneyed captical）采取这种形式。货币资本的积累，大部分不外是对生产的这种索取权的积累，是这种索取权的市场价格即幻想的资本价值的积累。”[③] 根据马克思的分析，虚拟资本的扩张主要有以下原因：

第一，由于利息率是收入资本化即虚拟资本的市场价值的一个决定因素，虚拟资本的价值额会随着利息率的下降而出现上涨的趋势。

① 马克思：《资本论》第3卷，人民出版社2004年版，第541页。
② 马克思：《资本论》第3卷，人民出版社2004年版，第530页。
③ 马克思：《资本论》第3卷，人民出版社2004年版，第531页。

第二，由于一般利润率下降规律的作用，最低资本限额提高，使大量的达不到资本最低限额的资本进入股票投资等投机领域。大量的小额资本直接在资本市场上作为投机资本运作，而不是作为创业资本运作。在股票交易市场上运作的相当大数量的资本可以说完全没有作为现实资本进入现实的资本运动过程。这意味着虚拟资本与现实资本运动的分离达到了脱离的地步。

第三，虚拟资本的膨胀还可用银行资本的虚拟化来说明。银行家资本的最大部分是由债权（汇票）、国家证券和股票构成的。“银行家资本的最大部分纯粹是虚拟的，是由债权（汇票），国债券（它代表过去的资本）和股票（对未来收益的支取凭证）构成的”，“它们所代表的资本的货币价值也完全是虚拟的，是不以它们至少部分地代表的现实资本的价值为转移的；既然它们只是代表取得收益的要求权，并不是代表资本，那么，取得同一收益的要求权就会表现在不断变动的虚拟货币资本上。”① 这意味着，银行资本的虚拟化是建立在虚拟资本存在的基础上的。

恩格斯在修订《资本论》第3卷时依据当时的现实发现，市场上出现了单纯为了购买某种有息证券而成立的金融公司：“资本这种增加一倍和两倍的现象，例如，已由金融信托公司大大发展了。”② 这些金融公司单纯投资于股市，而不是投资于实体经济，由此使虚拟资本进一步膨胀。它使虚拟资本的市场价值越来越看不到现实资本的影子。

虽然汇票中有多数是代表现实买卖的，股票多数是代表现实投资的，但不可否认的事实是，不代表现实买卖的汇票、不

① 马克思：《资本论》第3卷，人民出版社2004年版，第532页。
② 马克思：《资本论》第3卷，人民出版社2004年版，第533页。

代表现实投资的股票（主要在二级市场）具有与日俱增的趋势。马克思以汇票为例说明了这种趋势："这种汇票中也有惊人巨大的数额，代表那种现在已经败露和垮台的纯粹欺诈营业；其次，代表利用别人的资本进行的已告失败的投机；最后，还代表已经跌价或根本卖不出去的商品资本，或者永远不会实现的资本回流。"这样，虚拟资本完全不能反映现实资本运动。"一切都以颠倒的形式表现出来，因为在这个纸券的世界里，在任何地方显现出来的都不是现实价格和它的现实要素，而只是金银条块、硬币、银行券、汇票、有价证券。"①

经济发展到现在这个阶段，虚拟资本的范围大大扩大，收入可以资本化的不仅包括马克思当时所指出的债券、股票，还有外汇和金融衍生工具，如金融期货、股票指数、期权等。在现代经济中，由股票衍生出股指期货，由国债衍生出国债期货等金融衍生工具，可以说是虚拟资本的虚拟资本。除此以外，房地产市场上交易的房地产，外汇市场上交易的外汇，都可能成为虚拟资本的形式。虚拟资本的数量也大大增加，据有关资料显示，每天在各类资本市场上交易的虚拟资本是现实资本的数十倍。单纯以运作虚拟资本为业的机构，也远远超过了当时恩格斯所发现的金融信托公司。所有这些既是现代经济进步的说明因素，也是现代经济矛盾和危机的说明因素。

第三节 信用形式上产生的虚拟经济的二重效应

在说明虚拟经济的效应前首先需要明确：信用形式或证券化的资本形式并不必然是虚拟经济。货币和汇票执行流通和支

① 马克思：《资本论》第3卷，人民出版社2004年版，第555页。

付手段时不是虚拟经济，但在执行支付手段的汇票流通时便是虚拟经济。用股票筹集的资本进入企业运行时不是虚拟经济，但股票作为所有权证书进入市场流通时就是虚拟经济。用国债和企业债券筹集的资金进入企业运行时不是虚拟经济，但债券作为债券证书进入市场流通时就是虚拟经济。居民购买房子自己居住就不是虚拟经济，但买房子用于倒卖、投机就是虚拟经济。外汇对实际的外贸活动起媒介作用时不形成虚拟经济，但为了实现套利或套汇的目的而对外汇的投机性买卖则形成虚拟经济。

虚拟经济虽然是虚拟的，但它不是虚无的，是在实体经济基础上产生的，并且同实体经济有着互动关系。这里先分析信用形式。

一、信用扩张的正面效应

信用事实上为生产造成了一种内在的但不断被信用制度打破的束缚和限制，因此，“信用制度加速了生产力的物质上的发展和世界市场的形成；使这二者作为新生产形式的物质基础发展到一定的高度”。[①]

生产的扩张与信用经济的发展存在相互推动的互动关系。在大规模生产的条件下市场会扩大，并且会远离生产地点，因而信用必须延长。而且，大规模的和供应远离市场的生产，会把全部产品投入商业中。在这种情况下，哪个商业部门或企业都不可能用自有的资本把全国的产品买去并且再卖掉。在这里，信用就是不可避免的了。“信用的数量会随着生产的价值量一起增长，信用的期限也会随着市场距离的增大而延长。在这里是互相影响的。生产过程的发展促使信用扩大，而信用又

① 马克思：《资本论》第3卷，人民出版社2004年版，第500页。

引起工商业活动的扩展。”① 商业信用的作用是能使经济的扩张、交易的扩张突破现有资本的限制。这样，信用的意义在于它使经济具有一种扩张力。就是马克思所说的，信用的最大限度等于产业资本的最充分运用。它使生产有无限扩张的能力。

在信用产生虚拟资本的条件下，投机的要素必然越来越支配交易。信用的扩张以及由此产生的经济扩张力就取决于三个条件：“1. 曾经多少次转移资本……曾经多少次实现收入……；2. 支付的节约以及信用事业的发展和组织；3. 信用的衔接和活动速度。”② 信用的扩大以再生产过程本身的扩大为基础。就是说，信用的最大限度，等于产业资本的最充分的动用。“只要再生产过程顺畅地进行，从而资本回流确有保障，这种信用就会持续下去和扩大起来。”③

信用的负面效应主要同经济周期相关。经济周期是经济扩张和收缩的交替。在现代经济中，扩张是由信用推动的，收缩也是由信用推动的。它能把可以伸缩的再生产过程强化到极限。其机制是，在资本积累过程中，资本具有突然扩张能力，“信用每当遇到特殊刺激会在转眼之间把这种财富的非常大的部分作为追加资本交给生产支配。”④ “正是这种发达的信用制度和银行制度，引起了整个机体的这种过敏现象。”⑤

二、信用扩张与产生危机的可能和现实

马克思在《资本论》第一卷分析货币的支付手段职能时指出，支付手段职能就潜伏着危机的可能性。原因是在债权债

---

① 马克思：《资本论》第3卷，人民出版社2004年版，第544～545页。
② 马克思：《资本论》第3卷，人民出版社2004年版，第575页。
③ 马克思：《资本论》第3卷，人民出版社2004年版，第546页。
④ 马克思：《资本论》第1卷，人民出版社2004年版，第729页。
⑤ 马克思：《资本论》第3卷，人民出版社2004年版，第648页。

务关系的链条中，其中某个环节不能支付就可能造成这个债务链条的危机。这种可能性转为现实性的条件，过去的一般解释是由简单商品经济转为资本主义经济。现在看来这个解释不完全准确。由简单商品经济发展到以信用经济为特征的市场经济阶段便会使这种危机的可能性成为现实性。货币经济发展到信用经济形式，不但加大了产生危机的可能性，还可能使危机产生后，情况进一步恶化。这就是马克思所讲的，信用制度是“生产过剩和商业过度投机的主要杠杆”。[①]

一旦由于市场商品过剩、价格下降而出现再生产停滞时，资本回流就会延迟。于是信用将会收缩。一旦信用突然停止，只有现金支付才有效，那么危机就会发生。因此危机就表现为信用危机和货币危机。这就是马克思所说的：“在再生产过程的全部联系都是以信用为基础的生产制度中，只要信用突然停止，只有现金支付才有效，危机显然就会发生，对支付手段的激烈追求必然会出现。所以乍看起来，好像整个危机只表现为信用危机和货币危机。”[②] 近几年来在世界范围内出现的危机，如东南亚金融危机和日韩的金融危机就证明了这一点。

在信用经济中，经济周期的两极将是信用膨胀和信用萎缩。正是信用制度在繁荣时期的惊人发展，“造成了停滞时期的信用紧缩”。显然，信用紧缩，“是产业周期中紧接着崩溃之后的那个阶段所特有的现象。”[③] 信用膨胀和信用萎缩不仅是经济处于不同周期阶段的特征，还是导致经济周期的动因。因此，信用就成为反周期的宏观调控的主要对象。在这里特别要注意到马克思的这样一个思想：正是在信用最缺乏的时候，“不是闲置的寻找出路的资本，而是滞留在自身的再生产过程

① 马克思：《资本论》第3卷，人民出版社2004年版，第499页。
② 马克思：《资本论》第3卷，人民出版社2004年版，第555页。
③ 马克思：《资本论》第3卷，人民出版社2004年版，第547页。

内的资本的数量也最大。"[①] 因此不能以为是生产资本的缺乏，而是生产资本的过剩。因此，摆脱危机的出路，在于通过扩大需求，在再生产过程中滞留的生产资本找到出路。

资本供求与信用密切相关。处于经济周期的不同阶段，资本供求状况有不同的特点。繁荣阶段，信用扩张，借贷资本相对宽裕，资本容易并有规则的流回，保证了借贷资本的供给（虽然需求已经增长），防止了利息率水平的上升。而与此同时，再生产领域内的产业资本被充分利用。因此在这一阶段，"低利息率，从而借贷资本的相对充裕，可以说是和产业资本的现实扩大结合在一起的。"[②] 一旦危机爆发，信用突然停止，借贷资本绝对缺乏，利息率就会上升到最高限度。概括起来，在危机阶段，高利息率、借贷资本缺乏和产业资本的过剩结合在一起。因此，在危机和停滞时期，不是一般的资本不足，而是信用不足，生产资本闲置。因此降低利率、活跃信用、启动闲置的产业资本是推动经济走出危机阶段的主要方式。

在现代经济中，经济周期在很大程度上是货币现象，即通货膨胀与通货紧缩。对其进行更深层次的分析，便可发现："通货速度的大调节器是信用"。[③] 这就是马克思所分析的。只要生产在进行，"同样作为财富的社会形式的信用，排挤货币，并篡夺它的位置"。一旦信用发生动摇，"一切现实的财富就都会要求现实地、突然地转化为货币，转化为金和银"。[④] 具体地说，在经济周期的不同阶段上，信用与货币存在着替代关系，市场货币流通可以区分为作为收入的流通和作为资本的流通，两者对流通手段的需求是不一样的。

① 马克思：《资本论》第 3 卷，人民出版社 2004 年版，第 547 页。
② 马克思：《资本论》第 3 卷，人民出版社 2004 年版，第 553 页。
③ 马克思：《资本论》第 3 卷，人民出版社 2004 年版，第 589 页。
④ 马克思：《资本论》第 3 卷，人民出版社 2004 年版，第 650 页。

在繁荣阶段，居民消费需求旺盛，用在收入花费上的流通手段量即货币，就会增加。而资本流通所需要的通货，虽然从绝对量来说，“它可以增加；但相对地说，和再生产过程的扩大相比来说，它在所有情况下都减少了”。其主要原因是信用的作用。这个时期是信用最为活跃、信用最伸缩自如和最易获得的时期。因此，“支付结算、甚至现金购买所需要的流通手段量，会相应地减少”。[①] 这里，通货流通的速度直接由信用调节。

而在危机时期，情形正好相反。居民消费需求锐减，用在收入花费上的流通手段减少，物价下降，就业下降，交易的总额减少，对通货的需求量相应地减少。而在资本流通上，由于信用紧缩，对贷款（货币）的需要相应地增加，一切交易要求现金支付。由此产生通货紧缩。这意味着，在经济衰退时，与其说是需求不足，不如说是信用不足。因此扩大内需的主要途径是扩大信用。

上述状况对市场的影响是：当信用活跃的时期，货币流通的速度比商品价格增加得快，而在信用紧缩的时期，商品价格比流通速度降低得慢。虚拟资本的运动会进一步加剧这种趋势。

根据马克思当时的观察，信用在宏观经济中已经具有很高的地位。危机会表现为信用危机，反过来，反危机也需要信用发挥作用。原因是在当时发达的资本主义国家，“货币在很大程度上一方面为信用经营所代替，另一方面为信用货币所代替。在信用收缩或完全停止的紧迫时期，货币会突然作为惟一的支付手段和真正的价值存在，绝对地同商品相对立。因此，

① 马克思：《资本论》第3卷，人民出版社2004年版，第507页。

商品会全面跌价，并且难于甚至不可能转化为货币”。[①] 因此马克思特别重视国家的信用基础不能动摇。因为信用货币的这个基础是和生产方式本身的基础一起形成的，信用货币的贬值会动摇一切现有的关系。“一般说来，只要货币有保证，商品价值作为货币价值就有保证。”[②] 这就可以解释一些资本主义国家经常出现的一种绝妙的选择：为了几百万货币的价值而牺牲许多百万商品的价值。面对危机，“只要一个银行的信用没有动摇，这个银行在这样的情况下通过增加信用货币就会缓和恐慌，但通过收缩信用货币就会加剧恐慌”。[③]

以上分析表明，信用及其产生的虚拟经济的负面效应主要是宏观的，正因为是宏观的，其破坏性是很大的。因此规范信用的秩序实际上是在规范并维持宏观秩序。

第四节　收入资本化形式上产生的虚拟经济的二重效应

收入资本化形式上产生的虚拟资本，主要是指进入市场的股票、债券等。“随着生息资本和信用制度的发展，一切资本好像都会增加一倍，有时甚至增加两倍，因为有各种方式使同一资本，甚至同一债权在不同的人手里以不同的形式出现。”[④] 因此，从虚拟经济的积极功能分析，它的发展总体上对实体经济发展有积极的促进作用，如为实体经济提供融资支持，促使资本流向效益高的领域和企业，提高整个社会的经济效益，以及通过财富效应刺激消费和投资需求等。

① 马克思：《资本论》第3卷，人民出版社2004年版，第584页。
② 马克思：《资本论》第3卷，人民出版社2004年版，第584页。
③ 马克思：《资本论》第3卷，人民出版社2004年版，第585页。
④ 马克思：《资本论》第3卷，人民出版社2004年版，第533页。

一、收入资本化的正面效应

在收入资本化条件下产生的虚拟资本，可以使工商企业通过发行股票和债券来筹集扩大实体经济所需要的资本。从而使企业的发展突破自身的积累规模。由于存在这种机制，“每一个工厂主或商人个人无须握有巨额的准备资本，也不必依赖资本的现实回流”。[①] 在现代企业中，资本规模的扩大，特别是优势企业的扩张需要通过发行股票债券等方式筹集社会资本，如果股票债券不能流动，不能投机，也就没有人来购买股票和债券。社会也就失去了这种在瞬间依靠市场筹集巨额资本的有效工具。

以股份制形式筹集的资本即社会资本。根据马克思的界定，社会资本即那些直接联合起来的个人资本，是“建立在社会生产方式的基础上并以生产资料和劳动力的社会集中为前提的资本”[②]。社会资本与信用度相关。资本与其说是任何一种商业交易的界限，不如说是用来建立良好信用的基础。一个人实际拥有的或公众认为他拥有的资本本身，只是成为信用这个上层建筑的基础。这意味着，社会机制已经安排好，信用高的能够支配更多的社会资本。

资本的证券化可以提供企业重组和结构调整的平台。实体经济中的企业进行并购之类的重组，通过资本流动进行结构调整，实物性的资本形式很难实现这种调整和重组，或者说结构调整和重组的交易成本很大。资本证券化后，通过股票的交易就能迅速地降低成本，实现这种重组和结构调整。

收入资本化本身对虚拟资本的持有者来说，实际上是持有

---

① 马克思：《资本论》第3卷，人民出版社2004年版，第548页。
② 马克思：《资本论》第3卷，人民出版社2004年版，第494页。

某种风险，由此也提供投机的平台。

现阶段无论是私人投资者还是企业投资者都有一个对资产的选择和资产的组合。持有企业股权、购买房产、购买国库券、购买保险单，购买股票和企业债券等，便成为投资选择和资产组合的范围。其中有的资产属于实体经济，有的则属于虚拟经济，这些资产具有不同等级的风险，也有不同等级的预期收益，由此产生投机的机会和工具。其中属于虚拟经济的资产比实体经济的资产有更大的风险，也有更高的预期收益，因此也就提供投机的工具。这种投机性具有二重功能：一方面，它提供风险投资、资本运作和扩张经济的平台；另一方面，它作为投机性经济，难以避免欺诈性。这意味着虚拟经济是一把“双刃剑”。

股份公司也提供了一种新的治理机制：“很大一部分社会资本为社会资本的非所有者使用，这种人办起事来和那种亲自执行职能、小心谨慎地权衡其私人资本的界限的所有者完全不同。”① 其特点是更愿冒险，偏好扩大规模。其结果是马克思所说的，把可以伸缩的再生产过程强化到了极限，由此使信用制度成为生产过剩和商业过度投机的主要杠杆。

投资者购买股票、债券等有价证券，将资金使用权让渡给公司，并不必然意味着风险的增加，因为在制度设计上，有价证券可以进入市场流通，实际上向投资者提供风险回避机制，股东通过“用手投票”或“用脚投票”来及时回避投资的风险。期货、期权等金融衍生交易则把金融交易中的风险直接作为交易对象，将人类趋利避害的需求从市场化运作的后台拉到了前台。人们可以通过转嫁、分解、控制等风险管理策略，从整体上降低金融、经济体系中的风险。

---

① 马克思：《资本论》第3卷，人民出版社2004年版，第500页。

期货交易之类的虚拟经济一开始就是为锁定风险而存在的。农产品价格的波动可以说是最无规律的，不是谷贱伤农，就是供不应求。农产品期货市场的建立有效降低了农产品价格的波动幅度，部分地熨平丰年和灾年之间农产品的价差，有利于农业的稳定与发展。其机制就是在农产品尚未收获前就以一定的价格在期货市场上卖出，从而锁定日后可能出现的价格风险，也正因为存在期货交易的投机活动才可能使风险出现转移。

虚拟经济的存在为投资者提供了一种投资选择机制。各种类型的投资者把不用于消费的收入和生产中暂时闲置的资金投入到虚拟经济之中，这些资金通过储蓄转向投资的转化渠道，最终投入到各个实体经济部门。当投资者依据自己的偏好和判断通过退出机制变现其持有的证券，实现投资组合的调整时，又会引起资金和社会资源的流动，这种流动是按照投资主体利益最大化原则进行的，就可能成为全社会资源合理配置的有效途径。

由于属于虚拟经济的金融资产在企业和居民的资产组合中会占越来越大的比重，因此虚拟经济的市场状况会产生明显的财富效应。虚拟经济市场活跃，预期收益率高，预示着财富的增加，会带动实体经济的市场活跃。

二、虚拟资本市场的风险

不可否认的是，虚拟资本市场既然存在风险和投机，就有可能“发展成为最纯粹最巨大的赌博欺诈制度”。[①] 虚拟资本市场上的投机可能产生负效应，其中最为突出的是出现泡沫经济。

① 马克思：《资本论》第3卷，人民出版社2004年版，第500页。

根据马克思的提示，可以在与虚拟资本的联系中界定泡沫经济。尽管泡沫经济的主要表现形式是债券等虚拟资本，但虚拟资本并不都是泡沫经济。如果汇票代表现实的交易，外汇代表现实的货币交易，债券代表使用权转让后现实的资本，股票代表现实投入企业的资本，它们有实体经济的支持，就不能称为泡沫经济。泡沫产生于投机，这些虚拟资本提供市场投机的机会，因而产生经济泡沫。但不能说一有投机就有泡沫经济。经济泡沫是资本市场上的虚拟资本及相应的投机活动。没有超过实体经济可以支持的度。泡沫经济是没有实体经济支持的投机经济。大量投资于投机领域就可能产生泡沫经济。

资本市场之所以会产生泡沫，从根本上说与进入资本市场的虚拟资本的价值决定机制相关。这就是马克思说的："它们的市场价值，在现实资本的价值不发生变化（即使它的价值已增殖）时，会和它们的名义价值具有不同的决定方法。"①同与现实资本的联系来看，股票之类的虚拟资本价值会随着它们有权索取的收益的大小和可靠程度而发生变化，但是这里的收益不是现实的，而是预期的。既然虚拟资本价值是资本化的收益，也就是说一个幻想资本按现有利息率计算可得的收益，由此便产生投机。投资者购买某个公司的股票带有很大的投机性。

现实中我们还可以分析资本市场机制与商品市场机制的重要区别是，资本市场价格变动与市场需求不是成反比，而是成正比。就是说价格提高，需求增加；价格下降，需求减少。需求的增减还会随价格的涨跌自我加速。这样，资本市场随价格上升而需求迅猛增加会带动商品市场需求的增加。反之，资本市场随价格下降而需求迅猛下跌会带动商品市场需求的下降。

① 马克思：《资本论》第3卷，人民出版社2004年版，第530页。

这意味着在商品市场需求低迷时，活跃股票市场，可以刺激商品市场需求。

在一定的范围内，虚拟资本市场价格的波动与实体经济是没有关系的。这就是马克思说的："在货币市场紧迫的时候，这种有价证券的价格会双重跌落；第一，是因为利息率提高，第二，是因为这种有价证券大量投入市场，以便实现为货币。"① 一旦风暴过去，这种证券就会回升到它们以前的水平。基于这种分析，马克思认为，"只要这种贬值不表示生产以及铁路和运河运输的实际停滞，不表示已开始经营的企业的停闭，不表示资本在毫无价值的企业上的白白浪费，一个国家就决不会因为名义货币资本这种肥皂泡的破裂而减少分文。"②

马克思实际上也发现了证券市场上的过度投机问题："一切都以颠倒的形式表现出来，因为在这个纸券的世界里，在任何地方显现出来的都不是现实价格和它的现实要素，而只是金银条块、硬币、银行券、汇票、有价证券。"③ 投机过度和欺诈相连。马克思以汇票为例说明了其中所包含的巨大泡沫：这种汇票中有惊人巨大的数额，"代表那种现在已经败露和垮台的纯粹投机营业；其次，代表利用别人的资本进行的已告失败的投机；最后，还代表已经跌价或根本卖不出去的商品资本，或者永远不会实现的资本回流"。④ 所有这些泡沫经济部分，或者如马克思说的人为的使再生产过程猛烈扩大的体系，"当然不会因为有一家像英格兰银行这样的银行，用它的纸券，给一切投机者以他们所缺少的资本，并把全部已经跌价的商品按

① 马克思：《资本论》第 3 卷，人民出版社 2004 年版，第 530 页。
② 马克思：《资本论》第 3 卷，人民出版社 2004 年版，第 531 页。
③ 马克思：《资本论》第 3 卷，人民出版社 2004 年版，第 555 页。
④ 马克思：《资本论》第 3 卷，人民出版社 2004 年版，第 555 页。

照原来的名义价值购买进来，就可以医治好”。[①]

我们也会从房地产市场上看到过度投机的泡沫经济。购买房子用于自己消费不存在任何泡沫，购买房地产用于投机就产生泡沫，房地产投机过度就形成泡沫经济。在房地产过度投机的条件下，房地产价格飞涨，脱离实体经济的支持，会拉动整个经济的扩张。

虚拟资本的市场是投机性市场，在投机过度时可能产生越来越多的资本不是直接投入实体经济而是投入股市、汇市和房地产市场之类的投机性市场，其结果是在实体经济部门资本投入严重不足，同时在投机性市场上投资过度而出现泡沫经济。其机制是：投资是投向实体经济还是投向虚拟经济？投资投向实体经济，获取投资回报需要相当长的时间，而且投资的成本也很大；而投资于虚拟经济不仅可以很快地收回投资（如果投资成功的话），而且投资的回报期也很短。这样一来，这种投资导向的结果是对实体经济的投资减少，而对虚拟经济的投资增加。

泡沫经济的形成是由资产（虚拟资本）价格膨胀所拉动的。资本市场机制与商品市场机制的重要区别是，资本市场价格变动与市场需求不是成反比，而是成正比。就是说资产价格（如股票价格）提高，需求增加；价格下降需求减少。需求的增减还会随价格的涨跌自我加速。这样，资本市场随价格上升而需求迅猛增加会带动商品市场需求增加。反之，资本市场随价格下降而需求迅猛下跌会带动商品市场需求的下降。

在现代经济中，经济周期在很大程度上可以用虚拟经济的膨胀和紧缩来说明。在经济趋向高涨时期，虚拟经济的虚假繁荣会推动经济进一步膨胀；一旦虚拟经济的膨胀脱离其物质保

① 马克思：《资本论》第3卷，人民出版社2004年版，第555页。

证，就会造成资本市场畸形繁荣，甚至形成泡沫经济。在经济趋向衰退时期，虚拟经济冷淡会加速经济危机的爆发。

世纪之交在世界范围先后出现的泡沫经济主要有三种表现：一是日本在20世纪80年代出现的泡沫经济，在利息率一定并偏低的刺激下，企业有高负债投资的冲动。高负债投资没有回报，不能回流，便形成泡沫经济。二是导致从1997年起爆发东南亚金融危机的泡沫经济，其表现形式是股市、房地产市场和外汇市场上的过度投机。三是2000年初美国纳斯达克市场上高科技股价格猛跌所表明的IT产业的泡沫经济。在这里，马克思的虚拟资本理论实际上对前两种形式已经有所论述，第三种形式马克思当年没有发现，但其发生机制还是一致的，即过度投机。即前一时期人们对高科技股期望过大，投机性过强，抬高了股市价格，而一旦达不到预期目标，高收益的神话破灭，泡沫就被打破。

虚拟资本市场还可能为专事投机的炒家提供机会。国际炒家索罗斯非常形象地描述了其在虚拟经济市场上的投机活动：我们用自己的钱买股票，我们付5%的现金，另外5%的资金用借的款；如果用债券作抵押，可以借更多钱，我们用一千美元，至少可以买进价值五万美元的长期债券……。他们以自有资本作抵押，从银行借款购买证券，再以证券抵押继续借款，迅速扩大了债务比率，不仅如此，他们还将借款广泛投机于具有高杠杆特点的各种衍生工具。前一时期某些东南亚国家的金融体系，就是被索罗斯的这种方式的投机严重破坏的。可见，虚拟经济失控潜伏着影响国家金融安全的宏观风险。

人们一般把虚拟经济的过度膨胀定义为泡沫经济。但是，虚拟经济在总体经济中所占的比例也不是越小越好，虚拟经济不等于泡沫经济，防范泡沫经济不等于不能有任何经济泡沫。从一定意义上说，有虚拟资本的存在就存在经济泡沫。泡沫产生于投机，虚拟经济提供市场投机的机会，因而产生经济泡沫。但不能说一有投机就有泡沫经济。经济泡沫是资本市场上的虚拟资本及相应的投机活动。只要不超过实体经济可以支持的度，虚拟经济就不成为泡沫经济。虚拟经济过冷也会影响实体经济。虚拟经济对实体经济有拉动作用，虚拟经济过冷会导致消费品市场和投资商品市场低迷，从而市场需求不足，市场需求不足势必影响实体经济的发展。在存在普遍性的通货紧缩时，克服通货紧缩不利影响的一条途径便是适度发展虚拟经济。在商品市场需求低迷时，活跃股票市场，可以刺激商品市场需求。

以上根据马克思的虚拟资本理论对经济泡沫和泡沫经济的分析表明，虚拟资本的存在和发展不应该限制，但需要防范的是在虚拟资本基础上产生的泡沫经济。防范泡沫经济不等于不能有任何经济泡沫。从一定意义上说，有虚拟资本的存在就存在经济泡沫。现代经济运行不可能没有泡沫。凯恩斯在 20 世纪 30 年代大危机时提出的赤字财政政策，实际上就试图借助一定的泡沫来刺激投资，使其发挥重要而积极的作用。现在世界经济正面临着较大范围的经济衰退，我国又出现了持续相当长时间的通货紧缩。在这种情况下需要一定的经济泡沫来拉动需求。当然，这时的经济泡沫就不一定由政府通过赤字财政来提供，可以通过信用和资本市场的投机来提供。

由于虚拟经济与泡沫经济只有一步之遥，因此需要加强对虚拟经济的规范，防止因虚拟经济的过度膨胀而出现经济的泡沫化现象。其关键是在虚拟经济与实体经济之间形成合理的投资结构，东南亚国家前一时期产生金融危机的一个重要原因在于在虚拟经济与实体经济之间投资结构的失衡。股市、汇市及房地产市场投资过热，实业投资过冷。

虚拟经济的产生及其功能的发挥是建立在市场制度和信用

关系的基础之上的，正确处理虚拟经济与实体经济的关键在于市场经济制度的创新与优化。就是说，虚拟经济的市场应该具有自动调节虚拟经济规模的功能。这种市场的自我调节就如马克思当年所说的："假如大部分的资本家愿意把他们的资本转化为货币资本，那么，结果就会是货币资本大大贬值和利息率惊人下降；许多人马上就会不可能靠利息来生活，因而会被迫再变为产业资本家。"①

本章主要涉及：《资本论》第3卷：第25、27、28、29章

① 马克思：《资本论》第3卷，人民出版社2004年版，第424页。

第十四章　货币资本和现实资本的积累

一般来讲，资本积累是指剩余价值转化为资本，这是现实资本的积累。而在现实中由于信用制度的介入，资本积累可能突破剩余价值转化的限制，由此使现实资本迅速扩张。但是由信用推动的货币资本积累，可能成为资本过剩并导致经济危机。在《资本论》第3卷第30至32章中，马克思以《货币资本和现实资本》为题，考察了在信用制度存在的条件下货币资本的积累和现实资本积累之间的区别与联系，着重研究了借贷资本过剩的原因以及借贷资本过剩与经济危机之间的关系。对马克思《资本论》中货币资本与现实资本之间关系理论的研究，对我们制定有利于经济稳定发展的货币政策有着十分重要的意义。

第一节　借贷资本的主要形式

一、借贷资本的有价证券形式

马克思所讲的现实资本是指商品资本和生产资本，现实资本的积累即规模扩大的再生产。货币资本则是指生息资本，亦即借贷资本。马克思说："一个始终只用于生息资本即货币资本的用语”，“借贷资本即用于生息的资本”。[①] 这里的借贷资本，基本上是从职能资本中分离出来的货币资本的独立化。当职能资本家缺乏自有资本并向货币资本家借入资本经营时，即产生了一般意义上的生息资本即借贷资本。这种资本，在货币资本家手中是作为所有权的资本，它转到职能资本家手中便作为使用权的资本，资本的使用权和所有权分离，借贷资本产生。

借贷资本一般以货币资本形式存在。马克思在分析过程中有时就直接称之为借贷货币资本。借贷资本也是一种商品，但不是普通的商品，而是特殊的商品。这种商品的特殊性不在于它具有的价值，而在于它具有一种特殊的使用价值——贷给职能资本家能够生产利润。“这样，货币除了作为货币具有的使用价值以外，又取得了一种追加的使用价值，即作为资本来执行职能的使用价值。在这里，它的使用价值正在于它转化为资本而生产的利润。就它作为可能的资本，作为生产利润的手段的这种属性来说，它变成了商品，不过是一种特别的商品。或者换一种说法，资本作为资本，变成了商品。”[②]

在借贷资本的基础上虚拟资本得以产生。借贷资本运动的特点是：贷放的货币资本，按利息率计算，能定期带来一定的利息收入。借贷资本产生利息，在现实经济运行中会表现出这样一种假象：一定的定期收入，按利息率倒算，可以产生一个资本，虚拟资本得以产生。显然，虚拟资本实质上是收入的资本化。马克思指出，由于有价证券能为其所有者带来一定的收益，因此具有资本的属性，但它们是一种幻想的虚拟的资本。马克思把它们称为“现实资本的纸制复本”，“这种复本所以

---

① 马克思：《资本论》第3卷，人民出版社2004年版，第539、542页。
② 马克思：《资本论》第3卷，人民出版社2004年版，第378页。

会成为生息资本的形式，不仅因为它们保证取得一定的收益，而且因为可以通过它们的出售而能得到它们的资本价值的偿付”。①

有价证券能带来资本化收入的性质，使得有价证券成为借贷资本的重要投资形式。“国债券也像股票及其他一切有价证券一样，是借贷资本即用于生息的资本的投资领域。它们是资本贷出的形式。”② 而正是因为有价证券成为借贷资本的重要投资形式，借贷资本的积累就在很大程度上表现为对有价证券的投资，并因有价证券的虚拟性而与现实资本有可能发生背离。

二、借贷资本的商业信用和银行信用形式

借贷以货币为基本形态，但也可以通过商品形态进行，发生在再生产过程中的商业信用就是以商品形态进行的。马克思把这种借贷称为商业信用。虽然借贷资本主要以银行的货币借贷为主体，但商业信用是信用的基础，银行信用是在商业信用的基础上形成的。商业信用在很大程度上与现实资本的运行是一致的，但是商业信用满足不了现实经济运行的需要，现实经济运行需要银行信用，而正是银行信用的产生使得商业信用对再生产过程的扩张作用得到了更大限度地发挥，从而也可能导致生产能力的过剩。

商业信用是企业之间以商品形式提供的信用，典型的商业信用是企业以商品形式提供给另一个企业的信用，即通常所说的赊销商品。赊销商品的企业为了保证自己的权益，需要掌握一种能够受法律保护的债务文书，在这种文书上说明债务人有

① 马克思：《资本论》第3卷，人民出版社2004年版，第540页。
② 马克思：《资本论》第3卷，人民出版社2004年版，第542页。

按照规定金额、期限等约定条件偿还债务的义务。这种文书的代表是汇票。商业信用通过汇票充当着商品交换的媒介。对此马克思举例说明："例如，棉花为换取一张汇票而转到纺纱业者手中，棉纱为换取一张汇票而转到棉织厂主手中，棉布为换取一张汇票而转到商人手中，然后它再为换取一张汇票而从该商人手中转到出口商人手中，再为换取一张汇票而从出口商人手中转到一个在印度经商的商人手中，该印度商人把它出售，用以购买靛蓝等等。"[①] 在这样转手的时候，棉花已经完成了它转化为棉布的过程，棉布最后运到印度，并同靛蓝交换，靛蓝被运到欧洲，在那里再进入再生产过程。在这里，再生产过程的不同阶段都以商业信用为媒介。在商业信用的运行过程中，商业信用一方面媒介着从棉花到棉纱的生产过程，另一方面也媒介着棉纱在不同商人之间的交易过程。但无论发挥哪方面的媒介作用，都是处于再生产过程的某个阶段。

显然，商业信用直接同商品生产和商品流通相联系，商业信用贷出的资本，不是闲置的资本，而是在它的所有者手中必须变换成自己形式的资本，即对它的所有者来说只是存在于商品形式上的资本。这种资本的运用，并不意味着有大量闲置资本打算贷出和寻找有利的投资场所，而是表明资本在再生产过程中得到了充分的使用。在资本循环和周转过程中，各企业之间生产时间和流通时间经常出现不一致，经常出现商品的让渡同商品价格的实现在时间上分离开来。有些企业生产出来的商品等待销售，而需要这些商品的企业又缺乏资金。如果仅仅局限于货币的买卖或交易，势必造成商品销售时间的延长和再生产过程的中断。商业信用的存在发挥着加速资本循环和周转，缩短生产时间和流通时间，促进再生产顺利进行的作用。因

① 马克思：《资本论》第3卷，人民出版社2004年版，第545页。

此，这种信用和产业资本本身的规模一同增大。在这里，借贷资本和产业资本是一个东西；贷出的资本就是商品资本，不是用于最后的个人消费，就是用来补偿生产资本的不变要素。商业信用的数量与生产的价值量一起增长。生产过程的发展促使商业信用扩大，商业信用的扩大又促进了工商业活动的增长。商业信用资本与现实资本之间有着高度的一致性。

银行信用在商业信用的基础上产生，银行信用是以货币形态提供的。银行信用是银行及各类金融机构以货币形式提供的信用。这种信用是银行通过信用方式，将再生产过程中游离出来的暂时闲置货币资金以及社会上的其他游离资金集中起来，以货币形式贷给企业。银行贷放出去的已不是在产业资本循环过程中的商品资本，而是从产业资本循环中游离出来的暂时闲置的货币资本即借贷资本。另外，还有食利者的资本和各阶层的货币储蓄。这又克服了商业信用在规模和数量上的局限性，因而具有规模大、范围广的特点。

第二节　借贷资本的积累

一、借贷资本与现实资本的背离

为什么说有价证券成为借贷资本出借的主要形式后，借贷资本的积累就可能与现实资本的积累不一致呢？马克思分别从国债和股票两个方面来说明这一点。

国债是有价证券的主要组成部分，也是借贷资本的主要投资领域，借贷资本的积累也就表现为对国债的投资，但投入在国债上的资本已经由国家主要用于非生产性开支，因而已经不存在了，国债的积累只是债务的积累，而不是现实资本的积累。国债的积累，不过表明国债券发行量的增加。它一方面是国家债务的积累，说明国家的负债增加了；另一方面，它又说明国家债权人的增加，他们有权把国家收入的一部分事先划归自己所有。马克思认为，这种国家债务积累和现实资本的积累毫无关系。国家把用发行债券借来的资本早已用掉，这些国债券不过是"代表已经消灭的资本的纸制复本"，只是"在它们是可卖商品，因而可以再转化为资本的情况下，对它们的占有者来说，就作为资本执行职能"。①

在这里，马克思之所以说借贷资本对国债的投资并不形成现实资本，是假定国家发行债券所筹集的资金主要是用于非生产性的财政开支，这种开支当然不会形成现实资本，但是购买国债对借贷资本所有者来说是一种投资，它执行着资本的职能，表现为借贷资本的增加，这种增加当然与现实资本不一致。现代社会，国债资金的使用虽然不能说是完全非生产性的，但至少是有相当大的部分是用于非生产性的，这就必然存在着马克思所说的借贷资本与现实资本的不一致，甚至可能导致借贷资本过剩并引发信用危机。

马克思在分析国债的基础上，进一步分析了借贷资本投资于股票后与现实资本之间的关系。股票的积累与国债的积累具有不同的特点，它们的积累既可以代表现实资本的积累，也可以完全不代表现实资本的积累。股票是投在企业中的现实资本的所有权证书。但是，它的所有者有了这种证书并不能支配或提取现实的资本，而只是有权按期索取一定量的剩余价值。股票只不过是"现实资本的纸制复本"，"正如提货单在货物之外，和货物同时具有价值一样"。作为现实资本纸制复本的股票之所以会成为生息资本的形式，"不仅因为它们保证取得一定的收益，而且因为可以通过它们的出售而得到它们的资本价

① 马克思：《资本论》第3卷，人民出版社2004年版，第540页。

值的偿付”。[1] 马克思指出，在一定的情况下，股票的积累可以表示现实资本的积累。例如，为新建铁路、矿山等企业而发行的股票。这时股票的积累，就表示现实再生产的扩大，因而与现实资本的积累是一致的。马克思说，“当这些证券的积累表示铁路、矿山、汽船等等的积累时，它们也表示现实再生产过程的扩大，就像动产征税单的扩大表示这种动产的增加一样。”[2]

但是，在大多数的情况下，股票资本的积累并不反映现实资本积累的变化。这是因为，股票价值的变动，“和它们有权代表的现实资本的价值变动完全无关”。[3] 马克思举例说，股票在证券交易所的行情与利息率成反比，平均利润率下降是一种趋势，而平均利润率下降会导致利息率也下降，从而导致股票价格出现上涨的趋势。“所以，单是由于这个原因，这个想象的财富，就其原来具有一定的名义价值的每个组成部分的价值表现来说，也会在资本主义生产发展的进程中扩大起来。”[4] 由此可见，在大多数的情况下，股票资本的积累并不反映现实资本积累的变化。

马克思的分析表明，当作为现实资本的纸制复本的有价证券成为借贷资本的主要投资形式后，借贷资本就会因有价证券的虚拟性而有可能与现实资本之间发生背离。虚拟资本的膨胀会导致借贷资本的过剩，当虚拟资本过度膨胀时，经济的泡沫化也就形成了。经济的泡沫化表现为，现实经济中借贷资本的名义价值远远超过现实资本的实际价值。泡沫一旦破灭，虚拟状态不再存在，整个社会的经济运行就会出现危机。可见，有

① 马克思:《资本论》第3卷，人民出版社2004年版，第540页。
② 马克思:《资本论》第3卷，人民出版社2004年版，第540～541页。
③ 马克思:《资本论》第3卷，人民出版社2004年版，第541页。
④ 马克思:《资本论》第3卷，人民出版社2004年版，第541页。

价证券的虚拟性是借贷资本过剩并导致经济泡沫化的重要因素。据此，我们可以看出，虚拟资本是现实资本发展的必然产物，虚拟资本的存在并不表明经济一定会泡沫化，我们所要控制的是过度的虚拟。

二、信用机制对生产能力扩张的推动力

银行信用和商业信用对生产能力扩张的推动力有明显地差别。

先看商业信用对产业资本的促进作用。商业信用的进行"取决于资本的回流；……如果纺纱业者从棉织厂主那里得到一张汇票，这个棉织厂主只要能在到期之间，把他投放市场的棉布出售，就可以兑付这张汇票"。[1] 因此，这种支付取决于再生产的不断进行，也就是说，取决于生产过程和消费过程的不断进行。只要再生产过程不断进行，从而资本回流确有保证，这种信用就会持续下去和扩大起来，并且它的扩大是以再生产过程本身的扩大为基础的。一旦由于回流延迟，市场商品过剩，价格下降而出现停滞时，产业资本就会出现过剩。显然，商业信用对再生产过程的促进作用借助于银行信用得到了最大限度地发挥，而正是这种发挥加剧了再生产过程本身的扩张，进而引发生产能力的过剩。

商业信用只能发生在存在商品交换关系的职能资本家之间，而且在存在商品交换关系的职能资本家之间发生的商业信用也还存在着方向上的制约，这使得商业信用的运用范围受到很大的限制。正如马克思所说，"从生产的上行序列来看，棉花经纪人向纺纱业者，纺纱业者向棉织厂主，棉织厂主向出口商人，出口商人向进口商人（也许又是棉花进口商人）签发

① 马克思：《资本论》第3卷，人民出版社2004年版，第543页。

汇票的情况，也是这样。不过，与此同时，并没有发生交易的循环，因而，并没有发生债权序列的回转。例如，纺纱业者对织布业者的债权，就不能用煤炭供应商人对机器制造业者的债权来抵消；纺纱业者在他的营业中，对于机器制造业者，从来不会有相反的债权，因为他的产品，棉纱，从来不会成为机器制造业者的再生产过程中的要素。"① 和商业信用相比，银行信用的债权人是银行或其他金融机构，债务人是职能资本家。即银行可以把货币资本贷放给任何一个需要的部门或企业，这就克服了商业信用在范围和方向上的限制。银行信用在很大程度上克服了商业信用局限性并使信用功能在再生产过程中得到更为充分地发挥。

一旦银行信用产生后，信用对再生产过程的推动作用就发挥到最大限度。而正是这种最大限度地发挥，导致生产能力的过剩，甚至引发经济危机。"信用的最大限度，等于产业资本的最充分的动用，也就是等于产业资本的再生产能力不顾消费界限而达到极度紧张。这些消费界限也会因再生产过程本身的紧张而扩大：一方面这种紧张会增加工人和资本家对收入的消费，另一方面这种紧张和生产消费的紧张是一回事。"② "然而实际情况是，投在生产上的资本的补偿，在很大程度上依赖于那些非生产阶级的消费能力；而工人的消费能力一方面受工资规律的限制，另一方面受以下事实的限制，就是他们只有在他们能够为资本家阶级带来利润的时候才能被雇用。一切现实的危机的最后原因，总是群众的贫穷和他们的消费受到限制，而与此相对比的是，资本主义生产竭力发展生产力，好像只有社会的绝对的消费能力才是生产力发展的界限。"③

① 马克思：《资本论》第3卷，人民出版社2004年版，第544页。
② 马克思：《资本论》第3卷，人民出版社2004年版，第546页。
③ 马克思：《资本论》第3卷，人民出版社2004年版，第548页。

三、借贷资本积累和现实资本积累的相互作用

马克思认为，借贷资本的积累是大量再生产过程的结果，即借贷资本的积累是现实资本积累的结果，但是借贷资本积累的量总是超过现实资本积累的量，进而导致经济危机的爆发。

为什么说借贷资本积累的量总是超过现实资本积累的量？马克思举例说，消费不是投资，消费并不直接形成现实资本。但是，正如我们前面所分析的，用于消费的那部分收入的扩大，在被消费之前的一段时间会作为银行存款而表现为借贷货币资本的积累，这就使得在借贷货币资本的积累中，加入了一个本质上和产业资本的现实积累不同的要素，即用于消费的那部分收入。另一方面，现实资本中会有一部分游离为借贷资本。马克思指出，借贷货币资本的积累，还会由于有一部分从现实资本中游离出来而增加，主要有以下“几种特殊的形式”，即：（1）由于生产要素价格的下降，致使一部分货币资本从循环过程中游离出来。“如果产业家不能直接扩大他的再生产过程，他的货币资本的一部分，就会作为过剩的货币资本从循环中排除出来，并转化为借贷货币资本。”[①]（2）商业资本家在完成一系列交易后，营业暂时中断，要间隔一段时间再进行新的交易，这样已经实现了的货币就会从资本循环中游离出来，转化为借贷资本。（3）现实资本积累产生的利润越多，食利者阶层就可能越多。食利者因不愿再从事生产经营活动，把他们的资本存入银行赚取利息，转化为借贷资本的增加。

马克思进一步指出，“至于利润的另一部分，即不是作为收入来消费的部分，那么，它只有在不能直接用来扩大它从中

① 马克思：《资本论》第3卷，人民出版社2004年版，第572页。

产生的那个生产部门的营业的情况下，才会转化为货币资本。"[①] 这种情况的出现主要是由于以下两方面的原因，"或者因为这个部门的资本已经饱和，或者因为要能够执行资本的职能，积累必须首先达到该部门的新投资数量所要求的一定规模。因此，积累额首先转化为借贷货币资本，并用于扩大别的部门的生产"。[②] 显然，如果借贷资本的积累仅仅是因为用于投资的积累没有能达到新投资所要求的最低规模，那么，这里的借贷资本积累的量，就取决于所获得的利润量，因而就取决于再生产过程本身的扩大。但是，如果这种借贷资本的积累是因为新的积累难以找到用途，缺少投资领域，因而各生产部门过分膨胀，借贷资本供给过多，从而导致货币危机、信用危机爆发。

反过来，现实资本的积累会导致借贷资本的加速积累。马克思认为，借贷资本的运动虽然与现实资本的运动不一致，但是借贷资本的迅速增加是现实资本积累的结果。

产业资本家在再生产过程中形成的收入，无论是用于积累还是用于消费都会导致借贷资本的扩张。产业资本家用于积累的部分，不是作为个人的收入来花费，而是作为追加资本，用于扩大再生产，或兴办新企业。但是，要作为追加资本就必须达到一定的限额。在未达到进行新投资所需资本的最低额度之前，这部分利润"它就必须在货币形式上停留一段时间"[③]，即表现为借贷资本的增加。即使是产业资本家用于消费的那部分，通常也不是一次就将其全部用完，而是逐渐消费的。这部分收入在被逐渐消费掉以前的那段时间内，也会被存入银行，表现为借贷资本的积累。而且这种积累会借助于银行的派生存

① 马克思：《资本论》第 3 卷，人民出版社 2004 年版，第 573 页。
② 马克思：《资本论》第 3 卷，人民出版社 2004 年版，第 573 页。
③ 马克思：《资本论》第 3 卷，人民出版社 2004 年版，第 570 页。

款机制，表现为借贷资本的加速积累。正如马克思所说："因此，甚至作为收入来花费的利润部分的增加，也表现为借贷资本的逐渐的不断反复的积累。"① 推而广之，在社会各阶层的货币收入中，总有一些是逐渐被消费掉的，如地主的地租，非生产阶级的收入等。在它们还未支出去之前，也都是在一定时间内采取货币收入的形式，存入银行，从而转变为借贷资本的增加。

因此，现实资本运动中的"一切收入，不论是预订用于消费还是用于积累的，只要它存在于某种货币形式中，它就是商品资本转化为货币的价值部分，从而是现实积累的表现和结果，但不是生产资本本身"。②

第三节　借贷资本过剩和经济危机

一、借贷资本的增加并不都表示现实资本的积累

如果借贷资本的增加与现实资本的增加之间是一致的，那就有可能体现的是信用与经济之间的相互促进关系。但如果借贷资本的增加并不表示现实再生产的扩大，或者说是生产过剩的表现，那么借贷资本过剩的危机也就必然发生。马克思为了明确生产过剩的经济危机与信用危机、货币危机之间的关系，对借贷资本增加到过剩的演进过程进行了详尽地分析。

马克思的分析表明，经济危机的根本原因是资本主义制度的基本矛盾，信用、借贷资本虽然不是经济危机爆发的根本原因，但它加剧了生产能力的扩张，促成了经济危机的爆发。经

① 马克思：《资本论》第3卷，人民出版社2004年版，第570页。
② 马克思：《资本论》第3卷，人民出版社2004年版，第570页。

济危机是因，信用危机则是经济危机的表现。危机爆发后，"有大量的商品资本，但卖不出去。有大量的固定资本，但由于再生产停滞，大部分闲置不用。信用将会收缩，1. 因为这种资本闲置不用，也就是停滞在它的再生产的一个阶段上，……2. 因为再生产过程顺畅进行的信念已经遭到破坏；3. 因为对这种商业信用的需求已经减少。……因此，只要再生产过程的这种扩大受到破坏，或者哪怕是再生产过程的正常紧张状态受到破坏，信用就会减少。"① 解决经济危机必须解决信用领域所出现的问题，并注重对信用政策的运用。

借贷资本的积累不一定表示现实资本的积累，但有可能促使现实资本以及再生产规模的扩大；现实资本的积累一定会导致借贷资本的加速积累，借贷资本积累的量总是大于现实资本积累的量，借贷资本过剩总会在经济运行的过程中发生，但借贷资本的过剩并不一定表示经济危机；"货币资本本身的过剩，不是必然地表示生产过剩，甚至也不是必然地表示缺少投资领域"。② 货币危机、信用危机是经济危机的重要表现，但不是经济危机的根源，经济危机的根本原因是不断扩大的社会生产能力与相对有限的社会需求之间的矛盾。

马克思进一步指出，借贷资本的增加可以在现实资本没有任何增加的情况下，借助于银行支付体系和银行信用机制得以实现。"在没有任何现实积累的时候，借贷资本的积累，可以通过各种纯技术性的手段，如银行业务的扩大和集中，流通准备金或私人支付手段准备金的节约……而实现。"③ 随着银行制度的建立和发展，从前的私人贮藏货币或铸币准备金，都在一定时间内转化为借贷资本。银行等金融机构拥有众多的小额

---

① 马克思：《资本论》第3卷，人民出版社2004年版，第546～547页。
② 马克思：《资本论》第3卷，人民出版社2004年版，第573页。
③ 马克思：《资本论》第3卷，人民出版社2004年版，第561页。

存款人，在正常情况下，他们是否提取存款主要取决于他们各人的情况，各个存款人的取款决定是相互独立的，银行可以应用大数定律，相当准确地预测在任一特定日期被提取金额的概率分布，银行只需掌握少量的存款作为准备金就可以应付存款人的提款要求，而把大量的存款人的存款转用于贷款，导致准备金的节约，借贷资本的增加。银行制度的存在还使得银行在吸收存款后发放贷款，贷款又可转为存款，进一步发放贷款，形成存款的派生机制。金融的这些技术性手段无疑使得借贷资本可以在现实资本没有扩大的情况下而大规模地扩张。“因此，只是信用事业的发展和货币借贷业务在大银行手中的异常集中，就其本身来说必然会使借贷资本的积累，作为一个和现实积累不同的形式而加速进行。”①

借贷资本积累的源泉是利息，利息是再生产过程发展的结果，只是从事再生产的资本家榨取的剩余价值的一种扣除（同时也是对别人储蓄所得利息的一部分的占有）。借贷资本通过高利率，靠同时牺牲产业资本家和商业资本家进行加速积累。在经济周期的危机阶段，经济危机爆发了，企业大量倒闭、破产，有的则开工不足，商品大量过剩卖不出去，商品资本无法转化为货币资本，资本回流无法实现，通过信用来获得商品就比较困难，要求现金支付，对赊销十分谨慎，再生产过程瘫痪，产业资本大量闲置，出现了过剩的现象。这时，借贷货币资本奇缺，票据到期不能支付，支付手段严重不足。在这个阶段，借贷资本的极端缺乏，每个人都想卖出商品而卖不出去，但是为了支付，又必须卖出去，所以，正是在这个信用最缺乏的时刻，“利息率能够提高到这样的程度，以致暂时把一些处境特别不好的营业部门的利润全部吞掉”。“如果利息率

① 马克思：《资本论》第3卷，人民出版社2004年版，第568页。

低，那么货币资本的这种贬值，主要是由存款人承担，而不是由银行承担。”① 同时，利息率的提高还会引起有价证券的价格下降，货币资本家则会乘机大量买进，等到有价证券价格回升并超过正常水平时再抛售，这样便吞食了公众的一部分货币资本。部分有价证券即使没有再卖出去，也能提供较高的利息，这也使得借贷资本家的货币积累加速进行。

马克思得出的研究结论是，借贷资本的过剩，是资本主义生产局限性的结果。借贷资本过剩并不一定表明生产过剩，只有当导致借贷资本增加的现实资本积累难于找到用途，缺少投资领域，因而各生产部门过分膨胀时，经济危机才得以爆发。

马克思通过对借贷资本与现实资本之间关系的研究，指出了借贷资本过剩与经济危机之间的关系。马克思认为，由于借贷资本的积累只是把货币作为借贷资本的形式沉淀下来。这种积累只是货币在可能转化为资本的形式上所进行的积累，和货币实际转化为资本的过程是很不相同的，它包含了很多和现实资本积累很不相同的要素。“在现实积累不断扩大时，货币资本积累的这种扩大，一部分是这种现实积累扩大的结果，一部分是各种和现实积累的扩大相伴随但和它完全不同的要素造成的结果，最后，一部分甚至是现实积累停滞的结果。”② 仅仅由于这些和现实积累相独立但和它相伴随的要素扩大了借贷资本的积累，就总会在经济周期的一定阶段出现货币资本的过剩，并且这种过剩会借助于银行制度和信用机制而急剧扩大。这就是说，借贷资本的过剩是不可避免的。“一旦劳动的**社会**性质表现为商品的**货币存在**，从而表现为一个处于现实生产之外的**东西**，货币危机——与现实危机相独立的货币危机——就

① 马克思：《资本论》第3卷，人民出版社2004年版，第569页。
② 马克思：《资本论》第3卷，人民出版社2004年版，第574页。

是不可避免的。”① 但是，“只要一个银行的信用没有动摇，这个银行在这样的情况下通过增加信用货币就会缓和恐慌，但通过收缩信用货币就会加剧恐慌。”② 所以“乍看起来，好像整个危机只表现为信用危机和货币危机。而且，事实上问题只是在于汇票能否兑换为货币。但是这种汇票多数是代表现实买卖的，而这种现实买卖的扩大远远超过社会需要的限度这一事实，归根到底是整个危机的基础”③。

二、经济周期不同阶段的信用

在货币作为独立的交换价值形式存在后，货币危机、信用危机就是不可避免的，前几年爆发的亚洲金融危机虽然没有直接殃及中国，但我们必须充分意识到马克思在这里所说的不可避免性，加强对金融危机的预警和防范，建立金融稳定机制。马克思认为，货币经济发展到信用经济形式，不但加大了产生危机的可能性，还可能使危机产生后，情况进一步恶化。这就是马克思所讲的，信用制度是“生产过剩和商业过度投机的主要杠杆”④。它能把可以伸缩的再生产过程强化到极限。

马克思这里的分析说明，信用危机虽然是经济危机的主要表现，但不是根本性的原因，解决经济运行中重大波动的根本对策应该是经济运行机制的调整，但正确的信贷政策会防止经济衰退的继续并有利于经济危机的解决。马克思在深刻分析信用危机与经济危机之间关系的基础上提出了一个重要的政策思想，即经济衰退时期银行应实施扩张信用的货币政策。

马克思认为，在经济衰退时期，不是闲置的寻找出路的资

---

① 马克思：《资本论》第 3 卷，人民出版社 2004 年版，第 585 页。
② 马克思：《资本论》第 3 卷，人民出版社 2004 年版，第 585 页。
③ 马克思：《资本论》第 3 卷，人民出版社 2004 年版，第 555 页。
④ 马克思：《资本论》第 3 卷，人民出版社 2004 年版，第 499 页。

本，而是滞留在再生产过程中的资本数量最大。这恰恰说明，在危机和停滞时期，生产资本也是过剩的。就是说，危机时不是资本不足，而是信用不足。“在支付锁链被激烈破坏时，货币对商品说来，由价值的单纯观念的形式变成价值的实物的同时又是绝对的形式。”“信用动摇以及随之而来的”是“市场商品过剩、商品贬值、生产中断等等的结果”①。“在信用收缩或完全停止的紧迫时期，货币会突然作为唯一的支付手段和真正的价值存在，绝对地和商品相对立。因此，商品会全面跌价，并且难于甚至不可能转化为货币。”② 根据以上分析，马克思得出结论：在再生产过程的全部联系都是以信用为基础的生产制度中，只要信用突然停止，只有现金支付才有效，危机显然就会发生。所以，生产过剩的危机往往会表现为信用危机和货币危机。面对危机，马克思认为，“只要一个银行的信用没有动摇，这个银行在这样的情况下通过增加信用货币就会缓和恐慌，但通过收缩信用货币就会加剧恐慌。”③ 在此，马克思明确指出，经济衰退时期必须增加货币的投放，实施积极主动的货币政策，否则会导致经济的恐慌，加剧经济的衰退和恶化。而且马克思还指出，“在危机期间，接受贷款是为了支付，而不是为了购买，是为了结束旧的交易，而不是为了开始新的交易。”④ 这就是说，经济衰退时期，不是资本不足，而是滞留在再生产过程中的资本数量最大，生产资本也是过剩的。这种过剩主要是私人资本的过剩，在私人资本过剩的情况下，通过信用扩张，刺激投资，实现经济的复苏，显然是无法实现的。投资的扩张只能来自政府投资的替代，也就是说，实

① 马克思：《资本论》第3卷，人民出版社2004年版，第521页。
② 马克思：《资本论》第3卷，人民出版社2004年版，第584页。
③ 马克思：《资本论》第3卷，人民出版社2004年版，第585页。
④ 马克思：《资本论》第3卷，人民出版社2004年版，第520页。

现经济复苏主要的依赖国家的财政政策，货币政策主要是解决经济运行所需要的流通手段。

在萧条阶段，借贷资本的积累并不表示社会再生产过程的扩大。在萧条阶段，生产萎缩，市场不景气，交易减少，物价下跌，生产资本中有很大一部分不能发挥职能，商品的出售还很困难。原先用在生产和商业上的货币资本被资本家从营业中抽出来，大量存入银行，转化为借贷资本，因而使借贷资本的供给大为增加。但另一方面，对借贷资本的需求则反而会减少。这是因为：（1）在萧条阶段，市场不景气，生产萎缩，企业开工不足，交易减少，工资降低，工人有支付能力的需求严重不足，因而使生产过程和流通过程所需的流通手段减少；（2）在萧条阶段，再生产过程对商业信用的需求减少。纺纱业者缩减了生产，并且还有大量卖不出去的棉纱堆在库房里，他无须通过信用来购买棉花；商人也无须通过信用来购买商品，因为他手中的商品已经过多了。商业信用的紧缩，引起汇票数目和汇票贴现范围缩小，这也会减少对货币的需求；（3）在萧条阶段，大量固定资产闲置，市场萧条，企业家的信心丧失，新的投资大幅下降，甚至可以说，“投入货币的可能性几乎完全没有”[①]，投资对借贷资本的需要也相应减少。因此，对借贷资本的需求，不论是用于流通手段，还是用于支付手段，都会减少。这样，一方面借贷资本的供给大量增加，而另一方面需求却减少了，因而造成了大量的闲置不用的借贷资本积累。这种情况表明，在萧条阶段，借贷货币资本的增加不仅不表示现实资本的积累；相反，却正好是由现实资本积累的停顿和现实资本的收缩造成的。马克思以1847年经济危机后的英国为例，说明当时就曾发生过“交易紧缩，货币过

① 马克思：《资本论》第3卷，人民出版社2004年版，第550页。

多”的现象。

只有在萧条阶段之后，经济周期进入了复苏阶段，借贷资本的增加表示的是产业资本的现实扩大。但是，“这是唯一的这样一个时期”[①]。在经济周期的其他阶段，借贷资本的运动与现实资本的运动是按相反方向进行的。

在经济复苏阶段，经济好转，生产规模逐渐扩大，商业信用也随之活跃和大大扩张。由于这时商业信用的扩张是和资本容易回流、信用期限比较短以及再生产的扩大结合在一起的，因而虽然银行的贴现业务会由于商业信用的扩大而增加，但总体来讲，经济处于复苏阶段，经营者主要依赖自有资本开展生产经营活动，对银行信用的需要还比较少；另一方面，由于资本循环顺畅，不需要为了到期兑付汇票而留存巨额的准备金；而且，人们对经济的信心指数上升，信任增强，大量没有任何资本而完全依赖货币信用来进行经营的人也开始产生，这就使得借贷资本的需求虽然上升了，但相对于需求而言，借贷资本的供给还是充裕的，利息率维持在一个较低的水平上。充裕的借贷资本，较低的利息率，促使各种形式的固定资产投资显著扩大和新型大企业的大批开设。因此，在这个阶段，充裕的借贷资本是与产业资本的显著扩大结合在一起的。

在上述两个阶段，借贷资本表现为比较充裕，而这种充裕在一定程度上对现实资本的扩张起着促进作用。萧条阶段，生产资本和商品资本的过剩导致借贷资本的过剩；复苏阶段，经济情况已经好转，但经济运行中的货币需求主要依赖商业信用，对借贷资本的需求还不是很大，因此，在该阶段，借贷资本的过剩已经减少，只是与需求相比借贷资本仍处于过剩状

① 马克思：《资本论》第3卷，人民出版社2004年版，第553页。

态。萧条阶段，借贷资本过剩，利息率很低；复苏阶段，借贷资本的过剩开始减少，利息率上升，但因为仍处于相对过剩状态，利息率也很低。两阶段的低利息率会提高生产经营者的利润率，从而促进现实资本的扩张。

本章主要涉及：《资本论》第3卷：第30、31、32、33章

第十五章　利息和企业主收入

现实的资本运行不都是使用自有资本，相当多的要通过借贷途径使用他人的资本。因此产生作为所有权的资本和执行职能的资本的区别。与此相应资本运行所产生的利润就要分成两部分：一是作为资本所有权的果实，即利息；二是资本执行职能的果实，即企业主收入。在马克思看来利润在利息和企业主收入之间的分割实际上是剩余价值在借贷资本家和产业资本家之间的分割。在现阶段研究此问题对深刻理解各种要素在利润创造中的作用，从而按要素贡献取得报酬有重要的理论意义。利息从利润中独立出来以后，有了独立的运动，甚至利息率成为宏观经济的重要变量，利息率的变动既反映市场运行的总体状况，又可以成为国家调节宏观经济的工具。再就企业主收入来说，它是职能资本的报酬，后来又演变为管理工资。对企业主收入的研究为我们研究现阶段的企业家收入有重要的理论价值。

第一节　生息资本与职能资本的分离

在马克思的抽象分析方法中，研究利润和利润平均化时先假定产业资本家和商业资本家都是使用自有资本执行职能，而在现实中，他们不可能都只是拿自己的资本来执行资本职能，都需要通过借贷从别人那里得到资本。由此引出了生息资本，并产生生息资本和职能资本的分离。

职能资本即执行资本职能的资本。职能资本有两种形式：在生产过程中执行职能的产业资本和在流通过程中执行职能的商业资本（包括银行资本）。职能资本的基本要求是等量资本获得等量利润。“在这种形式上，资本就意识到自己是一种**社会权力**；每个资本家都按照他在社会总资本中占有的份额而分享这种权力。”①

生息资本的产生与货币的使用价值相关。在资本主义生产方式基础上，货币除了一般的使用价值以外，取得了一种追加的使用价值，即作为资本来执行职能的使用价值，也就是转化为资本而生产利润的职能。这样，作为生产利润的手段的属性的货币，作为可能的资本，就可能变成“一种特别的商品”②。具体地说，一个手中拥有100万货币的人可能将这100万交给另一个人一段时间（如1年），让后者将这100万实际当做资本来使用，生产利润。后者在一定期限内就需要将生产出的利润（如20万）的一部分如5万支付给前者。这5万即利息，是这100万货币生产利润的使用价值的报酬。在这里100万资本是作为商品出现的。由所有者转到使用者那里是“暂时由它的所有者的占有物变为执行职能的资本家的占有物，这就是说，它既不是被付出，也不是被卖出，而只是被贷出”。③ 其回流采取偿还形式，因为它的预付，它的让渡，具有贷放的形式。其核心是这部分货币资本只是改变使用权。“所有权没有被出让，因为没有发生交换，也没有得到等价物。”④ 所有者只是凭借其所有权定期取得利息。

---

① 马克思：《资本论》第3卷，人民出版社2004年版，第217页。
② 马克思：《资本论》第3卷，人民出版社2004年版，第378页。
③ 马克思：《资本论》第3卷，人民出版社2004年版，第384页。
④ 马克思：《资本论》第3卷，人民出版社2004年版，第388～389页。

生息资本的运动形式就是马克思所说的："把货币放出即贷出一定时期，然后把它连同利息（剩余价值）一起收回，是生息资本本身所具有的运动的全部形式。"贷出的货币作为资本所进行的现实运动，如产业资本的运动，商业资本的运动，都是贷出者和借入者交易以外的事情。货币资本贷出后，贷出者就不能支配本金。贷出的货币回流只是表现为贷出者和借入者之间的"一种特有的法律契约的结果。"①

从资本职能来考察，生息资本与产业资本一样，作为资本就不能停止运动，收回的货币资本只有不断贷放，才是生息资本。"只要资本留在他手中，它就不会生出利息，并且不会作为资本起作用；只要它生出利息，并且作为资本起作用，它就不会留在他手中。"②

在马克思那里，借贷资本和生息资本是一个概念，前者强调行为，后者强调功能。生息资本也就是借贷资本出现后，无论产业资本家还是商业资本家，并不都是拿自己的资本来经营，而是部分依靠借贷资本。这样，资本家就分为货币资本家和职能资本家。两者不仅在法律上有不同的身份，而且在再生产过程中起着完全不同的作用，一个只是把资本贷放出去，另一个则把资本用在生产上。一个是资本的单纯所有者，一个是资本的使用者。就是说，同一个资本有双重身份。前者拥有法律上的所有权，后者则有使用权。"不管能动资本家所使用的资本是不是借入的，也不管属于货币资本家的资本是不是由他自己使用，情况都一样。"③ 虽然资本是以雇佣劳动力为自己对立面的，但生息资本只是以执行职能的资本为自己的对立

① 马克思：《资本论》第3卷，人民出版社2004年版，第390页。
② 马克思：《资本论》第3卷，人民出版社2004年版，第416页。
③ 马克思：《资本论》第3卷，人民出版社2004年版，第421页。

面。“生息资本是**作为所有权**的资本与**作为职能**的资本相对立的。”①

从历史上考察，生息资本的古老形式即高利贷资本。“它在资本主义生产方式以前很早已经产生，并且出现在极不相同的经济社会形态中。”② 资本主义生产方式中的生息资本和高利贷资本的区别在于，“这种资本执行职能的条件已经变化，从而和货币贷出者相对立的借入者的面貌已经完全改变。”③借款人是执行资本职能的资本家。

生息资本的存在，产生一种可能：即使是没有财产的人，由于相信他会用借来的资本执行资本家的职能，占有无酬劳动，而作为可能的资本家得到贷款。这就是马克思说的，“一个没有财产但精明强干、稳重可靠、有经营知识的人，通过这种方式也能成为资本家（因为在资本主义生产方式中，每一个人的商业价值总会得到相当正确的评价）”。④ 这同时也表明，只要存在生息资本没有资本的人可能成为职能资本家。其主观条件是“精明强干、稳重可靠、经营有方”，客观条件是每一个人的商业价值能够得到正确的评价。我国现阶段不少民营企业家的成长也说明了这一点。

第二节　利息和利息率

一、利息是平均利润的一部分

产业资本家不是用自有资本而是用借贷资本来获取利润，

---

① 马克思：《资本论》第3卷，人民出版社2004年版，第426页。
② 马克思：《资本论》第3卷，人民出版社2004年版，第671页。
③ 马克思：《资本论》第3卷，人民出版社2004年版，第679页。
④ 马克思：《资本论》第3卷，人民出版社2004年版，第679页。

就需要将其利润的一部分支付给借贷资本的所有者。“他支付给所有者的那一部分利润，叫做利息。因此，利息不外是一部分利润的一个特殊名称，一个特殊项目。”① 马克思用交易的正义性来说明借入者向借贷资本所有者支付利息的合理性：“这种经济交易作为当事人的意志行为，作为他们的共同意志的表示，作为可以由国家强加给立约双方的契约，表现在法律形式上。”这种法律形式，“只要与生产方式相适应，相一致，就是正义的。”②

利息只能是平均利润的一部分，而不是平均利润的全部，这同货币资本家让渡货币资本的内容相关。货币资本家向产业资本家的让渡行为只是货币资本的贷放，而不是出售。就是说，让渡的不是借贷资本的价值，而是其生产平均利润的能力，也就是货币作为资本的使用价值。这就是马克思说的：“货币资本家在把借贷资本的支配权出让给产业资本家的时间内，就把货币作为资本的这种使用价值——生产平均利润的能力——让渡给产业资本家。”③ 这部分货币是在产业资本家那里执行职能并生产出平均利润的。因此“利息只能是他所实现的利润的一部分。”④ 这同时也说明，利息并不参加资本的平均化，只是分割了一部分的剩余价值，是平均利润率的扣除。

既然借贷资本只是贷放，只是让渡其生产平均利润的能力，没有让渡其全部价值的所有权，其利息只能是资本所有权的实现，是其生产平均利润的能力这种使用价值的报酬。显然，利息所支付的不是借贷的全部货币资本的“价格”。因此

---

① 马克思：《资本论》第3卷，人民出版社2004年版，第379页。
② 马克思：《资本论》第3卷，人民出版社2004年版，第379页。
③ 马克思：《资本论》第3卷，人民出版社2004年版，第393页。
④ 马克思：《资本论》第3卷，人民出版社2004年版，第395页。

马克思明确指出："利息是资本的价格这种说法，从一开始就是完全不合理的。"[①] 如果一定要使用"资本的价格"的概念，那只能是指使用货币资本的价格。产业资本家执行资本职能所获得的利润就要有一部分作为使用资本的"价格"支付给货币资本家，这就是利息。对于货币资本所有者来说，利息是资本所有权的果实。

由于利息是利润的一部分，这个部分是由产业资本家支付给货币资本家的，因此利润表现为利息的最高限。利息占其利润的比例就成为其经济效益的重要指标。对任何一个资本家来说，他所取得的利润必须大于所支付的利息，才能说真正赢利。这就是马克思说的："资本的真正的特有产物是剩余价值，进一步说，是利润。但对用借入的资本从事经营的资本家来说，那就不是利润，而是利润减去利息，是支付利息以后留给自己的那部分利润。"[②] 后来的微观经济学中有经济利润和正常利润的概念。如果所取得的利润只相当于利息部分，那只是取得正常利润，只有超过利息，才能说取得经济利润。

本来利息是用于支付货币资本作为资本来使用的报酬，而在生息资本广泛起作用后，借贷资本在被用作消费时，也会需要用利息来支付。这就是马克思说的："借贷资本不管是否实际作为资本使用，甚至在它只为消费而借的时候都会提供利息"。[③]

二、利息率的确定

职能资本家支付利息的多少，或者说借贷资本在一定时期内获得利息的多少取决于一定时期的利息率相关。利息率指一

① 马克思：《资本论》第3卷，人民出版社2004年版，第396页。
② 马克思：《资本论》第3卷，人民出版社2004年版，第418页。
③ 马克思：《资本论》第3卷，人民出版社2004年版，第422页。

定时期内利息额对贷出货币资本额之比。在市场上，利息率可能是不断波动的，但在马克思看来，不存在自然利息率，也就是平均利息率不能由任何一般的规律来确定。“一个国家中占统治地位的平均利息率，——不同于不断变动的市场利息率，——不能由任何规律决定。”① 其一个重要原因是，货币资本家和产业资本家“这两种有权要求享有利润的人将怎样分割这种利润，本身是和一个股份公司的共同利润在不同股东之间按百分比分配一样，纯粹是经验的、属于偶然性王国的事情。”②

不存在自然利息率，意味着利息率会作为市场变量发生变动。马克思分析了影响利息率变动的因素。其中包括：首先是一般利润率。“利息是由利润调节的，确切些说，是由一般利润率调节的。”③ 必须把平均利润率看作是利息的最后决定作用的最高界限。其次是借贷资本的供求状况。“借贷资本的供给和借贷资本的需求之间的关系，决定着当时市场的利息状况。”④ 利息作为使用借贷资本的价格就像普通商品的市场价格一样，任何时候都由供求决定。第三是同经济周期相关。

虽然平均利息率不能由一般的规律来确定，市场利息率就像市场价格一样是随供求不断变动的，但在每一既定的时刻，利息率就像商品价格一样，不断表现为固定的和一致的。利息率“与一般利润率的情况完全不同，表现为同一的、确定的、明确的量。”⑤ 而且，不同贷款项目，不同贷款时间的利息率存在差别。即便如此，“对每一种类来说，利息率在一定时刻

① 马克思：《资本论》第 3 卷，人民出版社 2004 年版，第 406 页。
② 马克思：《资本论》第 3 卷，人民出版社 2004 年版，第 408 页。
③ 马克思：《资本论》第 3 卷，人民出版社 2004 年版，第 403 页。
④ 马克思：《资本论》第 3 卷，人民出版社 2004 年版，第 411 页。
⑤ 马克思：《资本论》第 3 卷，人民出版社 2004 年版，第 409 页。

是一致的。因此，这种差别不会损害利息率的固定的、一致的形态。”①

随着大工业的发展出现在市场上的货币资本“越来越表现为一个集中的有组织的量，这个量和实际的生产完全不同，是受那些代表社会资本的银行家控制的。”② 利息率就成为银行利息率。银行利息率在每一时刻就更为固定和一致。

既然利息率在每一时刻是确定的量，利息率就和商品价格一样调节对货币资本的供求，调节投资方向。在这里，利息率实际上是投资的机会成本。它不仅是投资增殖的最低限，同时也会成为投资在产业资本和货币资本之间配置的调节手段。这就是马克思说的：“利息率就其至少在某一地区具有普遍性来说，是每天固定的事实，这个事实对产业资本和商业资本来说，甚至是它们从事活动时计算上的前提和项目。生出2%、3%、4%或5%，成了每100镑货币额普遍具有的能力。”③

对单个资本家来说，当他拥有一定量货币资本时，是作为生息资本来使用，还是作为生产资本来使用，利息率的高低就起调节作用。这就是马克思所说的：“不管他的资本在起点上已经作为货币资本存在，还是先要转化为货币资本，他总可以进行如下的选择：或是把他的资本作为生息资本贷出去，或是把他的资本作为生产资本来亲自使它增殖。”④ 市场利息率对社会资本在生息资本和产业资本之间的比例也会起调节作用。只要利润率能够超过利息率，就会有人把资本作为职能资本来执行职能。相反，如果利润率小于和等于利息率就不会有人将资本投入生产过程。“假如大部分的资本家愿意把他们的资本

① 马克思：《资本论》第3卷，人民出版社2004年版，第410页。
② 马克思：《资本论》第3卷，人民出版社2004年版，第413页。
③ 马克思：《资本论》第3卷，人民出版社2004年版，第412～413页。
④ 马克思：《资本论》第3卷，人民出版社2004年版，第423页。

转化为货币资本，那么，结果就会是货币资本大大贬值和利息率惊人下降；许多人马上就会不可能靠利息来生活，因而会被迫再变为产业资本家。”① 显然，市场利息率和商品的市场价格一样是市场机制的重要组成部分，作为市场信号自动调节投资方向。

三、经济周期与利息率的变动

马克思在分析利润的分割时阐述了经济周期与利息率的关系。从中可以发现市场利息率不仅是调节微观经济活动的市场信号，也是宏观经济的晴雨表，可以成为国家调节宏观经济的工具。

在市场上，利息率的高低与货币资本的供求相关。这就是马克思说的，“一般利润率的决定和市场利息率的决定不同，市场利息率是由供求关系直接地、不通过任何中介决定的。”② 这就意味着在资本市场上，资本供不应求，利息率就高；反之，资本供过于求，利息率就低。在经济周期的不同阶段上，资本供求是不一样的，因此就有不同水平的利息率。“低利息率多数与繁荣时期或有额外利润的时期相适应，利息的提高与繁荣转向急转直下的阶段相适应，而达到高利贷极限程度的最高利息则与危机相适应。”③ 我们可以依据马克思在书中的说明和经济周期的现实，对不同阶段的利息率作如下描述。

在经济处于繁荣阶段，资本周转快，货币资本充裕，货币资本供过于求，这时的利息率处于低位。由繁荣转向危机的急转直下阶段，资本流转不畅，商品追逐货币，货币资本供不应

① 马克思：《资本论》第3卷，人民出版社2004年版，第424页。
② 马克思：《资本论》第3卷，人民出版社2004年版，第412页。
③ 马克思：《资本论》第3卷，人民出版社2004年版，第404页。

求，利息率便上升。在危机阶段，利息率则高到极限。“这时人们不得不以任何代价借钱来应付支付的需要”。[①] 在周期的另外两个阶段上，“低的利息可能和停滞结合在一起，适度提高的利息可能和逐渐活跃结合在一起。”[②] 马克思在说明上述观点时的注解所引用的材料说明，不仅是货币资本供求会影响利息率，不同周期阶段的货币资本投机程度也会影响利息率：在上述第一时期，也就是紧接在营业不振时期后面的那个时期，货币充裕，没有投机；在第二时期，货币充裕，投机盛行，在第三个时期，投机开始减弱。

马克思在分析经济周期不同阶段上的货币市场供求及由此引起的利息率波动时，引入了资本市场上的证券价格的相应变化，说明了货币市场和资本市场的相关性，利息率在其中起连接作用。资本市场上证券价格与货币市场上的利息率成反比。在危机阶段，“由于和利息的提高相适应的是有价证券价格的降低，这对那些拥有可供支配的货币资本的人来说，是一个极好的机会，可以按异常低廉的价格，把这种有息证券抢到手，而这种有息证券，在正常的情况下，只要利息率重新下降，就必然会至少回升到它们的平均价格。”[③] 经济周期的实践也表明，资本市场的活跃程度对利息率波动从而对经济周期阶段的改变也有反作用。在危机阶段，资本市场活跃可能阻止经济的进一步下滑。

以上说明的是经济周期不同阶段上，市场利息率对通货的自我调节功能。依据利息率对货币市场上货币和对资本市场上的资产的互动调节功能，政府在通过中央银行利用货币政策实施反周期政策，或者调节通货膨胀预期时，自然要用到利息率

---

① 马克思：《资本论》第3卷，人民出版社2004年版，第404页。
② 马克思：《资本论》第3卷，人民出版社2004年版，第404页。
③ 马克思：《资本论》第3卷，人民出版社2004年版，第404～405页。

机制。当然，中央银行的调节与经济周期是逆调节。例如针对经济萧条和通货紧缩，为了刺激经济，鼓励投资，中央银行采取调低利息率的方式（通常是中央银行再贷款利息率）；针对经济过热和通货膨胀，为了给经济降温，降低投资需求，中央银行便调高利息率。这种对利息率的主动调节，可在一定程度上熨平经济波动的幅度。

第三节　企业主收入和管理工资

一、利息和企业主收入的分割

生息资本的产生导致了不亲自使用自己的资本的货币资本家与用借入的资本从事经营的产业资本家即职能资本家的分工。由此资本产生的利润就要在享有不同合法权的人之间进行分割：职能资本家就要将利润的一部分作为利息支付给货币资本家。剩下归他的那部分利润必然采取产业利润或商业利润的形式。马克思将这产业利润和商业利润二者合起来的用一个名词来表达即“企业主收入。”①

生息资本家把货币资本贷放给产业资本家，产生了所有权和占有权分属于不同主体的不同形式的分离。在这里，所有者和占有者的对立表现为平等的买卖双方的相互关系，所有权和占有权则表现为资本法律上的所有权同经济上的所有权的分离。马克思说：“借贷资本家就他本身来说，直接与在再生产过程中实际执行职能的资本家相对立”，从而“生息资本是作为所有权的资本与作为职能的资本相对立的”。② 关于借贷资

① 马克思：《资本论》第3卷，人民出版社2004年版，第419页。
② 马克思：《资本论》第3卷，人民出版社2004年版，第426页。

本家与职能资本家的相互关系，马克思说："事实上，贷款人卖给产业资本家的，即在这次交易中发生的，不过是贷款人把货币所有权让给产业资本家一段时间。他在一定期间让渡自己的所有权，也就是产业资本家在一定期间购买这个所有权。"[①] 所以，"他们实际上是伙伴：一个是法律上的资本所有者，另一个，当他使用资本的时候，是经济上的资本所有者。"[②] 正是由于资本的法律上的所有权同它的经济上的所有权的分离，物质生产过程中劳动者创造的剩余价值发生相应的分割：利息是资本法律上所有权的实现，企业主收入则是资本经济上所有权的实现，前者保持着资本的永久所有权，后者只有在使用资本的时候，才拥有经济上的所有权。可见，资本的法律上的所有权同它的经济上的所有权的分离，只不过是同一资本在所有权上的不同表现形式，或者说是同一资本在所有权上的分割。

在职能资本家从货币资本家那里借入资本从事经营的场合，职能资本家是资本的非所有者，代表资本所有权的是贷出者即货币资本家。资本只是在职能资本家那里才执行资本职能。"他在资本执行职能的时候，才是资本的人格化，而资本在它投在产业或商业中带来利润，并由它的使用者用来从事本营业部门要求的各种活动的时候，才执行职能。"[③] 这意味着全部利润是职能资本家执行资本职能的产物，由于职能资本家是用借入的资本来执行职能的，他所能得到的只能是总利润中扣除了付给资本所有者利息后剩下的那部分利润，这就是企业主收入。

这样，利润分为利息和企业主收入的量的分割就转化为质的分割："利息是资本本身的果实，是撇开了生产过程的资本

① 《马克思恩格斯全集》第26卷（Ⅲ），人民出版社1974年版，第510页。
② 《马克思恩格斯全集》第26卷（Ⅲ），人民出版社1974年版，第565页。
③ 马克思：《资本论》第3卷，人民出版社2004年版，第418～419页。

所有权的果实，而企业主收入则是处在过程中的、在生产过程中发挥作用的资本的果实，因而是资本使用者在再生产过程中所起的能动作用的果实。"① 总利润的这两部分分割并相互独立化对整个资本家阶级来说，必然会固定下来。不管职能资本家所使用的资本是不是借入的，也不管属于货币资本家的资本是不是由他自己使用，情况都是一样，用自有资本从事经营的资本家，同用借入的资本从事经营的资本家一样，都要把他的总利润分为利息和企业主收入。这种情况在现实中更为普遍，"大多数产业资本家都按照不同的比例兼用自有资本和借入资本来从事经营，并且自有资本和借入资本之间的比例在不同的时期是变动的。"②

概括起来，总利润分割为利息和企业主收入"决不仅仅是货币资本家和产业资本家的主观见解。这种区分以客观事实为基础，因为利息归货币资本家所有，归资本的单纯所有者，也就是在生产过程之前和生产过程之外单纯代表资本所有权的贷出者所有；企业主收入则归单纯的职能资本家所有，归资本的非所有者所有。"③

二、企业主收入和管理工资的区分

将职能资本与生息资本区分后，马克思肯定了职能资本家作为劳动者执行资本职能的作用。产业资本家和商业资本家，"充当职能资本的代表，并不像充当生息资本的代表那样，是领干薪的闲职。在资本主义生产的基础上，资本家指挥生产过程和流通过程。对生产劳动的剥削也要花费气力，不管是他自己花费气力，还是让别人花费气力。"尽管无论是利息还是企

① 马克思：《资本论》第3卷，人民出版社2004年版，第420页。
② 马克思：《资本论》第3卷，人民出版社2004年版，第422页。
③ 马克思：《资本论》第3卷，人民出版社2004年版，第420页。

业主收入都不能改变其剩余价值的性质、起源及其存在的条件，但是企业主收入对职能资本家来说，“宁可说是他作为非所有者，作为**劳动者**执行职能的结果。”①

马克思对职能资本家的资本和劳动的二重性质进行了具体的分析：“他创造剩余价值，不是因为他**作为资本家**进行劳动，而是因为他除了具有作为资本家的属性以外，他也进行劳动”。② 马克思对职能资本家的这种劳动作了特别的界定：执行职能的资本家与工人相比，不过是在进行另一种劳动，即剥削的劳动，与工人的被剥削的劳动相区别。

基于对职能资本家执行资本职能所要进行的“剥削的劳动”，马克思指出了在直接生产过程具有社会结合过程的形态中产生的监督和指挥的劳动的二重性质。一方面，“凡是有许多个人进行协作的劳动，过程的联系和统一必然要表现在一个指挥的意志上”，就像一个乐队要有一个指挥一样。③ 另一方面，“凡是建立在作为直接生产者的劳动者和生产资料所有者之间的对立上的生产方式中，都必然会产生这种监督劳动。这种对立越严重，这种监督劳动所起的作用也就越大。”④ 在资本主义生产方式中，这种监督劳动就体现为资本对劳动的统治。监督劳动的这种二重性质不是在所有的生产方式中都存在的。只要生产者与生产资料的所有者不存在对立，监督劳动只是保留前一种性质。这就是马克思说的：“只要这种劳动是由作为社会劳动的形式引起，由许多人为达到共同结果而形成的结合和协作引起，它就同资本完全无关。”⑤

---

① 马克思：《资本论》第 3 卷，人民出版社 2004 年版，第 426 ~ 427 页。
② 马克思：《资本论》第 3 卷，人民出版社 2004 年版，第 430 页。
③ 马克思：《资本论》第 3 卷，人民出版社 2004 年版，第 431 页。
④ 马克思：《资本论》第 3 卷，人民出版社 2004 年版，第 431 页。
⑤ 马克思：《资本论》第 3 卷，人民出版社 2004 年版，第 435 页。

基于以上对货币资本家和职能资本家作用以及相应的利息和企业主收入的分割，可以对我国现阶段民营企业的企业主和经营者的收入性质作出相应的规定。企业主收入实际上是作为经营者的企业家报酬。如果民营企业主同时也从事企业的经营管理，那么他既得到利息也得到企业主收入，如果雇佣了专职企业经营管理的经营者，那么企业主收入就由该企业经营者（企业家）获得，企业主就只是得到其相当于利息的那部分货币资本的收入。这样企业主收入就是我们现在讲的企业家收入，尽管在马克思看来，它仍然属于对剩余价值的分割。

随着资本所有权和经营管理的分离，又产生了商业经理和产业经理，他们的管理工资就同企业主收入完全分开了。这就是马克思说的，"随着信用而发展起来的股份企业，一般地说也有一种趋势，就是使这种管理劳动作为一种职能越来越同自有资本或借入资本的占有权相分离。"[①] 其说明是：一方面货币资本本身集中于银行，并且由银行贷出，而不再是由它的直接所有者贷出。另一方面执行职能的经理没有以任何方式占有资本，但执行着本来应由职能资本家执行的职能。后来的经济学研究对纯粹的经理的管理工资的性质产生了兴趣，如果与其他雇佣劳动者一样，这些经理也会偷懒。如果经理分享利润（剩余价值），他就会从自身利益上关注剩余价值的创造。

本章主要涉及：《资本论》第3卷：第21、22、23、36章

① 马克思：《资本论》第3卷，人民出版社2004年版，第436页。

第十六章　人口和就业

人口增长和经济增长相协调是可持续发展的重要内容。在《资本论》中，马克思考察和分析了人类自身生产和物质资料生产的关系，马克思在分析资本主义社会相对过剩人口规律过程中，确立了人口规律是由社会生产方式决定的原理。另外，他还科学地预见了在社会主义和共产主义社会可以像对物的生产进行调节那样，也可能对人的生产进行调节的原理。同时，马克思从社会生产与再生产的角度，探索了失业与就业的规律性问题，特别是对技术进步与就业、失业的效应、经济周期与失业等问题的论述，至今仍具有重要的理论指导意义。

第一节　人口再生产

人既是社会的消费主体，又是社会生产的主体；人口的存在和发展是由社会生产方式决定的，各种不同的社会生产方式都有与其相适应的人口规律。

马克思和恩格斯指出："全部人类历史的第一个前提无疑是有生命的个人的存在。"[①] 而且一旦当人们自己开始生产他们所必需的生活资料时，"人本身就开始把自己和动物区别开来。人们生产自己的生活资料，同时间接地生产着自己的物质

① 《马克思恩格斯选集》第1卷，人民出版社1995年版，第67页。

生活本身”[1]。在社会中，人既是生产者，也是消费者。作为生产者，人能创造社会财富；作为消费者，人需要消费社会财富。人在社会经济生活中的这种二重作用，是我们正确认识人口与社会经济相互关系的出发点。

人类社会要存在并发展，就必须进行生产，人类社会的生产是物质资料的生产和人类自身的生产的统一。“生产本身又有两种。一方面是生活资料即食物、衣服、住房以及为此所必需的工具的生产；另一方面是人自身的生产，即种的蕃衍。”[2]这两种生产相互联系、相互渗透、相互制约。其中，物质资料生产决定着人口生产。马克思说：“社会的条件只能适应一定数量的人口。……人口的绝对增长率，从而过剩人口率和人口率也会随着生产条件发生变化。”[3]

根据马克思主义的人口理论，人口现象受自然条件和人自身的生理因素的影响，但就其本质而言，它属于社会现象。马克思和恩格斯认为，人们除进行物质生产和满足需要之外，“一开始就进入历史发展过程的第三种关系是：每日都在重新生产自己生命的人们开始生产另外一些人，即繁殖。这就是夫妻之间的关系，父母和子女之间的关系，也就是**家庭**。”[4]“这样，生命的生产，无论是通过劳动而达到的自己生命的生产，或是通过生育而达到的他人生命的生产，就立即表现为双重关系：一方面是自然关系，另一方面是社会关系”[5]。这也就是说，人口的发展变化过程是以人的生理条件和其他自然条件为基础的社会过程，其增殖条件和生存条件都是由社会生产方式

---

① 《马克思恩格斯选集》第1卷，人民出版社1995年版，第67页。
② 《马克思恩格斯选集》第4卷，人民出版社1995年版，第2页。
③ 《马克思恩格斯全集》第46卷（下），人民出版社1980年版，第105页。
④ 《马克思恩格斯选集》第1卷，人民出版社1995年版，第80页。
⑤ 《马克思恩格斯选集》第1卷，人民出版社1995年版，第80页。

决定的，受社会的政治、军事、教育、婚姻等制度制约。也正因为如此，马克思才说："不同的社会生产方式，有不同的人口增长规律和过剩人口增长规律"，"这些不同的规律可以简单地归结为同生产条件发生关系的种种不同方式"①。就人的个体来说，可以归结为同他作为社会成员的再生产条件发生关系的种种不同方式。他在《资本论》中还进一步指出："每一种特殊的、历史的生产方式都有其特殊的、历史地发生作用的人口规律。抽象的人口规律只存在于历史上还没有受过人干涉的动植物界。"② 由此，奠定了社会生产方式决定人口发展的基本原理。

从社会生产方式决定人口发展的观点出发，马克思主义人口理论反对离开社会制度、离开生产方式抽象地解释和说明人口现象，反对把人口规律说成是永恒不变的自然规律。马克思指出，人口是"全部社会生产行为的基础和主体"③。但是，物质生产又是人口生存和发展的前提和经济基础，因此，必须研究由生产条件所决定的处于一定生产关系中的人口。在阶级社会里，如果我们抛开构成人口的阶级，那么，人口就是一个抽象。所以，马克思认为，只有用唯物辩证方法来研究人口，它才不会是浑沌的表象或空洞的抽象，"而是一个具有许多规定和关系的丰富的总体"④。

在19世纪50年代，马克思主要考察了人口变动和经济发展的关系。在1853年所写的《强迫移民》中，马克思从人口与生产条件的相互关系出发阐明了人口迁徙的规律性及其在不同社会的特点。他认为，不论是人口的国际迁移还是城乡间的

① 《马克思恩格斯全集》第46卷（下），人民出版社1980年版，第104页。
② 马克思：《资本论》第1卷，人民出版社2004年版，第728页。
③ 《马克思恩格斯选集》第2卷，人民出版社1995年版，第18页。
④ 《马克思恩格斯选集》第2卷，人民出版社1995年版，第18页。

流动，都受生产力和生产关系的制约。古代人口的大迁徙是由于生产力不足所造成的人口过剩的结果，而资本主义社会的情况与此相反，“正是生产力的增长要求减少人口，借助于饥饿或移民来消除过剩的人口。现在，不是人口压迫生产力，而是生产力压迫人口。”①

马克思认为，社会生产条件只能适应一定数量的人口，这种由一定形式的生产条件的扩展能力所设定的人口限制随着生产条件的变化而变化，或收缩或扩大。因此，人口的绝对增长率也会随生产条件发生变化。至于过剩人口，马克思认为，它同并不存在的生存资料绝对量根本没有关系，而是同再生产的条件，同这些生存资料的生产条件有关，而这种生产条件同样也包括人的再生产条件，包括整个人口的再生产条件，包括相对过剩人口的再生产条件。通过以上分析，马克思科学地揭示了人口和生产条件的相互关系，并由此建立了科学的“过剩人口”理论。

马克思在《资本论》中对有关人口理论的分析可以概括为三个方面。一是关于人必须与生产资料相结合才能组织生产的思想。他认为，劳动力和生产资料始终是生产的要素，凡要进行生产就必须使它们结合起来。劳动过程……是人和自然的物质变换的一般条件，是人类生活的永恒的自然条件，因此，它不以人类生活的任何形式为转移，倒不如说，它是人类生活的一切社会形式所共有的。二是关于一定人口数量和人口密度是劳动分工和协作的前提的思想。他指出：“一定量同时使用的工人，是工场手工业内部分工的物质前提，同样，人口数量和人口密度是社会内部分工的物质前提。”② 这里的人口密度，

① 《马克思恩格斯全集》第8卷，人民出版社1961年版，第619页。
② 马克思：《资本论》第1卷，人民出版社2004年版，第408页。

是一种相对的东西，“人口较少但交通工具发达的国家，比人口较多但交通工具不发达的国家有更加密集的人口”①。三是在论述社会再生产的公式时，他实际上把劳动人口的再生产也纳入了再生产模式。马克思研究社会再生产是从社会总产品入手的，其核心是要考察社会总产品的价值实现和实物补偿问题。他说，研究社会再生产时所要考虑的社会总产品，“既包括补偿资本的那部分社会产品，即社会再生产，也包括归入消费基金的、由工人和资本家消费的那部分社会产品，就是说，既包括生产消费，也包括个人消费。这种消费包括资本家阶级和工人阶级的再生产（即维持）”②。

马克思和恩格斯在研究资本主义人口问题和人口规律的基础上，还对未来共产主义社会的人口问题进行了科学预见。在马克思和恩格斯看来，即使在未来的共产主义社会，人口的增长也并非是无止境的。“人类数量增多到必须为其增长规定一个限度的这种抽象可能性当然是存在的。但是，如果说共产主义社会在将来某个时候不得不象已经对物的生产进行调整那样，同时也对人的生产进行调整，那么正是那个社会，而且只有那个社会才能毫无困难地作到这点。”③ 因为，在共产主义社会，有计划地分配社会劳动时间成为社会首要经济规律。他指出：如果共同生产已成为前提，“正像单个人必须正确地分配自己的时间，才能以适当的比例获得知识或满足对他的活动所提出的各种要求，社会必须合理地分配自己的时间，才能实现符合社会全部需要的生产。因此，时间的节约，以及劳动时间在不同的生产部门之间有计划的分配，在共同生产的基础上

① 马克思：《资本论》第1卷，人民出版社2004年版，第408页。
② 马克思：《资本论》第2卷，人民出版社2004年版，第435页。
③ 《马克思恩格斯全集》第35卷，人民出版社1971年版，第145页。

仍然是首要的经济规律。"[①] 在有计划规律成为社会首要规律的前提下，社会完全可以像对物质生产进行计划一样，进行人口再生产的计划。

第二节 人口规律

根据马克思的人口理论，人口是由社会生产方式决定的，在不同的社会方式下有不同的人口规律。这就是马克思所说的："事实上，每一种特殊的、历史的生产方式都有其特殊的、历史地发生作用的人口规律。抽象的人口规律只存在于历史上还没有受过人干涉的动植物界。"[②] 马克思和恩格斯考察了不同社会方式下的人口规律，但重点研究的是资本主义社会的人口再生产过程和人口规律。

在1857~1858年《政治经济学批判大纲》的手稿里，马克思从资本积累和过剩人口的关系论述了资本主义社会的人口规律。他认为，在资本主义社会中，资本积累决定人口变动，在资本积累和剩余价值规律的支配下，总人口的绝对量的迅速增加和劳动人口的日益相对过剩，是同一个人口发展过程的矛盾统一的两个方面；资本的趋势是，"既增加劳动人口，又不断减少劳动人口的必要部分（资本不断地把劳动人口的一部分重新变为后备军）。增加人口本身就是减少人口的主要手段"[③]。从而揭示了资本主义社会人口过剩的实质和形成的根源。

马克思在《资本论》中分析资本主义积累的一般规律时揭示了资本主义社会的人口规律，其分析的理论基础是资本有

① 《马克思恩格斯全集》第46卷（上），人民出版社1979年版，第120页。
② 马克思：《资本论》第1卷，人民出版社2004年版，第728页。
③ 《马克思恩格斯全集》第46卷（上），人民出版社1979年版，第380页。

机构成理论。随着资本积累的增长的必然结果是资本有机构成不断提高。资本有机构成的提高意味着对劳动的需求相对减少，由此形成了大量的过剩人口即产业后备军。过剩的工人人口是资本主义积累的必然产物，反过来又成为资本主义积累的条件和杠杆，它不受人口实际增长的限制，为不断变化的资本增殖需要创造出随时可供剥削的人身材料。马克思指出："随着已经执行职能的社会资本量的增长及其增长程度的提高，随着生产规模和所使用的工人人数的扩大，随着他们劳动的生产力的发展，随着财富的一切源流的更为广阔和更加充足，资本对工人的更大的吸引力和更大的排斥力互相结合的规模不断扩大，资本有机构成和资本技术形式的变化速度不断加快，那些时而同时地时而交替地被卷入这些变化的生产部门的范围也不断增大。因此，工人人口本身在生产出资本积累的同时，也以日益扩大的规模生产出使他们自身成为相对过剩人口的手段。这就是资本主义生产方式所特有的人口规律"①。

经济学说史上有两种互相对立的理论。一是马尔萨斯的绝对过剩人口论，他认为，人口是按几何级数即 2，4，8，16，…的比率增加，而生活资料则是按算术级数即 1，2，3，4，…的比率增加，人口增加远远超过生活资料的增加，所以社会上有一部分人陷于饥馑、贫困和失业，成为社会多余人口，即绝对过剩的人口；绝对过剩人口是人类社会发展的必然趋向，只有用预防抑制即不婚或晚婚来限制人口增长，否则就会发生积极抑制，即必然发生饥馑、瘟疫、战争来消灭绝对过剩的人口，以保持生活资料和人口的平衡。他认为这是永恒的人口自然规律。

二是马克思的相对过剩人口论。马克思认为，马尔萨斯理

① 马克思：《资本论》第 1 卷，人民出版社 2004 年版，第 727～728 页。

论是错误的，其错误的根源在于他把资本主义社会的失业和贫困的根本原因归之于人口增加超过生活资料的增加，而不是归之于资本主义制度本身。他认为，资本主义的人口过剩是一种相对过剩，即相对于生活资料再生产条件的过剩。在资本主义社会，随着资本积累的增长和资本有机构成的提高，不变资本不断增长而可变资本相对减少，从而对劳动力的需求相对减少，形成了相对过剩人口。资本主义条件下这种过剩人口“同**并不存在**的生存资料绝对量根本没有关系，而是同再生产的条件，同这些生存资料的生产条件有关，而这种生产条件同样也包括**人的再生产条件**，包括整个人口的**再生产条件**，包括相对过剩人口的再生产条件。”① 就是说，在资本主义条件下过剩人口是相对的，不是绝对的。“要依照现有的规模继续进行国民生产，目前的工人人口是绝对不够的”。②

第三节　经济周期与相对人口过剩

在《资本论》第三卷中，马克思从分析资本过剩的角度分析了人口过剩。资本的生产过剩是指资本不能按照资本主义生产过程的正常发展所需要的剥削程度来剥削劳动。“这种发展所需要的剥削程度至少要使利润量随着所使用的资本量的增加而增加，从而使利润率不会在资本增加时按同一程度下降，更不会比资本的增加更为迅速地下降。”③ 这段话简单地说就是现在讲的，资本的边际生产率在≤0 时，资本便出现过剩。“资本的这种生产过剩伴随有相当可观的相对人口过剩。”④ 原

① 《马克思恩格斯全集》第46卷（下），人民出版社1980年版，第108页。
② 马克思：《资本论》第1卷，人民出版社2004年版，第734页。
③ 马克思：《资本论》第3卷，人民出版社2004年版，第284页。
④ 马克思：《资本论》第3卷，人民出版社2004年版，第285页。

因是这些人口不能为过剩的资本所使用。这部门产生过剩人口或者说出现失业，不仅是机器排斥工人，还因为资本过剩同时不在雇佣工人。这种影响人口过剩的生产过剩就同经济周期相关。

马克思认为，现代工业生产过程的特征是经济周期的更替，即几年一次的扩张与收缩。“生产规模突然的跳跃式的膨胀是它突然收缩的前提；而后者又引起前者”①。当然，就经济周期的整个过程看，它由复苏、高涨、危机和停滞等阶段构成。马克思说：现代工业特有的生活过程是“由中等活跃、生产高度繁忙、危机和停滞这几个时期构成的、穿插着较小波动的十年一次的周期形式”②，“它们的各个相继的阶段都为时数年，而且它们总是以一场普遍危机的爆发而告终，这场危机既是一个周期的终点，也是另一个新周期的起点。”③

经济周期在资本主义生产的早期时代及以前的任何时代都是不可能出现的。只有当机器大工业对整个国民生产产生绝对的影响，对外贸易开始超过国际贸易时，当世界市场侵占了新的世界时，才开始出现不断重复的经济周期。在资本主义早期之所以不可能有经济周期，马克思认为，这一方面是因为资本积累和资本构成的变化极其缓慢；另一方面是由于受到可供剥削的工人人口的自然限制。没有可供支配的人身材料，没有工人人数的增加，要实现生产规模突然的跳跃式的膨胀是不可能的。

在现代工业生产过程中，一方面以相对过剩人口的存在为前提条件。工人人数的增加是通过使一部分工人不断地被“游离”出来，通过使就业工人人数比扩大的生产相对减少的

① 马克思：《资本论》第1卷，人民出版社2004年版，第729页。
② 马克思：《资本论》第1卷，人民出版社2004年版，第729页。
③ 马克思：《资本论》第1卷，人民出版社1975年版，第695页。

方法造成的。马克思说："现代工业的整个运动形式来源于一部分工人人口不断地转化为失业的或半失业的人手。……社会生产一经进入交替发生膨胀和收缩的运动，也会不断地重复这种运动。而结果又会成为原因，于是不断地再生产出自身条件的整个过程的阶段变换就采取周期性的形式。这种周期性一经固定下来，那么，就连政治经济学也会把相对的，即超过资本增殖的平均需要的过剩人口的生产，看作是现代工业的生活条件。"① 另一方面，不断反复的经济周期，特别是在经济周期中的停滞、危机阶段，又制造出新的过剩人口。"工业周期的阶段变换又使过剩人口得到新的补充，并且成为过剩人口再生产的最有力的因素之一。"②

由此可见，资本主义生产过程的周期性危机，使就业人数的变化同过剩人口的剧烈波动结合在一起，同资本对工人更大的吸引力和更大的排斥力结合在一起。这种与经济周期阶段更替适应的失业形式，时而在危机时期急剧地表现出来，时而在营业呆滞时期缓慢地表现出来。现代工业就是建立在产业后备军或过剩人口的不断形成、或多或少地被吸收，然后再形成这样的基础之上的。

资本主义经济周期的典型特征之一是生产的相对过剩与人口的相对过剩并存，而这又是生产社会化与资本主义私人占有的矛盾及其由此决定的经济运行过程中的诸多矛盾引起的。因此，要消除周期性的失业，即与经济周期相联系的失业，必须消除产生周期性经济危机的经济社会条件。这对于资本主义经济来说是如此，对于其他以社会化大生产为基础的社会形态来说也同样具有借鉴意义。综合马克思在《资本论》中的研究，

---

① 马克思：《资本论》第1卷，人民出版社2004年版，第730页。
② 马克思：《资本论》第1卷，人民出版社2004年版，第729页。

消除经济危机及周期性失业的条件，从制度层面来看主要是，生产资料性质必须与生产力的发展要求相适应；从经济运行层面看，必须保持社会资本再生产过程中的若干比例关系，实现生产与需求之间的协调，等等。在此，我们主要从经济运行层面分析马克思在《资本论》中所揭示的消除周期性失业的条件。

一是保持社会再生产过程中的总量平衡与结构平衡。在《资本论》第2卷中，马克思以商品价值构成原理和两大部类原理为基础，揭示了社会再生产过程中的总量平衡与结构平衡的思想。马克思所揭示的社会再生产有效运行的规律，即两大部类之间和两大部类内部必须保持总量平衡与结构平衡的规律，是社会化生产条件下的一般规律。

二是生产能力与消费力关系的协调。马克思认为，在资本主义社会下，产生经济危机的重要原因之一是存在生产的无限扩大与劳动人民有支付能力的需求相对缩小的矛盾。“一切现实的危机的最后原因，总是群众的贫穷和他们的消费受到限制，而与此相对比的是，资本主义生产竭力发展生产力，好像只有社会的绝对的消费能力才是生产力发展的界限。”① 其结果是：“生产力越发展，它就越和消费关系的狭隘基础发生冲突。在这个充满矛盾的基础上，资本过剩和日益增加的人口过剩结合在一起是完全不矛盾的”。② 资本的生产过剩与人口的过剩并不矛盾，是因为“使劳动生产力提高、商品产量增加、市场扩大、资本在量和价值方面加速积累和利润率降低的同一些情况，也会产生并且不断地产生相对的过剩人口，即过剩的工人人口，这些人口不能为过剩的资本所使用，因为他们只能

---

① 马克思：《资本论》第3卷，人民出版社2004年版，第548页。
② 马克思：《资本论》第3卷，人民出版社2004年版，第273页。

按照很低的劳动剥削程度来使用，或者至少是因为他们按照一定的剥削程度所提供的利润率已经很低。”①

第四节　产业后备军的作用和相对人口过剩的形式

对于不同的主体来说，失业的影响或效应是不同的。毫无疑问，对于失业者个人和家庭来说，会带来精神上的痛苦和物质上的窘迫。但另一方面，对于资本主义经济来说，相对过剩人口不仅是资本积累的产物，同时“这种过剩人口反过来又成为资本主义积累的杠杆，甚至成为资本主义生产方式存在的一个条件”。②

相对过剩人口作为产业后备军“绝对地隶属于资本”。其作为后备军的意义在于两个方面：

第一，相对过剩人口可以适应资本时而收缩时而扩张的需要。“过剩的工人人口不受人口实际增长的限制，为不断变化的资本增殖需要创造出随时可供剥削的人身材料。”③ 所谓不断变化的资本增殖需要涉及资本的突然扩张力，产生新的生产部门，特别是经济的周期性波动。随着积累和生产力的发展，资本的突然扩张力增强了，这要求有大批的工人可以突然被提供到需要的地方，而不致影响其他部门的生产，而相对过剩人口提供了一支随时可供支配的“产业后备军”。就经济周期来说，资本主义经济形式是由中等活跃、生产高度繁忙、危机和停滞等几个时期构成的、穿插着较小波动的十年一次的周期形式。生产规模的突然的跳跃式的膨胀是它突然收缩的前提，而

① 马克思：《资本论》第3卷，人民出版社2004年版，第285页。
② 马克思：《资本论》第1卷，人民出版社2004年版，第728页。
③ 马克思：《资本论》第1卷，人民出版社2004年版，第729页。

后者又引起前者，“但是没有可供支配的人身材料，没有不取决于人口绝对增长的工人的增加，前者是不可能的。工人的这种增加，是通过使一部分工人不断地被‘游离’出来的简单过程，通过使就业工人人数比扩大的生产相对减少的方法造成的。因此，现代工业的整个运动形式来源于一部分工人人口不断地转化为失业的或半失业的人手。”① “对资本主义生产来说，人口自然增长所提供的可供支配的劳动力数量是绝对不够的。为了能够自由地活动，它需要有一支不以这种自然限制为转移的产业后备军。”② 经济周期“就是建立在产业后备军或过剩人口的不断形成、或多或少地被吸收、然后再形成这样的基础之上的。而工业周期的阶段变换又使过剩人口得到新的补充，并且成为过剩人口再生产的最有力的因素之一”。③

第二，由于后备军的存在，资本家可以加大对在职工人的剥削程度。马克思认为：“产业后备军在停滞和中等繁荣时期加压力于现役劳动军，在生产过剩和亢进时期又抑制现役劳动军的要求。所以，相对过剩人口是劳动供求规律借以运动的背景。”④ 失业工人对现役劳动军至少有两大影响：一是失业的压力迫使在业工人过度劳动。“资本在两方面同时起作用。它的积累一方面扩大对劳动的需求，另一方面又通过‘游离’工人来扩大工人的供给，与此同时，失业工人的压力又迫使就业工人付出更多的劳动，从而在一定程度上使劳动的供给不依赖于工人的供给。劳动供求规律在这个基础上的运动成全了资本的专制。”⑤ 这就是说，一方面，劳动生产率越是提高，劳

① 马克思：《资本论》第1卷，人民出版社2004年版，第729~730页。
② 马克思：《资本论》第1卷，人民出版社2004年版，第731页。
③ 马克思：《资本论》第1卷，人民出版社2004年版，第729页。
④ 马克思：《资本论》第1卷，人民出版社2004年版，第736页。
⑤ 马克思：《资本论》第1卷，人民出版社2004年版，第737页。

动的供给就越是大于对劳动的需求，就业的压力迫使在业工人付出更多的劳动；另一方面，就业人口的过度劳动又加剧了失业工人队伍，扩大了它的产业后备军的队伍。“工人阶级的一部分从事过度劳动迫使它的另一部分无事可做，反过来，它的一部分无事可做迫使它的另一部分从事过度劳动，这成了各个资本家致富的手段。”① 不仅如此，厂商尤其是资本主义下的资本家，有可能利用失业的威胁扼制在业工人提高工资的要求，甚至有意地降低在业工人的工资。因为，“决定工资的一般变动的，不是工人人口绝对数量的变动，而是工人阶级分为现役军和后备军的比例的变动，是过剩人口相对量的增减，是过剩人口时而被吸收、时而又被游离的程度。”② 所以，马克思说：工人阶级中闲置下来的一部分会“使就业的部分处于这样一种境地：他们只好让工资下降，甚至下降到平均水平以下”。③ 同时，由于可供支配的或失业的雇佣工人价格低廉或数量众多，这一方面使一些生产部门出于其本性而更加强烈地反对由手工劳动转化为机器劳动。另一方面出现了新的生产部门，特别是生产奢侈品的部门，将其他生产部门中由于不变资本占优势而失业的上述相对过剩人口作为基础。“在这两个场合，可变资本在总资本中占有相当大的比重，工资则低于平均水平，结果这些生产部门的剩余价值率和剩余价值量都非常高。”④

先进国家的失业对落后国家也有可能产生影响。一方面，先进国家通过商品输出，摧毁落后国家市场的手工业产品。同时，大工业国工人的不断过剩，会促进这些国家向国外移民，

① 马克思：《资本论》第1卷，人民出版社2004年版，第733页。
② 马克思：《资本论》第1卷，人民出版社2004年版，第734页。
③ 马克思：《资本论》第3卷，人民出版社2004年版，第283页。
④ 马克思：《资本论》第3卷，人民出版社2004年版，第263页。

把外国变成殖民地或成为原料提供地。这使整个世界形成新的分工，即落后国家和地区主要从事农业生产，以服务于主要从事工业生产的先进国家和地区。另一方面，由于先进国家利润率趋于下降，出现资本过剩与人口过剩并存的状况。所以，先进国家就会将资本输出到落后国家和地区，以获取更高的利润。资本输出既会在一定程度上促进落后国家的经济的发展，从而增加就业，同时又有可能使这些国家经济结构畸形化，并使落后国家出现相对过剩人口。

在《资本论》中，马克思归纳了相对过剩人口的四种存在形式。这些形式也是人们研究失业的形式等问题的重要分析工具。

一是流动形式的过剩人口。这种形式的过剩人口主要存在于现代工业中心——工厂、制造厂、冶金厂、矿山等。这种形式的过剩人口的特点是，随生产规模扩张和收缩，工人时而被吸收到生产中去，时而又被解雇投入到失业队伍中来，经常处于就业和失业彼此交替状态。过剩人口处于流动的形式，与机器大工业本身的特点和规律有关。在机器大工业生产条件下，在某些生产部门，可能是在资本总量不变的前提下，随着资本集中资本有机构成的提高会引起对劳动需求的绝对减少；在另一些生产部门，总资本的增加可以同可变资本的绝对减少结合在一起，这时，如果资本的有机构成的提高快于总资本的增长幅度，对劳动力的排斥会大于对他的吸引。反之，则对劳动力的吸引大于对他的排斥；在其他一些部门，资本时而在原有构成的基础上进行积累从而吸收工人，时而在提高资本有机构成上进行排斥工人。可见，正是大工业的本性、技术的进步、机器的替代推动了或决定了劳动的变换、职能的更动和工人的全面性流动。

二是潜在的过剩人口。这主要是指农业中的过剩人口。

从表面上看来，这些人口还处于就业状态，但他们仅仅占有少量的生产资料，所以，这部分失业人口处在潜在的形式中。农业中存在的潜在的过剩人口的主要原因是，农业中资本的积累和有机构成的提高，从而引起农业劳动力需求的绝对减少。之所以说绝对减少，是因为资本“对人口的这种排斥不像在非农业的产业中那样，会由于更大规模的吸引而得到补偿”。[①] 这部分人时刻准备转入城市，但其不断地流向城市又是以农村本身有经常潜在的过剩人口为前提的。这种过剩人口的数量只有在排水渠开放得特别大的时候才能看得到。而在通常情况下，这种过剩人口并不为人们所注意。由于农业部门存在大量潜在的过剩人口，“因此，农业工人的工资被压到最低限度，他总是有一只脚陷在需要救济的赤贫的泥潭里。”[②]

三是停滞的过剩人口。这种形式的过剩人口，是现役劳动大军的一部分，但是就业极不规则。其特点是劳动时间长，工资最低，因而生活状况降到工人阶级的平均正常水平以下。这种过剩人口主要源于大工业和农业的过剩者，特别是源于那些由于手工业生产被工场手工业生产打垮，或者工场手工业被机器大生产打垮而没落的工业部门所排挤出来的过剩人口。另外，还有停滞过的人口自身的繁衍。

最后，还有一类处在社会最底层的相对过剩人口，他们难得再有获得工作机会的可能，生活条件最为恶劣，陷入需要救济的境地。这些相对过剩人口包括四类：一是有劳动能力，但属于非技能劳动者；二是孤儿和需要救济的贫民的子女；三是衰败的、流落街头的、没有劳动能力的人，这些人主要是因分

---

① 马克思：《资本论》第1卷，人民出版社2004年版，第740页。
② 马克思：《资本论》第1卷，人民出版社2004年版，第740页。

工失去灵活性而被淘汰的人和年龄超过正常年龄的人；四是在现代工业的生产过程中因工致残者等。

第五节　影响劳动就业的基本因素

对失业因素的分析反过来就是对就业因素的分析。根据马克思的思想，失业和就业就是劳动者与生产资料结合和分离的两种形式。就业是指劳动者与生产资料结合的状态；而失业是指劳动者愿意与生产资料结合但事实上处于分离的状态。在生存还是人们第一需要的情况下，就业是获得生存资料的主要途径，即劳动者必须与生产资料相结合。但是否得到就业的机会，并不取决于人们自己主观的愿望，它主要取决于社会生产方式。

失业是人类社会发展到一定阶段的产物，是一个历史范畴。在前资本主义时代，不存在大规模的失业现象。因为在自然经济状态下，从总体上说，生产力水平比较低，而且劳动人口相对于其他生产要素来说还是稀缺资源。在这种情况下，拥有生产资料的小农或小生产者可以充分利用其支配的生产资料来为自己生产财富，即使是那些被剥夺生产资料的劳动者如农奴，也由于这部分劳动者与其主人间存在的人身依附关系，从而不是一个独立的要素所有者，不能自主支配自己的劳动力，因而不存在大规模失业问题，至多是存在潜在的失业。大规模的失业是从资本原始积累开始的。马克思认为，资本原始积累只不过是生产者和生产资料分离的历史过程。它形成了资本主义生产的基本条件，“创造资本关系的过程，只能是劳动者和他的劳动条件的所有权分离的过程，这个过程一方面使社会的生活资料和生产资料转化为资本，另一方面使直接生产者转化为雇佣工人。因此，所谓原始积累只不过是生产者和生产资料分离的历史过程。"①

在资本主义条件下，"相对过剩人口的不断产生把劳动的供求规律，从而把工资限制在与资本增殖需要相适应的轨道以内；经济关系的无声的强制保证资本家对工人的统治。……在通常的情况下，可以让工人由'生产的自然规律'去支配，即由他对资本的从属性去支配。"② 社会劳动生产力的发展，使较少的人力可以推动越来越多的生产资料，这是一个普遍规律。但在资本主义下，这一规律却表现为，劳动生产率越高，工人就越过剩，因而他们的就业压力就越大，生存就越缺乏保障。"生产资料和劳动生产率比生产人口增长得快这一事实，在资本主义下却相反地表现为：工人人口总是比资本的增殖需要增长得快。"③ 由此出现大规模失业。可见，失业是一个历史范畴。

在现实经济中，影响劳动者就业的因素很多，除了上述因素外，还有劳动力流动是否存在法律障碍，劳动者对工作的适应程度，是否存在职业偏见，等等。马克思说，要使劳动力能够从一个部门和一个地点转移到另一部门和另一个地点，必须"废除了一切妨碍工人从一个生产部门转移到另一个生产部门，或者从一个生产地点转移到另一个生产地点的法律；工人对于自己劳动的内容是不关心的；一切生产部门的劳动都已尽可能地化为简单劳动；工人抛弃了一切职业的偏见"。④

技术进步和就业是什么关系？在以往的经济分析中，人们通常只注意到了其矛盾的一面，即技术进步会导致相对过剩人口的出现，扩大失业队伍。但是，认真研究马克思在《资本

① 马克思：《资本论》第1卷，人民出版社2004年版，第822页。
② 马克思：《资本论》第1卷，人民出版社2004年版，第846页。
③ 马克思：《资本论》第1卷，人民出版社2004年版，第743页。
④ 马克思：《资本论》第3卷，人民出版社2004年版，第218~219页。

论》中的有关理论，我们不难发现，技术进步对就业的影响是双重的。一方面，技术进步导致资本有机构成的提高，这有可能导致在业劳动者人数的相对甚至绝对减少；但另一方面，技术进步同时会创造新的物质文化需求，会创造新的产业部门，会给目前存在的其他产业部门创造新的配套服务机会，会使产品生产呈现多样化趋势等，这一切又扩大了社会的就业需求。由此推理，技术进步对就业的实际影响取决于以上两种效应的比较，即技术进步所创造的就业人数与技术进步所挤出的劳动人数之差。如果其结果大于零，表明技术进步绝对地扩大了社会就业；反之，则社会存在就业压力。

在马克思看来，技术进步是社会劳动生产率提高的关键，而社会劳动生产率的发展是资本积累最有力的杠杆。技术进步、劳动生产率的提高和资本积累，共同促成资本有机构成的提高，这是马克思在分析资本积累时得出的基本结论。由此，马克思也揭示了“可变资本相对量递减的规律”。在他看来，加速进行的资本积累一方面使新形成的资本有机构成越来越高，另一方面使旧资本在进行物质更新时有越来越高的有机构成。因此，“一方面，在积累进程中形成的追加资本，同它自己的量比较起来，会越来越少地吸引工人。另一方面，周期地按新的构成再生产出来的旧资本，会越来越多地排斥它以前所雇用的工人。”① 马克思从三个层面分析了这一规律的形成机理。

一是技术进步所引起的劳动生产力的提高，表现为同量的资本可变部分所推动的生产资料越来越多，或者说同等资本所需要的资本的可变部分的相对减少。“劳动生产率的增长，表现为劳动的量比它所推动的生产资料的量相对减少，或者说，

① 马克思：《资本论》第1卷，人民出版社2004年版，第724页。

表现为劳动过程的主观因素的量比它的客观因素的量相对减少。”① 马克思还说：“资本主义生产方式越是发展，要使用同量劳动力，就需要越来越大的资本量；如果要使用更多的劳动力，那就更是如此。因此，在资本主义的基础上，劳动生产力的提高必然会产生永久性的表面上的工人人口过剩。”②

二是劳动生产力的提高，加速了资本的积聚和集中，同时进一步引起可变资本的相对减少。马克思指出：“随着劳动的社会生产力的发展，为了推动同量的劳动力和吸收同量的剩余劳动，所需要的总资本量越来越大。”③ 劳动社会生产力的发展也“表现在投在工资上的资本部分同总资本相比的相对微小上，即表现在为一定量资本的再生产和增殖、为进行大量生产所必需的活劳动的相对微小上”。④ 就所使用的劳动力来说，“生产力的发展也表现在两方面：第一，表现在剩余劳动的增加上，即再生产劳动力所必需的必要劳动时间的缩短上。第二，表现在推动一定量资本所使用的劳动力的数量（即工人人数）的减少上。”⑤

这表明，随着劳动生产力的提高和资本的积累，不变资本与可变资本的比例关系就会发生变化。不变资本的比重会越来越大，而可变资本所占的比重则会越来越小，对劳动力的需求也就越来越少。“因为对劳动的需求，不是由总资本的大小决定的，而是由总资本可变组成部分的大小决定的，所以它随着总资本的增长而递减，而不像以前假定的那样，随着总资本的增长而按比例增加。对劳动的需求，同总资本量相比相对地减

① 马克思：《资本论》第1卷，人民出版社2004年版，第718页。
② 马克思：《资本论》第3卷，人民出版社2004年版，第248页。
③ 马克思：《资本论》第3卷，人民出版社2004年版，第247页。
④ 马克思：《资本论》第3卷，人民出版社2004年版，第275页。
⑤ 马克思：《资本论》第3卷，人民出版社2004年版，第275页。

少，并且随着总资本量的增长以递增的速度减少。”[①] 在资本的积聚和集中这两种个别资本扩大的形式中，资本集中的作用尤其明显。它在加强和加速积累作用的同时，又扩大和加速资本技术构成的变革，即减少资本的可变部分来增加它的不变部分，从而减少对劳动的相对需求。

三是固定资本的更新也会引起可变资本的相对减少。在正常的积累过程中形成的追加资本，主要充当利用新发明和新发现的手段。总之，是充当利用工业改良的手段。但是，随着时间的推移，旧资本总有一天也要从头到尾地更新、要脱皮，并且同样会以技术上更加完善的形式再生产出来。“在这种形式下，用较少量的劳动就足以推动较多量的机器和原料。由此必然引起对劳动需求的绝对减少，不言而喻，经历这种更新过程的资本越是由于集中运动而大量聚集，对劳动需求的绝对减少也就越厉害。”[②]

概括以上分析，技术进步所引起的劳动生产力提高，会使积累所形成的追加资本与它自己的量比较起来会越来越少地吸引工人，同时周期地按新的构成再生产出来的旧资本会越来越多地排斥它以前所雇用的工人。从同一部门就业的绝对量来说，如果技术进步前后所生产的使用价值量相同或减少，则技术进步将使就业人数绝对量减少；如果生产的使用价值量增加，则就业的绝对量是增加还是减少取决于使用价值增量部分的生产所引起的就业量的增加量与技术进步所挤出的劳动力数量的比较，两者的结果大于零，则技术进步将使就业人数绝对量增加；反之则减少。

但无论如何，一方面，我们不能为解决就业问题而牺牲技

---

① 马克思：《资本论》第1卷，人民出版社2004年版，第725～726页。
② 马克思：《资本论》第1卷，人民出版社2004年版，第724页。

术。另一方面，事实上，从全社会角度分析，技术进步虽然具有使可变资本从而就业人数相对量递减的效应，但是也具有创造就业或扩大就业的效应。

技术进步在使劳动力需求相对过剩的同时，也有可能产生扩大就业的效应。机器的产生是技术进步的标志，马克思在论述机器大生产时，揭示了机器使用的双重效应，尤其是揭示了机器的使用为什么会扩大就业的机理。马克思说："如果机器生产的物品的总量同它所代替的手工业或工场手工业生产的物品的总量相等，那么，所使用的劳动总量就要减少。生产劳动资料本身如机器、煤炭等等所需要的劳动量的增加，同使用机器而引起的劳动量的减少相比，必然较小。"①

关于机器的使用所带来的就业量的增加程度，马克思说："随着机器生产在一个工业部门的扩大，给这个工业部门提供生产资料的那些部门的生产首先会增加。就业工人数量会因此增加多少，在工作日长度和劳动强度已定的情况下，取决于所使用的资本的构成"。②

机器的使用之所以会增加就业量，主要是由以下因素决定的：

一是部门之间的互相影响。"如果机器占领了某一劳动对象在取得最终形式前所必须经过的初期阶段或中间阶段，那么，在这种机器制品进入的那些仍保持手工业或工场手工业生产方式的部门中，对劳动的需求就随着劳动材料的增加而增加。"③

二是因材料和半成品的增加而引起的社会生产部门的多样化。"机器生产用相对少的工人人数所提供的原料、半成品、

---

① 马克思：《资本论》第1卷，人民出版社2004年版，第509页。
② 马克思：《资本论》第1卷，人民出版社2004年版，第510页。
③ 马克思：《资本论》第1卷，人民出版社2004年版，第511页。

劳动工具等等的数量不断增加，与此相适应，对这些原料和半成品的加工也就分成无数的部门，因而社会生产部门的多样性也就增加。机器生产同工场手工业相比使社会分工获得无比广阔的发展，因为它使它所占领的行业的生产力得到无比巨大的增长。”①

三是因剩余产品的增加和世界市场而引起的经济结构的变化。“采用机器的直接结果是，增加了剩余价值，同时也增加了体现这些剩余价值的产品量，从而，在增加供资本家阶级及其仆从消费的物质时，也增加了这些社会阶层本身。这些社会阶层的财富的日益增加和生产必要生活资料所需要的工人人数的不断相对减少，一方面产生出新的奢侈要求，另一方面又产生出满足这些要求的新手段。……大工业造成的新的世界市场关系也引起产品的精致和多样化。不仅有更多的外国消费品同本国的产品相交换，而且还有更多的外国原料、材料、半成品等作为生产资料进入本国工业。随着这种世界市场关系的发展，运输业对劳动的需求增加了，而且运输业又分成许多新的下属部门。”②

四是新兴产业部门的兴起。“在工人人数相对减少的情况下生产资料和生活资料的增加，使那些生产在较远的将来才能收效的产品（如运河、船坞、隧道、桥梁等等）的工业部门中的劳动扩大了。一些全新的生产部门，从而一些新的劳动领域，或者直接在机器体系的基础上，或者在与机器体系相适应的一般工业变革的基础上形成起来。”③

五是工人被用于非生产劳动和“仆从阶级”人数的增加。“大工业领域内生产力的极度提高，以及随之而来的所有其他

① 马克思：《资本论》第1卷，人民出版社2004年版，第512页。
② 马克思：《资本论》第1卷，人民出版社2004年版，第512页。
③ 马克思：《资本论》第1卷，人民出版社2004年版，第512～513页。

生产部门对劳动力的剥削在内涵和外延两方面的加强，使工人阶级中越来越大的部分有可能被用于非生产劳动。特别是使旧式家庭奴隶在‘仆役阶级’（如仆人、使女、侍从等等）的名称下越来越大规模地被再生产出来。”①

由此，马克思得出了发现了机器使用对劳动者就业并行不悖的趋势。他说，“尽管机器生产实际地排挤和潜在地代替了大量工人，但随着机器生产本身的发展（这种发展表现为同种工厂数目的增多或现有工厂规模的扩大），工厂工人的人数最终可以比被他们排挤的工场手工业工人或手工业工人的人数多。……可见，就业工人人数的相对减少和绝对增加是并行不悖的。”② 当然，“工厂工人人数的增加以投入工厂的总资本在比例上更迅速得多的增加为条件。但是，这个过程只是在工业循环的退潮期和涨潮期内实现”。③

本章主要涉及：《资本论》第1卷：第23章；第3卷：第14、15章

① 马克思：《资本论》第1卷，人民出版社2004年版，第513页。
② 马克思：《资本论》第1卷，人民出版社2004年版，第517页。
③ 马克思：《资本论》第1卷，人民出版社2004年版，第523页。

第十七章　收入分配和消费

分配是马克思所揭示生产关系的重要方面。在《资本论》中马克思所揭示的分配关系涉及两个方面：一是生产要素（生产资料和劳动力）的分配；二是收入分配。本章研究收入分配关系。其中劳动收入即雇佣劳动者得到的工资已经在剩余价值生产的部分中作了分析。这里重点分析剩余价值分配关系，研究职能资本、管理、土地等要素参与收入分配的机制，同时研究与此相关的消费。如果抽象掉其中的资本主义经济制度关系，马克思在这里提出的收入分配理论，对指导社会主义市场经济条件下生产要素按贡献参与收入分配，具有重要的理论指导意义。

第一节　分配关系与生产关系

从广义上说，分配关系涉及两个方面：一是生产资料的分配或生产条件的分配；二是收入分配。狭义的分配关系主要是指收入分配。这里所研究的分配关系是指狭义上的分配关系，当然这种收入分配关系归根到底还是由生产条件的分配关系决定的。

马克思说："所谓的分配关系，是同生产过程的历史规定的特殊社会形式，以及人们在他们的人类生活的再生产过程中相互所处的关系相适应的，并且是由这些形式和关系产生的。

这些分配关系的历史性质就是生产关系的历史性质，分配关系不过表现生产关系的一个方面。”① 在《资本论》中，马克思对分配关系与生产关系之间的基本关系，至少有以下三个方面的论断：

一是分配关系由生产关系决定。马克思所讲的收入分配关系从一定意义上说是指消费资料的分配。他认为，消费资料的任何一种分配，都不过是生产条件本身分配的结果。而生产条件的分配，则表现生产方式本身的性质。“在分配是产品的分配之前，它是（1）生产工具的分配，（2）社会成员在各类生产之间的分配（个人从属于一定的生产关系）”。② 显然，这两个方面的分配包含在生产过程本身中并且决定生产的结构，产品的分配是这种生产条件分配的结果。

劳资之间的分配关系是也由生产条件的分配关系决定的。这就是马克思说的：“所谓分配，不是通常意义上的消费资料的分配，而是生产要素本身的分配，其中物的因素集中在一方，劳动力则与物的因素相分离，处在另一方。”③ 这就是说，分配的结构完全取决于生产的结构。资本掌握在资本家手里，劳动者只有人身的生产条件，即劳动力。既然生产要素是这样分配的，那么，劳动者只能凭借着自己的劳动得到工资收入，资本家凭借着资本所有权得到剩余价值。所以，“分配的结构完全决定于生产的结构，分配本身就是生产的产物，不仅就对象说是如此，而且就形式说也是如此。就对象说，能分配的只是生产的成果，就形式说，参与生产的一定方式决定分配的特殊形式，决定参与分配的形式。”④ 这就是说，生产资料的分

① 马克思：《资本论》第3卷，人民出版社2004年版，第999～1000页。
② 《马克思恩格斯选集》第2卷，人民出版社1995年版，第14页。
③ 马克思：《资本论》第2卷，人民出版社2004年版，第40页。
④ 《马克思恩格斯选集》第2卷，人民出版社1995年版，第13页。

配决定着社会成员在生产过程中所处的地位，同时，也决定着社会成员在社会各类生产之间的分配的性质、方式，以及决定着分配的对象和可供分配的产品的数量。社会成员以什么样的社会形式参与社会产品的分配，取决于他们以什么样的社会形式参与生产。

二是分配关系与生产关系本质上的同一性。“分配关系本质上和这些生产关系是同一的，是生产关系的反面”。[①] 这主要体现在以下三个层面上，第一，分配形式以生产关系为前提。例如，在资本主义条件下，工资以雇佣劳动为前提，利润以资本为前提。马克思说：“如果产品的一部分不转化为资本，它的另一部分就不会采取工资、利润和地租的形式。”[②] 第二，生产关系又要通过分配关系来实现。各种分配形式实际上是生产要素所有权的实现形式。例如，地租是土地所有权的经济实现，若出租土地得不到地租，则“意味着土地所有权被抽象掉，土地所有权被废除……即使不是法律上的废除，也是事实上的废除”。[③] 同样，利息是资本使用权的经济实现。第三，许多分配范畴同时又是生产范畴。就是说，这些分配范畴可能成为生产条件的分配形式。例如，工资既是生产范畴，又是分配范畴。在雇佣劳动的场合，工资作为生产劳动力价值的转化形式，具有生产的规定性；而在收入分配的场合，工资作为劳动力的报酬，又表现为分配的规定性。再如利润，马克思说：利润并不只是个人消费品的分配范畴。在利润率的平均化和与之相适应的资本在不同社会生产部门之间的分配中，“利润不是表现为产品分配的主要因素，而是表现为产品生产本身的主要因素，即资本和劳动本身在不同生产部门之间分配

① 马克思：《资本论》第3卷，人民出版社2004年版，第994页。
② 马克思：《资本论》第3卷，人民出版社2004年版，第995页。
③ 马克思：《资本论》第3卷，人民出版社2004年版，第849页。

的因素。”①

三是分配关系以及与之相适应的生产关系，必须与生产力的发展要求相适应。如果分配关系与生产力的发展要求相适应，它将成为生产力的推进器。否则，将会成为生产力发展的桎梏。马克思说：“分配关系，从而与之相适应的生产关系的一定的历史形式，同生产力即生产能力及其要素的发展这两方面之间的矛盾和对立一旦有了广度和深度，就表明这样的危机时刻已经到来。这时，在生产的物质发展和它的社会形式之间就发生冲突。”② 这意味着经济危机可以从生产和分配的冲突中得到说明。

根据马克思的分析，分配关系是历史的东西，分配关系的历史性质就是生产关系的历史性质。因此，“每一种分配形式，都会随着它由以产生并且与之相适应的生产关系的消失而消失。”③ 马克思以劳动过程为例说明这一点：“劳动过程的简单要素是这个过程的一切社会发展形式所共有的。但劳动过程的每个一定的历史形式，都会进一步发展这个过程的物质基础和社会形式，这个一定的历史形式达到一定的成熟阶段就会被抛弃，并让位给较高级的形式。”④ 这意味着资本主义这种历史形式让位给新的更高级的社会形式后，其分配关系也会发生根本性变化。这就是马克思在《资本论》中发现的自由人联合体。在这一社会形态下，“劳动时间就会起双重作用。劳动时间的社会的有计划的分配，调节着各种劳动职能同各种需要的适当的比例。另一方面，劳动时间又是计量生产者在共同劳动中个人所占份额的尺度，因而也是计量生产者在共同产品的个人可消费部分所占份额的尺度。”⑤ 在这里提出的以劳动时

---

① 马克思：《资本论》第3卷，人民出版社2004年版，第999页。
②③④ 马克思：《资本论》第3卷，人民出版社2004年版，第1000页。
⑤ 马克思：《资本论》第1卷，人民出版社2004年版，第96页。

间作为共同劳动中所占份额和分配个人消费品份额尺度的思想就是他在未来社会中实行按劳分配的思路。

马克思在《哥达纲领批判》中对未来社会的分配制度作了完整地阐述。马克思区分了共产主义的两个阶段，即共产主义的第一阶段和共产主义的高级阶段，并分别揭示了两个阶段的基本特征。马克思认为，在未来社会的第一阶段即社会主义社会，由于它是刚刚从资本主义社会中产生的，在经济、道德和精神方面都还带着它脱胎出来的那个社会的痕迹，所以，必须实行按劳分配原则。只有到了共产主义社会的高级阶段，在迫使人们奴隶般地服从分工的情形已经消失，从而脑力劳动和体力劳动的对立也随之消失后；在劳动已经不仅仅是个人谋生的手段，而且本身成了生活的第一需要之后；在随着个人的全面发展生产力也增长起来，而集体财富的一切源泉都充分涌流之后——只有这个时候，才能完全超出资产阶级法权的狭隘眼界，社会才能在自己的旗帜上写上：各尽所能，按需分配。

第二节 价值创造与收入分配

根据劳动价值论，无论是全社会生产的年产品，还是单个商品，其价值都可以分为三个部分，即生产资料转移的价值c、补偿预付可变资本的价值v和剩余价值m，即商品的价值等于c+v+m。其中，v+m是劳动者新创造的价值，c是过去劳动创造的价值，在这里是转移的旧价值。马克思区分了总收益、总收入和纯收入、纯收益等范畴。总收益或总产品是再生产出来的全部产品，即c+v+m；总收入是总产品扣除了补偿预付的、并在生产中消费掉的不变资本的价值部分和由这个价值部分计量的产品部分以后，所余下的价值部分和由这个价值部分计量的产品部分，即 v + m。“因而，总收入等于工资（或预定要重新成为工人收入的产品部分）+ 利润 + 地租。但是，纯收入却是剩余价值，因而是剩余产品。”① 这样，纯收入为 m。纯收益是剩余价值扣除利息和地租以后的纯利润。马克思关于总收益、总收入和纯收入、纯收益等范畴的界定，不仅揭示了其本质，同时在现实中也有统计学的意义。

工资、利润、地租等各种收入形式，可以说是各种生产要素按贡献取得的报酬形式。需要说明的是，这些收入形式与劳动价值论是什么关系，与马克思所批判的三位一体公式又是什么关系。

所谓三位一体公式是指资产阶级庸俗经济学家提出的“资本—利润，土地—地租，劳动—工资”公式，指的是资本产生利息，土地产生地租，劳动产生工资。马克思认为这三位一体公式的根本错误是违反劳动价值论，否认所有这些收入形式的价值源泉是劳动，将资本、劳动、土地都同等地看作是价值的源泉。其逻辑错误在于把资本、土地和劳动并立，并将它们分别同利息、地租和工资相对应。马克思在批判这种逻辑错误时指出：“资本不是物，而是生产关系；土地是无机的自然界本身，不可能产生剩余价值；劳动本身是一般人类的生产活动，作为一个抽象，不包含生产的社会形式和性质规定。”② 在马克思看来，正确的表述应该是，资本—利息；土地所有权—地租；雇佣劳动—工资。“这样，各种收入源泉之间的联系尽在这个形式之中。”③ 这意味着马克思在批判“三位一体”公式时，并没有否认土地所有权、资本和雇佣劳动成为收入的源泉。

① 马克思：《资本论》第 3 卷，人民出版社 2004 年版，第 952 页。
② 马克思：《资本论》第 3 卷，人民出版社 2004 年版，第 922 ~ 923 页。
③ 马克思：《资本论》第 3 卷，人民出版社 2004 年版，第 923 页。

当然，这里所讲的收入分配源泉与价值源泉不是同一层面问题。在马克思看来，分配理论不一定由价值创造理论来说明。价值创造与劳动相关，分配则与要素所有权相关。在此理论假设的前提下，可以研究按要素贡献取得报酬的合理性。按要素贡献取得报酬，实际上是指资本、劳动、土地、技术、管理等要素，都要依其所有权参与收入分配。在坚持劳动价值论的框架内对此作科学说明，需要区分价值创造和财富创造，进而区分价值创造和财富分配。

社会产品（财富）是价值和使用价值的统一体。社会产品（财富）的价值构成包括 c + v + m，而新创造价值的价值构成为 v + m。虽然从价值创造来说，c 是过去劳动，但参与本期的财富创造。因此，财富创造与各种生产要素相关，价值创造只同劳动相关。但是创造价值的劳动过程不能孤立地进行，它必须同整个财富创造过程结合进行。马克思从财富创造过程中抽象出价值创造过程，目的是要从价值关系和价值创造分析中揭示剩余价值的来源。而要研究各种生产要素的作用则要研究财富创造过程。因此，我们在运用劳动价值理论时，绝不能将从财富创造中抽象出的价值创造过程代替财富创造过程。

研究财富创造，不可避免要涉及劳动和劳动以外的各种生产要素的作用。这就是马克思在《哥达纲领批判》中，针对德国工人党哥达纲领中“劳动是一切财富和一切文化的源泉”这句话时所说的，“劳动不是一切财富的源泉。自然界和劳动一样也是使用价值（而物资财富本来就是由使用价值构成的!）的源泉，劳动本身不过是一种自然力的表现，即人的劳动力的表现。”① 在马克思看来，只是在劳动具备了相应的劳

① 《马克思恩格斯选集》第 3 卷，人民出版社 2004 年版，第 5 页。

动对象和劳动资料时劳动才是财富的源泉。

非劳动生产要素虽不能成为价值创造的要素，但能成为财富创造的要素。财富的创造需要劳动同各种生产要素的结合，其中包括资本、土地、技术、管理，等等。马克思引用过一句名言：劳动是财富之父，土地是财富之母。这就意味着财富的生产需要土地等生产条件。资本、土地等非劳动的生产要素尽管不创造价值，但参与了社会财富的创造。根据马克思的分析，包括劳动力和土地等在内的各种生产要素是被资本并入生产过程的。“资本一旦合并了形成财富的两个原始要素——劳动力和土地，它便获得了一种扩张的能力。”① 不仅如此，资本还将科学技术并入财富生产过程。“科学和技术使执行职能的资本具有一种不以它的一定量为转移的扩张能力。”② 科学技术要转化为生产力就必须有资本的介入，否则，再先进的科学技术也只能是空中楼阁。

就价值创造过程来说，c 作为转移价值，对价值创造也不是被动的，而是能动地起作用。马克思关于劳动生产率与价值关系的分析，就指出了资本、技术等要素会通过影响在一定劳动时间中（创造价值）创造使用价值总量来影响单位产品的价值量。资本质量的提高，有更高技术含量的机器设备，都可能会因创造更多的产品而影响价值量，这就是马克思说的：“使用一架强有力的自动机劳动的英国人一周的产品的价值和只使用一架手摇纺车的中国人一周的产品的价值，仍有大得惊人的差别。”③ 而且，劳动也不是均质的，劳动也是被资本导入价值创造过程的。资本雇佣更高质量的活劳动则可能创造更高的价值。

---

① 马克思：《资本论》第 1 卷，人民出版社 2004 年版，第 697 页。
② 马克思：《资本论》第 1 卷，人民出版社 2004 年版，第 699 页。
③ 马克思：《资本论》第 1 卷，人民出版社 2004 年版，第 699 页。

劳动价值论不仅分析了劳动生产力的作用，也分析了资本生产力、土地生产力、协作和分工的生产力、管理和技术所产生的生产力。在马克思的分析中这些要素生产力在财富创造中的作用，远远高于劳动生产力的作用。因此，就创造价值的劳动来说，先进的生产要素是复杂劳动；就财富创造来说，先进的生产要素不是一般的劳动，而是技术和知识。资本的作用在于将这些先进的生产要素并入（导入）生产过程。资本是不是先进生产要素，就要看并入生产过程的生产要素的质量。

在说明了财富创造过程与价值创造过程的区别后，进一步要明确，收入分配尽管是对价值的分配，但参与分配的要素包括所有参与财富创造的要素。在这里影响分配的是参与财富创造的各种要素的所有权，如资本所有权、土地所有权、劳动所有权等。这就是马克思说的，“商品价值是一个已定的量，不管工资、利润、地租相互间的相对量如何，商品价值总是它们的全部价值的整体。”① 另一方面，价值的创造过程对价值分配形式不存在制约作用，价值不能规定分配形式或分配制度。马克思说：“产品一经完成，生产者对产品的关系就是一种外在的关系，产品回到主体，取决于主体对其他个人的关系。”“在产品和生产者之间插进了分配，分配借社会规律决定生产者在产品世界中的份额，因而插在生产和消费之间。”②

商品价值的各个组成部分，工资、利息和地租作为独立的收入互相对立，分别与劳动、资本和土地这三种彼此完全不同的生产要素发生关系，不是说它们就是由这些东西产生的一样。其实质是，这些要素的收入是要素所有权在经济上的实

① 马克思：《资本论》第 3 卷，人民出版社 2004 年版，第 977 页。
② 《马克思恩格斯全集》第 12 卷，人民出版社 1962 年版，第 744 页。

现。“对劳动力、资本和土地这三者的所有权，就是商品的这些不同的价值组成部分所以会分别属于各自的所有者，并转化为他们的收入的原因。”① 商品的“这个价值的一部分属于或归于劳动力的所有者，另一部分属于或归于资本的所有者，第三部分属于或归于地产的所有者。因此，这就是分配的关系或形式，因为它们表示出新生产的总价值在不同生产要素的所有者中间进行分配的关系。”② 在这里，作为劳动力所有者的雇佣工人，按劳动力所有权分配从商品中取走自身劳动力价值的等价——工资，即商品价值中的v的部分，活劳动的提供者的工人并没有拿走活劳动创造的新价值全部，还剩下与v相对应的部分m的新价值被资本家集团按照生产资料所有权进行分割。

《资本论》关于剩余价值分割的分析说明了分配中实现要素所有权的意义。货币资本家和土地所有者在法律上都有对剩余价值的索取权：货币资本家有对利息的索取权，土地所有者有对地租的索取权。资本所有者凭借资本所有权获取利息，利息是资本所有权的实现形式。土地所有者凭借土地所有权获取地租，地租是土地所有权的实现形式。企业主如果用自有资本进行经营，那么这部分企业主利润也是凭借资本所有权获取的。如果企业主没有自有资本，完全用借入资本进行经营，在这种情况下，资本所有权和资本使用权分离。这时企业主利润表现为用资本执行职能的收入，职能资本家有对企业主利润的索取权。这样，m要分割为利息、企业利润和地租等收入形式。如图17－1所示。

① 马克思：《资本论》第3卷，人民出版社2004年版，第982页。
② 马克思：《资本论》第3卷，人民出版社2004年版，第993页。

- 年价值产品（国民收入）
  - v（雇佣劳动者的工资）
  - \+
  - m
    - 平均利润
      - 利息（生息资本家的收入）
      - \+
      - 企业主收入（职能资本家的收入）
    - 超额利润（转化为土地所有者的收入——地租）

图 17－1　剩余价值的分割

由此可见，按生产要素分配实际上就是劳动力、资本、土地等要素所有权在经济上的具体实现，其实现形式是工资、利润和地租等。马克思的理论包含了生产要素所有权与按要素分配之间两个方面的关系。一方面，要素所有权关系是形成分配关系的基础。生产要素所有权归要素所有者，要素所有者凭借自己拥有的所有权参与分配，取得要素报酬；另一方面，分配关系又要通过所有权关系来实现。要素所有者获取生产要素是为了取得一定的所有权收益。产业资本家组织生产，必须通过签订合约，获得要素所有者让渡的要素占有权和使用权。当然，这又必须以让渡一部分剩余价值为代价，这正是要素所有者获取生产要素的目的。随着我国经济体制改革的深入，按劳分配与按要素分配相结合成为我国现阶段分配结构的基本特征。马克思的理论告诉我们，承认并鼓励按要素分配，并不是承认要素价值论。分配形式的选择是由一定的经济条件决定的，在资本存在的条件下，价值的分配只能由按要素分配形式来适应。在社会主义现实经济生活中，按劳分配是一种个人消费品的分配，它不足以包含分配的全部内容，不足以调动各种生产要素所有者的积极性。面对经济运行中资本、技术、企业家才能等要素的严重短缺，实行按生产要素分配，能起到激励生产要素所有者增加投入的效果。因此，马克思的要素报酬分配理论，对我国分配制度的改革具有重要的理论和实践指导价值。

第三节　剩余价值的分割

在《资本论》中，工资理论是在剩余价值生产过程中进行分析的。原因是在雇佣劳动关系中，工资是劳动力价值的转化形式，资本家支付的工资是预付的可变资本。在此关系中工人不可能成为分配的主体进入分配关系。因此，马克思分析资本主义分配关系的重点在两个方面：一是职能资本之间的利润分配，即包括产业资本和商业资本在内的职能资本家在竞争中获得平均利润。二是除劳动以外的各个要素所有者对剩余价值（m）分割。这里实际上只是指出各种分配范畴的质的规定，没有明确各自的分配数量。

一、职能资本获得平均利润

职能资本即执行资本职能的资本。职能资本有两种形式，包括在生产过程中执行职能的产业资本和在流通过程中执行职能的商业资本（包括银行资本）。职能资本的基本要求是等量资本获得等量利润。“在这种形式上，资本就意识到自己是一种**社会权力**；每个资本家都按照他在社会总资本中占有的份额而分享这种权力。”①

产业资本在运动中采取的流通资本形式具有实现剩余价值的职能。随着这些资本的一部分独立化为商业资本，相应的部分利润也就从产业资本家手中转到商业资本手中，成为商业利润。马克思说：“在流通过程中独立地执行职能的资本，也必须和在各不同生产部门中执行职能的资本一样，提供年平均利润。如果商人资本比产业资本带来百分比更高的平均利润，

① 马克思：《资本论》第3卷，人民出版社2004年版，第217页。

那么，一部分产业资本就会转化为商人资本。如果商人资本带来更低的平均利润，那么就会发生相反的过程。一部分商人资本就会转化为产业资本。没有哪一种资本比商人资本更容易改变自身的用途，更容易改变自身的职能了。”① 这就是说，产业资本和商业资本共同参与平均利润的形成和剩余价值的分割。

商业资本或商人资本不创造剩余价值，但产业资本之所以认同其按照等量资本获得等量利润的要求参与剩余价值的分割，是因为流通资本独立化为商业资本或商人资本，“有助于流通时间的缩短，它就能间接地有助于产业资本家所生产的剩余价值的增加。既然它有助于市场的扩大，并对资本之间的分工起中介作用，因而使资本能够按更大的规模来经营，它的职能也就提高产业资本的生产效率和促进产业资本的积累。既然它缩短流通时间，它也就提高剩余价值对预付资本的比率，也就是提高利润率。既然它把资本的一个较小部分作为货币资本束缚在流通领域中，它就增大了直接用于生产的那部分资本。”② 这就是说，商业资本的独立化有利于产业资本的发展，市场扩大，促进社会性分工和扩大再生产规模；有利于产业资本节约流通费用，并有更多资本用于生产剩余价值；有利于产业资本缩短流通时间，提高年利润率；它本身速度的加快，还会使与它相联系的各个生产部门的流通时间进一步缩短，使有关的整个职能资本提高效率。

商业资本所获得的商业利润主要是从商品的购销差价中取得的。如果商业资本家仅垫付用于购买商品的资本，则剩余价值的分割过程为：商业资本和产业资本一起，共同参与利润平

① 马克思：《资本论》第3卷，人民出版社2004年版，第314页。
② 马克思：《资本论》第3卷，人民出版社2004年版，第312页。

均化的过程，形成统一的平均利润率；按照等量资本获得等量利润的原则，产业资本家按成本价格加产业利润（产业资本与平均利润率的乘积）的价格把商品卖给商业资本家，而商业资本家则在这一基础上，再加上商业利润（商业资本与平均利润率的乘积），也即按生产价格把商品卖给消费者，从而获得产业资本家让渡给他的那部分剩余价值。

如果商业资本家除垫付用于购买商品的资本外，还支付了一定的流通费用，包括生产性流通费用和纯粹流通费用，则这部分费用的投入也要得到相应的回报。其参与剩余价值分割的方式为：生产性流通费用直接参与利润平均化的过程，并随着商品的售出、价值和剩余价值的实现，从商品的价值中得到补偿并获得平均利润；而纯粹流通费用，则通过对价值或剩余价值的扣除得到补偿。

二、利息和企业主收入

上述分析，假定职能资本家都是用自有资本进行生产经营活动，从而只涉及资本的所有权与使用权合一条件下的剩余价值分配问题。在实际生活中，产业资本家和商业资本家都需要向货币资本家借入一定的资本进行生产经营。在这种情况下，资本的所有权与使用权分离了。一定量的货币资本在生息资本家手中，它是作为所有权的资本，当它转到产业资本家或商业资本家手中，便作为使用权的资本。由于资本的所有权与使用权分离，利润也就分为资本的所有权收入即利息和执行资本职能的收入即企业主收入。

从质的规定性上看，利息只是表现为资本所有权的果实，“即不进行‘劳动’，不执行职能的资本的果实”；而企业主收入表现为企业主用资本所执行的职能的果实，“表现为资本的运动和过程的果实”。[1] 这就是说，利息是资本的单纯所有权所提供的剩余价值，是资本所有权在经济上的实现，它归资本的单纯的所有者所有；执行职能的资本家是从他执行资本职能中，得到企业主收入。

马克思进一步分析认为，职能资本家即使使用自有资本从事生产经营活动，也具有双重身份。“即资本的单纯所有者和资本的使用者；他的资本本身，就其提供的利润范畴来说，也分成资本**所有权**，即处在生产过程以外的、本身提供利息的资本，和处在生产过程**以内**的、由于在过程中活动而提供企业主收入的资本。”[2] 这意味着利息是执行职能的资本的机会成本。无论是产业资本家还是货币资本家，当他将资本投入生产过程，就放弃了生息可能带来的收益。资本家将资本投入生产过程是否有利可图，就要同可能获得的利息收益进行比较。产业资本家用自有资本执行职能，“他虽然是它的所有者，但只要他把它用作资本来剥削劳动，这种所有权就使他不能按别种方式去支配它。货币资本家的情形也是这样。只要他的资本贷出去，从而作为货币资本发生作用，它就为他带来利息，即利润的一部分，但他不能支配本金。”[3]

如何看待企业主收入？在资本家的脑袋里，其企业主收入本身是一种监督工资或管理工资。马克思认为，职能资本“指挥生产过程和流通过程。对生产劳动的剥削也要花费气力，不管是他自己花费气力，还是让别人替他花费气力”。[4] 在资本家创业初期，他确实直接参与企业的监督管理活动，所以，资本家自然会把企业主收入看作是监督工资或管理工资。

---

① 马克思：《资本论》第 3 卷，人民出版社 2004 年版，第 420 页。
② 马克思：《资本论》第 3 卷，人民出版社 2004 年版，第 421 页。
③ 马克思：《资本论》第 3 卷，人民出版社 2004 年版，第 416 页。
④ 马克思：《资本论》第 3 卷，人民出版社 2004 年版，第 426 页。

对于资本家所从事的监督管理及其管理工资，马克思做了两个层面的分析。

第一，对于监督管理劳动，马克思说："凡是直接生产过程具有社会结合过程的形态，而不是表现为独立生产者的孤立劳动的地方，都必然会产生监督和指挥的劳动。"① 这种劳动具有双重性。它既具有一般性，即"凡是有许多个人进行协作的劳动，过程的联系和统一都必然要表现在一个指挥的意志上，表现在各种与局部劳动无关而与工场全部活动有关的职能上，就像一个乐队要有一个指挥一样。"② 同时，这种劳动又具有特殊性，即"凡是建立在作为直接生产者的劳动者和生产资料所有者之间的对立上的生产方式中，都必然会产生这种监督劳动。这种对立越严重，这种监督劳动所起的作用也就越大"。③

第二，对于监督工资或管理工资，马克思认为，同货币资本家相对来说，产业资本家是劳动者，是作为资本家的劳动者，因此，"他为这种劳动所要求和所取得的工资，恰好等于他所占有的他人劳动的量，而且就他为进行剥削而亲自花费必要的精力来说，上述的工资直接取决于对这种劳动的剥削程度，而不是取决于他为进行这种剥削所付出的并且在适当的报酬下可以让一个经理去承担的那种努力的程度。"④ 从本质上说，资本家所谓的监督工资或管理工资，是由雇佣工人创造的。"雇佣工人被迫生产他自己的工资，并且在这个工资之外再生产监督工资，作为对统治和监督他而花费的劳动的补偿"⑤。

随着资本的发展和企业组织形式的发展，资本家起初所从事的监督管理劳动逐步从资本家的职能中独立出来，管理工资

①②③ 马克思：《资本论》第3卷，人民出版社2004年版，第431页。
④ 马克思：《资本论》第3卷，人民出版社2004年版，第435页。
⑤ 马克思：《资本论》第3卷，人民出版社2004年版，第433～434页。

成为专门从事指挥劳动的职业经理的收入形式。马克思详细分析了在监督管理及其工资问题上出现的几大变化：

一是出现了专门指挥劳动的职业经理，资本家作为生产上的管理人员已经成为多余。“资本主义生产本身已经使那种完全同资本所有权分离的指挥劳动比比皆是。因此，这种指挥劳动就无须资本家亲自进行了。一个乐队指挥完全不必就是乐队的乐器的所有者；如何处理其他演奏者的‘工资’问题，也不是他这个乐队指挥职能范围以内的事情。”① 这样，单纯的经理实际执行资本家的职能，即别人的资本的管理人，而资本所有者则转化为单纯的所有者，即单纯的货币资本家。

二是管理工资与企业主收入分开。“商业经理和产业经理的管理工资，在工人的合作工厂和资本主义的股份企业中，都是完全同企业主收入分开的。……在合作工厂中，监督劳动的对立性质消失了，因为经理由工人支付报酬，他不再代表资本而同工人相对立。随着信用而发展起来的股份企业，一般地说也有一种趋势，就是使这种管理劳动作为一种职能越来越同自有资本或借入资本的占有权相分离”②。

三是这些专门从事指挥劳动的职业经理的管理工资，越来越市场化、规范化。“一方面，随着一个人数众多的产业经理和商业经理阶级的形成，这种监督工资会像所有其他工资一样，越来越具有确定的水平和确定的市场价格，另一方面，随着导致受过专门训练的劳动力生产费用的下降的普遍发展，这种工资也像所有熟练劳动的工资一样，越来越降低”③。马克思还说：“经理的薪金只是，或者应该只是某种熟练劳动的工资，这种劳动的价格，同任何别种劳动的价格一样，是在劳动

① 马克思：《资本论》第3卷，人民出版社2004年版，第434～435页。

② 马克思：《资本论》第3卷，人民出版社2004年版，第436页。

③ 马克思：《资本论》第3卷，人民出版社2004年版，第437～438页。

市场上调节的”①。

四是在股份制企业中出现了监督管理的新形式，即在实际的经理之外并在他们之上，出现了一批董事和监事。马克思说：“对这些董事和监事来说，管理和监督实际上不过是掠夺股东、发财致富的一个借口而已。”②

以上马克思所讲的管理工资，实际上指出了管理要素参与收入分配的原理。

马克思关于利润分割为企业主收入和利息的理论、关于监督管理劳动和管理工资等理论，在现代市场经济中具有一般性，特别是可以说明企业家的管理要素取得相应报酬的合理性。正如马克思所说：“只要资本家的劳动不是由单纯作为资本主义生产过程的那种生产过程引起，因而这种劳动并不随着资本的消失而自行消失；只要这种劳动不只限于剥削他人劳动这个职能；从而，只要这种劳动是由作为社会劳动的劳动的形式引起，由许多人为达到共同结果而形成的结合和协作引起，它就同资本完全无关，就像这个形式本身一旦把资本主义的外壳炸毁，就同资本完全无关一样。”③

三、土地所有权和地租

土地是一种重要的生产要素，其所有者凭借所有权获得相应的要素收入。在《资本论》中，马克思分析了资本主义土地所有制的特征及其土地所有者、农业资本家分割剩余价值的过程。

马克思认为，在现代农业领域，存在土地所有者、土地经营者（农业资本家或租地农场主）、农业工人三个阶级。农业

① 马克思：《资本论》第3卷，人民出版社2004年版，第495页。
② 马克思：《资本论》第3卷，人民出版社2004年版，第438页。
③ 马克思：《资本论》第3卷，人民出版社2004年版，第435页。

工人创造的剩余价值在剥削阶级之间进行分配，其分配的过程为：剩余价值的一部分以平均利润的形式被农业资本家无偿占有，超过平均利润以上那部分利润以地租的形式被土地所有者无偿占有。对于租地农场主来说，等量资本获得等量利润的原则决定了其无论租种何种等级的土地，只要其预付了等量的资本，都必须获得等量的报酬，否则，他就不会经营农业，而会将资本转移到其他领域；对于土地所有者来说，无论其拥有什么样的土地，无论谁来租种，都必须向其缴纳地租，否则，他宁可让土地荒废。地租是土地所有权在经济上借以实现即增值价值的形式，或者说是土地所有者垄断权在经济上的实现。地租是土地所有者的主要收入来源，但不是全部，其收入还有可能包括平均利润的扣除，或正常工资的扣除等。

地租是土地所有权在经济上的实现形式。对于土地所有权，马克思区分了法律意义上的权力和经济意义上的权力。经济意义上的土地所有权，强调的是土地所有者握有这种权力并在这一前提下要实现自己的经济利益关系。他说："土地所有权的前提是，一些人垄断一定量的土地，把它作为排斥其他一切人的、只服从自己私人意志的领域。在这个前提下，问题就在于说明这种垄断在资本主义生产基础上的经济价值，即这种垄断在资本主义生产基础上的实现。"① 而法律意义上的土地所有权，主要说明的是土地的归属问题。他说："单纯法律上的土地所有权，不会为土地所有者创造任何地租。但这种所有权使他有权不让别人去使用他的土地，直到经济关系能使土地的利用给他提供一个余额，而不论土地是用于真正的农业还是

① 马克思：《资本论》第3卷，人民出版社2004年版，第695页。

用于其他生产目的，例如建筑等等。”①

关于土地价格，马克思认为，资本化的地租形成土地的购买价格或价值，或者说，土地价格是出租土地的资本化的收入。假如地租是一个不变量，土地价格的涨落同利息率的涨落成反比。即土地价格 = 地租/利息率。由于利息率也有下降的趋势，所以，“土地价格，即使撇开地租的变动以及土地产品价格（地租构成它的一个部分）的变动来看，也有上涨的趋势。”②

关于地租的量，随着社会的发展，真正的农业地租及其土地价值，会随着土地产品市场的扩大，随着非农业人口的增加，随着他们对食物和原料的需要和需求的增加而发展起来。他说：“地租的量完全不是由地租获得者的参与所决定的，而是由他没有参与、和他无关的社会劳动的发展决定的。”③ 其理由：“一方面，随着社会的发展，土地产品的市场和需求会增大；另一方面，对土地本身的直接需求也会增大，因为土地本身对一切可能的甚至非农业的生产部门来说，都是进行竞争的生产条件。”④ 这意味着地租量有逐步提高的趋势。

地租形式包括级差地租和绝对地租。在级差地租理论中，马克思重点阐述了级差地租的形成机理和级差地租的两种形式。

级差地租是投在土地上的等量资本所具有的不同生产效率的结果，包括土地的肥沃程度和距离市场的远近在内的土地质量的差别。这是产生级差地租的条件或自然基础。马克思认为，农业领域与工业领域不同，不仅存在着资本生产力、劳动

① 马克思：《资本论》第3卷，人民出版社2004年版，第856页。
② 马克思：《资本论》第3卷，人民出版社2004年版，第703页。
③ 马克思：《资本论》第3卷，人民出版社2004年版，第717页。
④ 马克思：《资本论》第3卷，人民出版社2004年版，第717～718页。

生产力，而且存在一种自然生产力。这种自然生产力是形成作为级差地租实体的超额利润的条件，形成级差地租的超额利润的来源是，劣等地生产的农产品的生产价格决定该种农产品的社会生产价格。优等地和中等地的个别生产价格与之的超额就形成超额利润。土地所有权是这种超额利润采取级差地租并进入土地所有者腰包的原因。优等地和中等地的土地经营权的垄断是农产品以此为基础定价条件。在农业生产中，占有较优土地的租地农场主，他所用劳动的已经提高的生产力，“来自和一种自然力的利用结合在一起的劳动的某种较大的自然生产力，但这种自然力不像蒸汽的压力那样，在同一生产部门可供一切资本自由支配，……这种自然力是一种可以垄断的自然力，……这种条件是不能由资本本身的生产过程创造的；能够这样被人垄断的这种自然力，总是和土地分不开的。”[①] 这就是说，较优自然力具有较高的生产效率，它不仅是产生超额利润的自然基础，而且由于自然力具有垄断性，因此，它不会被平均化。

绝对地租意味着即使是最坏土地也要缴纳地租。这是由于土地私有权的垄断所决定的。租种任何土地都绝对必须缴纳的地租，租地农场主不可能在利润平均化的形成的生产价格以外缴纳绝对地租。其可能性在于，农业资本的有机构成低于社会资本的平均构成，因此农产品价值低于高于其生产价格。农产品按商品价值出售就可能形成超额利润。农产品之所以能够按价值出售则取决于农产品的市场供求和土地供给。这就是马克思说的：“地租究竟是等于价值和生产价格之间的全部差额，还是仅仅等于这个差额的一个或大或小的部分，这完全取决于

---

① 马克思：《资本论》第3卷，人民出版社2004年版，第726~727页。

供求状况和新耕种的土地面积。”[①] 因此，绝对地租“只能来自市场价格超过价值和生产价格的余额，简单地说，只能来自产品的垄断价格”[②]。而土地私有权则是这种超额利润得以形成并转化为绝对地租的根本原因。当然，马克思也分析了当情况发生变化，即“如果农业资本的平均构成等于或高于社会平均资本的构成，那么，上述意义上的绝对地租，也就是既和级差地租不同，又和以真正垄断价格为基础的地租不同的地租，就会消失”。[③] 甚至也可能出现，随着农业的进步，农业资本有机构成可能高于社会平均构成，其价值可能低于生产价格。这时不可能再产生超额利润。如果仍然需要缴纳地租，其可能的解释就是，由土地私有权的垄断产生农产品的垄断价格。

级差地租和绝对地租的形成表明，土地所有权具有双重性。一方面，资本主义土地私有权使农业的社会经营成为可能，在资本主义生产方式下，“土地所有权就取得了纯粹经济的形式”[④]。这种纯粹经济形式的土地所有权“使农业合理化，从而才使农业有可能按社会化的方式经营”[⑤]。另一方面，土地所有权又是合理农业发展的障碍。这除了土地私有权的垄断为竞争和资本的自由转移设置一种障碍，即无论租种何种土地都必须向土地所有者缴纳地租，否则资本无法进入农业生产领域外，更主要的是，土地私有权的垄断传统引发的利益分割矛盾，阻碍农业土地资本投入或农业改良。

以上关于剩余价值分割的理论具有重要的现实指导意义。剩余价值的分配，实质上是按生产要素所有权分配，是要素所有权在经济上的实现。在社会主义市场经济下的按生产要素分

---

① 马克思：《资本论》第3卷，人民出版社2004年版，第862页。
②③ 马克思：《资本论》第3卷，人民出版社2004年版，第865页。
④⑤ 马克思：《资本论》第3卷，人民出版社2004年版，第697页。

配，实际上也是或者说主要是（因为劳动报酬不完全是按劳动力所有权分配）按要素的所有权分配。至于各自应得到多大份额则取决于各自所做出的贡献。

第四节　消费理论

消费是社会再生产过程中的一个基本环节。马克思明确认为，不管生产过程的社会形式怎样，它必须是连续不断的。“一个社会不能停止消费，同样，它也不能停止生产。”① 生产停止消费也停止，消费停止生产也停止。可见消费在社会再生产中的重要性。

一、消费与生产

人们一般认为，生产是起点，消费是终点。这表明生产对消费的决定作用。但马克思认为，生产和消费都可以成为起点。消费作为终点，是因为产品只有进入消费，生产才完成；消费作为起点，是因为消费提供生产的动机、生产的目的。有消费才有人去生产，只有消费扩大了才能扩大生产，只有消费层次提高了才能提高生产层次。具体地说，消费从四个方面决定着生产。

一是消费使生产成为现实的生产。因为，产品只有在消费中才成为现实的产品，消费是对生产的最终检验。马克思说：“一条铁路，如果没有通车、不被磨损、不被消费，它只是可能性的铁路，不是现实的铁路。……一件衣服由于穿的行为才现实地成为衣服；一间房屋无人居住，事实上就不成其为现实

① 马克思：《资本论》第1卷，人民出版社2004年版，第653页。

的房屋。"[①] 这就是说，产品只有在消费中才成为现实的产品，生产只有通过消费环节才能成为现实的生产。如果生产的产品出现了过剩或出现了产品积压，它们没有被用于消费，从而也就不能成为现实的产品，这也等于没有生产。所以，马克思说："产品在消费中才得到最后完成"，消费"是使产品成为产品的终结行为。"[②]

二是消费创造出新的生产的需要，为生产提供动力和目的。马克思说："如果说，生产在外部提供消费的对象是显而易见的，那么，同样显而易见的是，消费**在观念上提出**生产的对象，把它作为内心的图象、作为需要、作为动力和目的提出来。消费创造出还是在主观形式上的生产对象。没有需要，就没有生产。而消费则把需要再生产出来。"[③]在一定的生产方式之下，人们有一定的消费需要，一定的消费需要又确定了一定的生产。如果没有新的消费需要，人们不会在自己的需要已经满足之后，再去主动地生产什么东西。正是人们在消费产品的过程中，产生对与此关联的产品的新的需要，给生产提供了新的要求，为再生产提供了动机和目的。因此，没有消费需要就没有生产，而要进行生产，就必须根据社会消费需要来进行，生产规模与生产结构应与消费需要的规模与结构相一致，这在市场经济条件下尤其如此。

三是新的生产方式的产生并实现需要消费范围的扩大和新的消费方式的产生。马克思在论述相对剩余价值的生产与消费之间的关系时指出："生产相对剩余价值，即以提高和发展生产力为基础来生产剩余价值，要求生产出新的消费，要求在流通内部扩大消费范围，就像以前［在生产绝对剩余价值时］

①③ 《马克思恩格斯选集》第2卷，人民出版社1995年版，第9页。
② 《马克思恩格斯选集》第2卷，人民出版社1995年版，第9、11页。

扩大生产范围一样。第一，要求扩大现有的消费量；第二，要求把现有的消费量推广到更大的范围，以便造成新的需要；第三，要求生产出新的需要，发现和创造出新的使用价值。”① 相对剩余价值生产之所以要以消费量的扩大和新的消费方式的创造为前提，是因为当采用新的生产方式后，劳动生产力得到提高，资本和相应的必要劳动就会游离出来，这就需要为游离出来的资本和劳动创造出一个在质上不同的新的生产部门，这些生产部门生产出与原部门不同的使用价值。但是，如果没有新的消费，包括增加消费的数量、扩大消费范围、创造新的消费方式等，这些新的生产部门所生产的使用价值就得不到社会的承认。这样，相对剩余价值生产就无法进行，相对剩余价值也就无法实现。从这个角度说，消费对生产方式的转换也起着决定作用。也正是在这个意义上，马克思认为，要把自然科学发展到它的顶点，需要发现、创造和满足社会本身产生的新的需要。现在的消费理论提出创造消费者就是这个道理。

四是消费为生产创造主观条件。任何物质资料的生产都是客观条件和主观条件的结合，客观条件是指生产资料，主观条件是指劳动力。消费为生产创造主观条件包含两个层面的含义：一是消费的过程也就是劳动力的再生产过程，这就是说，消费再生产出劳动力；二是消费的状况直接决定着再生产出来的劳动力的素质，为生产力的发展提供动力，这直接影响生产过程的规模和发展速度。

二、个人消费

马克思认为，消费有两种形式，即生产消费和个人消费。

---

① 《马克思恩格斯全集》第46卷（上），人民出版社1980年版，第391页。

生产消费是指工人在生产中通过劳动消费生产资料。个人消费是指工人消费生活资料。马克思在分析资本主义社会下的生产消费和个人消费时说："劳动消费它自己的物质要素，即劳动对象和劳动资料，把它们吞食掉，因而是消费过程。这种生产消费与个人消费的区别在于：后者把产品当作活的个人的生活资料来消费，而前者把产品当作劳动即活的个人发挥作用的劳动力的生活资料来消费。因此，个人消费的产物是消费者本身，生活消费的结果是与消费者不同的产品。"① 劳动者的个人消费在属于生产消费时属于资本家；在个人消费时，他属于自己，在生产过程以外执行生活职能。"前一种消费的结果是资本家的生存，后一种消费的结果是工人自己的生存。"②

资本主义社会个人消费包括资本家的消费和工人的消费。由资本主义生产目的，即剩余价值规律决定的，工人的个人消费被限制在为再生产劳动力所绝对必需的最低界限内。"工人的个人消费，不论在工场、工厂等以内或以外，在劳动过程以内或以外进行，总是资本生产和再生产的一个要素"③。"工人个人消费的作用，一方面保证他们维持自己和再生产自己，另一方面通过生活资料的耗费来保证他们不断重新出现在劳动市场上。"④

马克思从社会再生产的角度指出了工人个人消费的社会意义："工人的个人消费对他自己来说是非生产的，因为这种消费仅仅是再生产贫困的个人，而对资本家和国家来说是生产的，因为它生产了创造他人财富的力量。"⑤

---

① 马克思：《资本论》第 1 卷，人民出版社 2004 年版，第 214 页。
② 马克思：《资本论》第 1 卷，人民出版社 2004 年版，第 659 页。
③ 马克思：《资本论》第 1 卷，人民出版社 2004 年版，第 660 页。
④ 马克思：《资本论》第 1 卷，人民出版社 2004 年版，第 662 页。
⑤ 马克思：《资本论》第 1 卷，人民出版社 2004 年版，第 661 页。

社会主义社会，从体制上说，最大限度地满足劳动者日益增长的物质和文化生活需求，成为社会生产的根本目的。因此，个人消费不再作为社会生产的手段而是目的，这决定了个人消费有可能随着经济社会的发展而得到增长。

三、消费力与消费结构

所谓消费力，根据马克思的界定，是指一定时期内消费者的消费能力。马克思不仅提出了消费力的概念，而且特别说明了发展消费力与发展生产力同等重要。他说："发展生产的能力，因而既是发展消费的能力，又是发展消费的资料。消费的能力是消费的条件，因而是消费的首要手段，而这种能力是一种个人才能的发展，一种生产力的发展。"①

马克思在肯定节约就等于发展生产力的同时区别了节约和禁欲。明确指出，禁欲不是发展生产力的条件。正是消费力的提高，消费的扩大推动生产力的发展。因此消费力本身就是一种生产力。

从理论上说，消费力可以分为个人消费力和社会消费力两种形式。个人消费力是由其收入水平决定的，而社会消费力则决定于社会的分配关系。"社会消费力既不是取决于绝对的生产力，也不是取决于绝对的消费力，而是取决于以对抗性的分配关系为基础的消费力；这种分配关系，使社会上大多数人的消费缩小到只能在相当狭小的界限以内变动的最低限度。其次，这个消费力还受到追求积累的欲望，扩大资本和扩大剩余价值生产规模的欲望的限制。"② 所以，生产力越发展，它就越和消费关系的狭隘基础发生冲突。

① 《马克思恩格斯全集》第46卷（下），人民出版社1980年版，第225页。
② 马克思：《资本论》第3卷，人民出版社2004年版，第273页。

关于消费需求的结构，马克思从满足消费需要层次的角度，把人的需要分为生存、享受、发展等三个层次。恩格斯根据这个观点，把消费资料分为三种，即生存资料、享受资料、发展资料。其中，生存资料是维持和延续人们生命所必需的资料，享受资料是满足人们精神需要和部分物质需要的资料，发展资料是提高劳动者科学文化水平所需要的资料，如教育、培训等。这三种消费资料，也与特定的社会经济关系相联系，具有历史性、社会性。马克思在谈到生存资料问题时说："所谓必不可少的需要的范围，和满足这些需要的方式一样，本身是历史的产物，因此多半取决于一个国家的文化水平，其中主要取决于自由工人阶级是在什么条件下形成的，从而它有哪些习惯和生活要求。……但是，在一定的国家，在一定的时期，必要生活资料的平均范围是一定的。"① 马克思主义经典作家对消费资料所做的这种"三分法"，是我们研究消费结构的基本理论框架，具有普遍适用性。

马克思发现，随着资本的积累，工人的消费水平可能提高，消费范围也可能提高。这就是在资本积累所产生的追加资本的剩余产品中，"会有较大的份额以支付手段的形式流回到工人手中，使他们能够扩大自己的享受范围，有较多的衣服、家具等消费基金，并且积蓄一小笔货币准备金。"② 因此有困难吃穿好一些，待遇高一些，特有财产多一些。尽管其雇佣劳动地位没有改变。特别需要指出，马克思《资本论》中还有"奢侈性消费"的概念。这种消费只是属于资本家。经济社会发展到现阶段，许多在马克思那个时代只有资本家才享有的奢侈性消费，现在已经进入一般劳动者的必要消费的范围。

① 马克思：《资本论》第1卷，人民出版社2004年版，第199页。
② 马克思：《资本论》第1卷，人民出版社2004年版，第714页。

四、消费与人的自由时间

由于个人消费基本上是在工作时间以外进行的，因此消费水平就同工作时间以外的时间长度密切相关。马克思在说明工作日的长度时，就指出了工作日的界限，除了满足工人纯粹的身体界限外，还有道德界限：“工人必须有时间满足精神需要和社会需要，这种需要的范围和数量由一般的文化状况决定。”① 由于这两个界限都有极大的伸缩性，因此工作日有极大的变动余地。

马克思特别重视工作日的缩短，当时他和恩格斯也为争取8小时工作制做出了极大的努力。在他看来，只有当生产力很发达从而导致工作日的缩短，同时劳动本身的性质发生改变从而能为人的全面发展提供广阔空间时，人类才能从社会必要劳动时间中游离出相当数量的剩余时间并构成社会的自由时间。这就是马克思说的，“整个人类的发展，就其超出对人的自然存在直接需要的发展来说，无非是对这种自由时间的运用，并且整个人类发展的前提就是把这种自由时间的运用作为必要的基础。”②

马克思预测的未来社会的一个重要特征就是在增加人的自由时间的的基础上扩大消费。未来社会生产的目的，是为了满足人们的多种消费需求，为了使人们拥有更多的自由时间，从而使人得到全面发展。马克思说：“代替那存在着阶级和阶级对立的资产阶级旧社会的，将是这样一个联合体，在那里，每个人的自由发展是一切人的自由发展的条件。”③ 我们建立新的社会制度的目的，就是要给所有的人提供健康而有益的工

---

① 马克思：《资本论》第1卷，人民出版社2004年版，第269页。
② 《马克思恩格斯全集》第47卷，人民出版社1979年版，第216页。
③ 《马克思恩格斯选集》第1卷，人民出版社1995年版，第294页。

作，给所有的人提供充裕的物质生活和闲暇时间，给所有的人提供真正的充分的自由。

根据马克思的思想，人的生存需要消费，人的全面发展更需要消费，不仅包括一般的物质消费，还包括精神消费。一般的物质消费的满足主要由个人的消费能力决定，归根到底是由生产力水平决定的；而精神消费不仅取决于人的消费能力，而且需要劳动者有更多的自由时间。所谓自由时间，是指“非劳动时间”或“不被直接生产劳动所吸收”① 的时间，这种自由时间现阶段又被称为闲暇时间，它包括个人受教育的时间、发展智力的时间、履行社会职能的时间、进行社交活动的时间、自由运用体力和智力的时间，也包括旅游和休闲时间。从现阶段的实践看，这些闲暇时间并不完全是非生产的，有许多导致科学发现和产品产业创新的创意正是在这个休闲时间中产生的。

自由时间如何增加，根据马克思的思想，归根到底还是要靠发展生产力尤其是发展个人生产力。“人们每次都不是在他们关于人的理想所决定和所容许的范围之内，而是在现有的生产力所决定和所容许的范围之内取得自由的。但是，作为过去取得的一切自由的基础的是有限的生产力”② 增加自由时间的前提是节省劳动时间。“社会发展、社会享用和社会活动的全面性，都取决于时间的节省。一切节约归根到底都是时间的节约。”③

本章主要涉及：《资本论》第1卷：第21章；第3卷：第15、16、17、39、48、51章

---

① 《马克思恩格斯全集》第26卷（Ⅲ），人民出版社1974年版，第281页。
② 《马克思恩格斯全集》第3卷，人民出版社1960年版，第507页。
③ 《马克思恩格斯全集》第46卷（上），人民出版社1979年版，第120页。

第十八章　土地制度和地租

农业发展离不开土地资源。而且农业的进步还依赖于土地的改良和对土地的投资。对此起调节和决定作用的是土地制度和相应的地租。研究土地所有权和地租，是为了“考察资本投入农业而产生的一定的生产关系和交往关系。不作这种考察，对资本的分析就是不完全的。”[①] 马克思的地租理论对于我国现阶段土地使用制度的改革具有重要的指导意义。在社会主义条件下，运用马克思的地租理论，合理地制定土地价格，土地的经营和使用者向土地所有者支付地租，能够促进土地资源的有效流动和优化配置，提高土地资源的利用效率。

第一节　农业发展和土地制度

农业是国民经济的基础，其基本的生产要素是土地资源。农业的发展离不开土地资源的保护和改良，其前提是土地制度的安排。

一、土地对农业发展的意义

土地是“人类世世代代共同的永久的财产”。[②] 尤其是在

① 马克思：《资本论》第3卷，人民出版社2004年版，第694页。
② 马克思：《资本论》第3卷，人民出版社2004年版，第918页。

农业中。农业生产与其他部门的生产相比有一个明显的特点就是受自然条件的影响更为明显。“经济的再生产过程，不管它的特殊的社会性质如何，在这个部门（农业）内，总是同一个自然的再生产过程交织在一起。”① 因此，农业生产是经济再生产过程和自然再生产过程的统一。农业劳动的生产率是和自然条件联系在一起的，并且由于自然条件的生产率不同，同量劳动会体现为较多或较少的农产品。

土地作为一种自然力，是土壤资源、生物资源及气象资源相互作用的综合体现。从产出量高的热带雨林到几乎没有生物生长的戈壁沙漠，土地的自然力提供了人类生存和经济利用的基础。但对土地的经济利用在大多数情况下并非是利用直接的自然生产力，而是土地的生产潜力。狩猎和采集是对自然生产力的直接利用，但农业耕作所利用的就是土地的生产潜力。城市与商业用地几乎与土地的自然生产力没有联系。

数量有限并不可再生是土地最为明显的自然特性。就如马克思说的，“土地是有限的，而有水力资源的土地更是有限的。”② 当土地在经济上使用后便要受到土地的自然特性的影响。第一，由土地数量的有限性决定的，加之土地的不可移动性等因素，从而造成和加剧土地的稀缺，影响着土地价格的波动。第二，农业用地和城市建设用地均有一定的合理利用的集约度，超过合理利用的限度会出现报酬递减现象，从而限制最优、较优土地的无限利用，使土地供求矛盾加剧。第三，土地以多种类型存在，并可以多种利用。第四，农业用地和建设用地需要有一定的生产周期及使用前的基础设施，在生产过程和建筑设施完成后，其用途不宜随时更改，而且往往限于一定的

① 马克思：《资本论》第 2 卷，人民出版社 2004 年版，第 399 页。
② 马克思：《资本论》第 3 卷，人民出版社 2004 年版，第 727 页。

承包、租赁期，因而土地的利用具有滞缓性。

人与土地的关系是社会生产发展的基础，人与土地关系中人与人的关系又是生产关系的基础。土地的功能主要有：（1）土地是一切生物生存的基地。“土地作为劳动的原始活动场所，作为自然力的王国，作为一切劳动对象的现成的武库在一般生产过程中，”① 起着不可替代的作用。（2）土地是人类的衣食之源，直接、间接提供人类所需要的一切生活资料。“一方面，土地为了再生产或采掘的目的而被利用；另一方面，空间是一切生产和一切人类活动的要素。”②（3）土地是财富之母，是生产资料的原始来源。“土地（在经济学上也包括水）最初以食物，现成的生活资料供给人类”③。土地不仅是一种珍贵的自然资源，可以不断地为人类社会提供产品和活动场所，而且是能产出巨大财富和增值价值的经济资产或生产性资本。

二、土地所有制的演进

根据马克思的分析，土地制度有个由分散到集中的演进。土地制度演进不仅取决于农业生产水平，也取决于农业中生产关系的革命。土地制度的核心是土地所有权。“土地所有权的前提是，一些人垄断一定量的土地，把它当作排斥其他一切人的、只服从自己私人意志的领域。”④

前资本主义农业的基本特征是土地所有权的分散化。马克思认为，自耕农的自由小块土地所有制是封建土地所有制解体所产生的一种形式。“在这种生产方式中，土地的占有是劳动

① 马克思：《资本论》第3卷，人民出版社2004年版，第935页。
② 马克思：《资本论》第3卷，人民出版社2004年版，第875页。
③ 马克思：《资本论》第1卷，人民出版社2004年版，第202～203页。
④ 马克思：《资本论》第3卷，人民出版社2004年版，第695页。

者对本人的劳动产品拥有所有权的一个条件；在这种生产方式中，耕者不管是一个自由的土地所有者，还是一个隶属农民总是独立地，作为单独的劳动者，同他的家人一起生产自己的生存资料。"[①] 在这里，土地的所有权是个人独立性发展的基础。

马克思认为这种以小生产为基础的小块土地所有制只是农业本身发展的一个必要的过渡点。这由其弊端来说明："生产资料无止境地分散，生产者本身无止境地分离。人力产生巨大的浪费。生产条件越来越恶化和生产资料越来越昂贵是小块土地所有制的必然规律。"[②] 突出表现在两个方面：

首先，"小块土地所有制按其性质来说排斥社会劳动生产力的发展、劳动的社会形式、资本的社会积聚、大规模的畜牧和对科学的累进的应用"。[③]

其次，在以小块土地所有制为特征的小农业中，耕者必须投资购买土地，因此，"土地价格在这里也就在各项虚假的生产费用中，或在单个生产者的产品价格中构成一个压倒一切的要素"[④]。资本在土地价格上的支出，势必夺去用于耕种的资本。

当资本主义生产方式发展到一定的程度时，必然要打破这种小块土地所有制。资本原始积累推动了土地集中，产生大块土地私有制。农业上的改良要求较大的投资和更多的物质生产条件，这些也促进了小块土地所有权的灭亡。尤其是大工业向农村推进，农业中采用大机器，采用现代科学技术降低了对自然条件的依赖性，更为重要的是导致农业土地制度的革命性变化。马克思在分析机器大工业时指出了农业中使用大机器所产

---

① 马克思：《资本论》第3卷，人民出版社2004年版，第911～912页。
② 马克思：《资本论》第3卷，人民出版社2004年版，第912页。
③ 马克思：《资本论》第3卷，人民出版社2004年版，第912页。
④ 马克思：《资本论》第3卷，人民出版社2004年版，第913页。

生的效果。

大工业在农业领域内所起的革命性作用，使农业摆脱了陈旧的单纯凭传统经验和机械地沿袭下来的经营方式，使之可能按社会化的方式进行经营，并能在一定限度内把农艺学运用到生产中去，从而促进了农业生产力的发展，推动传统农业走向现代农业。农村的工业化的直接后果是推进农村城市化，在农业劳动生产力提高的条件下农业人口向城市汇集，同时使农村发展水平与城市相同。从而为消灭城乡对立、工业和农业的对立提供了物质条件。

农业中使用大机器及采用资本主义生产方式撕断了农业中维系的原始的家庭纽带，使土地所有权和土地经营权完全分离。为土地的规模经营提供了基础条件。马克思认为这种影响是双重的："资本主义农业的任何进步，都不仅是掠夺劳动者的技巧的进步，而且是掠夺土地的技巧的进步，在一定时期内提高土地肥力的任何进步，同时也是破坏土地肥力持久源泉的进步。"① 这就可以解释为什么在现实中农民往往会阻碍农业中使用节约劳动的机械的原因，同时也可以解释土地中使用化肥后对土地所产生的负面效应。

马克思对小土地所有制和大土地所有制的发展效应做了比较分析：在小土地所有制场合，"人口的最大多数生活在农村，占统治地位的不是社会劳动，而是孤立劳动；在这种情况下，财富和再生产的发展，无论是再生产的物质条件还是精神条件的发展，都是不可能的，因而也不可能具有合理耕作的条件。"而在大土地所有制场合，农业人口减少到一个不断下降的最低限量，"又造成一个不断增长的拥挤在大城市中的工业

---

① 马克思：《资本论》第1卷，人民出版社2004年版，第579~580页。

人口。"[①] 马克思从两者的比较中也发现了各自对自然的影响。小土地所有制"更多地滥用和破坏劳动力，即人的自然力，"而大土地所有制"更直接地滥用和破坏土地的自然力。"[②] 这个结论已为当今农村生态和环境破坏的现实所证明。

三、土地资本

在马克思看来，土地制度不仅涉及土地所有权，还涉及土地资本的归属。

土地作为自然力对农业发挥作用，绝不意味着自身不需要得到投入。马克思认为，"没有一块土地是不用投资就提供产品的"。[③] 现实中，"一块已耕土地，和一块具有同样自然性质的未耕土地相比，有较大的价值"[④]。由此就突出了土地资本的概念。马克思把投入土地的资本称为土地资本，其具体内容是："资本能够固定在土地上，即投入土地，其中有的是比较短期的，如化学性质的改良、施肥等等，有的是比较长期的，如修排水渠、建设灌溉工程、平整土地、建造经营建筑物等等。"[⑤] 改良土地会"增加土地产量，并使土地由单纯的物质变为土地资本"[⑥]。

马克思认为土地资本属于固定资本的范畴，既然如此，就有损耗和补偿的问题。同时也就有土地资本的收益问题。土地资本的收益即"为投入土地的资本以及为土地作为生产工具由此得到的改良而支付的利息"[⑦]。这部分收入归谁？是归投

① 马克思：《资本论》第3卷，人民出版社2004年版，第918页。
② 马克思：《资本论》第3卷，人民出版社2004年版，第919页。
③ 马克思：《资本论》第3卷，人民出版社2004年版，第798页。
④ 马克思：《资本论》第3卷，人民出版社2004年版，第699页。
⑤ 马克思：《资本论》第3卷，人民出版社2004年版，第698页。
⑥ 马克思：《资本论》第3卷，人民出版社2004年版，第699页。
⑦ 马克思：《资本论》第3卷，人民出版社2004年版，第698页。

资者，还是归土地所有者？取决于两者之间的斗争，具体反映在租约期间的长短上。

在通常的农业生产过程中，比较短期的投资，毫无例外地由租地农场主进行。而对于农业中的长期投资大部分也是由租地农场主投入的。但是，“契约规定的租期一满，在土地上实行的各种改良，就要作为和实体的即土地的不可分离的偶性，变为土地所有者的财产。”因此，对于土地所有者而言，“他不单是出卖土地，而且是出卖经过改良的土地，出卖不费他分文的投入土地的资本。把真正地租的变动完全撇开不说，这就是随着经济发展的进程，土地所有者日益富裕，他们的地租不断上涨，他们土地的货币价值不断增大的秘密之一。”[①] 当然，土地所有者的这种行为可能挫伤租地农场主对土地投资的积极性，从而成为合理农业的最大障碍之一。

土地供给也有可持续发展问题。“在社会发展的进程中，地租的量（从而土地的价值）作为社会总劳动的结果而增长起来。一方面，随着社会的发展，土地产品的市场和需求会增大；另一方面，对土地本身的直接需求也会增大，因为土地本身对一切可能的，甚至非农业的生产部门来说，都是进行竞争的生产条件。确切地说，只是就真正的农业地租来说，地租以及土地价值会随着土地产品市场的扩大，从而随着非农业人口的增加，随着他们对食物和原料的需要和需求的增加而增长。”[②] 不过，随着社会经济的快速发展，土地自然力的补偿问题不断凸现。土地作为一种自然力，不是取之不尽、用之不竭的，必须建立人们合理利用自然力的有效机制。

在现代经济中针对农业长期落后的问题，有必要高度重视

① 马克思：《资本论》第3卷，人民出版社2004年版，第699~700页。
② 马克思：《资本论》第3卷，人民出版社2004年版，第717~718页。

土地资本的概念，从而重视对土地的投资，特别是长期投资。鼓励对土地投资必须解决好谁投资谁收益的制度问题。

第二节 土地所有权与地租

一、地租是土地所有权的实现

任何形式的地租，都是以土地所有权的存在为前提。"土地所有权的前提是，一些人垄断一定量的土地，把它作为排斥其他一切人的、只服从自己个人意志的领域。"① 地租的本质是由土地所有权的性质决定的，研究地租必须研究土地所有权的形式。

马克思在研究地租问题时提出了两个基本假定：第一个假定是，农业完全受资本主义生产方式的支配，在理论分析上，把其他经济成分（包括个体所有制）抽象掉，马克思说："我们只是在资本所产生的剩余价值的一部分归土地所有者所有的范围内，研究土地所有权的问题。因此，我们假定，农业和制造业完全一样受资本主义生产方式的统治；"② 第二个假定是，"资本的自由竞争、资本由一个生产部门转入另一个生产部门的可能性、同等水平的平均利润等等，都已经十分成熟。"③

地租与土地所有权是两个既相互联系又存在区别的概念。土地所有权是对一定土地的垄断，就是马克思所说的"土地所有权在经济上借以实现即增殖价值的形式"。④ 地租则是土地所有者凭借其土地所有权，获取土地通过投入劳动所创造的

① 马克思：《资本论》第 3 卷，人民出版社 2004 年版，第 695 页。
② 马克思：《资本论》第 3 卷，人民出版社 2004 年版，第 693 页。
③ 马克思：《资本论》第 3 卷，人民出版社 2004 年版，第 693 页。
④ 马克思：《资本论》第 3 卷，人民出版社 2004 年版，第 698 页。

剩余产品的一部分非劳动收入，体现着构成一定社会生产方式的生产关系和土地关系。

马克思认为，一切形态的地租都“是土地所有权在经济上的实现”①，即地租是土地所有者出租他的土地每年获得的超额收入。地租是土地所有权在经济上的实现形式。不同形式的土地所有权，会产生不同形式的地租。但是，“不论地租有的特殊形式是怎样的，它的一切类型有一个共同点：地租的占有是土地所有权借以实现的经济形式，而地租又是以土地所有权，以某些个人对某些地块的所有权为前提。”②

“单纯法律上的土地所有权，不会为土地所有者创造任何地租。”③ 这是因为土地所有权只是赋予土地所有者有权禁止别人无代价地耕种他的土地，当土地没有出租时，不存在地租收入，这种权利在经济上也就没有任何意义。因此，土地所有权在经济上的实现，必须以土地所有权与土地经营使用权相分离，前者使土地真正投入利用为前提。当然，一切土地所有权都要求通过地租来实现它。如果土地所有者对土地使用者不收地租或收不到地租，就等于否定了自己的土地所有权，这可以说也不符合地租规律。因此，有土地所有权不一定就有地租，而只要有地租，不论何种形式，都必然是以土地所有权为基础的。

就商品生产和地租的关系来说，地租的特征不在于商品生产，而在于土地所有权。商品货币关系只是资本主义地租实现的经济条件。马克思说：“地租的特征是：随着农产品作为价值（商品）而发展的条件和它们的价值的实现的条件的发展，土地所有权在这个未经它参与就创造出来的价值中占有不断增

① 马克思：《资本论》第3卷，人民出版社2004年版，第715页。
② 马克思：《资本论》第3卷，人民出版社2004年版，第714页。
③ 马克思：《资本论》第3卷，人民出版社2004年版，第853页。

大部分的权力也发展起来，剩余价值中一个不断增大的部分也就转化为地租。”①

在不同社会中，由于土地所有权性质的不同，土地所有者获取地租的方式、数量也就存在差别。封建地主获取地租，除了凭借土地所有权外，还要依靠“超经济的强制”，强行掠夺农民各种剩余劳动产品。资本主义地租体现了农业中资本主义的生产关系。在农业中，存在“三个并存的而又互相对立的阶级——雇佣工人、产业资本家、土地所有者”。② 农业雇佣工人是实际耕种土地的劳动者，也是剩余价值的创造者。农业资本家为了把农业作为投资的场所，从土地所有者那里租入土地，为此，他必须在一定期限内按照契约的规定支付给土地所有者一定数量的货币额。因此，“一切地租都是剩余价值，是剩余劳动的产物”③，农业工人创造的剩余价值，一部分被农业资本家以平均利润形式占为己有，而超过平均利润的部分，则被农业资本家作为租用土地的报酬，以地租的形式交纳给土地所有者。可见，地租既体现了土地所有者和农业资本家共同剥削农业雇佣工人的关系，同时，也体现了农业资本家和土地所有权在分割剩余价值上的关系。地租的数量不再是农民全部剩余劳动产品或部分必要劳动产品，而是农业工人创造的剩余价值的一部分，即超过平均利润的部分。所以，马克思说：“现代意义的地租，……是超过平均利润即超过每个资本在社会总资本所生产的剩余价值中所占的比例部分而形成的余额的地租。”④

---

① 马克思：《资本论》第 3 卷，人民出版社 2004 年版，第 720 页。
② 马克思：《资本论》第 3 卷，人民出版社 2004 年版，第 698 页。
③ 马克思：《资本论》第 3 卷，人民出版社 2004 年版，第 715 页。
④ 马克思：《资本论》第 3 卷，人民出版社 2004 年版，第 885 页。

二、地租和租金

尽管地租是超额利润的转化形式，是剩余价值的一部分。但不能反过来说，一切剩余价值都是地租。马克思在分析了剩余价值和利润存在的一般条件后认为，这些条件只适用于剩余价值本身，“因此它们不能说明地租”。[①] 不能把对剩余价值和利润一般条件的分析用来代替对地租的分析。

资本主义地租只能是平均利润以上的余额。农业资本家投资经营农业，同投资于其他部门一样，要求获得平均利润，否则，他就不会去经营农业。土地归土地所有者所有，任何人要使用归他所有的土地，都必须交纳一定的地租，否则，他宁愿让土地荒芜。

凡是交纳给土地所有者的货币额，通常统称为地租。其实，这个货币额应该称为租金。因为在租金中，不仅包含真正的地租部分，还包括其他的成分，如土地上建筑物的利息等。马克思说：“真正的地租是为了使用土地本身而支付的，不管这种土地是处于自然状态，还是已被开垦。”[②] 这是狭义的地租，是纯粹为土地的所有权（不考虑其他因素）而支付的代价。租金是农场主为了取得土地的经营权向土地所有者支付的全部货币额，即广义的地租。“租地农场主为了获得经营土地的许可而以租金形式支付给土地所有者的一切，实际上都表现为地租。”[③] 租金即广义的地租，除包括狭义的地租外，还包括一些其他因素：

第一，土地资本的折旧和利息，是租金的重要部分。土地资本是由租地农业资本家投资的，但租约期一到，土地上尚未

---

① 马克思：《资本论》第 3 卷，人民出版社 2004 年版，第 717 页。
② 马克思：《资本论》第 3 卷，人民出版社 2004 年版，第 699 页。
③ 马克思：《资本论》第 3 卷，人民出版社 2004 年版，第 704 ~ 705 页。

收回的各种投资，就全部归土地所有者拥有。当重新签订租约时，土地所有者就会把这部分资本的利息和折旧加到地租中去，导致地租和土地价格的上涨。这样，土地所有者不费任何代价地将社会发展的成果据为己有，这是合理农业的最大障碍之一。这种现象反映出土地所有者与农业资本家之间的深刻矛盾：土地所有者为了占有农业资本家的投资，总是企图缩短租期，而农业资本家则总是力图避免较长期、在租期内无法收回的投资，并采取各种办法掠夺土地的肥力，这样就阻碍了农业的发展。由此得到的启示是，在我国现阶段实行土地承包制，为了鼓励农民向土地投资，就应该延长土地承包期。

第二，平均利润和工资的部分扣除。“在租金里面，还可能有一部分，在一定场合，……是来自平均利润中的扣除，或来自正常工资中的扣除，或同时是来自这二者中的扣除。”① 在资本主义农业中，“有一定数量的小资本家，他们受制于和迫于教育、教养、传统、竞争以及其他条件，不得不作为租地农民把自己的资本投到农业上。他们被迫满足于平均利润以下的利润，并把其中一部分以地租形式交给土地所有者。”② 与此同时，由于劳动力相对过剩，“真正农业工人的工资被压低到它的正常平均水平以下，以致工资的一部分由工人手中扣除下来，形成租金的一个组成部分”，③ 由农业资本家转交给土地所有者。这是在某些特殊情况下，租地农场主被迫以高昂的租金为条件，以获得低于平均利润率的利润，并将农业工人的工资压低到正常水平以下为代价租种土地的结果。

第三，特殊条件造成的垄断价格的收入。因为存在土地垄断，社会若不接受这样的价格，将会有一部分土地（从最劣

① 马克思：《资本论》第 3 卷，人民出版社 2004 年版，第 705 页。
② 马克思：《资本论》第 3 卷，人民出版社 2004 年版，第 705 ~ 706 页。
③ 马克思：《资本论》第 3 卷，人民出版社 2004 年版，第 707 页。

等地开始）退出使用。土地产品的供给因而减少，其价格自然又会回到垄断价格的高度上来。马克思认为，在考察土地的租金时，“必须牢牢记住，那些本身没有任何价值，即不是劳动产品的东西（如土地），或者至少不能由劳动再生产的东西（如古董，某些名家的艺术品等等）的价格，可以由一些结合在一起的非常偶然的情况来决定。”① 这里涉及一种特殊条件下的地租。某些土地具有特殊优越的条件（如埋藏有珍贵矿石等），能够生产特殊品质的产品，并能以垄断价格出售。在特殊条件下，土地产品的价格无须参加竞争，而且必须上涨到既能容纳级差地租，又能容纳绝对地租的高度，形成一种垄断价格。因此，这种土地的租金就非常高。但这部分租金不是由土地所有权决定的，而是由特殊条件下的垄断价格决定的。

第三节　级差地租

级差地租是等量资本投在面积相等的土地上具有不同的生产率所形成的、由个别生产价格和社会生产价格的差额所构成的超额利润转化而成的地租形式。土地的差异性和有限性，是形成地租的自然基础。只有在此基础上，通过垄断经营，才能形成级差地租。级差地租存在两种形式，即级差地租Ⅰ和级差地租Ⅱ。

一、级差地租的形成与基本规定

农业土地生产力的差别是多样的，但大体上可分为劣等、中等和优等三种类型。事实上，土地的等级差别直接制约着人类劳动生产率的发挥。人类劳动特别是农业劳动，要受到自然

① 马克思：《资本论》第3卷，人民出版社2004年版，第714页。

条件的制约。在农业劳动中，自然条件的作用却具有独特的性质，“在农业中（采矿业中也一样），问题不仅涉及劳动的社会生产率，而且涉及由劳动的自然条件决定的劳动的自然生产率。”[①] 马克思在这里所说的“劳动的自然生产率”，也叫做“受自然制约的劳动生产力”，即在同样的社会经济技术条件下，由于土地存在劣、中、优等的不同，等量劳动会具有不同效率。土地是有限的，而有优越条件的土地更是有限的，因此，在劳动生产率上的体现就显得尤为突出。

对一般商品而言，在竞争中形成的价格基本上是平均水平的。农产品的市场价格则不同，“不提供地租的最坏土地的生产价格，总是起调节作用的市场价格”[②]。这就是说，以最劣等地的，也就是最高的个别生产价格，作为全体农产品的市场价格，“这种土地产品的个别生产价格低于调节市场的生产价格，因此，就产生了超额利润，超额利润就转化为地租。”[③] 也只有这样才可能有超额利润存在。这个起决定作用的最劣等地的个别生产价格来自一般的社会平均利润率，因而与社会生产价格水平是一致的。马克思说：“如果我们把调节市场的一般生产价格叫做P，那么，P是和最坏土地A的产品的个别生产价格相一致的；也就是说，这种价格将补偿生产中消耗的不变资本和可变资本加上平均利润（=企业主收入加上利息）。”[④] 据此，如果把社会平均利润率写作r，把最坏土地上每单位（比如每公斤）土地产品（比如说谷子）的投资即“生产中消耗的不变资本和可变资本”写作Y，把最坏土地上每单位产品的个别生产价格写作P，那么，按生产价格的含义就可知：

① 马克思：《资本论》第3卷，人民出版社2004年版，第867页。
② 马克思：《资本论》第3卷，人民出版社2004年版，第742页。
③④ 马克思：《资本论》第3卷，人民出版社2004年版，第846页。

$$P = Y \cdot (1 + r)$$

由于优等地的产量高，成本低；其他土地的产量低，成本高（这里暂且只分析优等地和其他土地的差别）。因此可以通过具体的例子进行分析。假定优等地的资本为 90 元，其他土地的资本为 100 元，投资全部进入成本，社会平均利润率为 10%，这样，优等地单位产品的个别生产价格就是：

90 元 ×（1 + 10%）= 99（元）

其他土地单位产品的个别生产价格是：

100 元 ×（1 + 10%）= 110（元）

在上述情况下，如果农产品的社会生产价格由其他（一般）土地产品的个别生产价格即 110 元决定，那么，优等地的产品按这个生产价格出卖，就能够获得 11 元（= 110 元 − 99 元）的超额利润。并且，优等地由于其有限性，可以形成一种垄断地位，从而能稳定地取得超额利润，从而构成级差地租的实体。正如马克思所说：级差地租"总是产生于支配着一种被垄断的自然力的个别资本的个别生产价格和投入该生产部门的一般生产价格之间的差额"。[①]

不同等级土地的自然肥力不同，导致同量投资而所获产量不同，从而产生各级土地不同的个别生产价格。马克思说："级差地租是由于农耕发展各级土地自然肥力的差别而产生的（这里还是把土地的位置撇开不说），就是说，它的产生是由于最好土地面积有限，是由于等量资本必须投在对等量资本提供不等量产品的不同的各级土地上。"[②] 这样，形成级差地租的超额利润，"总是作为两个等量资本和劳动的产品之间的差额而产生出来。如果两个等量资本和劳动被使用在等面积土地

① 马克思：《资本论》第 3 卷，人民出版社 2004 年版，第 728 页。
② 马克思：《资本论》第 3 卷，人民出版社 2004 年版，第 742 页。

上而产生的结果不等，这个超额利润就转化为地租。”① 那么，上述超额利润从何而来呢？“它来自和一种自然力的利用结合在一起的劳动的较大的自然生产力，但这种自然力不像蒸汽的压力那样，在同一生产部门可供一切资本自由支配，……这种自然力是一种可以垄断的自然力。”② 由于土地的自然生产力是有差别的，所以，等量资本投入品质不同面积相等的地块所生产的同一农产品的产量显然是不同的，因而单位产品的成本价格也是不相同的。

土地的差别性和有限性特别是优等地的有限性，只是形成级差地租的自然基础。马克思说：“自然力不是超额利润的源泉，而只是超额利润的一种自然基础。”③ “如果对**地租**有正确的理解，自然首先会认识到，地租不是来自土地，而是来自**农产品**，也就是来自劳动”④。资本主义的级差地租是剩余价值的一种转化形式，它的源泉来自农业雇佣工人的剩余劳动。只有在此基础上，通过土地使用权的垄断，级差地租才能得以实现。马克思说：“土地和矿山的产品像一切其他商品一样，是按照它们的生产价格出售的。”⑤ 即：生产价格 = 成本价格 + 平均利润。由于土地特别是优等土地是有限的，因此，谁租种了条件好的土地，就获得了一种使用垄断权，它排斥别人进入这个领地，使别人只能租种较差的土地。而不管租种多么差的土地，对农业资本家来讲至少要获得平均利润。如果得不到平均利润，他就把资本转移到别的部门去了。这时，农产品的供应就会减少，引起价格上涨，直到经营劣等地的“资本主义

① 马克思：《资本论》第 3 卷，人民出版社 2004 年版，第 731 页。
② 马克思：《资本论》第 3 卷，人民出版社 2004 年版，第 726 页。
③ 马克思：《资本论》第 3 卷，人民出版社 2004 年版，第 728 页。
④ 《马克思恩格斯全集》第 26 卷（Ⅱ），人民出版社 1973 年版，第 158 页。
⑤ 马克思：《资本论》第 3 卷，人民出版社 2004 年版，第 721 页。

的租地农场主恰好利用这个价格来补偿已经用掉的资本加上平均利润；简单说来就是，市场价格对他提供了他的商品的生产价格。”[①] 因此，构成级差地租的超额利润的形成，与土地所有权没有关系。农业土地生产力所存在的劣、中、优的差别，内含着承认租种劣等地的农场主也有获得平均利润的必要和权力。这个权力，也是对土地的经营垄断权的一个表现。土地所有权只是将已经形成的超额利润从农业资本家那里作为级差地租瓜分到自己手里。马克思在谈到利用瀑布生产创造超额利润时指出：“土地所有权并不创造那个转化为超额利润的价值部分，而只是使土地所有者，即瀑布的所有者，有可能把这个超额利润从工厂主的口袋里拿过来装进自己的口袋。它不是使这个超额利润创造出来的原因，而是使它转化为地租形式的原因”[②]。

由于土地经营权的垄断，超额利润不参加利润平均化。因为若参加利润平均化，利润都被平均了，也就没有超额了，从而也就不会有级差地租。超额利润不可能单独存在。因此，超额利润，不被平均化，就证明农产品的利润不参加利润平均化。因此，农产品（或说土地产品）的所谓生产价格，它所根据的平均利润率是在农业以外形成的。马克思说：“不应忘记，一般利润率并不是均衡地由**所有**生产部门的剩余价值决定。不是农业利润决定工业利润，而是相反。”[③] 他在论及级差地租时提出：“很明显，这种地租总是级差地租，因为它不参加商品的一般生产价格的形成，而是以这种生产价格为前提。”也就是说，除农业以外，全社会一切商品通过竞争所形成的平均利润率，被农业作为没有它参加就已存在的既定的

① 马克思：《资本论》第3卷，人民出版社2004年版，第848页。
② 马克思：《资本论》第3卷，人民出版社2004年版，第729页。
③ 马克思：《资本论》第3卷，人民出版社2004年版，第737页。

前提。

马克思认为，由劣等条件决定的社会生产价格与个别生产价格的差额构成的超额利润（级差地租），是一种“虚假的社会价值”。他在分析价值向社会生产价格的转化时曾经提出，整个社会商品的价值与生产价格的总量是一致的。其实，这种情况只适用于能够自由竞争的工业加工制品。至于农业，由于土地的有限性，阻碍了资本向农业的自由转移和竞争，其总产品的市场价值或社会生产价格的总额是超过实际的生产价格或个别生产价格的总额的。从表层看，虚假的社会价值的产生，不符合价值规律的客观要求。实际上恰恰相反，“虚假社会价值”正是价值规律发生作用的结果。马克思说：“这是由在资本主义生产方式基础上通过竞争而实现的市场价值所决定的；这种决定产生了一个虚假的社会价值。这种情况是由市场价值规律造成的。土地产品受这个规律支配。”[①] 由于土地有限，好地更有限，当较好土地被某些资本家经营后，就形成了对土地的经营垄断。而它们的产品又不能满足市场需求，这就要求劣等地也参加耕种。不过，经营劣等地的资本家同样要求获得平均利润。因此，农产品的社会生产价格必须由劣等生产条件的个别生产价格决定。各级土地的产品都按照社会生产价格出售，必然会在个别生产价格或社会生产价格之间产生一个差额，形成超额利润。只要存在商品货币关系，价值规律在农业这个特殊生产部门就必然发生作用，“虚假的社会价值”就必然存在。即使国家实现了土地国有化，农产品的“虚假的社会价值”也不会消失。因为价值规律还必然在全社会范围内起作用，仍然存在着土地所有权的垄断和土地经营权的垄断。因此，因土地肥力和土地位置的差别而形成的不同土地的收益

① 马克思：《资本论》第3卷，人民出版社2004年版，第744～745页。

差别，仍然会表现为级差地租。

二、级差地租的第一形式（级差地租Ⅰ）

级差地租Ⅰ是等量资本投在面积相等的不同地块上，具有不同生产率而形成的级差地租。土地的肥沃程度的差别和位置的差别，是形成等量资本的生产率的差别，从而是形成级差地租的主要因素。

（一）级差地租Ⅰ形成的条件

级差地租Ⅰ是与土地肥力和位置的差别相联系的级差地租形式。“级差地租的这两个不同的原因，肥力和位置，其作用可以是彼此相反的。一块土地可能位置很好，但肥力很差；或者情况相反。”[①] 当然，也有发生相同作用的。土地的肥力和位置这两个因素会随着经济的发展而变化。

土地的肥力首先是指自然肥力，“撇开气候等要素不说，自然肥力的差别是由表层土壤的化学结构的差别，也就是由表层土壤所含植物养分的差别形成的。”不过，“在自然肥力相同的各块土地上，同样的自然肥力能被利用到什么程度，一方面取决于农业中化学的发展，一方面取决于农业中机械的发展。这就是说，肥力虽然是土地的客体属性，但从经济学方面说，总是同农业中化学和机械的发展水平有关系，因而也随着这种发展水平的变化而变化。”[②]

土地位置对农业生产也有重要的影响。经营的土地离市场较近的农业资本家可以稳定地获得超额利润，从而形成级差地租Ⅰ。土地的位置是指土地距离市场的远近，它不仅包括自然地理上的绝对距离，还包括由交通运输条件等决定的相对距

① 马克思：《资本论》第3卷，人民出版社2004年版，第733页。
② 马克思：《资本论》第3卷，人民出版社2004年版，第733页。

离。经营离市场近的土地比经营离市场远的土地，所需的流通费用要少，农产品成本要低。“土地的**位置**。这一点对殖民地来说是一个决定性的因素，并且一般说来，各级土地耕种的序列就是由此决定的。”① 不过，土地位置的好坏是相对的，随着交通运输业的发展和中心城市的建立，位置差的土地可以变成位置好的土地，位置好的土地可以变成位置差的土地。并且随着社会生产的发展，一方面，由于地方市场的开辟以及先进交通工具的采用，会使土地位置上的差别缩小；另一方面，由于农业和工业的分离以及大的生产中心的形成，又会使土地的地区位置差别扩大。

（二）级差地租Ⅰ的形成

由于土地肥力在不同的发展阶段上是不同的，因此，必须假定农业处于一定的发展阶段，土地的等级是按照这个发展阶段评定的，对同时在不同土地上进行的各级投资来说，情况当然也是如此。这时，级差地租就可以用一个上升或下降的序列来表示。

对于级差地租Ⅰ的形成，可以按照级差地租一般特性，举例进行分析。假定三个农业资本家分别租种优等、中等、劣等三块面积相等的土地，各用 1 000 元资本，分别投入劣等、中等和优等三块面积相等的土地上，生产的农产品分别为 8 担、10 担、12 担。假定社会平均资本利润率为 20%，这样，三个农场主获得的平均利润均为 200 元。按照生产价格（成本价格 + 平均利润）的规定，优、中、劣三块地分别生产的农产品的个别生产价格的总和都是 1 200 元，但单位（每担）农产品的个别生产价格却依次为 1 200 元 ÷ 8 担 = 150 元（劣等地），1 200 元 ÷ 10 担 = 120 元（中等地），1 200 元 ÷ 12 担 =

① 马克思：《资本论》第 3 卷，人民出版社 2004 年版，第 732 ~ 733 页。

100 元（优等地）。可是，与土地的有限性相联系的资本主义经营垄断，决定了农产品的社会生产价格由劣等地产品的个别生产价格来决定（调节），即每担农产品的社会生产价格为150 元。按这个社会生产价格出卖的结果，中等地每担农产品获得超额利润 30 元，10 担共获得 300 元；优等地每担农产品获得超额利润 50 元，12 担共获得 600 元。这些超额利润就构成级差地租Ⅰ。如表 18－1 所示。

表 18－1　　级差地租Ⅰ的形成　　单位：元

土地等级	投资	平均利润	产量	个别生产价格		社会生产价格		级差地租
				全部产品	每担	全部产品	每担	
劣等地	1 000	200	8	1 200	150	1 200	150	0
中等地	1 000	200	10	1 200	120	1 500	150	300
优等地	1 000	200	12	1 200	100	1 800	150	600

以上分析的序列是序列的一种，至于其他序列，只是具体情况有些差异，分析所运用的原理是一样的。级差地租Ⅰ的产生和土地的耕种序列没有关系。一个国家或地区土地的耕种，可以是逐渐由优到劣，也可以是由劣到优，也可以是交叉推进，但都不影响级差地租的形成。“级差地租和已划为某一等级的级差地租的存在，可以按下降的序列，即由较好土地到较坏土地的序列形成，也可以反过来，按上升的序列，即由较坏土地到较好土地的序列形成，还可以按两个方向相互交叉的序列形成”。①

级差地租Ⅰ与农产品价格的变动趋向没有必然的关系。“按照级差地租的形成方式，级差地租在土地产品价格不变、上涨和下降时都可以形成。”②“因此，无论价格不变，还是价

① 马克思：《资本论》第 3 卷，人民出版社 2004 年版，第 742 页。
② 马克思：《资本论》第 3 卷，人民出版社 2004 年版，第 742 页。

格上涨，无论由较坏土地不断推进到较好土地，还是由较好土地不断退向较坏土地，级差地租总是同样发展和增加。"①级差地租的"条件只是土地等级的不同。在涉及到生产率的发展时，级差地租的前提就是：土地总面积的绝对肥力的提高，不会消除这种等级的不同，而是使它或者扩大，或者不变，或者只是缩小"②。

马克思说："关于级差地租，一般应当指出：市场价值始终超过产品总量的总生产价格。"③ 如表 18－1 所示，劣、中、优三块地所生产的 30 担农产品的社会生产价格或市场价值（这里等于出售价格）的总额为 4 500 元，而实际的生产价格或个别生产价格的总额为 3 600 元。这是社会为生产农产品而付出的实际成本（3 000 元）加上应得的平均利润（600 元），它们构成农产品的实际价值。可是，由于农产品的社会生产价格或市场价值由劣等地决定，使社会购买农产品的支出增加了 900 元，这 900 元是社会的购买价格超出实际价值的余额。正是这个超出实际价值的余额，形成级差地租的实体。马克思说："被当作消费者来看的社会在土地产品上过多支付的东西，社会劳动时间实现在农业生产上时形成负数的东西，现在对社会上的一部分人即土地所有者来说却成了正数。"④

（三）总地租、平均地租和平均地租率的变动

上面对级差地租Ⅰ的形成进行了分析，接下来，有必要从总量上进行进一步的研究。在总耕地面积中，各级土地所占的比例以及这种比例的不同变化，还会影响平均地租和平均地租率的变化。一国的平均地租等于总地租除以总耕地面积，平均

---

① 马克思：《资本论》第 3 卷，人民出版社 2004 年版，第 737 页。
② 马克思：《资本论》第 3 卷，人民出版社 2004 年版，第 743 页。
③ 马克思：《资本论》第 3 卷，人民出版社 2004 年版，第 744 页。
④ 马克思：《资本论》第 3 卷，人民出版社 2004 年版，第 745 页。

地租率等于总地租除以总投资额，或等于平均地租除以平均投资额。

在马克思看来，重要的是要研究地租总额的大小，以及平均地租和平均地租率的高低。“地租的量，一个国家的地租总额，会在个别地段的价格，或者地租率，或者甚至个别地段的地租量都不增加的情况下，随着投资的量一起增加；在这种情况下，地租的量会随着耕种面积的扩大而增加。这种增加，甚至可能和个别土地的地租的下降结合在一起。”① 因此，要研究在各级土地的相对肥力不变的情况下，各级土地的增加及其比例的变化，对总地租、平均地租和平均地租率的影响。

不同级别土地的增加情况是极为复杂的，可以有各种不同的组合。马克思经过举例分析后认为，在一定条件下，土地产品的价格实质上都保持不变。他说：“我们把地租率理解为转化为地租的剩余价值部分和生产土地产品的预付资本之间的比率。这个地租率，和超额产品对总产品的比率是不同的，因为总产品不包括全部预付资本，也就是说，不包括继续与产品并存的固定资本。不过，这里的意思是：在提供级差地租的各级土地上，产品中一个越来越大的部分将转化为多余的超额产品。在最坏土地上，土地产品价格的提高才造成地租，并从而造成土地价格。”② 这样，“只要耕地的扩大不是仅仅限于那些不支付地租的最坏土地，那么，地租总额就会随着这种扩大而增加。”③ 总地租就是各级土地提供的地租总量。

马克思认为，对级差地租Ⅰ的分析有必要做进一步补充。当然，这些补充对于级差地租Ⅱ也是适用的：第一，每英亩的平均地租或按资本计算的平均地租率，可以在耕地扩大、价格

① 马克思：《资本论》第3卷，人民出版社2004年版，第879页。
② 马克思：《资本论》第3卷，人民出版社2004年版，第878页。
③ 马克思：《资本论》第3卷，人民出版社2004年版，第749页。

不变和耕地的肥力差额不变时提高；第二，耕地的扩大，或者是向较坏土地发展，或者是根据各级土地出现的情况，按不同的比例向各级土地发展；第三，下面的假定是错误的：殖民地、一般来说年轻的国家，可以按比较便宜的价格出口谷物，所以，那里的土地必然具有较大的自然肥力；第四，耕种扩大到较大的土地面积上，从来不是以谷物价格的预先上涨为前提，即使在平均价格的情况下，农业也会发生相对的生产过剩。平均地租会和总地租发生方向不同的变化。在土地面积的扩大中，如果不提供地租或只提供少量地租的土地占优势，平均地租和平均地租率就会下降；在相反的情况下，平均地租和平均地租率就会上升。

三、级差地租的第二形式（级差地租Ⅱ）

级差地租Ⅱ是在同一块土地上，连续投入等量资本产生不同的生产率形成的地租。由于农产品的生产价格由劣等地来调节，只要在同一块土地上连续投资所产生的生产率，高于劣等地的生产率，所生产的农产品生产价格低于劣等地的生产价格，就可以产生级差地租Ⅱ。

（一）级差地租Ⅱ的一般性质

不管是级差地租Ⅰ，还是级差地租Ⅱ，从本质上看，都是由投在土地上的资本所具有的不同生产率的结果。级差地租Ⅰ是各个等量资本同时投在不同地块上，具有不同生产率的结果。级差地租Ⅱ是等量资本连续投在同一块土地上，具有不同生产率的结果。从这点来说，二者是毫无区别的。马克思说："级差地租Ⅱ只是级差地租Ⅰ的不同的表现，而实质上二者是一致的。"①"级差地租实质上终究只是投在土地上的等量资本

① 马克思：《资本论》第3卷，人民出版社2004年版，第763页。

所具有的不同生产率的结果。”①

级差地租Ⅱ是级差地租Ⅰ的发展形式。级差地租Ⅰ是与土地的肥力和位置的差别相联系的。级差地租Ⅱ除了土地肥力和位置的差别外，还同各个资本家所拥有的资本量相联系。资本家拥有的资本量大小，对级差地租Ⅱ的形成有重要的影响。在工业中，每个部门都有一个最低限度的资本额，达不到这个最低限度，就无法从事经营。同样，每个部门又会形成一个大多数资本家拥有的超过最低限度的平均资本量。大于平均资本量的资本，表明它的生产条件好，从而可以获得超额利润；小于平均资本量的资本，连平均利润也难以获得。但是，农业部门的情况则不同。由于农产品的社会生产价格不是由平均生产条件而是由劣等生产条件产品的个别生产价格决定的，所以，只要拥有最低限度的资本量，就可以获得平均利润。如果资本量高于这个最低限额，就能获得超额利润；拥有的资本量越大，获得的超额利润就越多，由此而转化成的级差地租Ⅱ也越多。因此，“级差地租Ⅱ的基础和出发点，不仅从历史上来说，而且就级差地租Ⅱ在任何一定时期内的运动来说，都是级差地租Ⅰ”②。

在资本主义生产方式的初期，由于农业以粗放经营为主，土地肥力和位置的差别，是形成超额利润的主要因素，所以那个阶段的级差地租主要是第Ⅰ形式。后来，随着农业由粗放经营转向集约经营，投资量的大小成为形成超额利润的主要因素，因此，级差地租Ⅱ成为这个阶段的重要形式。“按照耕作的自然规律，当耕作达到一定的水平，地力已经相应地耗尽的时候，资本（在这里同时指已经生产出来的生产资料）就成

① 马克思：《资本论》第3卷，人民出版社2004年版，第759页。
② 马克思：《资本论》第3卷，人民出版社2004年版，第761页。

为土地耕作的决定要素。”[①] 当已耕地同未耕地相比只占较小面积、地力还没有枯竭的时候，资本以粗放的方法投在土地上；而当已耕地同未耕地相比比例不断上升、土地资源日趋紧张的时候，“这种粗放耕作的可能性，自然会或快或慢地消失”[②]，资本必须以集约的方法投在土地上，提高资本投入效率，做到可持续发展。因此，实现粗放经营向集约经营的转变，是提高土地投资回报率的前提。马克思说：“一开始就要记住：级差地租Ⅰ是作为出发点的历史基础。另一方面，级差地租Ⅱ的运动，在任何一定的瞬间，都只是出现在这样一个领域内，这个领域本身又是级差地租Ⅰ的形形色色的基础。”[③]

（二）级差地租Ⅱ的形成

仍然通过具体例子来分析级差地租Ⅱ的形成。在考察级差地租Ⅰ时曾经假定，三个农业资本家分别租种优等、中等、劣等三块面积相等的土地，各用1 000元资本，分别投在劣等、中等和优等三块面积相等的土地上。它们由于土地肥力或位置不等而获得不等的利润。级差地租Ⅱ的情况也相似，只不过投资方法有了变化。现在假定原来投在优等、中等、劣等级土地上的1 000元资本，分为三个相等的价值部分，连续投在同一块优等土地上，平均利润率为20%。优等地第一次投资1 000元，增产农产品的产量为12担，高于劣等地4担，形成的级差地租Ⅱ600元；第二次投资1 000元，增产农产品的产量为10担，高于劣等地2担，形成级差地租Ⅱ300元；第三次投资的产量为8担，由于第三次投资的生产率与决定农产品社会生产价格的劣等地投资的生产率相同，因而只提供平均利润，没有超额利润，从而也不形成级差地租。表18－2说明了其形成

① 马克思：《资本论》第3卷，人民出版社2004年版，第762页。
② 马克思：《资本论》第3卷，人民出版社2004年版，第756～757页。
③ 马克思：《资本论》第3卷，人民出版社2004年版，第762页。

过程。

表 18－2　　级差地租Ⅱ的形成　　单位：元

土地等级	投入资本	平均利润	产量（担）	个别生产价格		社会生产价格		级差地租
				全部产品	每担	全部产品	每担	
劣等地	1 000	200	8	1 200	150	1 200	150	
优等地	第 1 次投入资本 1 000	200	12	1 200	100	1 800	150	600
	第 2 次投入资本 1 000	200	10	1 200	120	1 500	150	300
	第 3 次投入资本 1 000	200	8	1 200	150	1 200	150	

上面的分析表明，就作为级差地租实体的超额利润的形成来说，级差地租Ⅱ与级差地租Ⅰ是相同的。它同样是投在土地上的各个等量资本具有不同生产率的结果，同样是由农产品的个别生产价格与社会生产价格之间的差额而产生的。因此，等量资本不论是同时投在肥力不同的土地上还是相继投在同一土地上，由于它们的产量不同，其中的一部分不会提供超额利润，其他部分则会按照它们的收益与不提供地租的投资收益之间的差额，提供数量不同的超额利润。马克思说："资本各价值部分的超额利润和不同的超额利润率，在这两种场合都是按同样的方式形成的。地租无非是这个形成地租实体的超额利润的一种形式。"①

（三）最劣等土地的级差地租

上面分析级差地租的形成时，均以劣等地没有级差地租为前提。这是理论抽象分析的需要。但不能因此认为，劣等地没有级差地租。事实上，劣等地同样可以产生级差地租，而且劣等地也有级差地租Ⅱ。马克思说："只要级差地租Ⅱ通过连续的投资而产生出来，上涨的生产价格的界限，就能够由较好土

① 马克思：《资本论》第 3 卷，人民出版社 2004 年版，第 760 页。

地来调节；这时，构成级差地租Ⅰ的基础的最坏土地也能够提供地租。因此，单纯就级差地租来说，所有的已耕地都会提供地租。”①

因为级差地租Ⅱ是由于在同一块土地连续投入同量资本，而导致的不同生产率所形成的地租，那么，只要在劣等地上连续投资，也会产生不同的生产率，从而形成级差地租Ⅱ。当在劣等地上追加等量投资所产生的生产率低于初始投资的生产率时，农产品的社会生产价格就会下调，改由追加投资所生产的农产品的生产价格来调节，初始投资产生了超额利润，从而形成了级差地租Ⅱ。最劣等土地级差地租可以从三个方面来分析：（1）较好土地某一追加投资的生产率下降到劣等地以下，使劣等地形成级差地租；（2）最坏土地追加投资的生产率高于初始投资的生产率，从而形成级差地租；（3）最坏土地追加投资的生产率低于初始投资的生产率，同样可以形成级差地租。上述三种情况，都要以社会对农产品的增加为条件。但不管哪种情况，劣等地级差地租的形成，都要以投入土地的同等投资具有不同的生产率为前提。

四、级差地租与土地投资

如果说级差地租Ⅰ的产生，主要是扩大耕地面积实行粗放经营的话，那么，级差地租Ⅱ的产生多则是实行集约经营的方法，在同一地块上投入较多的资本，以便采用先进的技术和管理手段，加强技术装备，以提高单位面积产量和总的生产率，从而产生超额利润，形成级差地租Ⅱ。级差地租Ⅱ不同于级差地租Ⅰ的主要标志，在于后者是以土地的自然条件或自然生产力的差异为基础，而前者则是以技术经济条件或社会生产力的

① 马克思：《资本论》第3卷，人民出版社2004年版，第836页。

差别为前提。从级差地租Ⅱ的运动来看，它也是以级差地租Ⅰ为基础的。追加投资能否产生超额利润（级差地租Ⅱ的实体），产生多少，都只有在同劣等地投资的生产率的比较中才能确定。只有追加投资的生产率高于劣等地的生产率，才能产生超额利润，形成级差地租Ⅱ。级差地租Ⅱ与级差地租Ⅰ的本质差别主要表现在投资方式和租约方式上。

从投资方式的角度看，在级差地租Ⅰ的场合，资本是向不同的地块扩散，它一般是与农业的粗放经营相联系的，“资本以粗放的方法投在较大的土地面积上。”① 投资额的大小还没有成为农业耕作的决定要素；在级差地租Ⅱ的场合，资本是向同一地块集中，它一般是与农业的集约经营相联系的，“在经济学上，所谓集约化耕作，无非是指资本集中在同一块土地上，而不是分散在若干毗连的土地上”。② 这时，投资额的大小成为决定要素。所以，“在级差地租的第Ⅱ形式上，除了肥力的差别，还有资本（以及获得信用的能力）在租地农场主之间的分配上的差别。”③

由于级差地租Ⅱ在投资方式和租约方式上，比级差地租Ⅰ更为复杂，因此，能够产生多种不同的组合。于是，马克思在《资本论》第3卷中，用3章（即第41、42、43章）的篇幅，通过对级差地租Ⅱ的各种组合，即3种主要情况和9种派生情况的分析，研究了级差地租Ⅱ在各种具体条件下如何形成，以及它的量又是如何变化的，从而揭示了级差地租Ⅱ运动变化的规律性。

1. 超额利润可以以不同方法形成。其一，以级差地租Ⅰ为基础，即以全部农业资本投在由肥力不同的各级土地构成的

---

① 马克思：《资本论》第3卷，人民出版社2004年版，第762页。
② 马克思：《资本论》第3卷，人民出版社2004年版，第760页。
③ 马克思：《资本论》第3卷，人民出版社2004年版，第762页。

土地面积上为基础；其二，作为级差地租Ⅱ，以同一土地上的连续追加投资的不同生产率为基础，即和起调节生产价格作用的、最坏的无租土地上的等量投资相比，具有较高的生产率。它转化为级差地租时，以实际的不同个别生产价格已转化为个别平均生产价格为条件。马克思说："各个连续投资的各部分产品所具有的不同的实际的个别生产价格（与一般的、调节市场的生产价格无关），已事先平均化为个别平均生产价格。一英亩产品的一般的起调节作用的生产价格超过其个别的平均生产价格而形成的余额，形成每英亩的地租，并成为每英亩地租的尺度。"① 就级差地租Ⅱ来说，同一土地上连续追加投资会引起产量增加。但每次追加投资究竟能取得多少产量，在实际中是很难区别的，因此，"必须使级差结果先变成可以区别的，实际上必须使它再转化为级差地租Ⅰ"②。

2. 在追加投资的生产率降低时，较好的 B 级土地单位面积的总投资不再提供地租的界限，是在 B 级土地单位面积产品的个别平均生产价格已上涨到 A 级土地单位面积的生产价格时达到的。"在有追加投资的较好土地上的产品的费用超过起调节作用的生产价格时，地租不会消失，至少在实践上允许的界限以内是这样，不过必然会减少，并且这种减少一方面同这种生产率较低的资本在总投资中所占的份额成比例，另一方面同这种资本的生产率的降低成比例。这种资本的产品的平均价格，总还是低于起调节作用的价格，所以总还是会留下可以转化为地租的超额利润。"③

3. 只要各追加资本是以超额利润率投在同一土地上的，就会提供地租。"在这里，界限是由这样一种追加资本形成

① 马克思：《资本论》第 3 卷，人民出版社 2004 年版，第 822 页。
② 马克思：《资本论》第 3 卷，人民出版社 2004 年版，第 822 页。
③ 马克思：《资本论》第 3 卷，人民出版社 2004 年版，第 826 页。

的，这种追加资本只提供平均利润，或它的产品的个别生产价格和一般生产价格是一致的。在这些情况下，生产价格将不变，除非比较坏的土地的生产由于供给增加而变为多余。”①

4. 只提供平均利润的追加投资，绝不会改变现有的超额利润量，从而也不会改变地租量。“因此，较好的土地每夸特的个别平均价格将会提高；每夸特的余额减少了，但提供这个减少了的余额的夸特数却增加了；因此，二者的积将不变。”②

5. 若追加投资的超额生产率下降到零或零以下，追加投资就会使较好土地的单位产品的个别平均生产价格越来越接近一般生产价格，因而二者之间形成超额利润或地租的差额就会越来越小。“原来形成超额利润或地租的东西，现在越来越多地加入平均利润的形成。”③ 当最好土地单位产品的个别平均生产价格与一般生产价格相等时，地租就会完全消失。但在土地所有权规律的支配下，土地所有者就会按以前的超额利润率收取地租，从而影响农业资本家的投资。“同一块土地上的连续投资，或者说同一地块上投资的增加，在资本的生产率下降和起调节作用的价格不变的情况下，将会更早得多地遇到它的界限，就是说，由于超额利润到地租的纯粹形式上的转化（这是土地所有权的结果）而在事实上或多或少遇到一种人为的界限。”④ 这种人为界限，就是追加投资必须依照社会生产价格来生产，超过这个界限，同一土地的追加投资就会停止。因此，“级差地租Ⅰ虽然是级差地租Ⅱ的基础，但它们同时互为界限”⑤。有时在同一块土地上进行连续投资，有时又可在新追加的土地上同时投资。

①② 马克思：《资本论》第3卷，人民出版社2004年版，第829页。
③ 马克思：《资本论》第3卷，人民出版社2004年版，第830页。
④ 马克思：《资本论》第3卷，人民出版社2004年版，第833页。
⑤ 马克思：《资本论》第3卷，人民出版社2004年版，第833～834页。

从租约方式的角度看，超额利润转化为级差地租Ⅰ，比较简单，和土地租约时间的长短关系不大，在通常的情况下，双方在订立租约时就确定下来了，因而转化过程没有任何困难。但是，在级差地租Ⅱ的形式上，超额利润向地租的转化却会遇到一些困难。租地农场主和土地所有者之间经常为了租约期的长短、地租额的多少问题展开斗争。众所周知，对土地加强投入形成的资本形成土地资本，它既包括属于短期投入的资本，如用于化学性质的改良、施肥等方面的资本，也包括长期投入的资本，如灌溉工程、平整土地等。在农业中，比较暂时的投资通常由租地农场主来进行。这种投资会改良土地，增加土地产量，“并使土地由单纯的物质变为土地资本。”① 投入土地的经过较长时间才耗尽的较长期的固定资本，也大部分由租地农场主投入。但是契约期一满，在土地上的各种改良，就要作为和实体即土地不可分离的偶性，变为土地所有权的财产。马克思还举了一个有关建筑物所有权的例子，一方面说明真正的地租和投入土地的固定资本的利息之间的区别；另一方面说明“别人投入土地的资本，最终怎样和土地一起落入土地所有者手中，并且这种资本的利息最终使他的地租上涨。”② 因此，土地所有者总是力图尽可能地缩短租期。这样，在签订新约时，土地所有者就可以把投入土地的资本的利息，加到真正的地租上，而不论他是把土地租给谁，他就可以不费一点力气收获社会发展的成果。与此相反，租地农场主则希望签订长期契约。马克思在分析级差地租Ⅱ时说：“地租是在土地出租时确定的，此后，在租约有效期间，由连续投资所产生的超额利润落入租地农场主的腰包。正因为这样，租地农场主总是力争签

① 马克思：《资本论》第3卷，人民出版社2004年版，第699页。
② 马克思：《资本论》第3卷，人民出版社2004年版，第701页。

订长期租约"①。所以，租地农场主和土地所有者之间经常展开斗争并由此阻碍农业的发展。马克思分析说：土地所有权又是"合理农业的最大障碍之一，因为租地农场主避免进行一切不能期望在自己的租期内完全收回的改良和支出。"② 以上分析至今仍有十分重要的现实意义。在我国，改革开放以来，以家庭承包为主的责任制，适应现阶段我国农村生产力水平，稳定家庭承包经营的重心是稳定土地的家庭承包经营，给农民以稳定的土地使用权。

第四节 绝对地租

在土地私有权存在的情况下，在任何土地（包括最坏土地）上经营，都必须（绝对地）提供地租，这种地租叫做绝对地租。在土地所有权的垄断下，资本不提供绝对地租便不能投入；反过来说就是，资本投入土地而不提供绝对地租，便等于放弃了土地所有权。

一、绝对地租形成的原因

前面分析级差地租时，有一个基本的假定，就是最坏土地不支付地租，即投在土地上的生产率最低的投资产品是不形成级差地租的。其实，只要土地属于一定的所有者，在任何情况下租种任何土地，都要向土地所有者缴纳地租，否则，土地就不可能投入耕种。这样一来，劣等地生产的农产品就必须按照高于社会生产价格的价格出卖了。只有这样，投资劣等地的农业资本家才能在获得平均利润以后，还有一个超额利润作为绝

---

① 马克思：《资本论》第3卷，人民出版社2004年版，第760页。
② 马克思：《资本论》第3卷，人民出版社2004年版，第700页。

对地租交给土地所有者。所以，马克思说："如果最坏土地A——虽然它的耕种会提供生产价格——不提供一个超过生产价格的余额，即地租，就不可能被耕种，那么，土地所有权就是引起这个价格上涨的原因。"①

地租与土地所有权的关系在不同的地租形式上是有差别的。对于级差地租而言，级差地租是土地产品的个别生产价格与一般生产价格的差额，它是由土地自然条件和土地投资的差异而产生的，土地所有权对土地的投资没有绝对的限制作用，而只有相对的限制作用，即限制投入土地的资本必须在租约期前全部收回，否则就转为地租归土地所有者所有。而对于绝对地租而言，土地所有权对土地的投资则起着绝对的限制作用，而且它使最劣等的土地也有绝对地租，这表明"**土地所有权本身已经产生地租**"②。所以，绝对地租起源于土地所有权，绝对地租是土地所有权垄断的直接结果。

绝对地租是农产品"来自于价值超过生产价格的余额"③决定的。"因为按照假定，农业资本所生产的商品的价值高于它们的生产价格，所以，这个地租（除了我们立即就要研究的一种情形外）就是价值超过生产价格的余额或这个余额中的一部分。"④ 虽然商品的生产价格，就总体来考察，只是由商品的总价值来调节，是由这些商品的价值的变动决定的，但是，商品的价值向生产价格的转化表明，单个商品的价值和生产价格往往不一致。"一个商品的生产价格可以高于它的价值，或低于它的价值，只有在例外的情况下才和它的价值相一致。"⑤ 因此，"农产品高于它们的生产价格但低于它们的价值

①② 马克思：《资本论》第3卷，人民出版社2004年版，第854页。
③ 马克思：《资本论》第3卷，人民出版社2004年版，第861页。
④ 马克思：《资本论》第3卷，人民出版社2004年版，第862页。
⑤ 马克思：《资本论》第3卷，人民出版社2004年版，第858页。

出售的现象是可能的”。[①] 也就是说，“农产品的价格可以在达不到它们的价值的情况下，高于它们的生产价格。”这时，绝对地租仅仅是这个差额的一部分。而且“农产品的价格，在达到它们的价值以前，可以持续上涨，直到一定点为止。”[②] 这就是说，当农产品市场价格和价值还未完全相等时，虽然它已高于生产价格，但还可以继续上涨，一直涨到与价值相等为止。马克思认为，“农产品的价值超过它们的生产价格而形成的余额，所以能为成为它们的一般市场价格的决定要素，只是因为有土地所有权的垄断。”[③] 这就是说，由于土地所有权的垄断，阻碍着农业中的资本转移，阻碍着利润率的平均化，使农产品要按照等于价值或低于价值但高于生产价格的市场价格出售。可见，绝对地租的产生，是由于土地私有权垄断的结果。所以，“在这种情况下，产品价格上涨不是地租的原因，相反地地租倒是产品价格上涨的原因。”[④] 这就是说，不是由于农产品市场价格高才产生地租，而是由于土地私有权垄断必须支付地租，在农产品价值的作用下，使得农产品的市场价格高于生产价格。

绝对地租的数量是由供求状况和新耕种的土地面积的大小决定的。马克思说：“地租究竟是等于价值和生产价格之间的全部差额，还是仅仅等于这个差额的一个或大或小的部分，这完全取决于供求状况和新耕种的土地面积。”[⑤] 以供求状况而论，如果市场上的农产品供不应求，市场价格就不仅会高于生产价格，而且会等于它的价值，这时，绝对地租就可能等于农产品价值和生产价格的全部差额。相反，如果市场上的农产品供过于求，市场价格就会降到价值以下，但只要仍在生产价格

① 马克思：《资本论》第 3 卷，人民出版社 2004 年版，第 855 页。
②③④ 马克思：《资本论》第 3 卷，人民出版社 2004 年版，第 863 页。
⑤ 马克思：《资本论》第 3 卷，人民出版社 2004 年版，第 862 页。

以上，仍可提供一定量的绝对地租，这时，绝对地租只是价值和生产价格差额的一部分，差额的其余部分将会参加利润率的平均化。

为什么农产品的价值会高于生产价格呢？这是因为，在国民经济发展的一个相当长的时期内，“在生产发达的各国，农业的发展没有达到加工工业的水平。”① 因而，农业的资本有机构成低于工业的资本有机构成。在剩余价值率大体相同的条件下，“农业上一定量的资本，与同等数量的有社会平均构成的资本相比，会生产较多的剩余价值”②。这样一来，农业与工业相比较，同量资本生产的商品价值就大于生产价格，由此产生超额利润。马克思说：“一个商品的生产价格和它的价值的比率，完全是由生产它所用的资本的可变部分和不变部分的比率，即由生产它所用的资本的有机构成决定的。如果一个生产部门中的资本构成低于社会平均资本的构成，也就是说，如果该资本中投在工资上的可变部分，和投在物质劳动条件上的不变部分的比率，大于社会平均资本中可变部分和不变部分的比率，那么，它的产品的价值就必然会高于它的生产价格。这就是说，一个这样的资本，因为使用了更多的活劳动，所以在对劳动的剥削程度相等的情况下，将会比社会平均资本的一个同样大的部分生产出更多的剩余价值，从而生产出更多的利润。因此，它的产品的价值，就会高于它的生产价格”。③ 显然，农业资本正是这样的资本。“农业上一定量的资本，与同等数量的有社会平均构成的资本相比，会生产较多的剩余价值，或同样也可以说，会推动和支

① 马克思：《资本论》第3卷，人民出版社2004年版，第859页。
② 马克思：《资本论》第3卷，人民出版社2004年版，第860页。
③ 马克思：《资本论》第3卷，人民出版社2004年版，第858页。

配较多的剩余劳动（因此也就是使用较多的活劳动一般）。”① 有机构成越低价值就越高，而资本的社会平均构成与社会平均利润率又是一致的，因此，当农业资本的有机构成低于社会资本的平均构成时，农产品的价值必定会大于其生产价格。无论是就农产品全体讲，或是就劣等地的个别生产价格或价值讲，都是如此。

农产品价值超过生产价格的部分，不参加利润率平均化，而是作为超额利润，并被留在农业部门之内转化为绝对地租。这样的超额利润，在工业中也存在。但由于工业中的资本自由竞争和利润的平均化，这种超额利润一般只是暂时的，成不了稳定性的收入。农产品价值超过生产价格的部分不参加利润率平均化，与级差地租的情况是一样的。“一旦地租等于价值超过生产价格而形成的余额，超过平均利润的这全部剩余价值，就会被排除于这个平均化之外。”② 土地所有权的垄断，是农产品价值超过生产价格的这部分超额利润的制度保证。马克思说：“如果资本遇到了一种外力，对这种外力，资本只能局部地克服或完全不能克服，这种外力限制资本投入特殊生产部门，只有在完全排斥或部分地排斥剩余价值一般平均化为平均利润的条件下才允许资本投入特殊生产部门，那么很明显，在这种生产部门中，由于商品的价值超过它的生产价格，就会产生超额利润，这个超额利润将会转化为地租”，而当资本投在土地上时，土地所有权或土地所有者，“就作为这样一种外力和限制，出现在资本或资本家面前。”③

所以，绝对地租的本质在于：“不同生产部门内的各等量

① 马克思：《资本论》第3卷，人民出版社2004年版，第860页。
② 马克思：《资本论》第3卷，人民出版社2004年版，第862页。
③ 马克思：《资本论》第3卷，人民出版社2004年版，第862页。

资本，在剩余价值率相等或劳动的剥削程度相等时，会按它们的不同的平均构成，生产出不等量的剩余价值。在工业上，这些不同的剩余价值量，会平均化为平均利润，平均分配在作为社会资本的相应部分的各个资本上。在生产上要用土地时，不论是用在农业上还是用在原料的开采上，土地所有权都会阻碍投在土地上面的各个资本的这种平均化过程，并攫取剩余价值的一部分，否则这一部分剩余价值是会进入平均化为一般利润率的过程的。"①

二、绝对地租的形成

对于绝对地租形成过程的分析，仍可以通过具体的例子进行分析。假定工业和农业部门的资本各为100，剩余价值率均为100%，平均利润为20%，工业和农业的平均利润都是20。工业部门的资本有机构成为80c+20v，它的产品价值和生产价格均为120。农业部门的资本有机构成为60c+40v，产品的价值为140，而生产价格是120，这两者的差额20就构成超额利润，这就形成了绝对地租。

表18－3　　绝对地租的形成

生产部门	资本有机构成	剩余价值率	剩余价值	平均利润	商品价值	生产价格	绝对地租
工业	80c+20v	100%	20	20	120	120	0
农业	60c+40v	100%	40	20	140	120	20

上面的分析表明，绝对地租是土地所有权直接决定的，由农业资本有机构成低于工业的条件形成的、农产品的价值超过生产价格的超额利润产生的地租。

① 马克思：《资本论》第3卷，人民出版社2004年版，第872页。

绝对地租是由农产品的价值和生产价格之间的差额转化而成的。不过，绝对地租的量究竟是这个差额的全部，还是这个差额的一部分，则要取决于农产品的供求状况。在社会对农产品的需求量大的情况下，农产品的市场价格就不仅会高于它的生产价格，而且会等于它的价值。这时，绝对地租就可能等于农产品价值和生产价格的全部差额，从而绝对地租的量就比较大。而在农产品的市场供给较好的情况下，它的市场价格就降到价值以下但仍在生产价格以上。这时，绝对地租就只是农产品价值和生产价格之间的差额的一部分，从而绝对地租的量就比较小。一般而言，农产品的市场价格是在生产价格以上但在价值以下浮动的，因此，绝对地租的量通常小于农产品的价值和生产价格之间的差额。

绝对地租的量除了取决于农产品的供求状况，还要受到农业资本有机构成变化的影响。在社会平均资本构成不变的条件下，如果农业资本有机构成降低，绝对地租的量就会增加；如果农业资本有机构成提高，绝对地租的量则会减少；如果农业资本有机构成等于或高于社会平均资本构成，农产品的价值就低于它的生产价格，这时，由农产品价值和生产价格的差额所转化成的绝对地租则为零。但是，不能由此认为，在这种情况下就可以无偿使用属于土地所有者的土地。事实上，只要存在土地所有权的垄断，任何人要租用土地即使是租用劣等土地，都必须向土地所有者交纳地租，绝对地租也就必然存在，只是它形成的具体条件不同了。因此，此时的绝对地租来自高于农产品价值和生产价格的垄断价格，而不是来源于农产品的价值高于社会生产价格所形成的超额利润。

马克思在分析农业经济发展趋势时提出："在资本主义生产蓬勃发展的时期，同农业比较，工业生产率发展很快，虽然工业的发展以农业中可变资本和不变资本之比已经发生巨大变化为前提，就是说，以大批人从土地上被赶走为前提。以后，生产率无论在工业中或农业中都增长起来，虽然速度不同。但是工业发展到一定阶段，这种不平衡必定开始缩小，就是说，农业生产率必定比工业生产率相对地增长得快。"[①] 马克思的上述预见已被当代发达资本主义国家经济的发展所证实。在一些发达资本主义国家，农业资本有机构成已经赶上了工业。当然，在这种情况下，传统意义上的绝对地租自然就不存在了。问题是，能否说在这些国家绝对地租完全不存在了呢？回答是否定的。尽管这些国家的农业资本有机构成低于工业的情况已不存在，但土地私有权还存在，它对耕种土地的普遍限制权和要求租种任何土地都必须支付地租的绝对索取权还存在。因此，必然存在着现代意义上的绝对地租。

我国是一个农业大国，长期以来农业发展缓慢，其中的一个重要原因是，我国农业发展还没有摆脱传统农业的生产方式，技术含量不高，农业资本有机构成仍然比较低，与工业资本平均构成相比还存在比较大的距离。马克思认为，同样的自然肥力能被利用到什么程度，要取决于农业化学的发展和农业机械的发展，通过增施化肥，改善土地的肥力结构，可以达到增产的目的；采用机械深耕的方法，通过比较合理的耕作，也可收获更多的农产品。因此，一切现代方法"使农业由社会最不发达部分的单纯经验的和刻板沿袭下来的经营方法，……转化为农艺学的自觉的科学的应用"。[②] 再一个重要原因是，我国土地产权制度存在不确定性，使农民对承包土地的长期预期不明确，在收入、预期、风险目标的制约下，不能形成对土地的有效投入，也无法在更大范围内实现土地资源的流转和合

① 《马克思恩格斯全集》第 26 卷（Ⅱ），人民出版社 1973 年版，第 116 页。
② 马克思：《资本论》第 3 卷，人民出版社 2004 年版，第 696 页。

理配置。要消除土地产权制度缺陷所带来的负面效应，形成农民对土地作长期投入的激励机制，必须要让农民在一定意义上的“占有”土地，对土地有一种长期稳定的权属感。

第五节　其他地租

一、垄断地租

所谓垄断地租，是指由土地产品的垄断价格所产生的超额利润而转化成的地租。垄断地租的情况是复杂的，因此，从两个方面分不同的情况进行分析。

1. 非真正的垄断价格条件下的地租。对土地的经营权和所有权的垄断决定的、由地租产生的垄断价格，马克思称为非真正的垄断价格。在这里，“还是因为有地租存在，所以产品才按垄断价格出售。”① 这可以分为三种不同情况：第一，提供级差地租的农产品价格也是一种垄断价格。马克思说：“这里提供地租的产品的价格也是**垄断价格**，不过这种垄断在一切生产领域都有，它只是在这个生产领域才固定下来，因而采取了不同于超额利润的地租形式。”② 第二，提供绝对地租的农产品价格也是一种垄断价格。“农产品总是按垄断价格出售，这并不是因为它们的价格高于它们的价值，而是因为它们的价格等于它们的价值，或者，因为它们的价格低于它们的价值，但又高于它们的生产价格。农产品的垄断在于：它们不像价值高于一般生产价格的工业品那样，会平均化为生产价格。”③ 第三，高于价值和生产价格的农产品垄断价格。在农

① 马克思：《资本论》第3卷，人民出版社2004年版，第876页。
② 《马克思恩格斯全集》第26卷（Ⅱ），人民出版社1973年版，第179页。
③ 马克思：《资本论》第3卷，人民出版社2004年版，第862页。

业资本有机构成低于工业的情况改变以后，由农产品的价值大于生产价格而形成的绝对地租消失了。但是，地租还存在。“而这种地租在这种情况下只能来自市场价格超过价值和生产价格的余额，简单地说，只能来自产品的垄断价格。”①

2. 真正的垄断价格条件下的地租。由于对少数特殊优越的自然条件的垄断而形成的垄断价格，其主要特点是：第一，这种垄断价格产生于对特殊自然条件的垄断，而与土地所有权无关。第二，这种垄断价格的高低，“只决定于购买者的购买欲和支付能力的价格，它既与一般生产价格所决定的价格，也与产品价值所决定的价格无关。”② 第三，这种垄断价格不是由地租产生；相反，它产生地租。“在这里，是垄断价格造成地租”③。上述以真正垄断价格为基础的地租，就是垄断地租。土地所有权只是使这个真正垄断价格形成的高额超额利润作为地租，落入土地所有者的手里。

二、非农业用地的地租

在商品经济条件下，地租除了级差地租和绝对地租这两种基本形式外，还存在非农业用地的地租。对土地经营的垄断和对土地所有权的垄断，不仅存在于农业部门，而且存在于非农业部门，如建筑业，如同农业地租一样，遵循着共同的规律，但又具有各自的特点。

（一）建筑地段的地租

建筑地段的地租是资本家为建造各种建筑物而租用土地向土地所有者支付的地租。这种“地租的基础，和一切非农业

① 马克思：《资本论》第3卷，人民出版社2004年版，第865页。
② 马克思：《资本论》第3卷，人民出版社2004年版，第876页。
③ 马克思：《资本论》第3卷，人民出版社2004年版，第877页。

土地的地租的基础一样，是由真正的农业地租调节的”[①]。

建筑地段地租与农业地租相比，具有如下主要特点：第一，“首先位置在这里对级差地租具有决定性的影响”[②]。地理位置好的地段，如大城市的繁华地区、紧靠交通枢纽的土地，其地租要比偏僻地区的地租高得多。第二，“在许多情况下垄断价格占有优势”[③]。某些具有特殊优越条件的地方，如适于建海港、码头、车站、铁路的特殊地段，有瀑布、温泉、地热、独特景观、名胜古迹的特殊地块，以及城市的金融、商业、文化中心等，由于其产品、服务的垄断价格或垄断性的经济收入，垄断地租占有明显的优势。

随着社会经济的发展，建筑地段的地租有提高的趋势。这是因为：（1）随着人口的增长，对住宅的需求不断增大，从而使地租上涨。建筑地段地租有不断增长的趋势。（2）“不仅人口的增加，以及随之而来的住房需要的增大，而且固定资本的发展（这种固定资本或者合并在土地中，或者扎根在土地中，建立在土地上，如所有工业建筑物、铁路、货栈、工厂建筑物、船坞等等），都必然会提高建筑地段的地租。”[④]（3）土地和空间是人类生产和生活必不可少的条件，土地所有者会借此肆意提高地价，从而使地租上涨。

建筑地段地租的增长，会推动房地产投机的发展。“在迅速发展的城市内，……建筑投机的真正主要对象是地租，而不是房屋。”[⑤]建筑地段的地租往往隐含在建筑物的价格之中。就房屋而言，房屋附着于土地，与土地连成一体，房租中隐含

① 马克思：《资本论》第3卷，人民出版社2004年版，第874页。
② 马克思：《资本论》第3卷，人民出版社2004年版，第874页。
③ 马克思：《资本论》第3卷，人民出版社2004年版，第874页。
④ 马克思：《资本论》第3卷，人民出版社2004年版，第875页。
⑤ 马克思：《资本论》第3卷，人民出版社2004年版，第875页。

地租，房价和地价连在一起，这个地租或地价的实体就是房屋价格（成本 + 平均利润 + 超额利润）中的超额利润。因此，在考察房价（或其变形房租）时，不应仅核算房屋的成本和平均利润，无视房屋基地这一条件在商品经济下必然带来的超额利润。随着城市的迅速发展，某些土地处于新形成的工商业中心地段，这些地段，会突然增大超额利润形成高额地租。因此，“建筑本身的利润是极小的；建筑业主的主要利润，是通过提高地租，巧妙地选择和利用建筑地点而取得的。”① 投机者主要不是通过营造房屋赚钱，而是要在地租的不断上涨进而在地价的不断上涨中牟取暴利。房地产投机活动的加强，反过来又推动了建筑地段地租的进一步上涨。

（二）矿山地租

矿山地租是资本家为租用矿山而向矿山所有者交纳的地租。“真正的矿山地租的决定方法，和农业地租是完全一样的。”② 它同样包括各种地租形式。

1. 矿山的级差地租。各个矿山的蕴藏丰度是不同的，地理位置的好坏也不一样，但矿产品的社会生产价格要由劣等生产条件的个别生产价格决定。单位产品的个别生产价格是有高有低的。而矿产品的社会生产价格和农业一样，是由劣等条件决定的。这样，中等和优等矿山的生产就可以获得超额利润，形成级差地租。

2. 矿山的绝对地租。一般地说，采矿业所需原料极少，不变资本的支出也相应减少，因而其资本有机构成低于加工工业的资本构成从而低于社会平均资本构成，这就使矿产品的价值高于其社会生产价格。由于存在着土地所有权的垄

① 马克思：《资本论》第 2 卷，人民出版社 2004 年版，第 261 页。
② 马克思：《资本论》第 3 卷，人民出版社 2004 年版，第 876 页。

断，限制了对矿山的自由投资和竞争，从而使矿产品能够按高于生产价格的价值出卖，获得超额利润，并转化为绝对地租。

3. 矿山的垄断地租。某些稀有珍贵的矿产品还会按照大大高于价值和生产价格的垄断价格出售，如钻石矿，可以按真正的垄断价格出卖，从而使土地所有者获得垄断地租。

第六节 土地价格

土地不是劳动产品，本身没有任何价值。但在商品经济条件下，土地成了商品，和任何其他商品一样，能出卖，有价格。不过，由于土地本身的特殊性，对土地价格的分析与一般商品价格的分析存在着不同。

一、土地的价值

根据劳动价值理论，作为自然物的土地，“和一切自然力一样，没有价值，因为它本身中没有任何对象化劳动，因而也没有价格，价格通常不外是用货币来表现的价值。在没有价值的地方，也就没有什么东西可以用货币来表现。”① 没有价值，没有价格，因此，土地不能成为商品。问题是，在商品经济条件下，土地却实实在在地在以商品身份进行经济流转。这表明土地是一种不同于一般商品的商品。

对此，马克思曾经做过分析。马克思说：“资本化的地租，也就是说，正是这个资本化的贡赋，表现为土地价格，因此土地也像任何其他交易品一样可以出售。”② 或者，“土地价

① 马克思：《资本论》第3卷，人民出版社2004年版，第729页。
② 马克思：《资本论》第3卷，人民出版社2004年版，第877页。

格起这样一种作用，土地的买卖即土地作为商品的流通发展到这样的程度，这些实际上都是资本主义生产方式发展的结果，因为在这里，商品已经成为一切产品和一切生产工具的一般形式。"①如果说，别的一切商品都是因为商品才有价格的话，那么，土地这种商品却很特殊，它是倒过来的，它是因为有了价格（地租资本化）才成为商品的。

对于土地这种商品，不仅特殊在其因为有了价格才成为商品，而且特殊在其价格的背后没有价值。价值是劳动价值理论中至关重要的核心范畴。马克思说："这样资本化的地租形成土地的购买价格或价值，一看就知道，它和劳动的价格完全一样，是一个不合理的范畴，因为土地不是劳动的产品，从而没有任何价值"，然而，"在这个不合理的形式的背后，却隐藏着一种现实的生产关系。"②一方面，土地所有权的存在，使土地所有者能够固定地获得地租收入，他有权将土地出卖，就是转让获得地租的权力，因而当然要索取相应的代价，这个代价就是土地的价格；另一方面，货币普遍转化为资本，货币资本的价格就是利息。拥有货币资本的人在购买土地时，必然要把购买土地后所能得到的地租收入，与他把这笔购买土地的货币资本存入银行所得的利息进行比较，权衡相当，才能成交。所以，土地价格作为出租土地的资本化的收入，有其存在的必然性。不过，值得注意的是，马克思上述分析揭示了土地价格不合理的矛盾现象，但并没有否认土地价格这一事实。

马克思认为："没有价值的东西在形式上可以具有价格。在这里，价格表现是虚幻的，就像数学中的某些数量一样。……虚幻的价格形式——如未开垦的土地的价格，这种土地没有价

① 马克思：《资本论》第3卷，人民出版社2004年版，第917页。
② 马克思：《资本论》第3卷，人民出版社2004年版，第703页。

值，因为没有人类劳动对象化在里面”①。土地价格并不代表价值，因此是虚幻的。因为土地价格是由地租资本化而来的，所以，“实际上，这个购买价格不是土地的购买价格，而是土地所提供的地租的购买价格”。② 总之，不管是“不合理”，还是“虚幻”，但都不能否认事实上土地是商品。

二、土地价格的界定

土地价格是地租的资本化，“资本化的地租即土地价格”③。而地租也不过是“增殖价值的形式”④。很显然，马克思是从投资的角度去界定土地价格的。

马克思举例：“在英国，土地的购买价格，是按年收益若干倍来计算的，这不过是地租资本化的另一种表现”⑤。因为如果用4 000英镑买一块地，每年若能提供200英镑地租的年收益，那么20年就收回4 000英镑了。所以200（英镑）×20（年）=4 000英镑，这就是地价。而这个200英镑的年收益（地租），不过就是按年利率5%计算的那个4 000英镑的年利息（4 000×0.05=200英镑）而已⑥。总之，“资本化的地租表现为土地价格”⑦。更直白地说，地租就是以地价形式投入土地的资本的利息⑧。地价是集中的、一次性的、提前支付的地租。可见，土地的价格是这种地租的简略的表现形式。“土地价格不外是资本化的因而是预期的地租”⑨，是一次提前付清

① 马克思：《资本论》第1卷，人民出版社2004年版，第123页。
② 马克思：《资本论》第3卷，人民出版社2004年版，第703页。
③ 马克思：《资本论》第3卷，人民出版社2004年版，第906页。
④ 马克思：《资本论》第3卷，人民出版社2004年版，第698页。
⑤ 马克思：《资本论》第3卷，人民出版社2004年版，第703页。
⑥ 马克思：《资本论》第3卷，人民出版社2004年版，第702~703页。
⑦ 马克思：《资本论》第3卷，人民出版社2004年版，第704页。
⑧ 马克思：《资本论》第3卷，人民出版社2004年版，第906页。
⑨ 马克思：《资本论》第3卷，人民出版社2004年版，第913页。

的未来的地租。因此，是先有地租后有地价。地价是由地租而产生的，而地租又是由土地产品的价格所决定的。这就是说，“在最坏土地上，土地产品价格的提高才造成地租，并从而造成土地价格。”①

从以上分析来看，地价实质上并非购买土地的价格，而不过是购买地租的价格。“实际上，这个购买价格不是土地的购买价格，而是土地所提供的地租的购买价格，它是按普通利息率计算的。”② 不过，在分析地租理论中的土地价格问题时，如果只局限于“地价即地租的资本化”这一点，不过只触及地价界定的最浅表层次。沿着“地租资本化”逻辑深入下去，就会对地价性质有深刻的认识：土地价格并不是土地的价格，而是地租的价格。

从地价是地租的资本化的定义出发，地价的计算式是将地租与利息进行对照的。尽管《资本论》中并没有明确的关于土地价格的具体公式，但根据《资本论》中关于土地价格的论述，土地价格的计算式为：

土地价格 = 地租/利率

其实，土地的实际价格不是由哪一个因素单独决定的，而是由诸多因素的综合作用决定的。马克思说：“使一般土地价格或各类别土地价格提高的不同条件，可以部分地发生竞争，部分地互相排斥，并且只能交替地发生作用。”③ 在市场经济条件下，土地价格有提高的趋势。当然，土地价格的上升，不是直线式的，而是波浪式的。不过，土地价格的过度上涨，对经济发展和人民生活是不利的。

---

① 马克思：《资本论》第 3 卷，人民出版社 2004 年版，第 878 页。
② 马克思：《资本论》第 3 卷，人民出版社 2004 年版，第 703 页。
③ 马克思：《资本论》第 3 卷，人民出版社 2004 年版，第 882 页。

三、土地价格与成本

马克思认为："土地价格对生产者来说是成本价格的要素"①。他在另一处也曾提到过，一个工厂主买土地的价格"会加到工厂主的个别成本价格上"②。这就是说，作为生产要素的土地，其价格即地价，是要进入产品成本的。

既然认为地价进入成本，那么当然也可以认为，这就是说地租进入成本。无论是生产何种商品，生产者买地的地价，或租地的地租，实际上都是要分摊到产品成本中去。这就表明，地租本来是可以由产品成本说明的。即，由产品价格中 c 的这一部分说明，而不一定要由 m 这一部分说明。既然如此，那就不必因容纳地租，而必定要在 m 中多增加地租这部分"虚假的社会价值"，即构成地租的那部分超额利润。因此也就不必以劣等地的个别生产价格（级差地租条件下）或其个别价值（绝对地租条件下），来决定或调节农产品的市场价格。因为这样的价格，正是产生地租的决定性条件。

按劳动价值理论，自然力总是要通过人的劳动才在生产中发生作用的。因此，较优的自然力总是表现为较高的劳动生产力。而且，在资本主义雇佣劳动制度下，劳动力和劳动条件都是属于资本的。因此由较高的劳动生产力所带来的好处，并不为劳动者所得，而是归资本家所得。在劳动价值理论中，还没有自然力不通过劳动而独自形成价值的，因为这违背劳动价值理论最基本的观点。假定，在一定条件下，劳动者的本身素质和能力是相同的，也就是说，生产劳动的主观条件是相同的，但是由于土地等自然力存在差别，即生产劳动的客观条件存在

① 马克思：《资本论》第 3 卷，人民出版社 2004 年版，第 917 页。
② 马克思：《资本论》第 3 卷，人民出版社 2004 年版，第 729 页。

差别，从而使得劳动生产力出现差别。作为级差地租自然基础的土地肥力，都表现为优、中、劣各级土地上不同的劳动生产力。即同样的劳动，所获的产量不同。这些劳动生产力不同的劳动者，在假定剩余价值率相同的条件下，他们创造的剩余价值是相同的，但是，由此实现的超额利润却是不同的，可见，地租是存在的，但其原因不是由于 m，而是包含了土地自然力的 c 带来的。

如果未开垦的土地的价格具有虚幻性，那么，值得注意的是，已经人类劳动开发的土地的价格具有复合性。已经人类劳动开发的土地，其价格具有复合性，这是土地价格所具有的不同于其他一般的商品价格的特性。所谓土地价格的复合性，就是指这种土地价格是由土地资源价格和土地资本价格构成或复合而成。事实上，土地一经使用，人们就要对土地进行开发，这种开发土地的劳动就会以各种形式物化在土地之中，形成所谓的"土地价值"。马克思把这种物化在土地中的劳动，称作土地资本。马克思说："资本能够固定在土地上，即投入土地，其中有的是比较短期的，如化学性质的改良、施肥等等，有的是比较长期的，如修排水渠、建设灌溉工程、平整土地、建造经营建筑物等等。我在别的地方，曾把这样投入土地的资本，称为土地资本。它属于固定资本的范畴。""我在那里曾把土地物质和土地资本区别开来。""土地资本，也同其他任何资本一样不是永恒的"①。

由于投入土地的劳动或资本与土地结合在一起，在土地所有权或土地使用权转让时，也就同时出卖土地资本或投在土地中的物化劳动，因而这时土地价格由两部分构成，一部分是作为自然资源的土地的价格，通常人们把它称作自然资源价格

① 马克思：《资本论》第 3 卷，人民出版社 2004 年版，第 698 页。

(这里的自然资源仅指土地物质本身，不包括其他自然资源，如生物资源)；另一部分是作为投入土地的劳动所物化的价值的货币表现，也就是投入土地的固定资本的价格。

本章主要涉及：《资本论》第3卷：第37、38、39、40、44、45、46、47章

第十九章　所有制和企业制度

所有制是马克思经济学说的一个核心范畴。马克思从人类一切活动中抽象出物质资料的生产活动，又把物质资料生产中抽象出生产关系，又在生产关系中抽象出生产资料所有制。在此基础上把资本主义生产关系归结为生产资料的资本主义私有制，从而明确社会主义的任务是消灭私有制，建立公有制。深入研究马克思的所有制理论对深刻认识我国现阶段的公有制为主体多种所有制经济共同发展的基本经济制度，有着重要的理论和实践意义。

第一节　所有制范畴及内在结构

《资本论》中没有专门的所有制的章节。但事实上，马克思所做的分析，都是在一定的生产资料所有制形式的基础上展开的，尤其是对资本主义生产关系的分析。

一、劳动者和生产资料的结合方式体现生产资料所有制性质

马克思说："不论生产的社会形式如何，劳动者和生产资料始终是生产的因素。但是，二者在彼此分离的情况下只在可能性上是生产因素。凡要进行生产，就必须使它们结合起来。实行这种结合的特殊方式和方法，使社会结构区分为各个不同

的经济时期。”[①]

劳动者与生产资料的结合，是人和自然界进行物质变换、生产物质财富的过程。劳动者和生产资料是最基本的物质要素。只有劳动者和生产资料有机地结合起来，互相发生作用，才能形成现实的生产能力，生产出物质产品来。在这里，“人自身作为一种自然力与自然物质相对立”[②]。因此，劳动者与生产资料的结合过程，是生产力形成和发挥作用的过程，是现实的劳动过程。

劳动者与生产资料的结合过程，不仅有其结合的自然方式，而且存在着结合的社会方式。两者结合的社会方式包含着人们对生产条件的占有或所有关系。一方面，人们对生产条件的占有关系，归根结底是以人同自然的关系为基础，是在人们的物质生产活动中形成和发展起来的；另一方面，人们对于生产条件的占有关系又是物质生产过程的前提和条件，只有在人们对生产条件的一定关系的前提下，劳动者才同生产资料结合起来，以一定的社会方式来进行物质资料的生产活动。劳动力和生产资料结合的社会方式就是生产过程中人和人的关系。这种关系就是生产关系。生产关系就是“人们在他们的社会生活过程中、在他们的社会生活的生产中所处的各种关系”[③]。

生产资料所有制的性质是由劳动力与生产资料结合的社会方式决定的。劳动者和生产资料的结合方式就反映生产资料所有制关系，两者不同的结合方式就体现不同所有制的性质，由此可见生产资料所有制在生产关系中的决定性作用。

生产资料所有制是在直接生产中发生的社会经济过程，是通过直接生产过程中人与人的一定生产关系而实现的人对生产

① 马克思:《资本论》第 2 卷，人民出版社 2004 年版，第 44 页。
② 马克思:《资本论》第 1 卷，人民出版社 2004 年版，第 208 页。
③ 马克思:《资本论》第 3 卷，人民出版社 2004 年版，第 994 页。

资料的占有、支配等。作为所有制研究的生产资料，不是指静止的物，而是指进入生产过程，同劳动者相结合的生产资料。考察一个社会的所有制不能脱离一定的劳动和生产资料结合的社会方式。生产资料所有制作为生产过程的前提、出发点，是通过生产过程本身，作为生产的历史结果产生出来的，并且随着与劳动力结合的社会方式的改变而改变。

在劳动力和生产资料结合的社会方式中，不只是涉及生产资料所有制，还涉及劳动力所有权。在不同的社会制度下，劳动力有不同的所有者。就像在奴隶制中，劳动力实际上不归劳动者所有而是属奴隶主所有。而在资本主义条件下，劳动者是劳动力的所有者，因而能够自主的出卖自己的劳动力。“劳动力只有而且只是因为被它自己的占有者即有劳动能力的人当作商品出售或出卖。”劳动者作为劳动力的所有者，意味着“他就必须能够支配它，从而必须是自己的劳动能力、自己人身的自由所有者。”[①] 不仅如此，马克思对劳动力所有权还有更进一步的规定：“他必须始终让买者只是在一定期限内暂时支配他的劳动力，消费他的劳动力，就是说，他在让渡自己的劳动力时不放弃自己对它的所有权。”[②] 就是说，劳动者只有在他自由地出卖自己劳动力时才是劳动力的所有者，一旦卖出，其所有权就让渡了。

二、所有制和所有权的关系

所有制是一个经济学范畴。马克思从商品交换的角度提出所有权范畴的。商品需要进入市场进行交换，根本原因是商品的所有权。这就是马克思说的：“为了使这些物作为商品彼此

① 马克思：《资本论》第1卷，人民出版社2004年版，第195页。
② 马克思：《资本论》第1卷，人民出版社2004年版，第195～196页。

发生关系，商品监护人必须作为有自己的意志体现在这些物中的人彼此发生关系，因此，一方只有符合另一方的意志，就是说每一方只有通过双方共同一致的意志行为，才能让渡自己的商品，占有别人的商品。可见，他们必须彼此承认对方是私有者。这种具有契约形式的（不管这种契约是不是用法律固定下来的）法的关系，是一种反映着经济关系的意志关系。这种法的关系或意志关系的内容是由经济关系本身决定的。"①显然，所有权是由经济关系决定的具有契约形式的法的关系。

所有制与所有权是两个既相互联系又存在区别的范畴。所有制是一个经济制度范畴。而所有权则是一个法学范畴，是指财产的归属权，表明财产最终归谁所有，具有对象的排他性。所有制性质决定一个社会的生产关系的本质特征，而所有权是在一定所有制关系下产生出来的，且在复杂的社会关系中还涉及和反映着许多派生的权利。马克思强调，对所有制必须从直接生产中的客观经济关系中去说明，而不应从人们的意志关系和法理角度去解释。马克思说："要想把所有权作为一种独立的关系、一种特殊的范畴、一种抽象的和永恒的观念来下定义，这只能是形而上学或法学的幻想。"② 所有制和所有权又是相互联系的。所有权是所有制的法律表现形式，所有制的性质和内容决定所有权的性质和内容，"一定所有制关系所特有的法的观念是从这种关系中产生出来的。"③ 对政治经济学来说，"不是把财产关系的总和从它们的法律表现上即作为意志关系包括起来，而是从它们的现实形态即作为生产关系包括起来。"④

---

① 马克思：《资本论》第1卷，人民出版社2004年版，第103页。
② 《马克思恩格斯选集》第1卷，人民出版社1995年版，第178页。
③ 《马克思恩格斯全集》第30卷，人民出版社1975年版，第608页。
④ 《马克思恩格斯全集》第16卷，人民出版社1964年版，第30页。

生产资料所有制是指经济主体对客观生产条件的占有关系。所有制关系不仅存在于一切社会生产中，而且是一切社会生产的前提。马克思认为，社会生产的特征在于生产者必须首先是生产条件的占有者。在马克思看来，所有制不是简单的人与物的关系，而是人与物背后的人与人的关系，是通过人对物的占有来体现的物质生产中人与人的关系。因此，所有制不仅是生产条件与产品占有中的人与人的关系，而且还是一种历史的、随着物质生产力的发展不断变化的关系。

生产资料所有制的核心是对生产条件的占有关系。马克思研究了资本原始积累的历史过程，他说："劳动者对他的生产资料的私有权是小生产的基础"。[①] 资本原始积累的过程就是"创造资本关系的过程，只能是劳动者和他的劳动条件的所有权分离的过程，这个过程一方面使社会的生活资料和生产资料转化为资本，另一方面使直接生产者转化为雇佣工人。因此，所谓原始积累只不过是生产者和生产资料分离的历史过程"。[②]

三、生产资料所有制的内部结构

根据马克思关于生产资料所有制的分析，所有制不仅涉及所有权，还涉及占有、支配和使用权。因此，如果给所有制下个较为完整的定义，那就是：所有制是在社会生产中由于人们对生产要素的不同作用而产生的所有关系、占有关系、支配关系和使用关系的总和。与此相应，其主体不仅有所有者，还有占有者、支配者和使用者。在不同的企业制度安排中，所有、占有、支配和使用可能是同一的，也可能发生分离。由此提出所有制内部结构的安排即现在所讲的产权制度安排问题。

---

① 马克思：《资本论》第1卷，人民出版社2004年版，第872页。
② 马克思：《资本论》第1卷，人民出版社2004年版，第822页。

首先是生产资料的所有者同时也是占有者、支配者、使用者，即“四权合一”。最为典型的是小生产者。马克思说：“劳动者对他的生产资料的私有权是小生产的基础，……只有在劳动者是自己使用的劳动条件的自由私有者……它才得到充分发展，才显示出它的全部力量，才获得适当的典型的形式。”① 在小块土地所有制条件下，土地是主要生产工具，“土地的**占有**是直接生产者的生产条件之一，而他对土地的**所有权**是**他的**生产方式的最有利条件，即**他的**生产方式得以繁荣的条件”②。在这种所有制安排下，对产品的完全所有权是生产者的经济利益实现的前提。例如，在这种小块土地所有制下，不需要支付任何租金。我国现阶段的一些私营企业所有者和经营者是同一人，也是这种情况。

其次是经济上的所有权与法律上的所有权的分离。马克思在分析生息资本时说明了这一点。在借贷资本的场合就出现了借贷资本家和职能资本家的分离。也就是在再生产过程中实际执行职能的资本家与作为所有权的资本的借贷资本家相对立。两者的所有权关系就是马克思说的：“事实上，贷款人卖给产业资本家的，即在这次交易中发生的，不过是贷款人把货币所有权让给产业资本家一段时间。他在一定期间让渡自己的所有权，也就是产业资本家在一定期间购买这个所有权。”③ 所以，“他们实际上是伙伴：一个是法律上的资本所有者，另一个，当他使用资本的时候，是经济上的资本所有者。”④ 尤其是货币所有者“不能支配本金”⑤。正是由于资本的法律上的所有

① 马克思：《资本论》第1卷，人民出版社2004年版，第872页。
② 马克思：《资本论》第3卷，人民出版社2004年版，第693～694页。
③ 《马克思恩格斯全集》第26卷（Ⅲ），人民出版社1974年版，第510页。
④ 《马克思恩格斯全集》第26卷（Ⅲ），人民出版社1974年版，第565页。
⑤ 马克思：《资本论》第3卷，人民出版社2004年版，第416页。

权同它的经济上的所有权的分离，物质生产过程中劳动者创造的剩余价值发生相应的分割：利息是资本法律上所有权的实现，企业主收入则是资本经济上所有权的实现，前者保持着资本的永久所有权，后者只有在使用资本的时候，才拥有经济上的所有权。可见，资本的法律上的所有权同它的经济上的所有权的分离，只不过是同一资本在所有权上的不同表现形式，或者说是同一资本在所有权上的分割。

第三是所有权与作为支配使用权的经营权的分离。这种分离发生在信用和股份制企业的场合。就信用来说，“信用为单个资本家或被当作资本家的人，提供在一定界限内绝对支配他人的资本，他人的财产，从而他人的劳动的权利。”① 而在股份公司中“实际执行职能的资本家转化为单纯的经理，别人资本的管理人，而资本所有者则转化为单纯的所有者，单纯的货币资本家。”也就是说，“在股份公司内，职能已经同资本所有权相分离，因而劳动也已经完全同生产资料的所有权和剩余劳动的所有权相分离。”②

第四是所有权与占有权的分离。这种分离发生在土地的资本主义方式耕种的场合。不同社会的生产方式，有不同的土地所有权形式。资本主义生产方式下的土地所有权是土地所有权的一个独特的历史形式。“在农业中，它是以农业劳动者被剥夺土地并从属于一个为利润而经营农业的资本家为前提”。③ 在存在土地私有权的条件下，租地农场主是通过交租方式获得土地使用权的。在土地被租用期间就获得了土地的占有权及相应的支配使用权。这时，土地所有权取得了纯粹的经济形式，“它一方面使土地所有权从统治和从属的关系下完全解脱出

① 马克思：《资本论》第3卷，人民出版社2004年版，第497页。
② 马克思：《资本论》第3卷，人民出版社2004年版，第495页。
③ 马克思：《资本论》第3卷，人民出版社2004年版，第694页。

来，另一方面又使作为劳动条件的土地同土地所有权和土地所有者完全分离，土地对土地所有者来说只代表一定的货币税”①。可见，土地所有权是一种脱离直接生产过程的单纯所有权，所有者成为单纯的所有者而不再参与直接的生产过程。土地实际占有者是农业资本家，实际耕作者则是雇佣工人。这是所有权和占有权分属于不同主体的分离。在这里，所有者和占有者的对立表现为平等的租赁关系，在租赁关系中，租赁双方都是经济上相互独立的主体。在租赁期内，所有者必须将其占有权、支配权和使用权全部归土地经营者。

以上各种类型的生产资料所有制内部结构在现阶段可以用不同类型的产权结构来概括。最为典型的有：产权合一型产权结构；产权分离型产权结构。

所谓产权合一型产权结构，是指产权主体为同一所有者。生产资料的所有者同时也是占有者、支配者、使用者，具有四权合一的特点，是分散的个人与社会发生的联系。马克思说：“劳动者对他的生产资料的私有权是小生产的基础，……只有在劳动者是自己使用的劳动条件的自由私有者……它才得到充分发展，才显示出它的全部力量，才获得适当的典型的形式。”②

所谓产权分离型产权结构，是指所有权、占有权、支配权和使用权的主体是彼此分离的。在产权分离型产权结构中，生产资料的所有者、占有者和支配者及使用者，是不同的经济利益主体。不同职能所对应的经济权益，都取得相应的经济形式。如利息、地租、企业主收入、利润等。以土地所有权为例，“单纯法律上的土地所有权，不会为土地所有者创造任何

① 马克思：《资本论》第3卷，人民出版社2004年版，第697页。
② 马克思：《资本论》第1卷，人民出版社2004年版，第872页。

地租。但这种所有权使他有权不让别人去使用他的土地，直到经济关系能使土地的利用给他提供一个余额。"[①] 所以，"不论地租的特殊形式是怎样的，它的一切类型有一个共同点：地租的占有是土地所有权借以实现的经济形式。"[②] 占有者和所有者通过某种具体形式如租赁形式或借贷形式联系起来，使所有权与支配权和使用权分离，所有者成为单纯的所有者而不再参与直接的生产过程，占有权与支配权和使用权统一于占有者一身，进行直接的生产经营。例如在借贷关系中，货币所有者在把货币贷放出去时，同样把货币的占有权、支配权和使用权一同让渡出去。借贷资本贷出，所有权名义仍在贷者手中，但其占有权过渡到产业资本家手里了，货币所有者"不能支配本金"，[③] 而且他"在把借贷资本的支配权出让给产业资本家的时间内，就把货币作为资本的这种使用价值——生产平均利润的能力——让渡给产业资本家。"[④] 取得货币的职能资本家，成为"经济上的资本所有者"，当他实际支配、使用资本时，就获得生产"利润即剩余价值的权力。"[⑤]

第二节　生产资料所有制在经济上的实现

生产资料所有制在经济上的实现，根据《资本论》的分析，会在两个方面反映出来：一是直接影响生产过程；二是决定分配关系和分配形式。

① 马克思：《资本论》第 3 卷，人民出版社 2004 年版，第 856 页。
② 马克思：《资本论》第 3 卷，人民出版社 2004 年版，第 714 页。
③ 马克思：《资本论》第 3 卷，人民出版社 2004 年版，第 416 页。
④ 马克思：《资本论》第 3 卷，人民出版社 2004 年版，第 393 页。
⑤ 马克思：《资本论》第 3 卷，人民出版社 2004 年版，第 378 页。

一、所有制性质对生产过程的决定作用

马克思在说明生产与分配、交换消费的关系时指出：“生产既支配着与其他要素相对而言的生产自身，也支配着其他要素。过程总是从生产重新开始。”① 在这里生产起支配作用，就是因为它涉及包括生产工具在内的生产条件的分配。其中生产资料的分配性质即所有制性质决定着社会成员在生产过程中所处的地位。这里重点说明资本主义私有制。

马克思对于资本研究的每一步，都是以私有制和社会分工为前提的。马克思对私有制的说明是：“私有制作为社会的、集体的所有制的对立物，只是在劳动资料和劳动的外部条件属于私人的地方才存在”。他同时又看到，“私有制的性质，却依这些私人是劳动者还是非劳动者而有所不同。”② 资本主义私有制的性质就在于作为非劳动者的资本家占有生产资料。马克思正是在资本所有制关系的基础上，在理论上揭示了资本主义生产、流通、分配过程的实质，再现了资本运动的全貌。在这里，所有制不是作为生产关系各个方面的结果，被动地得到说明的，而是作为基础和前提，体现在资本生产关系的各个方面，实现于资本运动的各个领域。

就如在生产资料资本主义私有制条件下，劳动力和生产资料一起成为资本的存在方式。劳动的这种结合方式，决定了资本主义劳动过程是一般劳动过程和价值增殖过程的统一。其特点是：（1）“工人在资本家的监督下劳动，他的劳动属于资本家”。（2）“产品是资本家的所有物，而不是直接生产者工人的所有物。”③

---

① 《马克思恩格斯选集》第 2 卷，人民出版社 1995 年版，第 17 页。
② 马克思：《资本论》第 1 卷，人民出版社 2004 年版，第 872 页。
③ 马克思：《资本论》第 1 卷，人民出版社 2004 年版，第 216 页。

马克思关于资本主义再生产的分析进一步说明了由资本主义私有制决定的生产关系的再生产。“生产具有资本主义的形式，再生产也就具有同样的形式”。[①] 就是说作为起点的生产关系，通过再生产，“就作为资本主义生产本身的结果而不断重新生产出来，并且永久化了。”[②] 一方面，生产过程不断地把物质财富转化为资本，另一方面不断再生产出劳动力和劳动条件的分离，把工人当做雇佣工人来生产，从而永久化为资本主义生产必不可少的条件。不仅如此，资本所有制还决定着社会再生产的其他过程的性质。就流通过程来说，资本的运动离不开流通过程，“形成流通行为的先导行为，即劳动力的买和卖，本身又是建立在先于社会产品的分配并作为其前提的生产要素的分配的基础上的，也就是建立在作为工人的商品的劳动力和作为非工人的财产的生产资料互相分离的基础上的”。[③] 再就消费来说，社会总资本再生产的特点是，既包括生产消费（直接的生产过程）和作为其媒介的形式转化（从物质方面考察，就是交换），也包括个人消费和作为其媒介的形式转化或交换。在资本再生产过程中，社会产品 C、V、m 的划分是以资本家占有生产资料和劳动力表现为商品的前提和基础，这不仅连接着生产过程，而且也决定生产过程的独特的性质。由于在资本私有制条件下资本家占有生产资料，因而劳动产品中 m 部分归资本家消费，V 部分归工人消费。

二、各种要素的生产力打上所有制的烙印

在经济发展过程中，各种要素的生产力都会提高，如劳动生产力，各种自然条件的生产力（如土地生产力），各种生产

① 马克思：《资本论》第 1 卷，人民出版社 2004 年版，第 653 页。
② 马克思：《资本论》第 1 卷，人民出版社 2004 年版，第 658 页。
③ 马克思：《资本论》第 2 卷，人民出版社 2004 年版，第 427 ~ 428 页。

工具的生产力等。由于所有这些要素都是在一定的所有制关系中进入生产过程的，因此这些生产力都会打上所有制的烙印。

在资本主义私有制条件下，各种要素由资本黏合和并入的，或者说是用资本购买的，不仅这些要素属于资本，就是其生产力也是属于资本的。于是，“同历史地发展起来的社会劳动生产力一样，受自然制约的劳动生产力也表现为合并劳动的资本的生产力。”① 其必要性在于马克思所说的：“劳动的这种自然能力表现为合并劳动的资本所固有的自我保存的能力，正像劳动的社会生产力表现为资本的属性，资本家对剩余劳动的不断占有表现为资本的不断自行增殖一样。劳动的一切力量都显现为资本的力量。”② 其他自然生产力如土地生产力也是这样。在这种私有制经济中，都是属于资本生产力。

需要说明的是，马克思在那个时代把各种生产要素的生产力归属于资本生产力是从生产要素的资本主义私有制讲的。在现代是否适用？在现代，科学发现需要足够的投入，科学发现转化为新技术新产品不只是需要极其昂贵的设备，更需要的是风险投资。在这种情况下所产生的更高的生产力的收益归于投资者还是必要的，否则难以产生提高生产力的动力。

三、所有权在分配中的实现

马克思认为：“一定的分配关系只是历史地规定的生产关系的表现。”③ 所谓的所有权实现在很大程度上是在分配关系上体现的。任何一种所有权都有一定的经济实现形式与它相适应，不同的所有权形式决定着不同的分配形式及其量的规定性。

---

① 马克思：《资本论》第1卷，人民出版社2004年版，第589页。
② 马克思：《资本论》第1卷，人民出版社2004年版，第700~701页。
③ 马克思：《资本论》第3卷，人民出版社2004年版，第998页。

根据马克思的劳动价值论，价值是分配的基础，“商品价值是一个已定的量，不管工资、利润、地租相互间的相对量如何，商品价值总是它们的全部价值的整体。”① 但是，价值却不能规定分配形式或分配制度，原因是：“产品一经完成，生产者对产品的关系就是一种外在的关系，产品回到主体，取决于主体对其他个人的关系。”② “一定的分配形式是以生产条件的一定的社会性质和生产当事人之间的一定的社会关系为前提的。”③ 这种决定一定社会的分配方式的社会经济关系，就是生产资料所有制关系及其相关的生产要素的所有权。

一般的发展理论把生产要素归结为资本，土地和劳动。马克思当时也是这样明确的。他在批判所谓的“三位一体”公式时，也是将生产要素区分为这三个部分，并将与这三个要素相对应的三种收入形式利息、地租和工资的来源归结为这些要素的所有权。这就是：资本—利息；土地所有权—地租；雇佣劳动—工资。这里雇佣劳动本身也是以劳动力所有权为前提的。这样，“各种收入源泉之间的联系尽在这个形式之中。像资本一样，雇佣劳动和土地所有权也是历史规定的社会形式。”④

在马克思看来，所谓的分配关系，就是各个要素所有者对劳动力的活劳动创造的新价值的分配。劳动者新创造的价值分成三个部分，采取三种不同的收入形式：一部分以工资形式归劳动力所有者，一部分作为利润归资本所有者，一部分作为地租归地产的所有者。这种分配关系或形式，“表示出新生产的总价值在不同生产要素的所有者中间进行分配的

---

① 马克思：《资本论》第3卷，人民出版社2004年版，第977页。
② 《马克思恩格斯选集》第2卷，人民出版社1995年版，第12页。
③ 马克思：《资本论》第3卷，人民出版社2004年版，第998页。
④ 马克思：《资本论》第3卷，人民出版社2004年版，第923页。

关系。"① 简单地说，各种分配形式实际上是各种生产要素的所有权在经济上的实现。马克思说："商品价值的各个组成部分是作为独立的收入互相对立的，并且它们作为独立的收入，是与劳动、资本和土地这三种彼此完全不同的生产要素发生关系，因而好像它们就是由这些东西产生的。对劳动力、资本和土地这三者的所有权，就是商品这些不同的价值组成部分所以会分别属于各自的所有者，并转化为他们的收入的原因。"② 因此，马克思在分析了不同要素的所有权形式后，进一步研究了这些所有权的经济实现即剩余价值的分割和量化的本质。

马克思的分配理论实际上涉及两个层次。第一个层次是资本所有权决定新创造价值在工资与剩余价值之间的分割比例。在这里，劳动力的所有权只是在劳动力自由买卖中体现出来，一当进入资本主义生产过程，起决定作用的只是资本所有权。第二个层次是对剩余价值的分割。剩余价值的分割是资本所有权分化及运动的结果。马克思在《资本论》第3卷中以所有制内部关系作为分析的前提，在划分了资本的各种具体形式的同时，研究了剩余价值即利润的各种具体形式以及在整个社会中的分配。主要涉及以下几个层次的分配：

一个层次是产业资本家和商业资本家等职能资本家之间分割利润，通过利润平均化的竞争形成产业利润和商业利润。

另一个层次是借贷资本家和职能资本家之间分割利润，形成利息与企业主收入。在这里，职能资本家用借入的资本执行资本职能，借贷资本即生息资本是纯粹体现所有权要求。因此利息"表现为总利润中属于资本所有权本身的部分"，"表现为资本所有权的果实"③。在数量上，利息不可能等于零，这

① 马克思：《资本论》第3卷，人民出版社2004年版，第993页。
② 马克思：《资本论》第3卷，人民出版社2004年版，第982页。
③ 马克思：《资本论》第3卷，人民出版社2004年版，第419~420页。

是由资本所有权决定的，否则，借贷活动就停止了，所有权就失去了它的经济意义。而职能资本家获得的收入统称为企业主收入，“表现为他用资本所执行的职能的果实，表现为资本的运动和过程的果实”。①总利润分割为利息和企业主收入“决不仅仅是货币资本家和产业资本家的主观见解。这种区分以客观事实为基础，因为利息归货币资本家所有，归资本的单纯所有者，也就是在生产过程之前和生产过程之外单纯代表资本所有权的贷出者所有；企业主收入则归单纯的职能资本家所有，归资本的非所有者所有。”②在这个层次上进一步的分割是职能资本家执行的资本职能交给雇佣的高级经理来执行，由此就产生“管理工资”的分配形式。

再一个层次是产业资本家和土地所有者之间分割利润，形成地租。马克思说：“我们看到了构成现代社会骨架的三个并存的而又互相对立的阶级——雇佣工人、产业资本家、土地所有者。”③考察资本主义社会的土地所有权，就是考察资本投入土地而产生的生产关系和分配关系，进一步说就是剩余价值的一部分如何转归土地所有者所有。“不论地租的特殊形式是怎样的，它的一切类型有一个共同点：地租的占有是土地所有权借以实现的经济形式。”④这种土地所有权的意义在于，“单纯法律上的土地所有权，不会为土地所有者创造任何地租。但这种所有权使他有权不让别人去使用他的土地，直到经济关系能使土地的利用给他提供一个余额”⑤。而且土地所有权的垄断性作用更为独特。一方面土地所有权可以阻止土地产品的超

① 马克思：《资本论》第3卷，人民出版社2004年版，第420页。
② 马克思：《资本论》第3卷，人民出版社2004年版，第420页。
③ 马克思：《资本论》第3卷，人民出版社2004年版，第698页。
④ 马克思：《资本论》第3卷，人民出版社2004年版，第714页。
⑤ 马克思：《资本论》第3卷，人民出版社2004年版，第856页。

额利润参加社会生产价格的平均化，使它作为固定的收入（作为级差地租）落入土地所有者的腰包。另一方面土地所有权的垄断又能保证农产品按价值出售而不是按生产价格出售，由此产生的超额利润作为绝对地租落入土地所有者手中。

第三节　企业制度

在《资本论》中，马克思用大量篇幅分析了资本主义企业制度。马克思研究企业制度的视觉是独特的，他是从生产力与生产关系矛盾的角度来研究企业制度的。马克思深入研究了资本主义企业制度的起源与发展，并且对资本家与企业产权结构的演化进行了详细的考察。

一、企业制度起源与演进

马克思从具有资本主义典型形态的英国出发，在实证分析的基础上，对资本主义企业制度的起源和发展进行了深入的研究。马克思认为，现代资本主义私人企业制度，经历了协作、分工和工场手工业、机器和大工业三个阶段。马克思将协作、工场手工业和机器大工业三者的关系看成是资本主义发展的内在逻辑关系。工场手工业是“以分工为基础的协作”，在简单协作的基础上发展起来。“工场手工业生产了机器，而大工业借助于机器，在它首先占领的那些生产领域排除了手工业生产和工场手工业生产。因此，机器生产是在与它不相适应的物质基础上自然兴起的。机器生产发展到一定程度，就必定推翻这个最初是现成地遇到的、后来又在其旧形式中进一步发展了的基础本身，建立起与它自身的生产方式相适应的新基础。”①

① 马克思：《资本论》第1卷，人民出版社2004年版，第439页。

马克思认为，简单协作是资本主义企业制度产生的起点。协作是许多人在同一生产过程中，或在不同的但互相联系的生产过程中，有计划地一起协同劳动。资本主义生产实际上是同一个资本家同时雇用较多的工人，因而劳动过程扩大了自己的规模并提供了较大量的产品的时候开始的。“人数较多的工人在同一时间、同一空间（或者说同一劳动场所），为了生产同种商品，在同一资本家的指挥下工作，这在历史上和概念上都是资本主义生产的起点。”① 数量较多的工人受同一资本指挥，既是一般协作的自然起点，也是工场手工业的自然起点。

协作所引起的生产力的变化，“不仅是通过协作提高了个人生产力，而且是创造了一种生产力，这种生产力本身必然是集体力。”② 从协作使劳动性质发生变化的角度看，即使劳动方式不变，同时使用较多的工人，也会在劳动过程的物质条件上引起革命。马克思认为，协作并不是资本主义社会特有的，古代社会就已经存在协作。但是，资本主义协作的特点是一开始就以出卖自己的劳动力给资本的自由雇佣工人为前提。“资本主义的协作形式是同农民经济和独立的手工业生产（不管是否具有行会形式）相对立而发展起来的。”③ 简单协作虽然与规模较大的生产结合在一起，但是它不构成资本主义生产方式的一个特殊发展时代的固定的特殊形式。“它至多不过在仍然保持手工业性质的初期工场手工业中，在那种和工场手工业时期相适应的、仅仅由于同时使用的工人数量和所积聚的生产资料的规模才和农民经济有本质区别的大农业中，近似地表现出来。”④

---

① 马克思：《资本论》第1卷，人民出版社2004年版，第374页。
② 马克思：《资本论》第1卷，人民出版社2004年版，第378页。
③ 马克思：《资本论》第1卷，人民出版社2004年版，第388页。
④ 马克思：《资本论》第1卷，人民出版社2004年版，第389页。

从简单协作发展到工场手工业制度，就产生了分工协作，为工厂制度的形成准备着条件。马克思说："以分工为基础的协作，在工场手工业上取得了自己的典型形态。"① 工场手工业分工通过手工业活动的分解，劳动工具的专门化，局部工人的形成以及局部工人在一个总机构中的分组和结合，造成了社会生产过程的质的划分和量的比例，从而创立了社会劳动的一定组织，这样就同时发展了新的、社会的劳动生产力。

分工协作不仅推动了劳动生产力的发展，而且推动了企业组织形式的发展。工场手工业分工是资本主义分工的特有形式。马克思说："整个社会内的分工，不论是否以商品交换为中介，是各种经济的社会形态所共有的，而工场手工业分工却完全是资本主义生产方式的独特创造。"② 这种工场手工业，"一旦它得到一定的巩固和发展，它就成为资本主义生产方式的有意识的、有计划的和系统的形式。"③ 它一方面使企业内部组织层级化特征日益显现；另一方面它也为企业规模的进一步扩大并向机器大工业发展奠定了基础。马克思说："工场手工业分工的这一产物，又生产出机器。机器使手工业的活动不再成为社会生产的支配原则。"④ 这样，工人终生固定从事某种局部职能的技术基础被消除了。

"生产方式的变革，在工场手工业中以劳动力为起点，在大工业中以劳动资料为起点。"⑤ 机器大工业不仅使生产的效率大大提高，而且使资本主义企业制度最终确定下来。机器只有通过直接社会化的或共同的劳动才发生作用。因此，劳动过

① 马克思：《资本论》第1卷，人民出版社2004年版，第390页。
② 马克思：《资本论》第1卷，人民出版社2004年版，第415～416页。
③ 马克思：《资本论》第1卷，人民出版社2004年版，第421页。
④ 马克思：《资本论》第1卷，人民出版社2004年版，第426页。
⑤ 马克思：《资本论》第1卷，人民出版社2004年版，第427页。

程的协作性质，现在成了由劳动资料本身的性质所决定的技术上的必要了。“机器还从根本上使资本关系的形式上的中介即工人和资本家之间的契约发生了革命。”① 过去工人和资本家是以独立的商品所有者自由买卖，现在虽然在形式上没有变化，但由于妇女儿童劳动使这种交换的实质改变了。“工人在技术上服从劳动资料的划一运动以及由各种年龄的男女个体组成的劳动体的特殊构成，创造了一种兵营式的纪律。这种纪律发展成为完整的工厂制度，并且使前面已经提到的监督劳动得到充分发展，同时使那种把工人划分为劳工和监工，划分为普通工业士兵和工业军士的现象得到充分发展。”② 机器还使工人之间的技术差别均等化。这样一来，工场手工业分工的技术基础就消失了。因此，在自动工厂里，代替工场手工业所特有的专业工人的等级制度的，是机器的助手所要完成的各种劳动的平等或均等的趋势，代替局部工人之间的人为差别的，主要是年龄和性别的自然差别。由于劳动的均等化趋势，作为激励工人的手段主要体现为他作为机器助手的作用。

监督制度是企业制度的一个重要方面。企业制度的变化也是由劳动资料本身的性质所决定的。当机器流水线出现后，连专门的监工也不要了。以机器为基础的大工业，同企业的监督形式的发展是相辅相成的。马克思甚至把工厂看成是“机器体系的构成”③。资本主义机器大工业的发展，不仅是生产力的发展，更是生产关系的变革。过去一切的内容和形式，在机器大工业面前全部改变了，工人从形式上的隶属变成了实际上的隶属。特别是“工厂法”的实行，是机器大工业的必然产物，反映企业管理由“人治”到“法治”的转变。

① 马克思：《资本论》第1卷，人民出版社2004年版，第455页。
② 马克思：《资本论》第1卷，人民出版社2004年版，第488页。
③ 马克思：《资本论》第1卷，人民出版社2004年版，第481~482页。

“工厂立法是社会对其生产过程自发形态的第一次有意识、有计划的反作用。”[①] 根据马克思的分析，工厂法是用于对劳动过程实行社会调节的。“即对大规模协作和使用共同的劳动资料，特别是使用机器所必需的社会调节的一幅资本主义讽刺画。”[②] 工厂法的范围较为广泛。根据工厂法，奴隶监督者的鞭子被监工的罚金簿代替了，一切惩罚都简化成罚款和扣工资。工厂法还对教育和卫生都有明确的规定，例如，举办工艺学校，让工人子女受到有关的工艺教育。马克思对此作了肯定：“如果说工厂立法作为从资本那里争取来的最初的微小让步，只是把初等教育同工厂劳动结合起来，那么毫无疑问，工人阶级在不可避免地夺取政权之后，将使理论和实践的工艺教育在工人学校中占据应有的位置。”[③]

二、资本所有权和经营权的分离

马克思不仅研究了企业的发生和发展，而且还研究了资本家。资本家的本质在于追求剩余价值最大化。“作为资本家，他只是人格化的资本。他的灵魂就是资本的灵魂。而资本只有一种生活本能，这就是增殖自身，创造剩余价值。”[④] 他在生产过程中只是作为资本的承担者执行职能。他的真正目的是生产剩余价值。在这里，马克思假定资本家“自己是一个讲求实际的人，对于业务范围之外所说的话，虽然并不总是深思熟虑，但对于业务范围之内所做的事，他始终是一清二楚的”。[⑤] 因此，“在生产过程中，资本发展成为对劳动，即对发挥作用

① 马克思：《资本论》第1卷，人民出版社2004年版，第553页。
② 马克思：《资本论》第1卷，人民出版社2004年版，第488页。
③ 马克思：《资本论》第1卷，人民出版社2004年版，第561～562页。
④ 马克思：《资本论》第1卷，人民出版社2004年版，第269页。
⑤ 马克思：《资本论》第1卷，人民出版社2004年版，第225页。

的劳动力或工人本身的指挥权。人格化的资本即资本家，监督工人有规则地并以应有的强度工作”①，而工人则必须服从“资本家的权威”②。

由于科学技术和企业生产专业化、社会化的高度发展，以及资本主义市场经济运作的复杂性，企业的生产经营活动越来越需要具有专门化的人才来指挥和管理。这种资本所有权与经营权的分离的基本趋势是，经理阶层的地位和作用日益提高，“实际执行职能的资本家转化为单纯的经理，别人的资本的管理人，而资本所有者则转化为单纯的所有者，单纯的货币资本家。”③ 直接生产经营过程中职能资本的所有权与经营管理权的分离，是所有权的分割和分离的进一步深化。

三、股份制

股份制是随着生产力和生产社会化的发展而出现的一种企业制度和组织形式。随着生产和积累的发展，生产的规模迅速扩大，出现了个别资本不可能建立的企业，与此同时，竞争和信用这两个资本集中最强有力的杠杆，也以同样的程度发展起来。“而资本主义生产的扩大，又替那些要有资本的预先集中才能建立起来的强大工业企业，一方面创造了社会需要，另一方面创造了技术手段。”④

马克思在分析资本集中的作用时指出了资本集中的机制。这就是，在大规模生产的基础上，使生产资料和劳动力更加集中，“使分散的、按习惯进行的生产过程不断地变成社会结合

---

① 马克思：《资本论》第 1 卷，人民出版社 2004 年版，第 359 页。
② 马克思：《资本论》第 1 卷，人民出版社 2004 年版，第 385 页。
③ 马克思：《资本论》第 3 卷，人民出版社 2004 年版，第 495 页。
④ 马克思：《资本论》第 1 卷，人民出版社 2004 年版，第 722 ~ 723 页。

的、用科学处理的生产过程”[1]，可以突破单个资本积累的局限性。股份公司是通过“比较平滑的办法把许多已经形成或正在形成的资本溶合起来”[2] 的一种资本集中的形式。

股份公司的资本所有权发生多层次的分离或转移，从而形成比较复杂的产权结构。在这种产权结构中，所有权主体和行使所有权主体分离。股份公司的资本是由全体股东投资入股形成的，因而资本所有权的主体是全体股东。但是，股份公司作为独立的企业法人，其全部资本的所有权构成一个整体，不可能由每个股东单独来行使，只能由股东大会“推选”出来的以董事长为代表的董事会行使公司全部资本的所有权。所以，股份公司大多聘用经理人员负责董事会授权范围内的企业日常经营管理工作。这种行使资本所有权的主体同资本所有权的主体的分离，意味着取得董事会控制权的资本家获得“在一定界限内绝对支配他人的资本，他人的财产，从而他人的劳动的权利”[3]。资本所有者仅得到股息收入。股息（利息）是股份公司分配的主要形式。货币资本的所有者即使“所得的股息包括利息和企业主收入，也就是包括全部利润（因为经理的薪金只是，或者应该只是某种熟练劳动的工资，这种劳动的价格，同任何别种劳动的价格一样，是在劳动市场上调节的），这全部利润仍然只是在利息的形式上，即作为资本所有权的报酬获得的”[4]。从这点看，它和独资企业执行资本职能的资本家取得的利润有区别，但和利息是一样的。不过，股息率高低随公司经营情况而定，是不确定的，存在着风险，与利息相比是有差别的。

① 马克思：《资本论》第 1 卷，人民出版社 2004 年版，第 724 页。
② 马克思：《资本论》第 1 卷，人民出版社 2004 年版，第 723 页。
③ 马克思：《资本论》第 3 卷，人民出版社 2004 年版，第 497 页。
④ 马克思：《资本论》第 3 卷，人民出版社 2004 年版，第 495 页。

从股份公司那里马克思发现了与私人资本相对立的社会资本。他说，股份制“直接取得了社会资本（即那些直接联合起来的个人的资本）的形式，而与私人资本相对立，并且它的企业也表现为社会企业，而与私人企业相对立”[①]。马克思认为，股份公司是在“资本主义体系本身的基础上对资本主义的私人产业的扬弃；随着它的扩大和侵入新的生产部门，它也在同样的程度上消灭着私人产业。”[②]

在马克思看来，股份制提供了私人资本向社会资本转化的机制，虽然个人的资本“向股份形式的转化本身，还是局限在资本主义界限之内；因此，这种转化并没有克服财富作为社会财富的性质和作为私人财富的性质之间的对立，而只是在新的形态上发展了这种对立”[③]。但是，股份公司这种形式已经提供了转化为社会财产的过渡点。马克思说：“资本主义生产极度发展的这个结果，是资本再转化为生产者的财产所必需的过渡点，不过这种财产不再是各个互相分离的生产者的私有财产，而是联合起来的生产者的财产，即直接的社会财产。另一方面，这是再生产过程中所有那些直到今天还和资本所有权结合在一起的职能转化为联合起来的生产者的单纯职能，转化为社会职能的过渡点。”[④]“这是资本主义生产方式在资本主义生产方式本身范围内的扬弃，因而是一个自行扬弃的矛盾，这个矛盾明显地表现为通向一种新的生产形式的单纯过渡点。”[⑤]现在看来，马克思一再强调发达的资本主义是社会主义的入口，很大程度上是指股份制这个“过渡点”。

---

① 马克思：《资本论》第3卷，人民出版社2004年版，第494~495页。
② 马克思：《资本论》第3卷，人民出版社2004年版，第497页。
③ 马克思：《资本论》第3卷，人民出版社2004年版，第498~499页。
④ 马克思：《资本论》第3卷，人民出版社2004年版，第495页。
⑤ 马克思：《资本论》第3卷，人民出版社2004年版，第497页。

马克思从股份制中发现“资本主义生产本身已经使那种完全同资本所有权分离的指挥劳动比比皆是。”① 资本的所有者即股东并不直接管理企业。由此产生专职的不需要资本家自己担任的管理劳动。如马克思说的：“随着信用而发展起来的股份企业，一般地说也有一种趋势，就是使这种管理劳动作为一种职能越来越同自有资本或借入资本的占有权相分离。”② 因此，“在股份公司内，职能已经同资本所有权相分离，因而劳动也已经完全同生产资料的所有权和剩余劳动的所有权相分离。”③ “实际执行职能的资本家转化为单纯的经理，别人的资本的管理人，而资本所有者则转化为单纯的所有者，单纯的货币资本家。”④ 单纯的经理，“执行着一切应由执行职能的资本家自己担任的现实职能”⑤，成为指挥企业生产经营活动的权威。这就产生一种可能，“一个没有财产但精明强干、稳重可靠、有能力和经营知识的人，通过这种方式也能成为资本家”⑥。

四、合作制

合作制是马克思企业制度理论的重要内容。马克思没有将其同个人业主制以及股份制当作并列的企业制度，而是马克思在资本主义制度框架下能够克服私有制企业弊端的一种设想。马克思认为，在资本主义社会中的合作制对工人有积极的作用。因为它是工人自己的企业。马克思在 1864 年为国际工人协会成立而写的宣言中认为：“合作运动，特别是由少数勇敢

① 马克思：《资本论》第 3 卷，人民出版社 2004 年版，第 434 页。
② 马克思：《资本论》第 3 卷，人民出版社 2004 年版，第 436 页。
③④ 马克思：《资本论》第 3 卷，人民出版社 2004 年版，第 495 页。
⑤ 马克思：《资本论》第 3 卷，人民出版社 2004 年版，第 436 页。
⑥ 马克思：《资本论》第 3 卷，人民出版社 2004 年版，第 679 页。

的'手'（作者注：劳动者）独立创办起来的合作工厂"，是"劳动的政治经济学对财产的政治经济学"的"一个更大的胜利"。①

马克思所研究的合作制工厂，不是资本主义社会一般的合作制工厂，而是指"工人自己的合作工厂"。在这种合作工厂内劳动和资本的对立已经被扬弃，合作制工厂是在资本主义制度中产生的新的工厂制度。"这种工厂表明，在物质生产力和与之相适应的社会生产形式的一定的发展阶段上，一种新的生产方式怎样会自然而然地从一种生产方式中发展并形成起来。没有从资本主义生产方式中产生的工厂制度，合作工厂就不可能发展起来；同样，没有从资本主义生产方式中产生的信用制度，合作工厂也不可能发展起来。"② 这就是说，马克思分析的合作制工厂是从资本主义的工厂制度中和信用制度中产生的，是私人企业的一个发展或进步。

在马克思那里，合作制是在旧的正在崩溃的资产阶级社会里孕育着的新社会因素。马克思对合作制做过这样的评价："工人自己的合作工厂，是在旧形式内对旧形式打开的第一个缺口，虽然它在自己的实际组织中，当然到处都再生产出并且必然会再生产出现存制度的一切缺点。但是，资本和劳动之间的对立在这种工厂内已经被扬弃，虽然起初只是在下述形式上被扬弃，即工人作为联合体是他们自己的资本家，也就是说，他们利用生产资料来使他们自己的劳动增殖。……资本主义的股份企业，也和合作工厂一样，应当被看作是由资本主义生产方式转化为联合的生产方式的过渡形式，只不过在前者那里，对立是消极地扬弃的，而在后者那里，对立是积极地扬弃

① 《马克思恩格斯选集》第2卷，人民出版社1995年版，第605页。
② 马克思：《资本论》第3卷，人民出版社2004年版，第499页。

的。”[①] 马克思的上述评价不仅适合于他所处的时代，也适合于当代。

资本主义的实际发展表明，合作制从两个方面证明了自己的历史进步性。一方面，合作制企业的工人们“不是在口头上，而是用事实证明：大规模的生产，并且是按照现代科学要求进行的生产，在没有利用雇佣工人阶级劳动的雇主阶级参加的条件下是能够进行的；他们证明：为了有效地进行生产，劳动工具不应当被垄断起来作为统治和掠夺工人的工具；雇佣劳动，也像奴隶劳动和农奴劳动一样，只是一种暂时的和低级的形式，它注定要让位于带着兴奋愉快心情自愿进行的联合劳动”。[②] 另一方面，合作企业表明，“在物质生产力和与之相适应的社会生产形式的一定的发展阶段上，一种新的生产方式怎样会自然而然地从一种生产方式中发展并形成起来。”[③]

应该指出，这种具有社会主义性质的合作制企业要在资本主义制度框架内取得成功，可以说是一种空想。但马克思对合作制的评价甚高，认为它是未来社会的企业形式，是向新生产方式过渡的形式。马克思明确指出这种合作社形式上，合作的劳动者已经是他们自己的资本家，“他们利用生产资料来使他们自己的劳动增殖”[④]。马克思曾在 1881 年给维伊·查苏利奇的复信草稿中说：“欧洲和美洲的一些资本主义生产最发达的民族，正力求打碎它的枷锁，以合作生产来代替资本主义生产，以古代类型的所有制最高形式即共产主义所有制来代替资本主义所有制。”[⑤] 恩格斯说：“正像巴黎公社要求工人按合作

① 马克思：《资本论》第 3 卷，人民出版社 2004 年版，第 499 页。
② 《马克思恩格斯全集》第 16 卷，人民出版社 1964 年版，第 12 页。
③ 马克思：《资本论》第 3 卷，人民出版社 2004 年版，第 499 页。
④ 马克思：《资本论》第 3 卷，人民出版社 2004 年版，第 499 页。
⑤ 《马克思恩格斯全集》第 19 卷，人民出版社 1963 年版，第 443 ~ 444 页。

方式经营被工厂主关闭的工厂那样”，“将土地交给合作社，否则土地会按照资本主义方式去经营”。“至于在向完全的共产主义经济过渡时，我们必须大规模地采用合作生产作为中间环节，这一点马克思和我从来没有怀疑过。”① 马克思这种合作制的设想在后来的社会主义改造中进行了实践，也在很大程度上取得了成功。

第四节 科学认识现代资本主义

《资本论》是在资本主义社会研究资本主义，而且当时还没有出现社会主义国家。现在的政治经济学在研究当代资本主义时，特别要考虑到资本主义与社会主义是在空间上并存的两种社会制度的现实。当今的经济全球化包含了市场经济的全球化，同时也包含了产生在资本主义国家的与先进社会生产力相关的现代经济组织和企业制度的全球化。考虑到资本主义与社会主义是在空间上并存的两种社会制度的现实。政治经济学对现代资本主义的经济分析的任务有三个方面：一是学习。在两种经济制度并存的条件下，许多经济活动和经济组织存在相互学习和相互融合的过程。分析现代资本主义国家与先进社会生产力相适应的经济形式和经济组织，对社会主义国家来说本身就是一种学习，由此推动社会主义国家的生产力超过资本主义国家。二是竞争，两种制度并存必然包含两种制度的竞争，分析现代资本主义经济本身可以为社会主义最终在经济竞争中战胜资本主义提供对策性理论。三是信念。资本主义发展到现阶段，单靠传统的政治经济学理论难以说明其灭亡的必然性，需

① 《马克思恩格斯〈资本论〉书信集》，人民出版社 1976 年版，第 469 ~ 470 页。

要用与时俱进的理论和方法来揭示其新的矛盾，从而在新的经济条件下坚定社会主义取代资本主义的信念。

马克思在一百多年前写《资本论》时，尚处于自由资本主义阶段，生产力发展水平处于机器大工业的初期阶段，企业制度处于工厂制阶段，股份制经济才开始萌芽。一百多年后的今天无论是资本主义所处的阶段，还是生产力的发展水平和企业制度都发生了重大变化。这就提出了用发展了的马克思主义原理认识和解释现代资本主义问题。

自20世纪50年代以来，资本主义世界处于相对稳定状态。在发达的资本主义国家首先产生新技术革命，90年代以后又出现以信息和网络为代表的新经济，引起了生产力的迅速发展，人民的平均生活水平也明显提高，帝国主义所固有的各种矛盾也有不同程度的缓和。对资本主义的新发展的说明，不能简单地套用传统的马克思主义政治经济学中的某些现成结论，应该依据新的研究做出说明。但是，新的认识、新的研究，要有正确的立场、科学的世界观和方法论。应该承认，面对现代资本主义，马克思主义政治经济学的个别结论可能有些过时，但其作为一种认识社会的科学体系没有过时。它仍然可以为认识和研究现代资本主义提供科学的世界观和方法论，成为研究现代资本主义的指导思想的理论基础。马克思主义政治经济学也因此而得到新发展。

需要指出的是，原有的政治经济学所揭示的资本主义矛盾在现代得到了缓和。原因是资本主义国家在其制度允许的范围内采取了一系列为缓解矛盾，避免社会矛盾激化而调整生产关系的措施。政治经济学必须正视这些新问题，否则就无法解释在马克思敲响资本主义丧钟一百多年后，资本主义不仅存在还在发展着。从与时俱进的角度分析资本主义经济，必须研究当代资本主义的新现象，揭示其新的规律，关注在新的条件下资本主义出现的新特点及其与资本主义固有的矛盾。

研究现代资本主义，必须承认这个现实：20 世纪 30 年代大危机以后至今，几次重大的科学技术革命都发生在资本主义国家。在此基础上，以公司制为特征的现代企业制度，发达的资本市场，现代银行制度，政府干预经济，科技创新机制等都成为推动现代资本主义发展的新机制。这些也是现代资本主义国家生产力突破其原有生产关系的束缚得以发展的主要说明因素。这种现象仍然可以用马克思的生产力和生产关系矛盾运动的原理来说明。

资本主义国家出现的新现象还反映这样一个趋势，处于较高生产力水平的资本主义不是离社会主义更远，而是更近。根据马克思的界定，社会主义高于资本主义，并且要替代资本主义。这里讲的社会主义是成熟的社会主义，不是处于社会主义初级阶段的社会主义，其基本条件是生产力发展达到一定水平。在现有的社会主义国家，虽然建立起了社会主义国家，但成熟社会主义，或者说完全替代资本主义的社会主义所需要的生产力条件尚未达到，因而社会主义还处于初级阶段。而在发达的资本主义国家，虽然其制度是资本主义的，但其生产力发展水平却离成熟的社会主义最近，也正因为如此，资本主义国家在资本主义范围内所作的生产关系方面最大限度地调整，也就越来越接近社会主义的特征。例如，资本的社会化，使低收入者得益的福利，劳动者拥有股权（个人所有制），等等。就如马克思和列宁当时所讲的股份公司，国家垄断是社会主义的入口一样，这些现代经济组织和企业制度可能离社会主义更近。这就意味着用《资本论》原理说明现代资本主义时，关键点已不在于通过谁来推翻资本主义，而在于关注《资本论》中阐述的替代资本主义的社会主义因素在发达的生产力水平基础上逐渐产生和发展。如果说在马克思时代社会主义取代资本主义寄希望于无产阶级革命的话，那么现在要实现这种替代则寄希望于社会主义国家的生产力水平超过资本主义国家。

本章主要涉及：《资本论》第1卷：第2、12、13、24章；第3卷：第23、49、52章

第二十章　新社会的建立和建设

《资本论》的基本思路是以阶级斗争为纲，其目标是推翻旧制度。今天我们处在社会主义初级阶段，我们的目标是建设新社会。在这样的条件下学习和研究《资本论》，固然有坚定社会主义代替资本主义信念的要求，但不能局限于此。为适应我们面临的中心任务和经济背景的特点，学习和研究《资本论》的思路也应相应转变。其基本要求是由以阶级斗争为纲转向以经济建设为中心。《资本论》面对资本主义社会是阶级斗争的武器，而在当今的社会主义社会则是经济建设的理论指导。研究《资本论》，要从批判转向建设，要从研究如何推翻资本主义社会转向如何建设好社会主义社会，如何调整生产关系、提高社会生产率、增加社会财富、增进社会福利。

第一节　资本主义被社会主义替代的必然性

资本主义是人类历史发展和进步的必然阶段，但资本主义又具有暂时性。它必然要向新的更高级的社会形态发展。马克思从人类发展的整体逻辑关系中，论证了资本主义私有制产生、发展以及将被社会主义公有制替代的历史命运。从某种意义上说，《资本论》不仅是对资本主义私有制本质及其运行的深刻揭示，也是对社会主义公有制历史必然性的逻辑论证。

一、剥夺者被剥夺是历史的必然

马克思从资本原始积累出发研究资本主义生产方式的产生、发展和被社会主义代替的历史趋势。资本主义生产方式是一种特殊的、具有独特历史规定性的生产方式，它和任何其他生产方式一样，社会生产力及其发展形式的一定阶段，是自己存在的历史条件和现成基础。同样也是社会生产力发展的一定阶段，产生资本主义私有制被社会主义公有制替代的历史条件和物质基础。

资本主义私有制是从小生产个人所有制内部产生的。一方面是由小商品生产者的分化而来的，另一方面则是通过高利贷和商业的货币资本转化而来的。随着商品市场的形成及市场竞争的日趋激烈，贫富差别拉大，财富逐步集聚到少数人手里。在竞争中发展起来的小商品生产者，逐渐开始雇用工人，进而发展成为资本家，而在竞争中失利的小生产者，则逐渐衰落为一无所有的雇佣工人。资本主义私有制对小生产个人所有制的否定是借助于原始积累完成的，资本原始积累是资本家剥夺小农。原始积累把个人分散的生产资料集中起来，变成了资本家个人占有的社会化形式的生产资料，用剥夺广大劳动者的土地、生产工具和生活资料的手段，否定了依靠自己劳动取得私有财产的个人所有制，代之以雇佣劳动为基础的资产阶级的私有制。

资本家采取剥夺本国小生产者和掠夺殖民地的方式把生产资料集中起来之后，所获得的新的生产条件，是小生产者不可比拟的。“只有大工业才用机器为资本主义农业提供了牢固的基础，彻底地剥夺了绝大多数农村居民，使农业和农村家庭手工业完全分离，铲除了农村家庭手工业的根基——纺纱和织布。这样，它才为工业资本征服了整个国内市场。"① 因此，资本主义的社会化大生产和市场经济实现了对自然经济的小生产方式的否定。

生产的社会化是一把双刃剑，它战胜了众多的个体小生产者，集中了能够集中到的生产资料，推动了机器的发展，创造了过去无法达到的劳动生产率。"只有资本主义的商品生产，才成为一个划时代的剥削方式，这种剥削方式在它的历史发展中，由于劳动过程的组织和技术的巨大成就，使社会的整个经济结构发生变革，并且不可比拟地超越了以前的一切时期。"② 资本主义私有制榨取剩余劳动的方式和条件，"同以前的奴隶制、农奴制等形式相比，都更有利于生产力的发展，有利于社会关系的发展，有利于更高级的新形态的各种要素的创造。"③

"一旦资本主义生产方式站稳脚跟，劳动的进一步社会化，土地和其他生产资料的进一步转化为社会地使用的即公共的生产资料，从而对私有者的进一步剥夺，就会采取新的形式。现在要剥夺的已经不再是独立经营的劳动者，而是剥削许多工人的资本家了。"通过资本集中，大资本剥夺小资本，一个资本家打倒许多资本家。与此相关，"规模不断扩大的劳动过程的协作形式日益发展，科学日益被自觉地应用于技术方面，土地日益被有计划地利用，劳动资料日益转化为只能共同使用的劳动资料，一些生产资料因作为结合的社会劳动的生产资料使用而日益节省，各国人民日益被卷入世界市场网，从而资本主义制度日益具有国际的性质。"④ 这样，资本的垄断成了社会化的生产方式的桎梏。生产资料的集中和劳动的社会

① 马克思：《资本论》第1卷，人民出版社2004年版，第858页。
② 马克思：《资本论》第2卷，人民出版社2004年版，第44页。
③ 马克思：《资本论》第3卷，人民出版社2004年版，第927~928页。
④ 马克思：《资本论》第1卷，人民出版社2004年版，第873页。

化，达到了同它们的资本主义外壳不能相容的地步。

资本主义生产中的资本积累，不仅意味着生产规模的扩大，而且意味着新技术的采用、新产品的开发、新市场的开拓，它既促进了生产力在量上的扩张，又促进了生产力在质上的提高。资本积累与生产力发展相互推动，在这种互动关系中，社会生产力以前所未有的速度跳跃式地前进。因此，资本主义生产关系的历史责任在于“迫使人类去为生产而生产，从而去发展社会生产力，去创造生产的物质条件；而只有这样的条件，才能为一个更高级的、以每一个个人的全面而自由的发展为基本原则的社会形式建立现实基础”。① 资本主义生产方式无限制地发展生产力必然陷入了新的矛盾。它的历史使命是无所顾忌地按照几何级数推动人类劳动的生产率的发展。如果人民群众的消费能力和范围受到制度限制，就阻碍生产率的发展，它就背叛了这个使命。“它由此只是再一次证明，它正在衰老，越来越过时了。”②

由此可见，生产的社会化是资本主义私有制走向否定的内在动因。这表明，资本主义占有方式暴露了自己无法继续驾驭这种生产力。而且，这种生产力本身以日益增长的威力要求消除这种矛盾，要求摆脱它作为资本的属性，要求在事实上承认它作为社会生产力的那种性质。在这种情况下，资本主义占有制需要在其内部进行调整。“一旦生产关系达到必须蜕皮的地步，这种权利的和一切以他为依据的交易的物质的、在经济上和历史上有存在理由的、从社会生活的生产过程中产生的源泉，就会消失。”③

除了上述资本主义社会的基本矛盾外，资本主义经济还有

① 马克思：《资本论》第1卷，人民出版社2004年版，第683页。
② 马克思：《资本论》第3卷，人民出版社2004年版，第292页。
③ 马克思：《资本论》第3卷，人民出版社2004年版，第877～878页。

一系列它自身无法克服的社会矛盾。

首先是资本主义生产企业内的严格管理同社会生产的无政府状态产生尖锐矛盾。马克思发现，“对于直接生产者大众来说，他们的生产的社会性质是以实行严格管理的权威的形式，并且是以劳动过程的完全按等级组织的社会机制的形式出现的，……但是，在这种权威的承担者中间，在只是作为商品所有者互相对立的资本家本身中间，占统治地位的却是极端无政府状态，在这种状态中，生产的社会联系只是表现为对于个人随意性起压倒作用的自然规律。”① 社会范围的经济危机便不可避免。

其次是在资本所有权与经营权分离的条件下，资本家成为多余，这为消灭资本主义制度提供了条件，同时也为建立社会主义经济形式提供了入口。马克思从企业中监督指挥劳动交给专人承担中发现了指挥劳动与资本所有权的分离。“随着信用制度而发展起来的股份企业，一般地说也有一种趋势，就是使这种管理劳动作为一种职能越来越同自有资本或借入资本的占有权相分离。”② 这样，“这种指挥劳动就无须资本家亲自进行了。一个乐队指挥完全不必就是乐队的乐器的所有者”，“资本家作为生产上的执行职能的人员已经成为多余的了”。③

第三是随着信用的发展，不仅生产社会化了，连资本也具有了社会性质。由银行贷出的货币资本不再是由它的直接所有者贷出。随着生产社会化和各企业间经济联系的发展，信用制度大大完善，金融组织的作用日益突出。马克思在研究信用在资本主义经济中的作用时，从对股份公司的分析中提出了与私人资本相对立的社会资本。在股份经济中，“那种本身建立在

---

① 马克思：《资本论》第3卷，人民出版社2004年版，第997～998页。
② 马克思：《资本论》第3卷，人民出版社2004年版，第436页。
③ 马克思：《资本论》第3卷，人民出版社2004年版，第434～435页。

社会生产方式的基础上并以生产资料和劳动力的社会集中为前提的资本，在这里直接取得了社会资本（即那些直接联合起来的个人的资本）的形式，而与私人资本相对立，并且它的企业也表现为社会企业，而与私人企业相对立。这是作为私人财产的资本在资本主义生产方式本身范围内的扬弃。"①

概括以上分析，一方面资本具有社会性质；另一方面一些应由职能资本家执行的职能由经理来执行，留下来的只有管理人员，资本家则作为多余的人从生产过程中消失了。由此，马克思得出结论："只要这种劳动是由作为社会劳动的劳动的形式引起，由许多人为达到共同结果而形成的结合和协作引起，它就同资本完全无关，就像这个形式本身一旦把资本主义的外壳炸毁，就同资本完全无关一样。"②

恩格斯在对马克思关于信用在资本主义经济中的作用部分的增补中，根据当时垄断的发展，发现生产社会化的进一步提高，自由竞争日暮途穷。"在每个国家里，一定部门的大工业家会联合成一个卡特尔，以便调节生产。一个委员会确定每个企业的产量，并最后分配接到的订货"。他从中发现一种趋势："竞争已经为垄断所代替，并且已经最令人鼓舞地为将来由整个社会即全民族来实行剥夺做好了准备。"③

当然，马克思所指出的导致上述矛盾的股份制和信用形式，属于资本主义生产关系允许的范围内的扬弃。"这种向股份形式的转化本身，还是局限在资本主义界限之内；因此，这种转化并没有克服财富作为社会财富的性质和作为私人财富的性质之间的对立，而只是在新的形态上发展了这种

① 马克思：《资本论》第 3 卷，人民出版社 2004 年版，第 494 ~ 495 页。
② 马克思：《资本论》第 3 卷，人民出版社 2004 年版，第 435 页。
③ 马克思：《资本论》第 3 卷，人民出版社 2004 年版，第 497 页。

对立。”[1] 要从根本上克服这种对立，途径是消灭资本主义私有制。

归结起来，资本主义经济的发展为社会主义经济制度的建立创造了必要的条件。(1) 在资本主义条件下高度发展的科学技术、生产力和社会财富，是社会主义经济制度得以建立的重要物质基础。(2) 在资本主义制度下发展起来并日臻完善的信用制度是转到一种新生产方式的过渡形式。(3) 在资本主义制度下发展起来的股份经济及所形成的垄断，是进入社会主义的重要“入口”。

由此，马克思在《资本论》全书的最后做出结论：资本主义“这个一定的历史形式达到一定的成熟阶段就会被抛弃，并让位给较高级的形式”。[2] 这个高级形式不是别的，就是社会主义。

二、建立新社会的物质基础

社会主义代替资本主义的必然性可以用生产力和生产关系的矛盾来说明，同样，社会主义社会的完善和发展也要以社会生产力的发展来说明。这就提出马克思当年设想的新社会的物质基础问题。这就是马克思的著名的两个“决不会”的论断：“无论哪一个社会形态，在它所能容纳的全部生产力发挥出来以前，是决不会灭亡的；而新的更高的生产关系，在它的物质存在条件在旧社会的胞胎里成熟以前，是决不会出现的。”[3]

马克思在《资本论》中对未来社会的基本特征作出预见性规定后，紧接着就指出，这些规定性的实现，“需要有一定的社会物质基础或一系列物质生存条件，而这些条件本身又是

---

① 马克思：《资本论》第3卷，人民出版社2004年版，第498~499页。
② 马克思：《资本论》第3卷，人民出版社2004年版，第1000页。
③ 《马克思恩格斯选集》第2卷，人民出版社1995年版，第33页。

长期的、痛苦的发展史的自然产物。"[①] 这里既指出了新社会需要一定的物质基础，又指出这些物质基础的形成需要长期的历史发展。

所谓新社会的物质基础，根据马克思的思想，必须是高于资本主义条件下所达到的生产力水平。原因是未来社会是对资本主义社会的积极扬弃，它应该是建立在资本主义制度已经容纳不了自身生产力的物质基础之上，使"新生产形式的物质基础发展到一定的高度，是资本主义生产方式的历史使命"。[②]

社会主义经济制度与资本主义经济制度是前后相继的两个社会。资本主义生产方式是公有制借以产生的制度基础。在资本主义的充分发展中，已经孕育着公有制的生成成分。否则，公有制不可能作为一个系统和完整的世界性的体系出现在人类社会。这就是马克思说的："在物质生产力和与之相适应的社会生产形式的一定的发展阶段上，一种新的生产方式怎样会自然而然地从一种生产方式中发展并形成起来。"[③] 不过，"一个社会即使探索到了本身运动的自然规律"，"还是既不能跳过也不能用法令取消自然的发展阶段"，"但是它能缩短和减轻分娩的痛苦。"[④]

马克思在《资本论》中，批判了资本主义制度，但充分肯定了在资本主义社会发展起来的社会生产力及其历史作用。马克思说："发展社会劳动的生产力，是资本的历史任务和存在理由。资本正是以此不自觉地创造着一种更高级的生产形式的物质条件。"[⑤] 资本不仅是资本主义社会中一切矛盾的集中

① 马克思：《资本论》第1卷，人民出版社2004年版，第97页。
② 马克思：《资本论》第3卷，人民出版社2004年版，第500页。
③ 马克思：《资本论》第3卷，人民出版社2004年版，第499页。
④ 马克思：《资本论》第1卷，人民出版社2004年版，第9～10页。
⑤ 马克思：《资本论》第3卷，人民出版社2004年版，第288页。

体现，又是资本主义社会物质财富积累的助推器。力求无限制地增加生产力是资本无限追求发财致富的逻辑结果。资本是通过驾驭生产来实现对利润追求的。资本的成长与国民财富的日益增进是互为条件的。没有国民财富的日益增长就不可能培育出更多的资本，而没有资本的增长和大量存在，国民财富就难以大幅度的实现持续的增进。马克思对资本的肯定在于："资本的文明面之一是，它榨取这种剩余劳动的方式和条件，同以前的奴隶制、农奴制等形式相比，都更有利于生产力的发展，有利于社会关系的发展，有利于更高级的新形态的各种要素的创造。"①

社会主义社会的物质基础更为重要的要从人民群众的物质需要得到充分满足中得到体现。"一方面，社会的个人的需要将成为必要劳动时间的尺度，另一方面，社会生产力的发展将如此迅速，以致尽管生产将以所有的人富裕为目的，所有的人的可以自由支配的时间还是会增加。因为真正的财富就是所有个人的发达的生产力。"② 自由人联合体的经济活动以促进每个人全面而自由的发展为基本目的。因此，不应只考虑到某些人、某个群体的利益要求，而必须重视每个人从而社会全体成员的利益要求，否则，将违背自由人联合体的"基本原则"。为了满足人民群众多方面的并且日益增长的需要，要求由生产力的充分发展所创造出来的物质财富绝对充裕。"充裕既包括使用价值的量，也包括使用价值的多样性，这又决定作为生产者的人的高度发展，决定他的生产能力的全面发展。"③

① 马克思：《资本论》第3卷，人民出版社2004年版，第927～928页。
② 《马克思恩格斯全集》第46卷（下），人民出版社1980年版，第222页。
③ 《马克思恩格斯全集》第26卷（Ⅲ），人民出版社1974年版，第54页。

第二节　社会主义社会的基本特征

马克思是在他当时所处的资本主义社会的条件下预测未来的社会主义社会的。许多对社会主义的规定是在批判资本主义经济的矛盾时合乎逻辑地推导出来的。马克思在《资本论》中对未来社会的生产关系基本特征做了科学预见和规定。

一、生产资料公有制

马克思以当时发达和比较发达的资本主义国家为背景，针对资本主义社会的生产社会化和资本主义私人占有制之间的矛盾，依据生产关系一定要适合生产力性质的规律，得出了剥夺剥夺者，建立生产资料全社会所有制的结论。这就是他说的，原始积累是剥夺小生产者，资本集中是剥夺中小资本家，“最后是要剥夺一切个人的生产资料，这些生产资料随着社会生产的发展已不再是私人生产的资料和私人生产的产品，它们只有在联合起来的生产者手中还能是生产资料，因而还能是他们的社会财产，正如它们是他们的社会产品一样。”① 因此，社会主义社会应该将资产阶级的全部生产资料转变为“联合起来的生产者的财产，即直接的社会财产”②。直接的社会主义公有制，实际上是劳动者与生产资料的直接结合。“是劳动条件成为直接社会的、社会化的劳动的条件，或成为生产过程内直接协作的条件的结果。”③

对未来的社会主义所有制的形式，马克思最初规定为生产

① 马克思：《资本论》第3卷，人民出版社2004年版，第498页。
② 马克思：《资本论》第3卷，人民出版社2004年版，第495页。
③ 马克思：《资本论》第3卷，人民出版社2004年版，第118页。

资料归社会占有的“社会的所有制”。[①] 恩格斯在《反杜林论》中将此解释为：“社会一旦占有生产资料并且以直接社会化的形式把它们应用于生产。”[②] 在《资本论》中，马克思把未来社会设想为“自由人联合体，他们用公共的生产资料进行劳动，并且自觉地把他们许多个人劳动力当作一个社会劳动力来使用”。“这个联合体的总产品是一个社会产品。这个产品的一部分重新用作生产资料。这一部分依旧是社会的。而另一部分则作为生活资料由联合体成员消费。”[③] 根据马克思的表述，生产资料公有制，也就是对土地及靠劳动本身生产的生产资料的共同占有。

按马克思关于商品货币产生的条件的分析，全社会占有生产资料，就没有商品和货币关系存在的条件。劳动者的个别劳动不必通过价值形式间接地表现为社会劳动，个别劳动具有社会劳动的经济假定已成为生产的一般前提，这样，货币的使用在经济上就变成多余的了。“在社会的生产中，货币资本不再存在了。社会把劳动力和生产资料分配给不同的生产部门。生产者也许会得到纸的凭证，以此从社会的消费品储备中，取走一个与他们的劳动时间相当的量。这些凭证不是货币。它们是不流通的。”[④] 由于劳动时间的有计划的分配可以调节着各种劳动职能同各种需要的适当的比例，这样就使劳动者的个别劳动在生产开始时就表现为社会劳动。“货币资本会完全消失，因而，货币资本所引起的交易上的伪装也会消失”。[⑤]

马克思以土地所有权为例说明了未来社会中生产资料的所

① 《马克思恩格斯全集》第 19 卷，人民出版社 1963 年版，第 130 页。
② 《马克思恩格斯全集》第 20 卷，人民出版社 1971 年版，第 334 页。
③ 马克思：《资本论》第 1 卷，人民出版社 2004 年版，第 96 页。
④ 马克思：《资本论》第 2 卷，人民出版社 2004 年版，第 397 页。
⑤ 马克思：《资本论》第 2 卷，人民出版社 2004 年版，第 349 页。

有和占有关系：在未来社会中，“个别人对土地的私有权，和一个人对另一个人的私有权一样，是十分荒谬的。甚至整个社会，一个民族，以至一切同时存在的社会加在一起，都不是土地的所有者。他们只是土地的占有者，土地的受益者，并且他们应当作为好家长把经过改良的土地传给后代。”①

“重新建立个人所有制”是马克思关于公有制设想的又一种表述。马克思说：“从资本主义生产方式产生的资本主义占有方式，从而资本主义的私有制，是对个人的、以自己劳动为基础的私有制的第一个否定。但资本主义生产由于自然过程的必然性，造成了对自身的否定。这是否定的否定。这种否定不是重新建立私有制，而是在资本主义时代的成就的基础上，也就是说，在协作和对土地及靠劳动本身生产的生产资料的共同占有的基础上，重新建立个人所有制。”② 理论界对马克思在这里讲的个人所有制有不同的解释，有的认为指的是消费资料的个人所有，有的则直接理解为生产资料的个人所有。根据马克思的一系列经典性论述，对此可以做如下理解：第一，代替资本主义私有制不是要重新建立以自己劳动为基础的私有制，而是消灭生产资料的私有制，建立生产资料的公有制，因此不可能理解为重建生产资料的个人所有制。第二，这里的“个人”不是指彼此分散的、利益相互对立的个人，而是联合起来的根本利益一致的个人。这就是马克思在另一处讲的“非孤立的单个人的所有制，也就是改造为联合起来的社会个人的所有制”。③ 第三，讲到所有制，一般指的是生产资料的所有制，因此尽管在未来社会中消费资料属于个人所有是确定的，但这里不可能指的是重建消费资料个人所有制。据此可以将社

① 马克思：《资本论》第 3 卷，人民出版社 2004 年版，第 878 页。
② 马克思：《资本论》第 1 卷，人民出版社 2004 年版，第 874 页。
③ 《马克思恩格斯全集》第 48 卷，人民出版社 1985 年版，第 21 页。

会主义生产资料公有制概括为联合起来的劳动者共同占有生产资料的个人所有制。这种个人所有制实际上是社会主义公有制的同义语。可见，与资本主义私有制相对立的“重新建立个人所有制”，是马克思对公有制的又一种表述。在这里，全社会占有全部生产资料，人人都是生产资料的所有者。此时的社会就是“自由人联合体”。

上述马克思所讲的未来社会的公有制形式，可以说是公有制的完备形式、成熟形式，也可以说是作为发展方向的公有制形式。不影响在社会主义实践中寻求适应当时生产力水平的过渡形式。其实，马克思在《资本论》中不仅通过逻辑推演提出了公有制的完备形式，而且还联系当时的实际提出了公有制的过渡形式。马克思在《资本论》中曾经论述到合作工厂、消费合作社等，认为这是对资本主义占有方式的积极的扬弃。在这些合作工厂和组织中证明资本家作为单纯的资本的所有者已成为多余的，资本家可以被改造为单纯的经理。马克思还把股份制看作是对资本主义私人所有制的消极扬弃。马克思说，资本主义生产极度发展的这个结果，既是资本再转化为联合起来的生产者的财产，即直接的社会财产“所必需的过渡点”；同时也是“所有那些直到今天还和资本所有权结合在一起的职能转化为联合起来的生产者的单纯职能，转化为社会职能的过渡点”①。

马克思关于公有制过渡形式的设想具有重要的方法论意义。公有制不仅具有完备的形式，而且还具有过渡形式，或者说，公有制不仅具有一般形式，还具有实现形式。马克思关于公有制的设想，从理论逻辑上讲是合理的、科学的。也正因为如此，这些设想对于人们正确认识和把握公有制的基本规定

① 马克思：《资本论》第3卷，人民出版社2004年版，第495页。

性，无疑具有重要的启示。至于“在将来某个特定的时刻应该做些什么，应该马上做些什么，这当然完全取决于人们将不得不在其中活动的那个特定的历史环境”。①

二、按劳分配

马克思认为：“所谓的分配关系，是同生产过程的历史地规定的特殊社会形式，以及人们在他们的人类生活的再生产过程中相互所处的关系相适应的，并且是由这些形式和关系产生的。这些分配关系的历史性质就是生产关系的历史性质，分配关系不过表现生产关系的一个方面。”② 根据他对生产资料公有制的设想，自然地推导出社会主义社会个人消费品分配的方式是按劳分配。在公有制条件下劳动者共同占有社会的生产资料，因而实现了劳动者在生产资料上的平等，劳动者个人除了自己的劳动，谁都不能提供其他任何东西。这就既消除了劳动者靠个人劳动之外的手段来谋求个人消费品的可能，也消除了剥削的可能。

在《资本论》中马克思将未来社会称为自由人联合体。在这一社会形态下，社会的全部产品，一部分用作生产消费，一部分用作个人的消费，个人消费品的分配原则是按劳分配。马克思认为，消费资料在联合体成员之间的“分配方式会随着社会生产机体本身的特殊方式和随着生产者的相应的历史发展程度而改变。仅仅为了同商品生产进行对比，我们假定每个生产者在生活资料中得到的份额是由他的劳动时间决定的”。因此“劳动时间就会起双重作用。劳动时间的社会的有计划的分配，调节着各种劳动职能同各种需要的适当的比例。另一

① 《马克思恩格斯全集》第35卷，人民出版社1971年版，第154页。
② 马克思：《资本论》第3卷，人民出版社2004年版，第999～1000页。

方面，劳动时间又是计量生产者在共同劳动中个人所占份额的尺度，因而也是计量生产者在共同产品的个人可消费部分中所占份额的尺度。”① 在这里实际上提出了按劳分配的思想。

马克思关于未来社会收入分配的系统的、科学的理论是在《哥达纲领批判》中完成的。在《哥达纲领批判》中，马克思一方面区分了共产主义的两个阶段，即共产主义的第一阶段和共产主义的高级阶段，并分别揭示了两个阶段的基本特征；另一方面他在批判拉萨尔“不折不扣”理论的基础上，揭示了未来社会两个阶段的不同分配模式及其依据。马克思认为，在未来社会的第一阶段即社会主义社会，由于它是刚刚从资本主义社会中产生的，在经济、道德和精神方面都还带着它脱胎出来的那个社会的痕迹，所以，必须实行按劳分配原则。只有到了共产主义社会的高级阶段，在迫使人们奴隶般地服从分工的情形已经消失，从而脑力劳动和体力劳动的对立也随之消失后；在劳动已经不仅仅是个人谋生的手段，而且本身成了生活的第一需要之后；在随着个人的全面发展生产力也增长起来，而集体财富的一切源泉都充分涌流之后——只有这个时候，才能完全超出资产阶级法权的狭隘眼界，社会才能在自己的旗帜上写上：各尽所能，按需分配。

在《哥达纲领批判》中，马克思对社会主义社会实行按劳分配的根源以及按劳分配实现形式等问题，进行了科学的分析。

首先，公有制是按劳分配的前提经济条件。马克思说，只有“在一个集体的、以共同占有生产资料为基础的社会里”，才能实现“一种形式的一定量劳动同另一种形式的同量劳动

① 马克思：《资本论》第1卷，人民出版社2004年版，第96页。

相交换。”[①] 换言之，在其他非公有制社会形态中，按劳分配是不可能存在的。这一经济条件的存在使社会主义的分配原则与资本主义社会的分配原则区别开来。

其次，旧的社会分工的存在，是按劳分配的直接经济条件。社会主义社会在经济、道德和精神等方面都还带着它脱胎出来的那个社会的痕迹。特别是，劳动者尚处在固定的社会分工之中；劳动存在着巨大的差别，而且具有一定的强制性；劳动还只是一种谋生的手段。这样的经济条件决定了按劳分配成为必要。这一经济条件的存在，使共产主义社会的第一阶段的分配原则与共产主义发达阶段的分配原则区别开来。

最后，按劳分配的实现方式也是由一系列经济条件决定的。马克思设想的未来社会的经济体制具有下列特征：社会直接占有全部生产资料，存在单一的所有制结构；商品货币关系已经消亡，国民经济实行统一的计划管理；劳动者与生产资料在全社会范围内直接结合。由此，马克思设想的按劳分配采取直接的实现方式，即“个人的劳动不再经过迂回曲折的道路，而是直接地作为总劳动的构成部分存在着”；社会根据个人的劳动量直接进行分配，而不需要其他中间环节；作为分配媒介的，是最能直接表现社会主义分配关系性质的劳动券或劳动证书。[②]

马克思指出的按劳分配实际上限定在社会范围的分配之后，这就是他所揭示的“社会产品扣除原理”：社会总产品在进入个人消费品分配以前，必须进行两大类六个方面的扣除。一方面，在作为个人消费资料加以分配前，一要扣除补偿消费掉的生产资料的部分；二要扣除用于扩大生产的追加部分；三

① 《马克思恩格斯选集》第3卷，人民出版社1995年版，第304页。
② 参见《马克思恩格斯选集》第3卷，人民出版社1995年版，第304页。

要扣除用来应付不幸事故、自然灾害等的后备基金或保险基金。社会总产品经过第一项扣除，余下的相当于国民收入；扣除的第二、三项的内容，相当于积累基金；社会总产品经过上述三项扣除，余下的部分属于消费基金。另一方面，消费基金在进入个人之间的分配前，还要进行三项扣除：一是扣除和生产有直接关系的一般管理费用，这一部分费用将会随着社会的发展而日益减少；二是用来满足共同需要的部分，如学校、保健设施等，这一部分费用将会随着社会的发展而日益增加；为丧失劳动能力的人等设立的基金，也就是所谓官办济贫事业的部分。①

对作为按劳分配尺度的劳动的界定，马克思在《哥达纲领批判》中做了一般性的描述。他指出："每一个生产者，在作了各项扣除之后，从社会领回的，正好是他给予社会的。他给予社会的，就是他个人的劳动量。例如，社会劳动日是由全部个人劳动小时构成的；各个生产者的个人劳动时间就是社会劳动日中他所提供的部分，就是社会劳动日中他的一份。"②这里，对作为按劳分配尺度的"个人劳动量"或"个人劳动时间"的含义，学术界有不同的观点。根据马克思的分析框架，按劳分配中的"劳"，是一种经过换算的具有社会平均性质的劳动时间——"社会平均劳动时间"，即剔除生产资料优劣因素的影响后按社会平均的劳动强度、熟练程度和复杂程度计量的劳动时间。每个劳动者的个别劳动时间必须经过社会平均劳动时间这一统一尺度的换算后，才能作为分配其个人消费品的尺度。人们不能凭借占有较优的生产资料实现自己的特殊利益，在个人消费品分配时，必须排除这种客观因素的影响。

① 参见《马克思恩格斯选集》第3卷，人民出版社1995年版，第303页。
② 《马克思恩格斯选集》第3卷，人民出版社1995年版，第304页。

按劳分配实际上属于个人消费品的分配，是等量劳动获取等量个人消费品。劳动者在提供一定量的劳动后，从社会方面领得一张劳动证书，“他根据这张凭证从社会储存中领得一份耗费同等劳动量的消费资料。他以一种形式给予社会的劳动量，又以另一种形式领回来。”① 马克思在此所说的“相当”及“全部领回来”是什么含义呢？是不是劳动者付出了X小时的社会劳动就领回物化了的X小时的个人消费品呢？根据马克思的分析，在社会总产品中，作为按劳分配对象的，只是个人消费资料的部分，也就是做了各项社会扣除后余下的部分；在社会总劳动中，除了参与劳动过程的物化劳动外，真正的活劳动是剩余劳动与必要劳动之和，尽管与实物形态相对应的形成个人消费品的是必要劳动，但作为个人消费品分配依据的却是社会总劳动中扣除物化劳动以后的活劳动的部分。对于每个劳动者来说，也不存在付出X小时的劳动就领回物化了X小时的个人消费品这样的相等关系。等量劳动互换中的“相等”，或马克思所说的“相当”，实际上指的是一种比例相等，即每个劳动者应得的个人消费品在社会总的个人消费品中所占的比例，应该与该劳动者为社会提供的劳动量在社会总平均劳动中所占的比例相等，或者说，不同的劳动者等量劳动获得等量报酬，是按劳分配的实质内容。

归纳起来，马克思的按劳分配理论的内容是：按劳分配是社会主义社会个人消费品的分配制度；劳动是分配劳动者个人消费品的惟一尺度，这里的劳动不是个别劳动，而是得到社会承认的社会必要劳动；按劳分配的对象不是社会总产品的全部，而是扣除耗费掉的生产资料、积累资料和社会消费后剩余的部分；等量劳动互换是一种比例相等的关系，分配给劳动者

① 《马克思恩格斯选集》第3卷，人民出版社1995年版，第304页。

的是与其劳动在社会总平均劳动中所占比例相等的报酬。

最后必须注意到马克思所揭示的趋势：随着社会生产力越来越快的发展，总的变化趋势是劳动量对分配的影响和作用不断减少，而劳动者的需要对分配的支配作用不断增强。

三、人的自由的全面发展

在《资本论》中，马克思明确指出未来社会的一个重要特征是人的自由的全面发展。

马克思设想的未来社会是自由人联合体。马克思对这个社会的人的自由的全面发展作了如下描述："像野蛮人为了满足自己的需要，为了维持和再生产自己的生命，必须与自然搏斗一样，文明人也必须这样做；而且在一切社会形式中，在一切可能的生产方式中，他都必须这样做。这个自然必然性的王国会随着人的发展而扩大，因为需要会扩大；但是，满足这种需要的生产力同时也会扩大。这个领域内的自由只能是：社会化的人，联合起来的生产者，将合理地调节他们和自然之间的物质变换，把它置于他们的共同控制之下，而不让它作为一种盲目的力量来统治自己；靠消耗最小的力量，在最无愧于和最适合于他们的人类本性的条件下来进行这种物质变换。"①

马克思对在资本主义条件下的雇佣劳动者相比于过去时代的劳动者所获得的自由概括为三个方面的内容：一是法律上的自由，即工人是受法律保护的自由人；二是选择雇主，选择劳动地点、劳动条件、职业以及收入水平的自由；三是选择自身的技能发展的自由。这种自由仍比以往社会前进了一大步，对促进社会物质的普遍变换、人的需求的全面发展和能力的全面

① 马克思：《资本论》第3卷，人民出版社2004年版，第928~929页。

发展，起着积极的作用。当然，由于生产资料仍掌握在少数人手中，劳动力再生产仍从属于资本，所以，这些自由只具有形式的意义。“形式变得比较自由了，因为这种形式还只具有物的性质，在形式上是自愿的，纯经济的。”① 劳动者真正实现自由是在消灭资本主义社会以后所建立的社会主义社会中。在这一形态中，自由个性不仅在形式上而且在实质上都已成为现实。其基本原因是社会财富已成为人们共同使用、共同发展的物质条件。人的全面发展是人们在认识自然、改造自然、征服自然的过程中解放自己、发展自己的历史产物。

关于未来社会自由人的定义，马克思认为，自由人是“自由联合、自觉活动并且控制自己的社会运动的人们”。② 自由人不是一个个彼此独立分散的个人，而是已实现社会性的个人。就是说，每个人的自由都只存在于社会性结合时。在这社会性结合中，每个人的才能和智慧都得到全面发展，人与人之间的经济地位和社会地位是完全平等的，一切等级差别已消失。就是马克思说的：“只有在集体中，个人才能获得全面发展其才能的手段，也就是说，只有在集体中才可能有个人自由。”③

关于自由人形成的条件，根据马克思的分析有四个方面：第一，社会生产力高度发展，人们提供的劳动有足够的剩余，从而有条件缩短工作日，相应地每个人从而整个社会可自由支配的时间的增加。“创造可以自由支配的时间，也就是创造产生科学、艺术等等的时间。”④ 这将为人的自由选择、发展提供时间保障。如果人们还要把主要的精力和时间用于解决生存

① 《马克思恩格斯全集》第49卷，人民出版社1982年版，第88页。
② 马克思：《资本论》第1卷，人民出版社2004年版，第60页。
③ 《马克思恩格斯选集》第1卷，人民出版社1972年版，第82页。
④ 《马克思恩格斯全集》第46卷（上），人民出版社1979年版，第381页。

问题，还严重依赖着自然产物，那么，自由就只能是一句空话。第二，生产资料已归社会占有，任何人都不能再通过劳动以外的手段谋得消费资料。第三，理论教育与实践的工艺教育有机地结为一体。因此，“未来教育对所有已满一定年龄的儿童来说，就是生产劳动同智育和体育相结合，它不仅是提高社会生产的一种方法，而且是造就全面发展的人的唯一方法。”①第四，劳动的普遍化。“在劳动强度和劳动生产力已定的情况下，劳动在一切有劳动能力的社会成员之间分配得越平均，一个社会阶层把劳动的自然必然性从自身上解脱下来并转嫁给另一个社会阶层的可能性越小，社会工作日中必须用于物质生产的必要部分就越小，从而用于个人的自由活动，脑力活动和社会活动的时间部分就越大。”②

在自由人联合体的经济活动中，时间规定仍具有极其重要的意义。自由人的经济活动也需要讲究效率，也要进行投入产出关系的分析和核算。因为，“社会发展、社会享用和社会活动的全面性，都取决于时间的节省。”③ 社会为生产小麦、牲畜等等所需要的时间越少，它所赢得的从事其他生产、物质的或精神的生产的时间就越多。时间的节约状况直接决定着自由人自身的全面发展程度。

自由时间对人的全面发展的基础性作用表现在以下方面。

第一，自由时间是每个人分享历史上遗留下来的科学、艺术、交际方式等文化成果，从而发展自由个性的保证。“个性得到自由发展，因此，并不是为了获得剩余劳动而缩减必要劳动时间，而是直接把社会必要劳动缩减到最低限度，那时，与此相适应，由于给所有的人腾出了时间和创造了手段，个人会

① 马克思：《资本论》第1卷，人民出版社2004年版，第556～557页。

② 马克思：《资本论》第1卷，人民出版社2004年版，第605页。

③ 《马克思恩格斯全集》第46卷（上），人民出版社1979年版，第120页。

在艺术、科学等等方面得到发展。”①

第二，自由时间是衡量未来社会财富的重要尺度。马克思认为，以劳动时间作为财富的尺度表明财富还建立在贫困的基础上，而当自由时间成为财富增长的决定性因素时，表现为生产和财富的宏大基石的，既不是人本身完成的直接劳动，也不是人从事劳动的时间，而是对人本身的一般生产力的占有。那时，衡量财富的价值尺度将由劳动时间转变为自由时间，增加自由时间“即增加使个人得到充分发展的时间，而个人的充分发展又作为最大的生产力反作用于劳动生产力”。②

第三，自由时间的增加是建立自由王国的根本条件。马克思指出：物质领域始终是一个必然王国。“自由王国只是在必要性和外在目的规定要做的劳动终止的地方才开始；因而按照事物的本性来说，它存在于真正物质生产领域的彼岸。……在这个必然王国的彼岸，作为目的本身的人类能力的发展，真正的自由王国，就开始了。但是，这个自由王国只有建立在必然王国的基础上，才能繁荣起来。工作日的缩短是根本条件。”③在此，物质生产活动的“此岸”和“彼岸”的对立，实质上就是劳动时间和自由时间的对立。

第四，更多的自由时间从而每个人的全面而自由的发展是未来理想社会的基本特征和基本内容。“整个人类的发展，就其超出对人的自然存在直接需要的发展来说，无非是对这种自由时间的运用，并且整个人类发展的前提就是把这种自由时间的运用作为必要的基础。”④

① 《马克思恩格斯全集》第46卷（下），人民出版社1980年版，第218~219页。

② 《马克思恩格斯全集》第46卷（下），人民出版社1980年版，第225页。

③ 马克思：《资本论》第3卷，人民出版社2004年版，第928~929页。

④ 《马克思恩格斯选集》第47卷，人民出版社1979年版，第216页。

四、计划经济

马克思针对资本主义条件下社会生产无政府状态，合乎逻辑地推导出未来社会应该在全社会范围内建立计划经济。马克思说明自由人联合体经济的一个重要特征就是“社会生活过程即物质生产过程的形态，作为自由联合的人的产物，处于人的有意识有计划的控制之下”。所谓有计划控制，就是“劳动时间的社会的有计划的分配，调节着各种劳动职能同各种需要的适当的比例”。①

计划经济即对经济活动的自觉调节与控制。在公有制的条件下，整个社会保持高度的集体理性，能够依靠自我力量实行经济活动的自觉控制。“社会必须合理地分配自己的时间，才能实现符合社会全部需要的生产。因此，时间的节约，以及劳动时间在不同的生产部门之间有计划的分配，在共同生产的基础上仍然是首要的经济规律。这甚至在更加高得多的程度上成为规律。”② 就是说，通过对劳动时间的有计划的分配，使整个社会的劳动职能及其产品的供给正好与社会对各种劳动职能及其产品的需要相适应。在这里，马克思是以物质资源的充分供给作为分析的逻辑前提，因而，计划的职能也就不会在物质资料的计划配置方面遇到问题。这样，计划配置的重点就移到对人的方面。由于劳动职能不过是劳动时间的人格化的表现，于是对劳动职能的调节就转化为对劳动时间的调节。

在马克思看来，资本主义社会的理智总是在事后起作用，而社会主义社会的理智则是在事前起作用，“社会必须预先计算好，能把多少劳动、生产资料和生活资料用在这样一些产业

---

① 马克思:《资本论》第1卷，人民出版社2004年版，第96~97页。
②《马克思恩格斯全集》第46卷（上），人民出版社1979年版，第120页。

部门而不致受任何损害”。① 社会只有对生产过程进行自觉地控制，才能实现直接的计划生产。可见，计划生产包含了社会个人发展和社会物质生产力发展两个相互依托的条件。

第三节 科学认识实践中的社会主义

学习《资本论》的任务不仅是认识资本主义，更要深刻了解马克思关于社会主义的经济思想，依据《资本论》的逻辑和方法发展马克思的社会主义理论。

政治经济学对社会主义分析的任务，固然有坚定社会主义代替资本主义信念的要求，但不局限于此。为适应我国改革开放和现代化建设的需要，政治经济学的任务应该以改革和完善社会主义经济制度、促进发展先进社会生产力、增加国民财富为目标。与此相适应，对政治经济学的研究和教学思路应有两个方面转变：一个方面是，要由以阶级斗争为纲转向以经济建设为中心。政治经济学面对资本主义社会是阶级斗争的武器，而在当今的社会主义社会则是经济建设的理论指导。另一方面是，要由把政治经济学理论作为教条转向作为行动的指南。马克思在一百多年前批判资本主义时，合乎逻辑地推导出社会主义社会的某些特征，这些不应成为今天建设社会主义的教条，而应该成为行动的指南。我们不应固守马克思当时提出的某些个别结论，而应该根据社会主义社会发展的实践发展马克思关于社会主义的理论。

马克思在分析资本主义经济矛盾时合乎逻辑地推导了未来社会主义社会的某些经济特征。例如在商品拜物教部分所设想的自由人联合体经济的特征，在资本积累的历史趋势中指出的

① 马克思：《资本论》第2卷，人民出版社2004年版，第349页。

剥夺剥削者以后建立的新社会的所有制特征，在《资本论》第二卷关于社会再生产部分设想的计划调节社会劳动分配的机制，以及散见于其他部分的关于社会主义经济的论述。

应该说，马克思在《资本论》中推导出的关于替代资本主义后的未来社会的规定是合乎逻辑的、是科学的。根据马克思的逻辑，这些规定是在发育成熟的资本主义社会基础上建立起来的成熟的社会主义社会的经济特征。而在我国是在经济相对落后的半殖民地半封建社会基础上进入社会主义社会的。马克思当时在分析英国以外的国家的生产关系时指出：这些国家“不仅苦于资本主义生产的发展，而且苦于资本主义生产的不发展。除了现代的灾难而外，压迫着我们的还有许多遗留下来的灾难，这些灾难的产生，是由于古老的、陈旧的生产方式以及伴随着它们的过时的社会关系和政治关系还在苟延残喘。”①

马克思在分析商人资本的历史作用时有一段关于中国的论述：资本主义以前的、民族的生产方式具有的内部的坚固性和结构，对于商业对封建生产方式的解体作用造成了多大的障碍呢，这从英国人同印度和中国的交往中可以明显地看出来。在中国，“小农业和家庭工业的统一形成了生产方式的广阔基础”。商业对这种生产方式的解体进程极其缓慢，除了因为在这里没有直接政治权力的帮助外，就是因为农业和手工业的直接结合而造成的巨大的节约和时间的节省，对大工业产品进行了最顽强的抵抗。“因为在大工业产品的价格中，会加进大工业到处都要经历的流通过程的各种非生产性费用。”② 这段分析也表明，市场经济不发达和小农经济的强大造成了旧的生产方式稳固地保留下来，直至进入社会主义社会的初级阶段。

① 马克思：《资本论》第1卷，人民出版社2004年版，第9页。
② 马克思：《资本论》第3卷，人民出版社2004年版，第372页。

因此，我国在进入社会主义社会时同样也存在这样的生产关系，既有资本主义的生产关系，还有多种前资本主义的生产关系。即使经过了社会主义改造，各种前资本主义生产方式的残余和影响还存在。这些都可以说是我国的社会主义还处于初级阶段的重要说明因素。

明确我国处于社会主义初级阶段，就提出了对《资本论》有关社会主义的理论的坚持和发展问题。所谓坚持，就是要明确，马克思《资本论》中的关于社会主义的规定仍然可以成为建设社会主义的奋斗目标，所谓发展，就是要仔细研究《资本论》做这些规定所需要的经济条件，在此基础上根据《资本论》的逻辑得出在社会主义初级阶段不可能完全实现这些规定的要求的结论。而根据马克思的思想方法，实现这些社会主义目标的基本途径是创造实现这些规定性的经济条件，特别是依靠发展生产力创造实现其社会主义规定性的物质基础。

以《资本论》体系为代表的马克思主义政治经济学是以资本主义为对象的，其对社会主义经济关系的某些预测和规定，也是包含在其分析资本主义的框架中的。因此以马克思主义政治经济学作为指导思想的理论基础分析社会主义经济关系时需要进行理论创新。

首先，某些分析资本主义的范畴可以用于分析社会主义，例如资本范畴。过去将资本范畴局限于分析资本主义，在社会主义经济分析中不使用资本范畴，代之以资产、资金等范畴。岂不知资本范畴中包含的许多内涵，资金、资产是替代不了的。长期以来国有资本效益不高，就与此相关。

其次，某些被马克思所诅咒的产生资本主义罪恶的范畴和规则在社会主义条件下不一定要全盘否定。例如竞争、积累等造成两极分化，但对经济和社会发展的推动作用则是需要充分肯定的。再如，个人财产、私人资本在资本主义分析中，因其属于私有经济的范畴而被诅咒，财产一无所有的无产者则被作为该社会的掘墓人而得到肯定。而在社会主义经济分析中就不能墨守这种理论。工人阶级作为建设者应该也可以成为有产者，有无个人财产和个人财产的多少都不能成为政治上先进和落后的标准。

再次，社会主义社会的发展实践也与马克思当时预测的状况不完全相同。所有这些都要求政治经济学的原理适应实践的发展而发展。例如劳动价值论是马克思主义政治经济学的理论基石。社会主义社会的发展不仅需要投入劳动，更为重要的是需要资本、技术、管理等要素的投入，与此相应，在分配上不仅要坚持按劳分配，还需要确认资本、技术、管理等要素参与收益分配。分配的成果不仅有劳动收入，还会有财产的收益。所有这些都需要根据新阶段的新情况发展劳动价值论。

最为明显的是，在马克思关于社会主义经济的分析框架中是不需要“价值”即商品货币范畴插手其间的。《资本论》在界定用公共的生产资料进行劳动的“自由人联合体”经济的特征时规定了其实行计划经济的基本特征：“劳动时间的社会的有计划的分配，调节着各种劳动职能同各种需要的适当的比例。”① 实行这种计划经济的物质条件实际上非常严格。这就是恩格斯在《反杜林论》中所说：“社会一旦占有生产资料并且以直接社会化的形式把它们应用于生产，每一个人的劳动，无论其特殊用途是如何的不同，从一开始就成为直接的社会劳动。那时，一件产品中所包含的社会劳动量，可以不必首先采用迂回的途径加以确定；……人们可以非常简单地处理这一

① 马克思：《资本论》第1卷，人民出版社2004年版，第96页。

切，而不需要著名的‘价值’插手其间。”① 我国现实的经济条件是生产资料还没有达到全社会占有，社会劳动量还不可能直接计算，因此不可能直接实践这些规定，无论是社会劳动的分配还是按劳分配都还需要价值关系及其表现形式商品货币插手其间。

《资本论》为现实的社会主义经济发展提供的指导思想，不仅是其关于社会主义经济特征的论述，更为重要的是其一般经济理论。其一般经济理论最重要的是市场经济理论。尽管《资本论》是在资本主义经济形式中阐述市场经济理论的，其中的许多理论在抽去资本主义经济关系的规定性后，对现阶段的社会主义经济的指导作用也非常明显。我国改革开放的实践所面临的调整经济关系的许多方面，如所有制结构调整、企业制度建设、分配结构和分配制度的调整、市场经济体制建设、国家与企业关系的调整，等等。《资本论》中的原理和方法对所有这些方面的研究和分析都能起到指导作用。

根据马克思的分析，生产力充分发展所创造出来的坚实的物质条件和精神条件，是公有制社会功能借以发挥的前提。“如果我们在现在这样的社会中没有发现隐蔽地存在着无阶级社会必需的物质生产条件和与之相适应的交往关系，那么一切炸毁的尝试都是唐·吉诃德的荒唐行为。”② 当人类社会还不完全具备这样的条件时，或者说，公有制在经济上还不能获得自由时，它的社会各种职能的运用与发挥必然是残缺不全的，那么，公有制的效率也就不可能充分体现。

马克思在《资本论》中用了很大篇幅研究生产力。例如

① 《马克思恩格斯全集》第20卷，人民出版社1971年版，第334页。
② 《马克思恩格斯全集》第46卷（上），人民出版社1979年版，第106页。

从简单协作到工场手工业分工到机器大工业，马克思对每一种生产方式都进行了细致的包含技术层面的分析。同样，分析社会主义经济关系也要依据这个科学的方法。发展社会主义的经济关系归根到底也要依赖生产力的发展。虽然我国尚处于社会主义初级阶段是由较低的生产力水平决定的，但绝不意味着当前所发展的生产力是落后的生产力，而是应该以先进的社会生产力标准来发展生产力。我们当前所要做的，不是放弃社会主义的基本规定性，而是要为实现这些社会主义规定性创造物质基础。进一步说，当前发展社会主义经济的着重点，不是追求制度上如何先进，而是追求社会生产力的先进，以此来推动制度的发展。

经济学都是代表一定利益集团的。《资本论》被称为工人阶级的“圣经”。长期以来，人们往往是从阶级分析和阶级斗争的角度认识《资本论》和政治经济学的，这在阶级斗争的年代是完全可以理解的。在建设新社会的年代，政治经济学就是要为形成与社会主义初级阶段基本经济制度相适应的思想观念做出理论贡献。政治经济学对社会主义经济的分析，不是提供阶级斗争的理论，而是要提供建设和谐社会的理论。面对资本主义的政治经济学，是要寻求资本主义的掘墓人。面对社会主义社会政治经济学是要寻求这个社会的建设者，从根本上解决建设新社会的发展先进社会生产力的基本力量。

建设新社会，最根本的是推动生产力的发展，特别是发展先进生产力。根据马克思的思路，生产资料特别是生产工具是区别经济时代的标志。这就是他说的：“各种经济时代的区别，不在于生产什么，而在于怎样生产，用什么劳动资料生产。”[①] 根据马克思的历史分析，资本主义经济关系所依存的

① 马克思：《资本论》第1卷，人民出版社2004年版，第210页。

社会生产力，以简单协作为起点，经过工场手工业分工，只是到机器大工业才建立起自己的物质技术基础。大工业的特征是机器生产机器。“大工业必须掌握它特有的生产资料，即机器本身，必须用机器来生产机器。这样，大工业才建立起与自己相适应的技术基础，才得以自立。”机器所产生的生产力作用根据马克思的分析就在于两个方面：“劳动资料取得机器这种物质存在方式，要求以自然力来代替人力，以自觉应用自然科学来代替从经验中得出的成规。”① 显然，机器大工业的这两个方面要求正是我国当前所要发展的先进社会生产力的参照系，概括地说，先进社会生产力，就是建立在现代科学技术基础上的生产力。其实，先进社会生产力是动态的概念。就像马克思所说，大工业的技术基础是革命的。现在我国达到的生产力水平可能已经大大超过马克思当年所处的资本主义国家的水平，但仍然不能说我国的社会主义的物质基础已经建立起来，原因是发达的资本主义国家依赖其机器大工业的基础，不断地创新技术，创新产业，由此其生产力达到了更高的水平。在这样条件下我们所讲的代表先进社会生产力就不能局限于《资本论》中所描述的机器大工业水准，应该以现阶段发达国家所达到的生产力水平作为先进社会生产力的参照系。先进社会生产力每一时期有其新的内容，产业结构是社会生产力发展水平的综合反映。一百多年前讲先进社会生产力是机器大工业，现在是以信息产业为代表的新兴的高科技产业。

现在无论是资本主义所处的阶段，还是生产力的发展水平和企业制度都不同于马克思在一百多年前写《资本论》时的时代，社会主义社会的发展实践也与马克思当时预测的状况不

① 马克思：《资本论》第1卷，人民出版社2004年版，第441、443页。

完全相同。所有这些都要求政治经济学的原理适应实践的发展而发展。例如，劳动价值论。在马克思那个时代，劳动对经济增长起着决定性作用，而且这时的劳动主要是工人的劳动。经济发展到现代阶段，知识、技术对经济增长的作用远远超过了劳动。劳动的内容和范围也进一步扩大了，不仅工人提供劳动，技术人员、管理人员、服务人员等都在提供劳动，甚至私营企业主在从事管理工作时也在提供劳动。因此用劳动价值论分析现代经济时需要依据变化了的情况做出新的解释。再如个人财产、私人资本在资本主义分析中，因其属于私有经济的范畴而被视为剥削的工具，财产一无所有的无产者则被作为该社会的掘墓人而得到肯定。而在社会主义经济分析中就不能墨守这种理论。在社会主义社会，工人阶级作为主人翁和建设者应该也可能成为有产者，有无个人财产和个人财产的多少都不能成为政治上先进和落后的标准。政治经济学需要提出和研究有中国特色社会主义建设者的概念，需要提出和研究保护私人财产的制度，需要根据各种要素包括资本、劳动和管理按照企业所确定的份额投入企业并按贡献参与分配，需要寻求劳资合作的有效方式。为形成全体人民各尽其能、各得其所而又和谐相处的局面作出理论贡献。

后　记

我接触经济学一开始就是学习《资本论》，攻读博士学位又是师从著名的研究《资本论》专家卫兴华教授。后来虽然也系统学习和研究过西方经济学，但我始终认为马克思花40年时间写出的《资本论》是每一个经济学者的必读书。其意义不仅仅在于从《资本论》中掌握科学的世界观和方法论，同时也是掌握经济学的基本理论和基本方法的主要路径。因此，我指导经济学博士生一直把《资本论》作为必读书。从1997年起至今我在南京大学为经济学专业博士生开设并主讲“《资本论》研究”必修课程。博士生学习《资本论》就不是一般的学习原理，而是要运用《资本论》原理分析现实经济。给博士生系统教授《资本论》的同时也是我反复学习《资本论》的过程，博士生们的提问也启发我进一步学习和思考。我深深感觉到《资本论》是取之不尽的经济学理论富矿，对它一遍遍地挖掘可以不断地挖出新的精神财富。过去我们从《资本论》中挖出推翻旧社会的系统理论，今天我们也可从中挖出建设新社会的丰富理论。我从挖掘建设新社会的经济学理论角度讲授《资本论》，不仅得到博士生们的好评，更为重要的是使他们真正认识了《资本论》的科学性。在连续多年讲授《资本论》基础上，我就萌生了将我的讲课笔记整理成书的想法。葛扬和秦兴方两位博士帮助我完成了这个计划。当初我们将本书书名定为《〈资本论〉和建设新社会的经济学》。其考虑是，解说和研究马克思《资本论》的著作和教材在我国可以说有成百本，现在要再出版一本《资本论》研究的著作必须要有明显的特色。与以往出版的《资本论》解说和研究性著作不同，本书是专门挖掘马克思建设新社会理论和思想的著作。因此，本书所揭示的不少马克思的相关理论和思想在以往出版的同类著作中是没有提及的。

本书的两位合作者，一位是葛扬博士，他曾经在厦门大学经济学博士后流动站工作，师从罗郁聪教授，专门从事马克思主义经济思想史研究，最近两年跟我一起承担博士生的“《资本论》研究”课程的教学。另一位是秦兴方博士，他在读硕士期间师从中国人民大学胡钧教授，后来在南京大学攻读我指导的博士学位。我们三人一起策划了本书的体系。葛扬博士还协助我作了大量繁琐的统稿方面的技术性工作。我指导的博士生范从来和崔向阳提供了三章的初稿。全书由我统稿和修改。

本书各章的分工：导论：洪银兴；第一、二、三章：葛扬；第四章：洪银兴；第五章：秦兴方、洪银兴；第六、七章：洪银兴；第八章：秦兴方；第九章：洪银兴、崔向阳；第十章：葛扬；第十一章，洪银兴；第十二章：范从来；第十三章：洪银兴；第十四章：洪银兴、崔向阳；第十五章：秦兴方、洪银兴；第十六、十七章：葛扬；第十八章：洪银兴。

最后要特别感谢经济科学出版社和吕萍女士。他们不仅主动接受了本书的出版，还以严谨的工作作风编辑了本书。

洪银兴

2005 年春节

修订本跋

本书2005年出版第一版，至今多次重印，已发行万余册。2007年获国家新闻出版总署优秀出版物奖。

正如我在本书第一版后记中所说，《资本论》是取之不尽的经济学理论富矿，对它一遍遍地挖掘可以不断地挖出新的精神财富。本书在2005年出版第一版，至今已过6年，在6年中我继续每年都给博士生讲授《资本论》，每讲一遍都有新的收获。同时这6年来我国的经济改革和发展提出了不少新的理论需求，其中有不少理论在《资本论》中都能找到或体会到。这些就成为修订本书的指导思想。另外，我在以本书作为教材讲课时发现了部分章节有重复之处，有必要在本次修订中克服。

本书的修订的面较广，主要涉及以下方面：

一是增加了两章：第十一章"一般利润率下降规律和周期性经济波动"，第十五章"利息和企业主收入"。这两章内容在第一版的有关章节中有所论述，修订时将这两方面内容独立成章。与此相应，原来的第十三章和第六章作了相应调整。

二是将有关章节的内容作了重新归类。如原来第十五章分配和消费中的工资理论调到第五章，其中的未来社会的按劳分配调到第二十章，原第五章中的相对剩余价值生产部分调到第六章，原第十七章所有制和企业制度中的公有制及其实现调到第二十章。

三是根据《资本论》的逻辑和新增的章节调整了有关章的次序：原第八章调整为第十六章，原第九章调整为第八章，原第十三章调整为第九章，原第十四章调整为第十二章，原第十一章调整为第十三章，原第十二章调整为第十四章，原第十五章调整为第十七章，原第十六章调整为第十八章，原第十七、十八章分别调整为第十九、二十章。这里不厌其烦地把相关章的次序调整标明，目的是要明确修订版中各章的原作者。新增的第十一章和十五章由我所写。

四是本修订版重点修订了第一、二、五、六、七、九、十七、十九和二十章。其中部分章名也作了改动。

五是本修订本引用的《资本论》版本统一为人民出版社2004年版。

本书各章的修订由我直接进行，葛扬协助我进行修订工作。因此本修订版由我和葛扬主编。

洪银兴

2011年10月于南京大学